風生水起

——浙江省非物质文化遗产保护的生动实践

王淼 · 著

ZHEJIANG UNIVERSITY PRESS
浙江大学出版社

图书在版编目（CIP）数据

风生水起:浙江省非物质文化遗产保护的生动实践
/ 王淼著. —杭州:浙江大学出版社,2012.11
ISBN 978-7-308-10740-2

Ⅰ.①风… Ⅳ.①王… Ⅲ.①文化遗产－保护－研究
－浙江省 Ⅳ.①K295.5

中国版本图书馆 CIP 数据核字（2012）第 245679 号

风生水起:浙江省非物质文化遗产保护的生动实践

王　淼　著

责任编辑	孙秀丽	
封面设计	春天书装	
出版发行	浙江大学出版社	
	（杭州市天目山路 148 号　邮政编码 310007）	
	（网址:http://www.zjupress.com）	
排　　版	杭州中大图文设计有限公司	
印　　刷	临安市曙光印务有限公司	
开　　本	710mm×1000mm　1/16	
印　　张	23	
字　　数	399 千	
版 印 次	2012 年 11 月第 1 版　2012 年 11 月第 1 次印刷	
书　　号	ISBN 978-7-308-10740-2	
定　　价	40.00 元	

序言

在工作实践中产生的理论思考

文化部副部长 王文章

近十多年来，我国的非物质文化遗产保护取得重大进展，成绩显著。无疑，其中非物质文化遗产项目传承人作为保护工作的主体作出了重要贡献。另一方面，在党中央、国务院的重视下，政府主导，社会参与，社会各个方面齐心协力，以高度的文化自觉，共同支持、加强非物质文化遗产保护工作，这也是我们取得显著成就的重要原因。在各级政府文化部门和非物质文化遗产保护机构中，有一批承担保护工作的管理干部和专家、学者，在制定政策法规、保护工作的规划，建立保护机制，落实保护措施和动员、宣传等方面，都发挥了重要作用。可以说，没有这支队伍的努力和付出，我们的非物质文化遗产保护工作很难有今天这样的成就。

浙江省文化厅非物质文化遗产处的王淼同志，就是这支优秀的队伍中的一员。王淼同志是最早参与非物质文化遗产保护工作的管理干部。我在北京和外地的不少非物质文化遗产保护研讨会和工作会议上，都会看到王淼同志的身影。浙江省委、省政府对非物质文化遗产保护工作高度重视，省文化厅思路开阔，工作主动，浙江的非物质文化遗产保护工作走在全国的前列。文化部曾在浙江象山召开全国非物质文化遗产普查工作现场经验交流会，在宁波召开全国非物质文化遗产保护工作会议，总结和推广浙江保护工作经验。在这些会上及在基层的调研中，更看到王淼同志组织会议和安排工作忙碌的情形。几次会上会下听王淼同志介绍保护工作经验和保护工作思路，以及他对我国非物质文化遗产保护工作的理论思考，都觉得言之有物，使我很受启发。

最近，接到王淼同志整理的他 2006 年以来有关非物质文化遗产保护工作的文稿合集，名为《风生水起——浙江非物质文化遗产保护的生动实践》，要我为之作序。文稿有理论文章，学习《非物质文化遗产法》的辅导报告等，但多是他出席本省非物质文化遗产保护工作会议和到市、县调研及指导工作的讲话稿。从这些文稿可以看到，王淼是以高度的责任感和敬业精神，以全部的热情，投入到了浙江的非物质文化遗产保护工作进程。这些文稿的价值不在学术性，而在它对实际保护工作的指导和推动。这些文稿谓之"讲话"，还不如说是"对话"更恰当。王淼的讲话不是泛泛而谈的空论，很实际，有针对性，是一位站在保护工作第一线的实践者的有感而发，这些内容对具体保护工作的指导性不言而喻，我相信与他对座听讲的人一定会有共鸣并会受到启发。像王淼同志这样处在非物质文化遗产保护工作前沿的管理者，与保护工作实践有最紧密的联系，保护工作中创造的新鲜经验和出现的各种问题，他们都会最早也最直接地感受和发现，总结这些经验并找出解决问题的思路和措施，也就成为了这些管理者的一种工作责任。看王淼同志的这些文字，大多是在这样的基础上产生的，这些文字的价值也正体现在对实际工作的指导意义。同时，当我国的非物质文化遗产保护工作走过十多个年头的时候，从这些文字中，也可以看到我们对非物质文化遗产本身及其保护工作认识的不断深化。对事物的认识没有止境，非物质文化遗产的科学保护仍然需要在保护实践中不断探索，王淼同志的这些文字，从这一方面也会给我们以启示。

与王淼同志相识已有多年，他的工作热情、敬业精神和踏实、刻苦的工作态度，以及很强的专业能力，都给我很深的印象。全国各省、自治区、直辖市文化厅局和非物质文化遗产保护中心都有一批有很强专业能力的处级干部，他们十几年甚至二三十年任职于专业性很强的业务处室，工作兢兢业业，学习刻苦勤奋，对文化艺术规律有深入的把握。应当说，这是从事文化艺术管理工作必备的基础。这种基础就来自深入实际的调查研究和经验总结。水过地皮湿式的工作方式是不会在认识事物规律方面有所收获的。我国十多年来非物质文化遗产保护工作没有走歪路，就是首先在保护工作实践的基础上总结出非物质文化遗产的基本特性，即它的演变的相对恒定性和活态流变性，并在尊重其特性的基础上提出抢救性保护、整体性保护和生产性保护的基本保护原则与方式。同时，总结和提出了"保护为主，抢救第一，合理利用，继承发展"的工作方针。可以说，在实践的基础上，不断总结和坚持非物质文化遗产保护工作的科学规律，是我国非物质文化遗产保护工作推进卓有成效的一个重要原因。

因此，我希望从事非物质文化遗产保护管理工作的同志们要像王淼同志一样，从多元的视角，以科学的方式，在深入实践中对非物质文化遗产保护工作进行总结，在把握科学规律的基础上对保护工作进行更有力的指导，推动非物质文化遗产保护工作不断取得新成绩。

2012 年 8 月 16 日

前　言

　　2006 年 10 月,我的第一本书《把根留住》出版,迄今为止过去了六年。今天编选这本新的集子,名为《风生水起》,记录了这些年浙江非遗保护的历程和实践。编选文集,出于这么几个目的:一是劳动成果的重新串联凝聚;二是把个人的经验变成大家的,把分散的变成系统的,把一地先进的水平推广成为普遍的水平,可供各位同仁参考和借鉴,成为他山之石;三是留给后人品评,汇入历史的江河。把工作的讲话稿编成一个集子,还有一层意义,这是人生心旅的一次整理。回想走过的路,可能曾有过坎坷和崎岖,但面对丰厚的收获,这段路又充满着创造的奇美和追求人生价值的欢欣。

　　我与非遗结下不解之缘。由于组织的培养,工作的需要,个人的努力,加上历史和机遇的帮助,2002 年至 2012 年,我从时任省文化厅社文处副处长,和之后任调研员,具体负责民间艺术和之后的非遗工作,到首任省非遗中心、省非遗办、省文化厅非遗处负责人。从兼管分管到专事专职,参与了这一事业进程的全过程,亲历了新世纪以来这一事业由小到大,见证了文化事业的复兴与勃兴。这十年,于我们的意义非同一般。特别是"十一五"以来,我省非遗工作势头强劲。在工作实践中,在艰辛的历程中,我们坚持非遗工作方针,坚持实事求是、开拓进取的观念和认真负责的精神,以强烈的责任感和事业心,推进事业的发展。

　　因为工作的需要,各种场合讲话不断,养成了爱思考、善归纳的习惯。本书的文稿,按"学法讲义、论坛讲演、会议讲话、市县讲评"四讲分类汇编,本来还要加上"培训讲稿",既因为时间关系,也因为篇幅所限,待以后再说。

　　第一讲为学法讲义。非遗事业是个新领域,非遗事业的发展迅猛,要跟上形势,要把握态势,要预见趋势,必须加强学习。这些年,我时刻把学习放在首位,学习遵循党的政治工作报告精神,学习贯彻政府的政策性、指导性文件,学习领会领导的讲话和重要批示精神。特别是《中华人民共和国非物质文化遗产法》、《浙江省非物质文化遗产保护条例》出台后,使非遗工作有法可依,我认真学习和领会精神实质,并结合我省工作实际撰写学习体会,在有关会议上进行宣讲。当然,更重要的是依照法律法规精神,推进依法行政、依法保护。《中国文化报》2011年12月22日,以整版篇幅刊发了我学习贯彻《中华人民共和国非物质文化遗产法》的几点体会。这些年,上上下下普遍认为我省非遗工作坚持了正确方向,非遗事业求真务实,卓有成效。这主要受益于大的形势,归功于领导的重视,也在于我们始终以法律精神武装头脑,明确方向。这些年来,我一直注重在工作中学习,在学习中工作,努力把学习的成果转化为谋划工作的思路、指导工作的方法、加强工作的措施,推动实践的发展。

第二讲为论坛讲演。无论是客观环境还是非遗工作本身,都是一个动态的过程,都有许多没吃透而又必须吃透的情况和问题,需要我们去探讨和把握,需要我们加以研究和解决。非遗工作不断深入深化,愈深化提出的问题也愈多。作为参与非遗工作的决策者、执行者,有利条件是知道哪些问题重大,哪些问题在实践中亟待解决,不利条件是缺少知识学问的积累、学术研究的方法,也缺少专门研究的经验。在理论研究上,付出时间和精力,在实践中付出的代价要少,收获要多。不注重理论研究,就缺乏远见。为此,从2005年开始,我省每年召开一届非遗保护论坛,结合实际工作中遇到的问题,坚持实事求是的原则,运用辩证法原理,加强研讨,破解瓶颈。通过论坛和多种形式的理论研讨,使我们的工作体现科学性、减少盲目性、把握规律性、提高预见性、克服片面性、增强主动性、激发创造性。要做正确的事,也要正确地做事。这些年,浙江非遗事业的发展,都可以从理论上找出答案,找到答案。

第三讲为会议讲话。浙江是全国非遗保护综合试点省,一定意义上说,浙江必须比人家想得早,想得深,想得远。浙江有责任先行先试,也有优势先知先觉。我们遇到兄弟省市没有遇到的问题,这些发展中的问题,需要在发展中解决。这些年,我们召开了一系列会议。譬如2009年,就召开了四个会议,浙江省非遗转段工作会、非遗工作交流会、高校非遗研究基地工作交流会、非遗转型升级务虚会;2010年,召开了浙江省传统表演艺术精品培育工作会议、非遗展示馆建设现场会;2011年,召开了浙江省非遗重点工作推进会、非遗数字化建设推进会、民俗文化保护传承工作会议。从综合性的全面性的工作部署,转向专题性的专项性的工作会议。事业推进力度之大,工作节奏之快,阶段性重点工作的转换和深入深化,可见一斑,可窥一豹。这些会议或务虚,或务实,或推广新鲜经验,或解决实践中的问题,找准切入点,明确着力点,巩固探索的成果,加快事业发展步伐。非遗工作富有挑战性,每一步都面临着新的变化,我们边调研,边实践,边总结,边推进,一步一步推向前进。

第四讲为市县讲评。这些年,非遗工作繁杂,事务繁忙,我深居简出,鲜有调查研究的时间。因此,对于有机会参加市县召开的会议,我历来抱着学习和受教育的态度,认真听取会议上各位同志的讲话、介绍和发言,认真记下每一句自以为有价值可寻味的话,边听边梳理思路,这往往是脑力激荡的时候。我省非遗工作,既注重面上打基础,又注重点上求突破。各地做好规定动作,创新自选动作,只为成功想办法,不为困难找理由,不等不靠,主动作为,奋力爬坡,攻坚克难,为浙江非遗的实践提供了宝贵的经验。对于基层的工作,我历来既要给予肯定,勉励有加,帮助总结概括和提炼经验,也要指出不足和薄弱的环节,往往直截了当、开门见山,还要分析形势,研究趋势,帮助找准定位,指点迷津,指引方向。我常常对基层的同志说,你们出成绩出经验,我们来学习、宣传和推广。

非遗的热潮,是挟带在时代历史洪流中的,迅速升温、快速崛起。从本书中,可以看出新世纪我国的政治、经济、社会背景,看出对文化复兴和非遗保护认识发展的过程,看出非遗工作的历史印迹和实践轨迹。非遗事业的推进,顺应了社会发展的大趋势,符合最广大人民群众的根本利益。非遗事业在创新中求发展,在务实中求效益,无论实际效果还是影响力都是深远的。

非遗的学问,是实践的学问。实践无止境,非遗工作水平也需要不断在实践中提高。非遗实践的过程,不仅是社会阅历和经验的不断积累与丰富,同时也是理论上的真切感悟与升华。多年非遗工作的经验,使我体会到,做好非遗工作要善于实践和创新,善于总结和思考,努力实现实践——理论——再实践的互动与循环。本书以全省的实践为基础,从不同侧面和角度反映了非遗工作的成就和经验,并力求把这些经验系统化和理论化。从非遗保护的深入实践中汲取创新的智慧和真谛,从非遗保护的生动实践中探寻优秀传统文化传承和振兴之路。

准确地说,这本文集,既属于我个人,更属于培养、锻炼、支持、帮助我的集体,属于激情燃烧岁月奋斗的结晶。由于岗位的原因,我有更多的机会阐发观点、阐述思想。也由于责任使然,使命在肩,我为之恪尽职守,殚精竭虑。在非遗保护生动实践中,我所能做的极其有限,至多是贡献一点可供选择的思考,提出重点实施的思路,再是认真付诸行动。我常说,我是全省 23 万非遗普查员中的一份子。万涓成水,终究汇流成河,像一首澎湃的歌。我以我这点"水",融入了非遗保护的洪流,也为之深感荣幸,深感自豪。由此,我感恩这个时代,我们躬逢其盛。我感谢各位领导的重视和勉励,感谢非遗办各位新老同志的奉献和辛勤付出,感谢各位专家的指导和帮助,感谢各相关方面的倾力支持。特别要感谢基层丰富多彩的生动实践,为本书思想观点的形成提供了取之不竭的养分。诚挚感谢王文章副部长在百忙中拨冗为拙作惠序,对我省的非遗工作以及我的努力给予肯定。

本书的文稿,大多数为职务性讲话,有事先有准备的,有即席构思随感而发的。当下的非遗工作对档案建立较为重视,可以根据录音整理文稿。讲稿整理中,除有的应加标题外,重复的地方作必要的删节,时间性较强的部分作相应的技术性文字处理,基本观点不作改动,以尊重历史原貌,也体现汇编的初衷。这些文稿,或曾在工作简报刊载过,多数未公开发表。也有两篇专论文章,两篇媒体访谈,一并编入。

文中的有些提法,譬如非遗产业、传统表演艺术精品、民俗文化的创新、非遗生态区、优秀非物质文化遗产等提法,也许似是而非,也许似非而是,随着非遗工作的深化,有关表述也会适当地变化,这也是认识的深化、理论的深化。在实践中有了新的认识,必然会产生新的表述、新的概括。对客观事物的认识深刻了、全面了,新的表述也就会更准确、更科学。如果按现在的认识和情况改写,肯定会准确和科学些,但同时也不符合事物发展本来的面目。

非遗的实践告诉我们,随着工作的深入深化,提出的问题也越多。事业推进的过程,也是不断发现问题、研究问题、解决问题的过程,只有不断探索,不断解决问题,才能不断前进。我们今天的实践,只是我们探索的开始,而不是探索的终点。既然选择了远方,便只顾风雨兼程。

2012 年 8 月 20 日

目录
Contents

第四讲
市县讲评

目录
Contents

附　编

第一讲

学法讲义

有法可依　有法必依　依法行政　依法保护

学习贯彻《中华人民共和国非物质文化遗产法》的几点体会

《中华人民共和国非物质文化遗产法》(以下简称"非遗法")于今年 2 月 25 日颁布,将于今年 6 月 1 日起正式施行。国家文化部王文章副部长说:"《非物质文化遗产法》是 21 世纪我国文化领域出台的第一部法律,在文化法制建设中具有里程碑意义。""立法保护,是非物质文化遗产得到全面保护的根本保障。"国家"非遗法"的出台,提振了我们的信心,鼓舞了我们的士气,激励了我们的精神。"非遗法"赋予的责任,既使我们感到了前所未有的压力,更使我们激发起了不断前进的动力。我们要以"非遗法"为纲,认真学习,深刻领会,切实贯彻,推动实践。我对法律文本认真通读了数遍,结合我省实际,结合当前非遗发展的形势,就贯彻落实法律精神,和依法行政、依法保护,谈点粗浅的学习体会和初步的贯彻建议。我分四个方面讲。

一、"非遗法"的主要精神

(一)强化非遗保护的战略意识

非遗是一个新的概念,新世纪以来才出现这个概念。这项工作一启始,就得到了中央高层的高度重视。2004 年,全国人大常委会批准我国加入联合国教科文组织的《保护非物质文化遗产公约》,我国成为这个公约的缔约国之一。2005 年,国务院下发了两个文件,3 月,国务院办公厅下发了《关于加强我国非物质文化遗产保护工作的意见》;12 月,国务院下发了《关于加强文化遗产保护的通知》。这两个文件强调,要从对历史和民族负责的高度,要从维护国家文化安全和维护国家文化主权的高度,重视和加强这项工作。2006 年 6 月,根据国务院的决定,我国首个"文化遗产日"系列活动隆重举行,全国上下相互呼应,形成浩大的声势。2007 年 6

2011 年 4 月 20 日在浙江省非物质文化遗产保护工作培训班上的讲课

月，温家宝总理参观文化部组织的中国非物质文化遗产保护成果展，家宝总理经过浙江展区的乐清细纹刻纸传承人林邦栋老人的展台时，与林邦栋老人亲切交谈。家宝总理说，我对非物质文化遗产有三句话的理解：第一，它是民族文化的精华；第二，它是民族智慧的象征；第三，它是民族精神的结晶。总理对非物质文化遗产的理解很深刻，也是对非遗认识的一个提升和高度概括。2007 年 11 月召开的党的十七大上，胡锦涛总书记在政治报告中提出了一个"新"、两个"大"、三个"更加"，提出了要掀起文化建设新高潮，推进文化的大发展大繁荣，使人民群众的基本文化权益得到保障，使人民群众的精神文化生活更加丰富多彩，使人民群众的精神风貌更加昂扬向上。同时，锦涛总书记强调，要加强文物和非物质文化遗产的保护工作，要进一步挖掘中华民族优秀文化，营造中华民族共有的精神家园。

最近我注意到，中央文件出现了一个"顶层设计"的词语，这个词语首见于"十二五"规划，最近也进入中央经济工作会议的内容。据专家解读，"顶层设计"字面含义是指自高端开始的总体构想，"顶层设计"是自上而下的"系统谋划"。我觉得，新世纪以来非物质文化遗产事业的推进，也可称之为或者说类似于"顶层设计"。为什么中央高层这么重视非物质文化遗产保护工作，是因为此项工作具有战略意义！当然，"顶层设计"也必须要有自下而上的动力。不少工作，自上而下推不动，或者阻力重重，但这项工作一呼百应，得到了人民群众的热烈响应和真切拥护。

（二）强化弘扬民族优秀文化的主导意识

"非遗法"第一条开宗明义："继承和弘扬中华民族优秀传统文化"，这是立法宗旨。大家注意到，这个法律名称为《中华人民共和国非物质文化遗产法》，它不同于《文物保护法》，法律名称上有"保护"两个字。这是为什么？"非遗法"中出现了"保存、保护"并列的两个词，这两个词的含义是有区分的。"保存"是针对于所有非遗项目来说的，"保护"是针对健康的有积极意义的项目来说的。"非遗法"第四条明确提出了三个"有利于"的要求，即：有利于增强中华民族的文化认同，有利于维护国家统一与民族团结，有利于促进社会和谐和可持续发展。这三个"有利于"的标准，归根结底，就是非遗保护要体现社会主义的核心价值。

非物质文化遗产，也是观念形态的文化，是意识形态的本质体现。非物质文化遗产源远流长，博大精深，有精华也有糟粕，要取其精华，去其糟粕。当然，这里要强调的是，对于非遗中哪些是精华哪些是糟粕的认定，必须慎重。人的认识是有局限的，受时代的局限。文革时期批判的帝王将相、才子佳人、牛鬼蛇神，今天回过头来看，许多都是优秀的民族传统文化。那些所谓的牛鬼蛇神，一定意义上讲，都是草根的乡土的民间的文化人，他们对传承民族文化做出了贡献，是民族文化传统的延续者、承担者，值得尊敬。这里要强调，保存是我们的责任，所有的项目，只要具有历史价值，都要全面记录和保存；保护则另当别论，对于那些体现三个"有利于"要求的，对于符合"民族的大众的科学的"要求的项目，都要保护和传承弘扬。

（三）强化非遗保护的忧患意识

2005年3月由国务院办公厅下发的《关于加强我国非物质文化遗产保护工作的意见》指出："随着全球化趋势的加强和现代化进程的加快，我国的文化生态发生了巨大变化，非物质文化遗产受到越来越大的冲击。一些靠口授和行为传承的文化遗产正在不断地消失，许多传统技艺濒临消亡，大量有历史、文化价值的珍贵实物与资料遭到毁弃或流失境外，随意滥用、过度开发非物质文化遗产的现象时有发生。加强我国非物质文化遗产的保护已经刻不容缓。"这一段文字中，出现了"不断消失""濒临消亡""遭到损毁""流失境外""随意滥用""过度开发"和"刻不容缓"等词语，有点触目惊心！6年过去了，可以说非遗保护成绩很大，但依然问题不少，依然刻不容缓。我们的国歌有一句"中华民族到了最危险的时刻"，这首《义勇军进行曲》，也就是后来的国歌，唱了70多年，今天还在唱。非遗保护依然要强调刻不容缓，时不我待，迫在眉睫，要只争朝夕，分秒必争，要与时间赛跑，要暮鼓晨钟，要警钟长鸣。

"非遗法"匆忙出台，体现了一种深切的忧患，这是清醒的忧患，自觉的忧患，前瞻的忧患。

（四）强化国家文化安全的维护意识

国家文化安全，这个词概念有点大，这是国务院和国办文件所强调的。当年，韩国江陵端午祭申报联合国的人类非遗代表作，申报成功，在我们国家引起轩然大波，人民群众反应强烈。这事也算是"坏事变好事"，引起了高层和各方对非物质文化遗产保护的重视。我们国家源远流长的端午，两千多年的历史，居然被韩国申报走了，这当然也关系到国家文化安全。

前些年，对于非物质文化遗产，我们自己重视不够，许多非遗项目的独门绝技绝艺，或者是祖传秘方，不断流失海外。青瓷烧制技艺、茅台酒酿制技艺，还有四川变脸等等，据说日本韩国都已经掌握。安徽宣纸的制作技艺，不是在安徽宣城流失的，而是在我省临安一家乡镇企业造纸厂流失的，成为我国一个重大的泄密事件。电视剧《潜伏》中的余则成，冒着杀头的危险，潜伏多少年，就为了关键时候出手，传递一两个情报。而今天互联网时代,几乎无密可保。美国和西欧一些国家的核心机密,居然连续被一家私人网站"维基"泄密了。我们一些基层的同志,宣传意识很强,但往往保密意识不强。"非遗法"第十五条规定:境外组织或者个人,在我国境内进行非物质文化遗产调查,应当报经省级文化主管部门批准。调查结束后,要向批准调查的文化主管部门提交调查报告和调查中取得的实物图片、资料复制件。我们要依法办事,要增强敌情观念,增强保密意识。

另一方面,西方国家对我们实施"三洋开泰"战略,洋节洋片洋薯,对我国的文化渗透所造成的负面影响不可小视。有人说今天中国最大的节日是"圣诞节",每到圣诞节,我们的宾馆特别是四星以上的宾馆,还有那些大型商场,大做圣诞文章,圣诞树、圣诞老人、圣诞礼物,外国人来了感觉宾至如归,我们自己好像身处异国他乡。有些媒体推波助澜,大造声势。据说法国《先驱报》头版头条通栏标题:祝中国人圣诞快乐!你快乐吗?还有美国大片,宣扬的当然是美国精神,树立的也是"高大全"的人物形象。还有肯德基、麦当劳,表面上好像仅仅是土豆片、鸡翅膀,但也是一种西方的生活方式,也是从娃娃抓起,从小对我们的少年儿童进行潜移默化的熏陶和影响。外来文化的侵入,也务必要引起重视。

(五)强化政府依法行政的自觉意识

"非遗法",对政府应该承担的责任做了充分强调。第六条:县级以上人民政府应当将非物质文化遗产保护保存工作纳入本级国民经济和社会发展规划,纳入本级财政预算。第八条,应当加强对非遗保护的宣传,提高全社会保护非遗的意识。第十一条,县级政府应当组织非遗调查。第十八条,省级政府建立非遗代表性项目名录。第二十六条,对非遗代表性项目集中、特色鲜明、形式和内涵保持完整的特定区域,实行区域性整体保护。第三十七条,县级以上政府应当对合理利用非物质文化遗产代表性项目的单位予以扶持。还有,"非遗法"在多个地方提出"国家鼓励和支持⋯⋯"等等,也应该理解为是政府应该履行的责任。这是一部行政法,特别强调政府在非遗保护中应该起到主导作用。

现在不少地方的党政领导对非遗的认识程度很高,认识和意识甚至比我们文化工作者要强。当年的杭州市蔡奇市长,亲自主持讨论杭州市非遗保护三年行动计划。当年的嘉兴市李卫宁市长在全市文化遗产保护工作会议上强调,如果经济建设和文化遗产保护发生矛盾怎么办,经济建设应当无条件地让步。他说,经济建设和GDP可以通过其他途径和多种途径实现,但文化遗产不管是物质的还是非物质的,如果损毁了流失了,对不起列祖列宗,对不起子孙后代!海宁市林毅市长对文化遗产保护采取特别的强有力的措施。海宁非遗保护年度经常性经费为人均1.5元,全市60多万人口,为此核定年度非遗经费为100万元;同时市政府决定在年度土地出让金中提取1‰的额度,用于文化遗产保护工作,今年大约为4000万元。这一举措为全省首例,开了先河,意义很大。我们要广为宣传地方党委政府领导重视非遗工作的典型,也希望看到有更多的党委政府领导有文化的自觉,有文化的情怀。

(六)强化文化主管部门的责任意识

"非遗法"里边所强调的政府的责任,当然也是文化主管部门的责任。同时,法律对文化主管部门的工作还特别有要求:第七条,县级以上文化主管部门负责本行政区域内非遗的保护工作。第十一条,非遗调查由文化主管部门组织进行。第十二条,在进行非遗调查中,应当收集相关的代表性实物和资料。第十三条,要求建立非遗档案及数据库。第三十条,应当采取措施支持代表性传承人开展传承传播活动。第三十一条,对于无正当理由不履行规定义务的传承人,可以取消其代表性传承人资格,进行重新认定。

文化主管部门,作为非遗保护的职能部门和责任部门,应该有自觉的意识,应该有责任的担当,应该有一腔情怀,切实履行好法律赋予我们的职责。强化责任意识,前提是要明确责任,关键是要细化责任,归根到底是落实责任。责任是一种义务,是一种使命,是推动事业发展的原动力。我们要常思量自己工作岗位的来之不易,常掂量自己肩负的责任之重,以此增强荣誉感和责任感,牢固树立履责应该、尽责光荣、失责可耻的思想,在其位谋其政,履其职尽其责,以不辱使命,不负重托。

(七)强化保护主体的维权意识

非遗代表性传承人和非遗项目保护责任单位,是"非遗法"规定的保护主体。我们在从事非遗工作中,应该维护保护主体的权益。法律第十六条要求,进行非遗调查,应当征得调查对象的同意,尊重其风俗习惯,不得损害其合法权益。第三十条,县级以上文化主管部门根据需要,采取下列措施,支持非遗项目的代表性传承人开展传承、传播活动:(一)提供必要的传承场所;(二)提供必要的经费资助其开展授徒、传艺、交流等活动;(三)支持其参与社会公益性活动;(四)支持其开展传承、传播活动的其他措施。第三十七条,应当支持代表性传承人开展传承活动,保护属于该项目组成部分的实物和场所。同时,法律对保护责任单位的权益,也做了规定。

这里要特别提醒，"非遗法"第五章"法律责任"中对文化主管部门及其工作人员，提出了约束要求。法律第三十八条，文化主管部门和其他有关部门的工作人员在非物质文化遗产保护、保存工作中玩忽职守、滥用职权、徇私舞弊的，依法处分。第三十九条，文化主管部门和其他有关部门的工作人员进行非物质文化遗产调查时侵犯调查对象风俗习惯，造成严重后果的，依法给予处分。

法律对传承人很维护，对主管部门很严厉。我们既要尽心尽职为传承人服务，为传承基地服务，还要注意好自为之，要如履薄冰，要循规蹈矩，不要因为过失而被人家告了。

(八)强化全民的参与意识

法律第八条强调，县级以上人民政府应当加强对非物质文化遗产保护工作的宣传，提高全社会保护非物质文化遗产的意识。第九条，国家鼓励和支持公民、法人和其他组织参与非物质文化遗产保护工作。第十四条，公民、法人和其他组织可以依法进行非物质文化遗产调查。第三十四条，新闻媒体应当开展非物质文化遗产代表性项目的宣传，普及非物质文化遗产知识。第三十六条，国家鼓励和支持公民、法人和其他组织依法设立非物质文化遗产展示场所和传承场所，展示和传承非物质文化遗产代表性项目。同时，法律对学校、公共文化机构、学术研究机构等开展非物质文化遗产保护教育研究、宣传展示、整理出版等，也做了规定和要求。

还有，2007年浙江省人大常委会颁布的地方法规《浙江省非物质文化遗产保护条例》，在总则中特别强调："任何单位和个人都有保护非物质文化遗产的义务。"任何单位和个人，应该是包括了所有的单位和个人，强调的是全民义务。前几年如火如荼的浙江非遗大普查，广泛动员社会各界参与，动员了23万人参加，就是依照地方法规精神组织实施，才形成了这么浩大的声势。非遗保护的目标是"人人保护，人人共享"。

二、"非遗法"实施的重点

非遗是活态的，是有生命的，是与生俱来的，是生生不息的。实施非遗法的重点，当然也是为了激发非遗的生机活力，激发非遗的生命力。为此，我用一个"生"字来统领和贯穿非遗保护工作。

(一)尊重生命主体

这个生命主体就是传承人，尊重生命主体就是要尊重传承人，服务传承人。各级政府文化主管部门已经分层次认定了一大批的非遗项目代表性传承人,并对代表性传承人颁发政府津贴,这既是对传承人生活的补贴,更是为了鼓励传承人带徒传艺,开展传习活动。在此基础上,我省自2008年开始,创造性地在全省开展服务传承人月"八个一"系列活动,每年一度,在每年的元旦至元宵期间进行。同时,我厅建立了"三必报、五必访"制度,要求各地对于传承人有重要艺术成果必报,有大病逝世必报,有严重阻碍传承人传习活动的必报;还有逢年节必访,传承人举行带徒传艺仪式必访,生病住院必访等。文化主管部门要真切体现对传承人的关心,切实为传承人服务,让传承人真切感受到关怀和温暖。我厅还专门下发了《关于进一步明确非遗项目传承人应该享有的权益和应该履行的义务的通知》。权利与义务是对等的,对传承人既要关心爱护,也要给予引导和提出责任要求。

非遗保护是以人为保护主体的,要靠人去传承的。传承人通过父子相承或师徒相承,通过口传心授、言传身教,带徒传艺。对于传承人以及技艺的保护,是非遗保护的核心。所以一定要让传承人有荣誉感有自豪感,我们要让全社会承认他的贡献和地位。

(二)改善生存状况

我省已公布了三批省级非遗名录,有586个项目上榜,并即将进行第四批省级非遗名录项目的评审。在国务院公布的国家级非遗名录中,前两批我省都名列榜首,第三批国遗项目已公示,我省有望实现三连冠。申报是手段,保护传承才是目的。我们要采取措施,从根本上解决"重申报,轻保护"的问题。对于国遗项目以及列入各级非遗名录的项目,要优化一批,扶持一批,抢救一批,要区别情况,分别对待。这里特别要强调对于濒危项目的抢救,特别是对于那些具有重要价值、具有典型性代表性,同时又濒临消亡的项目的抢救。非遗保护的方针强调"保护为主,抢救第一"。对于列入名录的项目,各地也要排排队,分清主次,分别轻重缓急,突出重点,对于濒危项目要体现政策倾斜,加强政策扶持和抢救保护的力度。对于濒危项目,老是打120,老是打强心针,老是输血,也不是长久之计,还必须有针对性有实效性地研究和采取措施,促使它焕发青春。我认为,作为政府部门,可以做锦上添花的事,但更要做雪中送炭的事。

(三)维护生态环境

生态的定义,一般是指生物的生存状态,以及它们之间和它与环境之间环环相扣的关系。目前,"生态"一词涉及的范畴也越来越广,既包括自然生态,一切有生命的动物植物生态,也包括文化生态。对于生态环境的维护和保护,中央很重视。中央提出了"五位一体"的概念,包括经济建设、文化建设、社会发展、政治文明和生态文明。省委省政府提出了"生态浙江"建设的战略目标。作为文化部门的任务,两句话:一是宣传生态文化,二是保护文化生态。

生态保护,应当遵循"预防为主、保护优先","生态保护与生态建设并举","谁开发谁保护、谁破坏谁恢复","既要尊重经济规律、又要尊重自然客观规律"四条基本原则。要体现积极主动的保护思想。"非遗法"第二十六条强调,对非物质文化遗产代表性项目集中、特色鲜明、形式和内涵保持完整的特定区域,当地文化主管部门可以制定专项保护规划,报经本级人民政府批准后,实行区域性整体保护。

文化生态保护,并不是说一切都不要开发,保持原始的自然状态,关键是要把握好保护与开发的度。从非遗项目保护转向文化生态的整体性保护,是非遗保护的方向,也是非遗保护的发展趋势。这是当下和未来我们应该着力探索的一种科学、良好的保护方式,也是今后非遗保护的一个工作重点。这体现了科学发展观的理念,体现了可持续发展的思想。某种意义上说,非物质文化遗产是农耕文化的产物,生态破坏了,"皮之不存,毛将焉附"。所以,文化生态的保护和维护,对于非遗工作来说是个根本大事。

(四)激发生机活力

非遗保护,是为了服务社会,服务人民。一方面,要让非遗项目更鲜活,变得更好看,更有艺术性和观赏性。长兴百叶龙、余杭滚灯、永康十八蝴蝶等国遗项目,走南闯北,走出国门,成为我省重要的文化名片。但是,我省传统表演艺术项目中,真能够拉得出打得响的项目,还不是很多。如果省里的非物质文化遗产节开幕演出,总是老三篇,选来选去总是那么几个项目,那就有点审美疲劳了。你不是说非遗资源很丰富,抢救保护很有成效吗,你不是国遗项目实现"三连冠"吗,那你的项目都哪里去了?怎么总是这么几个项目总是老面孔?2010年,我厅提出要打造100个非遗精品,实际上公布了120个传统表演艺术项目,其中30个为已经是精品的项目,其中90个为下一步重点培育的精品项目。精品分两类:一种是原生态的,要保持它的乡土性、草根性,基本上保持原汁原味,保持原有风貌,保持传统的文化表现形式;另一种叫衍生态,就是在基因不变、精髓不变的前提下,可以适当适度地改良改造。传统文化也可以现代表达,在维护基因的基础上有新的创造。长兴百叶龙腾飞的轨迹要去研究一下。我们希望和期待通过三年的努力,全省涌现出一大批能够代表市县、代表浙江甚至可以代表中国的非遗精品项目。

另一方面,要推进民族传统节庆的全面恢复和弘扬。省文化厅已经公布了20个传统节日保护示范基地,各个重要传统节日都有了保护示范地。除了法定的春节、清明、端午、中秋四大传统节日,元宵、七夕、重阳等传统节日,以及那些地方性的小节日也要把它搞起来。各地的传统节日示范地,一年四季,一年到头,节庆活动此起彼伏,高潮迭出,精彩纷呈。我们要逐步打响"要过节,来浙江"的口号。传统节庆,要尽量保持原生态、原真性,但在传统节庆恢复和发展的启始阶段,政府的引导也是必要和重要的。政府办节,老百姓过节。

(五)融入生活方式

第一个是建非遗馆。在欧洲,逛博物馆就是生活方式。当前,随着非遗保护事业的推进,我们又提出了非遗馆的概念。非遗馆可以是综合性的,也可以是专题性的;可以是官办的,也可以是民办的;可以是有围墙的,也可以是没有围墙的。非遗馆与博物馆是有区别的,博物馆是物质形态的展示为主,非遗馆是活态的展示为主。非遗馆既要有静态的,又要有动态的,还要有活态的,要见物,更要见人,要让传承人在非遗馆里有展示空间,演绎和表演传统技艺。你总要有活态演绎的东西,总要有让人家能够体验和感受的东西。有条件的地方,应该争取搞综合性的非遗馆,当然也可以把专题性的非遗馆先搞起来。杭州的张小泉剪刀、王星记扇子、杭州绸伞三个国遗项目,分别搞了专题馆;安吉县在"美丽乡村"建设中,提出了"一村一品"的目标,已经在乡村建立了35个专题非遗馆。去年10月,我厅在安吉召开了非遗展示馆建设现场经验交流会,重点推广安吉的模式。各地要将非遗展示馆建设列入重要议事日程,非遗保护也要实体化,也要有物质载体包括场馆来依托。要像抓文化馆、图书馆、博物馆一样,着力推进非遗馆建设。不管东西南北风,抓好设施建设不放松。

第二个是非遗旅游景区建设。旅游是一种生活方式,也是一种消费方式。有人说,旅游就是从自己过腻的地方到别人过腻的地方去体验。熟悉的地方无风景,旅游就是去另外的地方观光、度假、消遣、休闲。游客到一个地方,既要欣赏自然风光,也希望能够考察人文古迹,体验当地的风土人情。旅游是一个内容产业,包括非物质文化遗产在内的人文资源,对于增强旅游的文化内涵,提高旅游的文化品质,很重要。去年,省文化厅会同省旅游局公布了22个非遗旅游景区,其中包括宋城、横店民居园、乌镇景区等重要景区,也包括安吉民俗文化园区、泰顺廊桥文化园区、青田石雕文化旅游区、景宁畲族之窗景区等新兴的非遗旅游区。旅游包含"吃、住、行、游、购、娱"六大要素,许多非遗的资源,可以转化为旅游资源,可以转化为经济优势。旅游是朝阳产业、新兴产业、无烟产业，正在兴旺时期，非物质文化遗产保护事业也正在兴旺时期。文化是旅游的灵魂，旅游是文化的载体，文化与旅游要相互依托，相互促进，形成良性循环和互动。

（六）促进生产发展

现在提出了一个非遗生产性保护的概念，这个提法很好。有人讲非遗也要产业化，一提"化"，就怕变味了。非遗的生产性保护，要着重抓好两个方面：

一是要培育一批老字号传承发展的基地。在老百姓眼中，老字号代表了中华商业文化的精髓，是特色产品与优质服务的代表，是诚信兴商、承担社会责任的典范，是不可再生的民族财富。老字号在传承和展现优秀传统文化方面发挥了重要作用。但是，由于历史和体制转换的原因，部分老字号企业发展受到了影响。推进老字号企业的保护传承，也是非遗工作部门的重要责任。2009年，省文化厅公布了12个浙江省中华老字号非遗传承基地，我们的责任是要搭建好引导、保护和促进老字号发展的平台，让老字号在新的时代继续焕发光彩。

二是要培育一批非遗生产性保护基地。去年，省文化厅公布了55个非遗生产性保护基地，促进一批有商业价值和市场前景的非遗项目，把产业做大，把品牌打响。浙江三雕和龙泉青瓷宝剑等传统手工技艺项目，已有相当的产业规模，实际上还有许多的手工技艺项目，都可以在保持传统技艺特色的基础上发展产业。包括许多的传统表演艺术项目，也可以做大做好，甚至做强。前一阶段在温州调研，了解到永嘉有个村有7个乱弹剧团一年到头在外地演出，年收入人均2万多。平阳有个村有10多个布袋木偶戏班，成为当地群众脱贫致富奔小康的有效途径。瑞安鼓词艺人中有些收入高的，据称年收入超过100万，我真有点不敢相信！看来，传统演艺业也是大有可为、大有市场。怎么样把非遗资源的优势转化为产业优势，也是我们非遗工作部门要认真研究的课题，和着力推进的重要工作。非遗工作也要为经济建设做贡献，使非遗产业成为新的经济增长点，成为拉动内需的有生力量。

（七）探索生动实践

浙江是全国非遗保护综合试点省，这个试点省是文化部在2003年确定的。文化部希望浙江在非遗保护中创新实践，积累经验，探索规律，能够起到领先、示范和带头羊的作用。应该说，这些年来，我们不辱使命、不负重托。此项工作启动以来，我们一直遵循解放思想、实事求是、与时俱进、开拓创新的精神，在非遗保护不同的历史阶段，创新模式，创造经验，创出新业绩，在全国树立了榜样示范的作用。

在"十二五"时期,在"非遗法"即将正式施行的新的历史条件下,在非遗保护面临深入深化和转型升级的关键时期,非遗工作的着力点在哪里,突破口在哪里?我们设想,着力抓好三个层面:一是全省面上非遗事业的布局和推进,二是县级区域非遗事业的推进,三是乡村非遗保护工作的推进。在不同的层级推进,特别是在基层,采取抓试点抓典型,以点带面,典型引路的办法,逐步取得经验,积累经验,示范引导。

我省走在全国前列,我们遇到的问题,许多都是兄弟省市还没有遇到的问题,有许多疑难杂症需要破难攻坚。譬如,国遗项目怎么样更好地保护?非遗馆建设有哪几种模式?非遗与旅游如何更好地结合?文化生态区建设如何有实质性进展?非遗生产性保护如何把握好度?还有,非遗知识产权保护问题,非遗数据库的构架和模块设置问题,非遗专项资金的使用绩效问题,等等。这项工作既是古老的话题,又是一个新兴的事业,没有多少经验好借鉴,没有多少模式好参照。我们上下都应该开动脑筋,认真思考,创新思维,献计献策。智慧源于群众,创造来自基层,经验来自实践。我们的工作深入推进和事业的兴旺,就是要靠大家开动脑筋、开动机器,去探索有效的途径,去创造宝贵经验。

(八)形成生气蓬勃的局面

非遗普查看浙江,非遗名录看浙江,非遗保护看浙江。在非遗保护上,我省有着丰富多彩的创造,有着生动的实践。但形势喜人,形势也逼人。成绩很大,困难和问题也还有不少。我们已经做了大量的工作,还有更多的工作等待着我们去做。我们要继续努力,继续奋进,推进非遗事业的发展繁荣,努力形成生机盎然、生气蓬勃、生动活泼的局面,形成丰富多彩、形式多样、斑斓多姿的局面,形成百花齐放、千姿百态、万紫千红的局面,形成百舸争流、千帆竞发、万家灯火的局面。

三、实施中应避免的误区

(一)避免保护工作政绩化

文化部蔡武部长指出:我们一直提倡高度重视文化遗产的保护,这本来是一个很好的事情。但是一些地方从不正确的政绩观出发,在市场动力的负面作用的推动下,把这个事情搞得走偏了。

蔡武部长的话是有针对性的。的确,有些地方是为了追求政绩而抓非遗工作,是以"政绩冲动"为驱使的。譬如重申报,轻保护的问题。有些地方的项目冲刺国遗成功后，也就万事大吉了，束之高阁了，马放南山、刀枪入库了，不了了之了，对于该项目的保护没有下文，没有后续的经费支撑，没有采取切实有效的措施。再如，一些地方热衷于办节，贪大求洋，热衷于做大做强，违背了非遗保护的根本规律，违背了非遗项目的本质特征，仅是为了办节而办节，把办节作为面子工程、形象工程、标志工程、政绩工程。再如，一些地方热衷于争抢名人资源。对于那些为民族和国家的利益，为了人民大众谋幸福，做出重要贡献的先驱先贤，作为后人理当为之树碑立传，对其事迹和精神大力弘扬光大。但对于那些臭名昭著或者子虚乌有、空穴来风的人物，居然也有地方大力争抢。西门庆、潘金莲的家乡都有人抢，孙悟空、八仙的出生地也有地方在抢。有人说，旅游就是编个故事造个谣，搭个牌楼收门票。当下讲的是眼球经济，注意力就是生产力，有品牌效应就是有政绩。政绩本非贬义词，政绩历来为人称道，但要树立正确的政绩观，不可过于急功近利，过于贪功求名，否则结果也许事与愿违、适得其反。

（二）避免目标任务短视化

每届政府有任期，当政者急于出成绩。有些地方的经济发展只顾当前，不顾长远，以大量损耗资源、破坏生态、出卖土地为代价为成本，吃的是祖宗饭，吃的是子孙饭。这种发展能不能可持续？这种发展将会成为历史的罪人！

在非遗保护中也有短期行为，表现在以下几个方面：一是没有保护规划，工作的推进没有超前眼光，没有前瞻性思维，就事论事，脚踏西瓜皮，随意性很大。"十一五"期间，绝大多数的市县没有制定非遗保护规划，"十二五"了，还是没有系统的规划构想。规划是个纲，纲举目张，做一项事业，必须要有长计划、短安排，有计划有步骤，有重点有序地推进。既要通体构思整体设计，还要有考核有检查。二是在城乡建设中不注重历史文脉的保存保留和保护，屡屡发生建设性破坏的现象，导致千城一面、千村一面、千篇一律，导致一座城市或一个乡村文脉断裂，缺少个性缺少特色缺少韵味。我们在传统村落、传统街区、传统建筑的保护上，也应该守土有责。三是一些官员对非遗项目的重视与否，不是基于对该项目历史文化价值的认定，很大程度上是基于商业价值的判断。对于那些没有商业开发价值的"非遗"项目，往往不予重视，这类项目往往得不到有效保护。文化是一棵树，前人栽树后人乘凉。历史文化遗产，不仅是属于当代人的，更是属于子孙后代属于未来的。留住历史文脉，是政府的责任和应该的担当。

（三）避免内涵形式庸俗化

去年7月，中央高层明确提出，要坚决抵制庸俗、低俗、媚俗"三俗"之风。"非遗法"第五条指出："使用非物质文化遗产,应当尊重其形式和内涵。禁止以歪曲、贬损等方式使用非物质文化遗产。"打开电视的娱乐频道,不是相亲就是选秀,不是芙蓉姐姐就是凤姐,不是赵本山就是周立波,有点乱了套了!中央提出反三俗,在非遗领域也是有指导意义的。赵本山是沈阳二人转的国家级代表性传承人,赵本山表演的小品总是把弱势群体作为调侃的对象,把残疾人作为嘲讽的对象,内容庸俗,言辞粗鄙,表演的形象委琐。但就是这位大爷,成为央视春晚的台柱子,十几年如一日,红遍大江南北,而且赵本山的艺术团创造了天文数字的票房价值,个人居然都有直升飞机了。赵本山的弟子小沈阳,得到赵本山的真传,更是有过之而无不及,真是有其"父"必有其子。据说小沈阳也有望成为二人转代表性传承人,"承担起传承二人转的重任"。上海有个周立波,表演海派清口。实际上海派清口类似于单口相声,类似于杭州的小热昏、宁波的唱新闻。自从马季退了休,冯巩拍了电影,牛群当了县长,相声界就日益没落了。周立波的海派清口火了,也说明了低级趣味很有市场,大家不在乎文化品位,在于是否有噱头,是否搞笑。网民呼吁,抵制庸俗、低俗和媚俗,从抵制赵本山周立波开始!还有一个问题,一些地方公布的非遗名录中,诸如童尿蛋、太监鸡等都榜上有名,非遗门槛被降低,非遗项目的价值被曲解。非遗项目被歪曲,非遗保护的严肃性也由此受到质疑。我们保护非物质文化遗产,应当是保护优秀的民族传统文化,要反对"三俗"之风。

(四)避免开发利用商业化

在市场经济条件下,在"发展"的口号下,非遗项目过度开发,已经成为非遗保护面临的一大问题。不少地方对非遗的开发,急功近利,很大程度上基于商业价值的判断。其实,商业价值只不过是非物质文化遗产的一小部分价值而已,过度地打着"保护"的旗号开发其商业价值,不仅起不到保护的作用,反而会因为商业固有的短视和逐利,而对优秀非物质文化遗产造成不可挽回的破坏。

譬如,传统技艺项目的被现代化。一些非遗项目走向了规模化、集约化、工业化的生产模式,产量增加了,产业是做大了,但传统生产方式消失了,原本体现匠人高超技艺的个性化的作品见不到了,生产的东西同质化,原本的艺术品、精品变成了商品、产品。我们不反对甚至鼓励利用非遗的某些元素,对其进行合理的开发利用,但反对过度商业化。再如,民俗项目的被随意开发。一些少数民族聚居地,为了开发旅游,每天进行民俗婚礼和祭祖活动。洞房花烛夜,金榜题名时,大家参加婚俗表演,体验一下喜庆,感受一下热闹,虽然有些专家对那种婚俗表演斥之为伪民俗,但我觉得皆大欢喜的事情,也未尝不可。至于一有游客来就搞祭祖活动,这个就有点不妥了。祭祖应该是一件庄重的甚至有点神圣的事，怎么可以拿老祖宗当赚钱工具，拿老祖宗随意"调侃"，拿老祖宗随意闹着玩？

保护与开发利用，应当始终将保护放在第一位，这是一个基本的道理，这是一个前提，也是一个原则。

（五）避免保护项目碎片化

现在各地文化工作部门，对于重要非遗项目的保护已经是日渐重视日益重视。但不少地方还缺少全局观大局观，缺少通体保护整体保护的意识。譬如，一些地方重视木窗、石窗、牛腿、门墩等传统建筑构件的保护抢救和征集，但对于传统民居、传统街区的整体性保护，还缺乏足够的认识和应有的重视。一些地方在城市和乡村的开发建设中，大拆大建，破旧立新，使当地具有历史、文化、科学价值的街区遭到灭顶之灾，使大批的古村落荡然无存。再如，一些地方仅仅重视传统文化街区的经济功能，仅仅重视街区的表面形态，不尊重城市的发展历史，不尊重市民的生活习俗，将传统街区的居民全部迁出，使街区徒有其形，使街区失去了传统的生活方式和习俗，丢失了真实的历史信息，破坏了传统街区的原生态环境，使遗产价值大打折扣。

历史街区是活态的文化遗产，不能只保护那些建筑的躯壳，还应该保护它承载的文化，保存文化多样性，保持社会生活的延续性。传统文化的保护，不仅要保护传统建筑，还应该保护包括石子路石板路、小街小巷、老院老墙、小河小溪、老树古藤等构成历史风貌的各种要素，维护整体的历史风貌，维护原有的自然与人文和谐共处的面貌。非遗的保护，千万不能只见树木不见森林，拣了芝麻丢了西瓜。

（六）避免保护方法简单化

按照唯物辩证法的观点，任何事物都是互相联系的，都不是孤立的。这就要求我们看问题要全面，要搞清前因后果、彼此联系。如果是零星地、片面地、一知半解地看事情，就不可能掌握事物的全貌，就会犯简单化、片面性的错误。只有全面地、历史地看问题，才能看到和抓住事物的本质，掌握事物的发展规律。

譬如，在项目保护上不能简单化。非遗涉及面广、门类多、项目杂、表现形式多样，五花八门，纷繁复杂。对于非遗的保护，不能一刀切、齐步走，要分类指导、分别对待，要分清主次、分层次推进。

再如，对非遗项目的价值认定不能简单化。譬如风水。提到风水，往往第一反应它是迷信，是一种糟粕。也有专家认为，风水是准科学，是关于人与自然的一门学说,但也有迷信糟粕的成分。也有专家给风水学以很高的评价,认为风水的产生起源于中国古代建筑,源于古人对理想家园的追求,希冀构筑天、地、人三者和谐的一种愿景。辩证地看,风水作为一种流传千年、依然活跃的文化现象,它的存在有一定的合理性。风水究竟是迷信还是科学,能否成为非物质文化遗产,不能简单说是或不是、说可以或者是不可以。我觉得,如果能充分挖掘它核心的健康的有益的成分,不妨予以肯定。对于一些有争议的项目,在价值判断上不能随意定性,既不能不加分析地照单全收,也不能简单化地扣上"封建迷信"之类的帽子。

又如,对于传承人传承工作不能简单化。有些地方给了钱就完事了,给老艺人送上一笔政府津贴,然后就不闻不问,没有经常性的关心和指导,没有其他相应的支持和政策措施,对于项目的保护传承缺少具体的举措,项目保护传承难以取得实效。

我们想问题、办事情,要坚持"两点论",反对"一点论"。要客观不要主观,要全面不要片面,要辩证不要孤立,要科学把握各类事物的不同方面及因果关系,这样就可避免或减少盲目性、片面性,把事物看得更全面、更准确,把事情办得更好些。

(七)避免保障措施虚无化

全省各市县非遗事业的推进很不平衡。有的地方党委政府高度重视切实重视,在人财物建设方面,在政策保障方面,有切实措施,有强有力的支撑。但也有不少地方,对于非遗保护或者是认识不到位,或者是说起来重要,做起来次要,忙不起不要。也许在讲话中强调要"提高认识,加强领导,突出重点,加强保障",但停留在诸如此类的口头上场面上的表述上,在具体政策措施上在行动上没有作为。譬如在人财物方面,没有实质性措施。事业以人为本,但不少地方,有的没机构没编制,有的有机构没编制,有的只有一个编制,各地多数只有一两个兼职人员和老人在应付应对工作。还有,不少地方至今没有建立非遗保护专项资金,或者是资金盘子太小,没"蛋糕"好切,非遗项目保护和非遗事业推进缺少经费支持力度。还有,不少地方没有非遗工作办公场所,没有非遗展示场所。诸如此类的问题,亟待提上议事日程,亟待解决。非遗工作是个长期的任务,要可持续发展,必须要有机构办差,有钱办事,有场所办公,要加强保障措施。

(八)避免考核评估表面化

整个非遗工作还处于先发展、再规范的阶段。非遗事业大力推进,但在标准建设和评估管理的科学化规范化方面,还十分欠缺。譬如,如何解决"重申报、轻保护"问题,列入各级名录的项目如何保护,保护到什么程度? 我厅正在着手研究具体的措施。再如,各类保护载体四面开花,全面布点,这些基地评估的标准是什么,怎么样促进更好地发挥功能作用? 又如,县级区域非遗工作总体上应该有哪些要求,该抓什么,怎么抓? 还有,非遗保护中心的规范化建设问题,中心的构成应该有哪些要件,应该在哪些方面成为中心? 还有,工作方案制定了,任务部署了,落实情况如何,工作进展如何,任务完成如何,怎么评估怎么检验怎么考核? 如何解决干好干坏一个样、干多干少一个样、干与不干一个样的问题? 等等。非遗事业要大踏步前进,要健康可持续发展,必须研究和建立系列的系统的标准体系,建立考核评估工作的规范,建立长效管理的机制。

四、实施中应把握的原则

(一)把实施法律与落实政策法规结合起来

国家非遗保护专家委员会副主任资华筠先生指出:"'非遗法'具有鲜明的中国特色,是在总结了多年实践经验的基础上制定的,是鲜活的有生命力的,而不是僵化的照搬的教条的,这个法好推进、好实践,但还有不断补充和改进的空间。"我们国家这么大,人口这么多,民族这么多,非遗涉及面又这么广,"非遗法"的出台不容易。但是,这部法律的许多条文还只是原则性的规定,法律还有空白点。

因此,各地在实施"非遗法"中,要与贯彻国务院、国办文件,与贯彻我省地方法规《浙江省非物质文化遗产保护条例》相结合。譬如,"非遗法"第六条规定:县级以上人民政府应当将非物质文化遗产保护工作纳入本级国民经济和社会发展规划,并将保护经费列入本级财政预算。2005 年国务院办公厅下发的《关于加强我国非物质文化遗产保护工作的意见》强调:地方各级政府要加强领导,将保护工作列入重要工作议程,纳入国民经济和社会发展整体规划,纳入文化发展纲要。《浙江省非物质文化遗产保护条例》第四条强调:县级以上人民政府应当制定非物质文化遗产保护规划,将非物质文化遗产保护事业纳入国民经济和社会发展规划。各地要借贯彻"非遗法"的契机,争取非遗工作做到"五纳入"。再如,"非遗法"强调了要建立国家级、省级非遗代表作名录,国务院和国办的文件强调要建立国家、省、市、县四级名录体系。从当前的实践看,建立四级名录体系,具有重要性和必要性。又如,《浙江省非物质文化遗产保护条例》中,对于县级以上政府加强非遗工作机构和队伍建设、加强经费投入和设立非遗专项资金、加强非遗展示宣传和建立非遗展示馆等方面的表述,比"非遗法"更加明确,更为有力。法律和法规结合,与贯彻国务院、国办文件精神结合,对于加强非遗工作保障的有关表述和要求更加全面完整,加以综合运用,将实现效应效益的最大化。

(二)把谋划思路与谋细举措结合起来

首先要谋划好大思路。思路清才能方向明,思路决定出路。2006 年,两办(省委办公厅、省政府办公厅)颁发了"十一五"时期浙江省文化保护工程实施方案,对非遗工作提出了五大体系、四大任务、八个重点和五个保障,使"十一五"时期我省非遗工作有了遵循和依照。"十一五"时期我省非遗工作大踏步前进,跨越式发展,走在前列,领先全国,这与有个科学系统的规划指引有着密切的关系。规划是个纲,纲举目张,规划是个大口袋,什么都可以往里边装。今年是"十二五"的开局之年,各地要认清形势,理清思路,要有规划指引和指导实践,要谋篇布局,谋定而动,谋先则事昌。

其次,没有细则规定,就无法有效实施。每一项工作都要具体化、项目化,要有可操作性和实效性。譬如,县级区域非遗工作,我厅设想重点抓好"十个一",要有:一个保护规划、一个精品项目、一个展示场馆、一个品牌节庆、一个生态区、一个产业基地、一个工作机构、一套保障措施、一套成功经验、一批先进典型。今年我厅计划公布 10 个左右县域非遗保护综合性试点。再如,国家级非遗项目的保护工作,我厅设想推出"八个一"保护措施,要求每个国遗项目做到"八个一":一个保护方案、一个专家指导组、一个工作班子、一个传承基地、一个展示平台、一个完备档案、一册普及读本、一项配套政策。我厅自 2008 年开始,在每年的新春在全省开展"服务传承人月"系列活动,包括"对传承人进行一次走访慰问,发放一笔传承人政府补贴,召开一次传承人座谈会,组织一次传承人体检活动,举办一次传承人技艺展示活动,组织一次传承人专题采访报道,落实一项传承传习措施,制订一年传习活动计划"等"八个一"措施,营造尊重传承人、支持传承人、服务传承人的良好社会氛围。各地对于各项非遗保护工作的推进,要提出具体的有针对性实效性的指导意见。

大事要举重若轻,小事要举轻若重。有些时候战略决定成败,有些时候细节决定成败。

(三)把转变观念与转型升级结合起来

观念是思想,转型是行动。

非遗工作也有转变观念的问题。比如说城市化建设,一般观念上认为城市化建设不利于非物质文化遗产的保护,甚至认为城市化进程是非物质文化遗产的"杀手"。但城市化是大趋势,我们不应该也无法来阻止。关键是要换个角度思考问题,比如,怎么样在城市化过程中使非物质文化遗产得到一个正确的、合乎自身规律的继承和弘扬。各地要确立城市文化主题,要树立鲜明的地方形象,要挖掘地方文化内涵,彰显地方文化底蕴,我们应该也能够在其中有所作为,更有地位。再如,一般观念上,认为非遗是投入的、没有产出的。事实上,非遗生产性保护,非遗资源的合理开发利用,对于拉动旅游,促进文化产业发展,对于拉动内需,解决就业,促进经济建设,有着独特的和重要的作用。非遗的保护利用,除了有社会效益,还可以有良好的经济效益,可以成为新的经济增长点。

当前的非遗事业面临着转型升级,我在 2009 年年初提出非遗工作面临十个转型:第一,保护观念,从保守型向开放型转型;第二,保护管理,从行政型向法制型转型;第三,保护决策,从经验型向科学型转型;第四,保护载体,从单一型向多样型转型;第五,保护手段,从传统型向现代型转型;第六,保护活动,从零散型向系统型转型;第七,保护重点,从项目型向人本型转型;第八,保护宣传,从浅表型向纵深型转型;第九,保护主体,从主导型向协调型转型;第十,保护模式,从基础型向长效型转型。这十个转型,预示着非遗工作的发展方向和发展趋势。

思路一变天地宽,解放思想、黄金万两,脑筋急转弯,豁然开朗。非遗工作要逐步转变观念,转变保护方式,要顺势而为,乘势而上。

(四)把资源保护与资源开发结合起来

非遗保护的目的,一个重要方面,就是要服务于社会,服务于生活,服务于群众。非物质文化遗产,是文化表现形式,也是传统生产生活方式。所以,非遗资源的开发,可以与旅游结合,与发展产业结合。我厅已经公布了一批老字号非遗传承基地,公布了一批非遗生产性保护基地,公布了一批非遗旅游经典景区,既为了促进保护传承,也为了更好地服务民生,服务地方经济和社会发展。非遗资源的开发利用大有前途,大有市场前景。一个传说可以做得很大,譬如诸暨的中国西施文化节、宁波鄞州的梁祝爱情文化节;一个传统戏剧可以做得很大,譬如越剧婺剧,譬如新昌调腔、台州乱弹等重要地方剧种;许多的手工艺品种可以做大,譬如龙泉青瓷宝剑、东阳木雕、青田石雕,譬如桐庐剪纸、浦江麦秆剪贴等。即使一些很小很家常的饮食类项目同样可以做得很大,譬如五芳斋粽子,一年销售三个多亿,产值在十个亿以上;一个民俗项目可以做得很大,譬如象山开渔节、岱山谢洋节,还有泰顺百家宴等。非遗项目做大做强,对于提高地方知名度影响力,对于助推经济发展,有着现实的积极的意义和作用。

但必须特别提醒,在整个社会急功近利、追求经济效益最大化的时候,必须强调"保护为主"这个前提。一些地方在旅游开发中,利益驱动,利益至上,把一些民俗项目搞得面目全非,把原生环境改造得不伦不类;一些地方在手工技艺项目产业开发中,不注意维护传统的生产方式,一味讲产值讲产量,非遗作品的生产成为流水线作业,变成了规模化集约化经营;有些表演艺术项目被胡乱嫁接,移花接木,变成三不像,土豆不像土豆,芋艿不像芋艿;一些依靠资源性生存的项目,其不可再生的资源逐步消耗殆尽,面临无以为继的危险。还有一个担忧,当前的加快城市化进程和新农村建设,缺少正确理念的指引,传统街区和古村落的改造,可能造成非遗土壤和文化生态的大面积破坏。我还担忧,一些地方规划中的文化生态区,不要搞成了经济开发区。

关于这两者的关系,要强调一个原则:坚持保护优先、开发服从保护的原则。或者说,发展是硬道理,保护是硬任务。

(五)把创新机制与创优环境结合起来

非遗保护是一项长期的任务,因此,要探索和建立健全一整套一系列行之有效的和长效的工作机制。一是要强化合力推进机制。省政府建立了浙江省文化遗产保护管理委员会,郑继伟副省长担任主任,省发改委、文化、文物、财政、人事、教育等20多个部门为成员单位,统筹和协调文化遗产保护的重大事项,齐抓共管,形成合力,共同推进文化遗产保护事业的健康发展。二是要强化多元投入机制。要政府保护与民间保护相结合,财政投入与社会资金投入相结合,要研究和制定政策,鼓励社会上的各类投资主体向非遗事业投资,促进非遗事业的繁荣兴旺。三是要强化社会参与机制。要广泛吸纳文化单位、学术研究机构、大专院校、社会团体等各方面力量,共同开展非遗保护工作。四是强化激励导向机制。各级政府要对在非遗保护工作中作出突出贡献的单位和个人给予表彰奖励,以鼓励先进,树立典型,推动工作。五是强化舆论宣传机制。要运用各种媒体对非遗工作进行多形式、全方位的宣传报道,宣传先进的保护理念,倡导和形成保护文化遗产的社会价值观念,促进公众对民族文化的认同。要通过创新机制完善机制,为非遗保护提供思想保证、智力支持、文化条件,营造良好的舆论氛围和社会环境。

(六)把依法行政与依法监督结合起来

政府的职责就是依法行政,依法行政强调法治,要求我们的行政工作必须依法办事。"非遗法"第二十七条强调:"国务院文化主管部门和省、自治区、直辖市人民政府文化主管部门应当对非物质文化遗产代表性项目保护规划的实施情况进行监督检查;发现保护规划未能有效实施的,应当及时纠正、处理。"本条是对非遗项目保护规划实施情况进行监督检查的规定。保护规划重在实施,得不到实施的保护规划,只是一纸空文。实践中,有些地方仍然存在重申报、轻保护的现象。一些地方把非遗项目申报当作政绩工程来抓,项目申报成功后,后续保护工作跟不上。此外,保护规划实施中,涉及财政、旅游等多个部门,涉及保护专项资金落实、人才培养等多个方面,在文化主管部门内部也涉及到不同部门间的协调。因此,对保护规划的实施落实情况有必要进行监督检查。通过监督检查,发现保护规划未能有效实施的,应当及时予以指正。对未履行保护承诺、出现问题的,可以视不同程度,给予警告、严重警告,直至摘牌处理。

"非遗法"第三十一条指出:"非物质文化遗产代表性项目的代表性传承人,无正当理由不履行规定义务的,文化主管部门可以取消其代表性传承人资格,重新认定该项目的代表性传承人。"这是实行传承人退出机制的法律依据。传承人是非遗保护工作中的关键,只有促使传承人承担起传承责任,才能使非遗薪火相传,弘扬光大。

"非遗法"第三十八条强调:"文化主管部门和其他有关部门的工作人员在非物质文化遗产保护、保存工作中玩忽职守、滥用职权、徇私舞弊的,依法给予处分。"本条规定的违法情形有三种:玩忽职守、滥用职权、徇私舞弊。根据公务员法的规定,处分的种类有六种,从轻到重依次为:警告、记过、记大过、降级、撤职、开除。非遗工作部门以及工作人员要依法履行好职责,做好非遗保护工作,否则将要依法承担相应的法律责任。

我们在非遗工作实践中,要运用法律武器,依法行政,依法保护,还要坚持把强化督促检查贯穿始终,可以采取"专项督查、跟踪督查、综合督查、督查调研"等多种方式,切实增强督查工作的实效,切实推进非遗保护工作成效。

(七)把事业发展与行业建设结合起来

非遗事业从小到大,从弱到强,越来越红火,越来越蓬勃了,成为社会关注热点。但是从现状看,还有待于深入深化,有待于进一步扩大战果,进一步形成声势。下一步,我省非遗工作将重点抓住和抓好三个层面:一是省级层面。我厅计划在5月份在诸暨召开全省非遗重点工作推进会,对"十二五"时期非遗工作的推进、特别是今年的重点工作,进行再部署再动员。二是县级层面。县级建制在我国行政区划中扮演着重要的角色,是政治、经济和社会系统中最根本的层次和最重要的单元。县域的非遗保护,决定着全省非遗保护的质量和水平。我厅打算筹备召开全省县级区域非遗保护工作现场会,总结和交流经验,促进县域非遗工作快速发展。三是村级层面。非遗是农耕文化的产物,是乡土文化、草根文化,抓好乡村非遗保护,对于保护非遗生存环境,维护文化生态,有着特别重要的意义。我厅打算筹备召开"美丽乡村"建设中非遗保护工作会议,推进非遗保护的全区域全覆盖。

非遗事业要重在建设,全面建设,全社会建设,但目前非遗这个行业建设与非遗事业的发展形势还不相适应,目前非遗行业建设还比较薄弱,成为制约事业发展的瓶颈。我们要顺应当前"非遗法"颁布施行的大好形势,抓住机遇,着力推进非遗行业建设,为非遗事业的可持续发展提供有力保障。当前特别是要加强非遗工作机构和队伍建设。当下我们这支队伍还在草创时期,属于草头军、土八路、游击队、预备役,要逐步打造成一支正规军,要逐步正规化、规模化、规范化。

(八)把提高认识与提高能力结合起来

非遗事业功在当代,利在千秋。我们躬逢其盛,参与和投身于这项神圣的事业,既是一份责任担当,也是一份荣幸。党的十七大报告中,把加强文物和非物质文化遗产保护工作提升到营造中华民族共有的精神家园的高度来认识。我们要进一步提高认识,增强责任心和使命感。各位局长的认知和认识水平,对于非遗事业的兴衰成败关系重大。所谓思想领先,实践第一。所谓意识决定行动,行动决定结果。只有认识到位,才有行动的自觉。

方针政策确定之后,干部是决定的因素。事业的蓬勃发展,亟待我们进一步提高履职能力,包括学习思考的能力,依法行政的能力,落实工作的能力,创新发展的能力,动员群众的能力。实践出真知,历练长才干。我们要在解决实际问题中不断提高能力和水平,在履职尽责中不断提高推进非遗事业发展的素养和本领,在勇于担当责任中不断彰显文化局长的高尚情怀和奉献精神。

非物质文化遗产,是国计,也是民生;非物质文化遗产,是昨天的历史,是今天的文脉,更是明天的财富。非物质文化遗产工作,功在当代,利在千秋。我们使命光荣,责任重大,我们要不辱使命,不负重托。我们要借"非物质文化遗产法"颁布实施的东风,在法律精神的指引下,在法律规范的要求下,在法律赋予的责任中,乘势而上,迎难而上,大干快上,共同为弘扬中华民族优秀文化,为营造中华民族共有的精神家园,做出自己不懈的努力,做出不凡的业绩,做出历史性的贡献!

贯彻好法规精神　履行好法定职责

学习贯彻《浙江省非物质文化遗产保护条例》辅导报告

　　《浙江省非物质文化遗产保护条例》（以下简称"条例"）经浙江省十届人大三十二次会议审议通过，2007 年 6 月 1 日起开始施行。

　　"条例"是我省非物质文化遗产保护的纲，纲举目张。"条例"把近年来国家和我省有关非物质文化遗产保护方面的基本政策和重要措施，以及实践中的成功经验和有效做法，上升为法律规范。"条例"的出台，对于促进非物质文化遗产保护事业健康发展，传承和弘扬优秀传统文化，对于推进依法行政，依法保护，必将产生重大影响，发挥重要作用。

　　我讲四个问题：第一，非遗保护的意义；第二，立法的背景；第三，"条例"的主要内容；第四，贯彻和实施好"条例"的若干建议。

一、　非遗保护的意义

　　加强非物质文化遗产保护，在当前具有重要性和紧迫性。今年"文化遗产日"，文化部在北京举办全国非物质文化遗产保护成果展，温家宝总理亲自到现场观看了展览，在经过浙江展区乐清细纹刻纸展台时，跟 78 岁的老艺人林邦栋老先生亲切交谈。温总理说，我对非物质文化遗产有三句话的理解：第一，它是民族文化的精华；第二，它是民族智慧的象征；第三，它是民族精神的结晶。温总理对于非物质文化遗产的认识，立意很高，理解深刻，高度凝练和概括。对于温总理的三句话，我谈点自己的理解。

（一）为什么说非物质文化遗产是民族文化的精华

　　中华文化是四大古文明（古中华文化、古巴比伦文化、古埃及文化和古印度文

　　2007 年 12 月 21 日，金华市人大常委会举办《浙江省非物质文化遗产保护条例》法制讲座，受邀作辅导报告。

化)中唯一没有断流的文化,中华民族的非物质文化在漫长的历史长河中,在漫长的历史传承中,历经各种政治灾难、民族浩劫,历经战乱,历经许多的劫难而不衰,而且在流传的过程中,以滚雪球的方式,不断吸收新的因素,不断扬弃和更新,顽强地生存,不断的传承和发展。民族文化一代一代地传递下来,不能说没有各种典籍志书,各种书面记载的功劳,但主要靠的是民间的口口相传、口传心授,靠的是群体记忆。比如,我们的民间文学、民间表演艺术、民间手工技艺,各种民间知识,各种民俗活动和民间礼仪、民间信仰等等,源远流长,至今不衰,跨越时空,永无止息。大浪淘沙,几千年积淀和流传下来的都是宝!能够历尽沧桑,历经岁月传承至今的都是精华!黑格尔有句名言:"存在的就是合理的。"这是对民族文化遗存和传承的正确诠释。

(二)为什么说非物质文化遗产是民族智慧的象征

我们的祖先在生产劳动实践中创造了语言文字、神话传说;在生产劳动工具和生活用具时,创造了手工技艺;在抒发丰收的喜悦中,创造了音乐舞蹈;在生老病死的磨难中进行着原始的医药实践;在努力与大自然和谐共处中观察积累了天文、地理、数学等知识。而且这种创造不是静止的,而是世代相传不断发展创新的。一方面是环境和历史条件的变化,使非物质文化遗产不断地创新;另一方面是人民群众和群体传承具有创新性,使非物质文化遗产在传承过程中不断地发展。

大家知道,我国古代的四大发明(指南针、火药、造纸术、印刷术),具有原创性,具有世界性影响,是中华民族对世界文明的杰出贡献。文化部最近部署,将建立我国申报"人类非物质文化遗产代表作"预备清单。笔、墨、纸、砚"文房四宝"将打包申报,我省的湖笔、富阳竹纸,将与安徽徽墨、宣纸、歙砚和广东端砚等联合申报。中国是丝绸的发源地,早在先秦时期,秦国就常以丝绸和西戎交换战马;在中国通往西域的大路开通以前,中国丝绸在罗马与黄金等价;中国的丝绸由长安通过河西走廊和新疆,源源不断运到西方各国,备受西方各国的推崇。我省蚕桑丝织技艺也将申报国家预备清单。还有,我省的龙泉青瓷烧制技艺也将申报我国人类非遗代表作预备清单。英语中为何中国与瓷器同名?英文的单词China既有"中国"的意思,也有"瓷器"的意思。China一词随着中国瓷器在英国及欧洲大陆的广泛传播,转而成为"中国"的代名词。我们祖先所创造的非物质文化遗产,闪耀着智慧的光芒,对人类文明的发展意义深远。

非物质文化遗产丰富多彩、形式多样、斑斓多姿,它的多元性、多样性,是人类思维、智慧、创造、才华的结晶,是发散性思维的生动成果,是新文化创造的源泉。

当代文化的创新发展取决于对传统文化遗产的挖掘深度，当代社会文明进步取决于从祖先优秀文化遗产中不断吸取营养，不断激发创造力。

（三）为什么说非物质文化遗产是民族精神的结晶

在数千年或上万年的文明传承中，孕育了中华民族的优秀品格。传统神话中，女娲补天、精卫填海、大禹治水、愚公移山、夸父追日，体现了中华民族的生生不息、自强不息的精神。女娲为上古之神，起初以泥土造人，创造了人类社会并建立婚姻制度，后来，自然界发生了一场特大灾难，天塌地陷，女娲熔炼五色石来修补苍天。炎帝的小女儿化身精卫鸟，口衔西山上的树枝和石块，用来填塞东海，决心填平大海，意志坚决，不畏艰难。大禹受命治理洪水，转战九州，三过家门而不入，以国家大业、民族安危为己任。愚公子子孙孙挖山不止，锲而不舍，排除万难。古人对于旭日东升和夕阳西下感到迷惑，认为太阳一定会藏在什么地方，如果找到了路径，就一定能找到太阳。为此，夸父一往无前、义无反顾。中国神话中，英雄人物为了理想而不懈追求，勇于献身，那种不屈不挠、百折不挠、改天换地、顶天立地、荡气回肠的气概，是中华民族精神的源头，支撑着中华民族绵绵不绝的五千年历史。中华民族以龙为图腾，我们是龙的子孙、龙的传人，龙成为我们共同的民族信仰和社会认同。远古神话，龙舞等等，是民族精神的寄托，是民族理想的升华。

我们的龙舞、狮舞等民间舞蹈，我们的鼓乐、吹打乐等民间器乐，我们许多体现爱国主义精神的传统戏剧，我们许多祭奠英雄人物的民间庙会，许多寄托着民族浪漫主义情怀的民间信仰，都体现着中华民族的精神。非物质文化遗产中有许多体现我们民族元气、血脉、精气神的东西，在我们今天的中国特色社会主义建设中，要大力弘扬！

二、立法的背景

在经济全球化的形势下，特别是随着城市化、现代化、工业化、城乡一体化进程的推进，非物质文化遗产赖以生存和存活的农耕文化，以及相关的自然环境和社会环境的变迁，农民进城务工引发的人口的大流动，广播电视的普及使全民信息水平的提高，负载着丰富的民间口头文学和掌握民间艺术和技艺的传承人的年事已高或不断谢世等，这种种情况，都使民族的文化记忆出现中断的概率增加，使我们民族的口头和非物质文化遗产面临被遗忘、遭损坏、遭破坏的严重威胁，甚至是大面积地、加速地面临消亡。这无疑是我们民族的不能承受之重，所以抢救和保护非物质文化遗产已是刻不容缓，时不我待，迫在眉睫。

从 20 世纪 80 年代以来,联合国教科文组织和各国政府对于人类非物质文化遗产面临不断消失的问题,给予严重关切。新世纪以来,联合国教科文组织通过了一系列文件,予以强调。我国政府对非物质文化遗产保护工作高度重视,采取了一系列有效措施。当前,在一部分知识分子和政府官员中的文化自觉意识已大为提升,一个以抢救和保护濒临失传的非物质文化遗产为目的的文化理念和文化行动,已逐渐深入人心。浙江省委省政府高度重视非物质文化遗产保护工作,省人大常委会将非物质文化遗产保护工作立法摆上重要议程,将非物质文化遗产保护工作纳入法制化轨道,这也是落实法治浙江方略的重要举措。《浙江省非物质文化遗产保护条例》的出台,体现了我省全面抢救保护非物质文化遗产和传承弘扬民族优秀文化的决心,体现了我省非物质文化遗产保护继续干在实处、走在前列的政府意志,体现了社会各界和人民群众强烈的保护意识。保护条例的出台,为我省非物质文化遗产保护体制的建立与完善,提供了法律依据和重要保障。

三、“条例”的主要内容

“条例”共七章四十八条,分别从总则、保护职责与保护经费、名录与传承、保护措施与管理、科学研究与合理利用、法律责任等方面,对非物质文化遗产保护工作进行了全面系统的规范。“条例”的颁布实施,对进一步明确非物质文化遗产保护职责,推进保护制度建设,推动保护机制创新,强化保护工作措施,加快非物质文化遗产抢救步骤,具有重要意义,为非物质文化遗产保护事业健康持续发展提供了法律保障。“条例”的主要内容,我用八个“明确”来梳理和概括。

(一)明确了非物质文化遗产保护工作方针

非物质文化遗产保护的工作方针为:保护为主,抢救第一,合理利用,继承发展。抢救和保护是当前的主要任务。

“条例”规定,县级以上人民政府应当制定非物质文化遗产普查计划,有关部门应当按计划要求对非物质文化遗产进行普查,对普查成果进行分类登记;具有重要历史、文化、科学价值的项目,按规定程序列入非物质文化遗产名录,并提出具体保护计划和措施,明确保护责任单位,落实保护责任。“条例”强调,对濒危的、有重要价值的非物质文化遗产,县级以上人民政府文化行政部门应当会同有关部门采取科学有效的措施,及时进行抢救性保护。要采用文字、录音、录像等方式进行真实、完整记录和整理;征集收购相关实物、资料,保护相关建筑物、场所等。“条例”的规定很具体、很明确。

当前对非物质文化遗产应慎提开发。有不少地方对非物质文化遗产重申报、轻保护，重打品牌、忽视抢救。自然遗产开发上，出现了诸多严重破坏生态资源的现象，如在名山大川上装索道，架电梯，造宾馆，修大马路，建商业街。在文物开放利用上，同样出现了诸多问题，或拆旧建新，或孤立保护，或盲目搞旅游开发，破坏了整体文化环境。非物质文化遗产利用上，同样要避免类似情况。"条例"指出，利用非物质文化遗产进行创作、改编、表演、展示、产品开发、旅游等活动，应当尊重其原真性和文化内涵，不得歪曲、滥用。实施抢救性保护，应当在专家指导下制定周密的方案，保持非物质文化遗产的原真性和完整性。对文化遗产，我们要心存敬畏，不能无知无畏。

（二）明确了各级政府和各有关方面的保护职责

"条例"强调非物质文化遗产保护坚持政府主导、社会参与的原则。"条例"对各级政府包括乡镇政府提出了明确要求，对县级以上文化行政部门作为非物质文化遗产主管部门应当履行的职责提出了明确要求，对各相关部门和相关媒体、相关社团组织履行保护工作提出明确要求。"条例"并强调任何单位和个人都有保护非物质文化遗产的义务。

"条例"指出，各级人民政府应当加强对非物质文化遗产保护工作的领导，将保护工作列入重要议事日程。并强调县级以上政府应当制定非物质文化遗产保护规划，将非物质文化遗产保护事业纳入国民经济和社会发展规划。"条例"对各级政府有关具体保护责任作了强调和要求。"条例"并明确了县级以上政府对有突出贡献的代表性传承人、代表性传承单位，可以授予相应的荣誉称号；对在非物质文化遗产保护工作中作出显著成绩的单位和个人，应当予以表彰和奖励。非物质文化遗产保护是由政府组织实施推动的工程，各级政府责无旁贷。

"条例"明确，县级以上人民政府文化行政部门主管本行政区域内非物质文化遗产保护工作，文化行政部门应当履行非物质文化遗产保护的职责。"条例"所列的职责有六条：1.宣传贯彻非物质文化遗产保护法律、法规，督促相关单位、个人履行非物质文化遗产保护义务；2.组织实施本行政区域非物质文化遗产保护规划；3.组织开展非物质文化遗产的普查、发掘、整理、评审、研究等工作；4.组织开展非物质文化遗产展示、交流活动；5.监督检查非物质文化遗产的保护、管理和利用情况；6.其他非物质文化遗产保护的相关工作。文化行政部门作为主管部门，做好非物质文化遗产保护工作理当义无反顾。

非物质文化遗产保护不能也不可能单独依靠政府以及文化部门的推动，各有关方面依照各自职责,发挥职能作用,共同参与,形成合力,十分重要。"条例"规定,县级以上人民政府发展改革、财政、民族宗教、经贸、建设、规划、环境保护、国土资源、教育、旅游、体育、文物等部门,应当按照相关法律、法规和各自职责做好非物质文化遗产保护工作;宣传、新闻出版、广播电视等部门以及相关媒体应当宣传非物质文化遗产保护工作,普及非物质文化遗产保护知识,培养全社会非物质文化遗产保护意识;文联、社联、科协、作协和有关行业协会、学会等组织应当积极参与非物质文化遗产保护活动,按照各自章程和职责做好非物质文化遗产保护工作。各相关方面既要发挥各自的优势,有所侧重,各司其职,齐抓共管,又要交叉配合,通力协作,共同做好保护工作。社会各界投身和参与非物质文化遗产保护,理当在所不辞。

人民群众既是非物质文化遗产的传承者和创造者,当然也是非物质文化遗产的保护者。只有充分调动广大人民群众参与非物质文化遗产保护的积极性和主动性,我们的保护工作才能真正取得实效。"条例"特别指出,任何单位和个人都有保护非物质文化遗产的义务。这说明,人民群众的参与理所应当,而且更为重要。

(三)明确了要强化工作保障

"条例"特别强调,县级以上人民政府应当根据非物质文化遗产保护工作的实际需要,加强保护管理工作机构和专业队伍建设;并指出县级以上人民政府应当支持非物质文化遗产科学研究工作,培育和引进相关专业人才,促进非物质文化遗产科学研究专业人才队伍建设。"条例"强调,县级以上人民政府应当根据需要设立非物质文化遗产保护专项资金,保障非物质文化遗产保护所需经费,保护经费列入财政预算。"条例"要求:县级以上人民政府应当建立非物质文化遗产专题馆,收藏、保存和展示当地的非物质文化遗产。

有人办事、有钱办事、有地方办事,这是做好任何一项事业的前提和基础条件,所谓"兵马未动,粮草先行"。当前,要着力推进人财物建设,包括非遗机构建设、设立专项资金、建立非遗馆。事业以人为本,人是生产力中最活跃的因素,只要有了人,什么人间奇迹都能创造出来。非遗工作机构和队伍建设,对于非遗事业的长远发展至关重要。加强财力保障,是推进非遗事业发展的前提和条件,要把蛋糕做大,要保障事业所需。设施是事业的主架,要像推进公共图书馆、文化馆、博物馆建设一样,把非遗馆建设摆上议事日程,抓紧跑马圈地,抓紧规划和建设。各地要依据"条例"精神,积极向有关领导做好汇报,向有关方面积极沟通和争取,为非物质文化遗产事业提供必要的保障,为非物质文化遗产保护创造良好的条件。

（四）明确了要抓好重要项目的传承

"条例"要求，县级以上人民政府要建立非物质文化遗产名录。我省 11 个市和 90 个县（市、区）已全部公布了当地第一批非物质文化遗产名录。浙江省政府率先在全国公布了两批省级非物质文化遗产名录，已有 289 个项目列入了省非物质文化遗产名录。我省并有 44 个项目上榜国务院公布的第一批国家级非物质文化遗产名录。各级政府建立非物质文化遗产名录，是保护工作的核心。通过建立健全各级名录，把具有重要历史、文化、科学价值的项目，把具有典型性、代表性的项目，把濒危的项目，有重点、有序地抓紧抢救，实施保护。

"条例"要求，县级以上人民政府文化行政部门要确认和命名非物质文化遗产代表性传承人、代表性传承单位。并对代表性传承人、代表性传承单位的申报条件，对代表性传承人、代表性传承单位享有的权利，以及代表性传承人、代表性传承单位应当履行的义务，作了明确。"条例"并要求各级政府提供必要的场所，给予适当的资助，促进交流与合作，以及其他形式的帮助，大力支持代表性传承人、代表性传承单位开展传承活动。对非物质文化遗产名录项目代表性传承人、代表性传承单位的申报和命名工作，我厅已作出部署与安排。非物质文化遗产的特性，决定了代表性传承人是保护主体。我厅会同省财政厅下发了《浙江省非物质文化遗产代表性传承人政府补贴实施暂行办法》，决定从今年开始，对列入国家级、省级非物质文化遗产名录项目的代表性传承人，65 岁以上的每人每年补助 3000 元，70 岁以上的每人每年补助 4000 元。这是制度性的、终身的政府补贴，钱不是很多，但此事的意义重大。关键是通过这一措施，认定他们的社会价值，承认他们的社会贡献，确认他们的社会地位。同时，还要通过认定重要非物质文化遗产项目的传承单位，建立非物质文化遗产传承基地等措施，促进非物质文化遗产保护真正落到实处，促进薪火相传，传承发展。

（五）明确了一批保护载体

非物质文化遗产保护是一个综合性的命题，我们应该对与非物质文化遗产相关联的各要素做通盘的考虑，注意与非物质文化遗产生存、发展中与之息息相关的其他因素。

"条例"指出，传统文化生态保持较完整，并具有特殊价值的村落或地区，可以建立非物质文化遗产生态保护区；非物质文化遗产生态保护区应当划定保护范围，设立保护标志。建立生态保护区的意义，在于加强非物质文化遗产生存所必需的生态环境的保护。非物质文化遗产保护,需要赖以生存的文化空间。

"条例"指出,传统民间艺术特色鲜明,并具有广泛群众基础的区域,可以命名为民间文化艺术之乡。建立民间文化艺术之乡的意义,在于促进非物质文化遗产生存与一定的人群、共同体的相融。非物质文化遗产是一定的人群和共同体的文化创造。

"条例"指出,县级以上人民政府应当建立非物质文化遗产专题馆,收藏、保护和展示当地的非物质文化遗产。要建设与非物质文化遗产资源相匹配的相关设施,促进非物质文化遗产的保存、保护和宣传、展示。

"条例"指出,鼓励建立非物质文化遗产合理利用的基地,科学合理开发利用非物质文化遗产资源,促进非物质文化遗产适度运用于文化、旅游等相关产业发展。非物质文化遗产具有历史价值、艺术价值、科学价值,还可以具有经济价值。我们要重视非物质文化遗产的生态效益、社会效益,也要合理运用和实现它的经济效益。只有重视非物质文化遗产对促进经济建设和社会发展的现实作用和功能作用,才能使非物质文化遗产保护工作得到全社会的广泛认同,为人民群众所广泛拥护。

(六)明确了特殊保护措施

"条例"指出,对列入非物质文化遗产名录项目所涉及的建筑物、场所、遗迹等,县级以上人民政府应当在城乡规划和建设中采取有效措施予以保护。"条例"指出,对与非物质文化遗产密切相关的天然原材料,县级以上人民政府及有关部门应当采取限量开采、提高利用率等措施予以保护。"条例"指出,列入非物质文化遗产名录的表演艺术、传统工艺和制作技艺等,属于国家秘密的,应当按照国家保密法律、法规规定的程序确定密级,并予以保护;属于商业秘密的,按照国家有关法律、法规执行。"条例"指出,非物质文化遗产的知识产权及其基于传统知识、民间文艺所产生的其他权利,依法予以保护。"条例"指出,珍贵的非物质文化遗产原始资料和实物,限制经营、出境。"条例"指出,境外团体和个人到本省行政区域内,对非物质文化遗产进行学术性考察与研究,特别是对具有保密性的非物质文化遗产进行学术性考察与研究的,应当事先按有关程序报批。

非物质文化遗产的许多项目具有特殊性,应当采取特殊的措施、特殊的手段加强保护,应当依照法律、法规规定的方式、途径进行保护。"条例"对此作了具体明确的规定,有章可循,有法可依。

（七）明确了要科学保护

"条例"指出，县级以上人民政府文化行政部门应当会同有关部门制定非物质文化遗产的科学研究规划，明确重点科研项目，采取课题申报和项目招标等方式，推动非物质文化遗产的科学研究。"条例"指出，鼓励、支持大专院校、科研机构，开展非物质文化遗产理论和实践结合的科学研究，提高非物质文化遗产保护和合理利用的科学水平。"条例"指出，有计划、有重点地做好优秀非物质文化遗产的原始文献、典籍、资料等的整理、翻译、出版和研究工作。

在新时期做好非物质文化遗产保护是一个新课题，也是一个紧迫的课题。对非物质文化遗产的概念、涵义、特征、类型、具体内容和表现形式的研究，需要深入深化；对非物质文化遗产的保护原则、方法、措施等，需要在实践中探索，更需要科学的理论指导；对博大的非物质文化遗产资源，需要抓紧分类，分步骤发掘、整理；对非物质文化遗产保护的实践和规律，要积极总结、归纳和提炼；对兄弟省份乃至国外先进的非物质文化遗产保护经验，要积极引进和借鉴。非物质文化遗产保护，已经成为我国文化战略的重要组成部分，需要立意高远来深化认识和前瞻思考。推动非物质文化遗产的科学研究和科学保护，势在必然。

（八）明确了法律责任

本"条例"指出了一系列防止破坏、防止侵犯、防止侵权和防止行政不作为的限制、惩处、约束、警戒，可以说是告诫人们不能做和不应该做什么。干什么，怎么干，干不好怎么办，是推进事业发展的核心三部曲，关键是"干不好怎么办"，如果这一条措施不落实，那么一项事业就很可能落空，很可能走过场。

"条例"规定，对国家所有的非物质文化遗产资料、实物保护管理不力的，造成遗失或者严重损坏的，对直接负责的主管人员和其他直接责任人员将给予处罚。"条例"规定，侵占、破坏列入非物质文化遗产名录项目的资料、实物、建筑物、场所等，将给予处罚。"条例"规定，境外团体或个人在本省行政区域，未经备案对非物质文化遗产进行学术性考察与研究的，特别是未经审核批准对具有保密性的非物质文化遗产进行学术性考察与研究的，将依法给予处罚。

"条例"专门规定，县级以上人民政府文化行政部门、其他有关行政部门工作人员违反本条例规定，有下列情形之一的：1. 不按照本条例规定履行保护管理职责，造成后果的；2. 不按照本条例规定采取科学有效保护措施，造成濒危非物质文化遗产失传的；3. 不按照本条例的规定履行审核、申报职责的；4. 违法实施行政处罚的；

5.其他违法情形。将由有关主管部门或者监察部门对直接负责的主管人员和其他直接责任人员依法给予行政处分。

《浙江省非物质文化遗产保护条例》的出台和实施,将对我省的非物质文化遗产保护产生前所未有的促进作用,意义深远。

四、贯彻和实施好"条例"的若干建议

省人大常委会颁布的《浙江省非物质文化遗产保护条例》,全省各权力机构、政府机构和社会各界,都应当认真学习和深入贯彻。要把贯彻"条例"作为一项重要任务,认真落实责任;要以学习贯彻"条例"为契机,紧密结合当地非物质文化遗产保护工作实际,扎实推进非物质文化遗产保护事业的发展。具体要做到七个"好"。

(一)及时组织好"条例"的学习和宣传工作

要贯彻实施好"条例"的精神和要求,首先要学习好和宣传好。通过"条例"的学习,充分认识"条例"颁布施行的重大意义,认真领会"条例"的精神实质,全面理解深刻内涵和要求,掌握法律赋予的权利和责任,增强非物质文化遗产保护的法制观念,提高履行法定职责的水平,增强贯彻落实"条例"的自觉性,以"条例"精神指导和规范非物质文化遗产保护工作,推进非物质文化遗产事业发展。

特别是各级文化部门要在抓好"条例"学习的同时,义不容辞地做好"条例"的宣传工作。要会同法制部门、新闻单位、教育机构,采取群众喜闻乐见、通俗易懂、生动活泼的形式,通过宣讲活动、宣传咨询、发送资料、举办展览、专题展演、进行座谈等途径,广泛深入宣传"条例"的重要意义、主要内容和违反法规应当承担的责任,让社会各界充分了解"条例"的内容和精髓,让人民群众了解什么是非物质文化遗产,怎么样保护好非物质文化遗产,增强依法抢救保护的意识,努力使"条例"家喻户晓,深入人心。通过宣传,促进"条例"的贯彻实施,进一步营造良好氛围,形成全社会关心、支持非物质文化遗产保护的有利态势,形成舆论强势。

(二)认真解决好存在的突出问题

我省的非物质文化遗产保护工作,成绩有目共睹,但我省非物质文化遗产保护工作的形势依然十分严峻,面临许多制约保护工作深入深化的瓶颈。要提请各级人大常委会加强对"条例"贯彻实施的指导和督导,组织有关方面对本区域的非物质文化遗产保护工作进行一次全面检查。各级文化部门要借助"条例"颁布施行的有利契机,主动向党委政府提出贯彻实施的建议,争取在党委政府的重视下,对照

"条例",寻找差距,有针对性地解决工作中存在的难点和热点问题。特别要落实"条例"强调的,将非物质文化遗产保护工作纳入重要议事日程,纳入国民经济和社会发展规划,纳入城乡建设规划,纳入财政预算等要求,积极争取将非遗保护工作纳入党委、政府目标考核责任。通过"五个纳入",促进非物质文化遗产保护方针的落实,促进非物质文化遗产保护工作目标的实现,促进依法行政和依法管理。在当前,要特别重视促进非物质文化遗产保护管理工作机构建设,促进加大财政投入力度,促进工作保障。同时,要不断探索和创新非物质文化遗产保护工作机制,将破难攻坚作为加强非物质文化遗产保护工作的一个有力突破口。

(三)着力实施好当前非物质文化遗产普查工作

"条例"第十三条规定:县级以上人民政府应当制定非物质文化遗产普查计划,有关部门应该按计划要求对非物质文化遗产进行普查,对普查结果进行分类登记;具有重要历史、文化、科学价值的项目,按规定程序列入非物质文化遗产名录。非物质文化遗产普查,也是重要的省情和国情调查。各地要将普查摸底作为非物质文化遗产保护的基础性工作来抓,统一部署、有序进行。

各级文化部门要抓住贯彻实施"条例"的有利时机,按照《浙江省非物质文化遗产普查实施方案》要求,着力抓好当前非物质文化遗产普查工作。特别是省综合试点、普查试点单位要先行一步,制订方案,落实措施,抓出成效。按照不漏村镇、不漏线索、不漏项目、不漏艺人四个不漏的调查要求,按照文字、照片、录音、录像四个采录要求,加大力度,加快节奏,全力做好的非物质文化遗产普查工作。其他县(市、区)也要采取有力措施,切实开展非物质文化遗产普查工作,确保 2008 年 6 月前,我省全面完成非物质文化遗产普查工作任务。

通过认真和深入的普查,对非物质文化遗产进行真实、系统和全面的记录,建立档案和数据库。通过普查,全面了解和掌握各地非物质文化遗产资源的种类、数量、分布状况、生存环境。通过普查,摸清家底,找准问题,明确方向,加强管理。

(四)抢救保护好重要的非物质文化遗产

我省省、市、县三级都建立了非物质文化遗产名录。评选非物质文化遗产名录项目的标准,主要有两个:其一为具有典型性、代表性,对有关群体或者文化多样性具有特殊价值;其二是具有濒危性和保护的紧迫性,特别是因面临社会变革等因素缺乏保护而将消失的文化表现形式。各级非物质文化遗产名录的建立,对于加强重要非物质文化遗产的抢救和保护,对于保存这些文化所凝聚的人民群众的经验和智慧,对于促进文化多样性,对于唤醒和加强全社会的文化遗产保护意识,对于树立地方文化形象,都有重要价值和重要意义。建立名录是措施,不是目的,抢救保护和继承弘扬才是目的。要切实按照"条例"的要求,列入非物质文化遗产名录的项目,应当明确保护责任单位,提出具体保护计划和措施,落实保护责任。

重要非物质文化遗产的保护,要特别关注对传承人的保护,要以人为本。杭州市余杭区在民间传承人生存状态调查中,把传承人面临的问题概括为"三无、三难、三缺"。"三无"是行业无组织,传人无地位,生活无保障;"三难"是传承艰难,选择弟子艰难,生存发展艰难;"三缺"是缺资金,缺舞台,缺市场。加强对非物质文化遗产传承人的支持和资助,是"条例"所强调的,是各级政府以及文化行政部门的应尽责任,是非物质文化遗产保护的根本环节。

非物质文化遗产概念中的文化空间,具有特殊的地位。文化空间,它与传统文化表现形式并列,这符合非物质文化遗产生态实际,具有很强的科学性。在新农村建设中,要正确处理好保护传统文化与建设发展的关系,要防止和克服漠视传统文化而大建大拆的现象。许多珍贵的非物质文化遗产因为失去生存的土壤,失去环境和空间而面临在根本上杜绝和消失的威胁。"条例"指出,对那些传统文化资源丰富、保存较完整的村落或特定区域,可以建立非物质文化遗产生态保护区,划定保护范围,严禁破坏和损害。希望各地对此充分关注,会同有关方面采取切实有效的措施,加强对具有特殊价值文化空间的维护和保护,使优秀的传统文化与新农村建设有机结合,有效传承。

(五)合理利用好非物质文化遗产资源

"条例"第三十八条指出:鼓励建立非物质文化遗产合理利用的基地,科学合理开发利用非物质文化遗产资源,促进非物质文化遗产适度运用于文化、旅游等相关产业发展。按照"条例"有关精神,我厅在继续抓好民间艺术之乡创建的基础上,将规划命名一批非物质文化遗产保护传承基地、传统节日保护基地、非物质文化遗产生态保护区、非物质文化遗产旅游景区、非物质文化遗产生产性保护基地,并将积极推进民间艺术馆、非物质文化遗产专题展示馆建设。我们要在继续抓紧抢救保护的同时,科学合理开发利用,为非物质文化遗产保护奠定持久、深厚的基础;推动优秀传统文化繁荣发展,满足人民群众的精神文化需求;促进文化消费、扩大就业,改善民生,推动区域经济发展;使优秀的传统文化,更好地服务于社会,融入现代生活,为社会文明进步作出新的贡献。

（六）探索遵循好保护工作规律

非物质文化遗产保护是新的实践，没有多少经验可以借鉴，没有多少样板可以参照，没有多少模式可以遵循，有许多疑难杂症需要破难攻坚，有许多新问题要去突破，必须解放思想，实事求是，大胆创新，勇于实践。发展中的问题，要继续在发展中解决。

在当前保护工作形势下，如何贯彻好"条例"精神，坚持政府主导、社会参与、齐抓共管，形成合力；坚持把非物质文化遗产保护工作作为一个系统工程来抓，统筹规划，分步实施，常抓不懈；坚持将非物质文化遗产保护工作列入党政及有关部门考核内容，完善考评机制，强化督查；坚持抢救、继承与发展创新相结合，推进非物质文化遗产的历史延续，焕发蓬勃的生机，传至久远；坚持科学保护，加强学科研究和工作探讨，不断积累保护工作成果，增强保护工作成效。这些问题，都需要我们积极探索，积累经验，深入研究，不断健全保护工作机制，把握好保护工作规律。

（七）切实履行好法定职责

新时期，我省开展非物质文化遗产保护工作以来，成效卓著。这在于各级党委政府的高度重视和正确领导，在于各级人大常委会和人大代表的有力支持。各级文化行政部门也用实际行动确立了在非物质文化遗产保护工作中的主力军地位。"条例"进一步明确了文化行政部门在非物质文化遗产保护工作中的法定地位和职责，这是对我们既往工作的充分肯定，更是对我们今后工作的信任和厚望。我们处于非物质文化遗产保护的最前沿、最关键的位置，对此感到无比光荣和自豪。同时"条例"规定了文化行政部门不按照"条例"规定履行保护管理职责，造成后果的，将承担相应的法律责任。我们要从有法可依、有法必依的法律高度和法律角度，增强履行法定职责的自觉性，以高度的主动性、积极性、创造性，履行好法定职责，把非物质文化遗产保护工作推向新阶段。

邓小平指出，"制度问题更带有根本性、全局性、牢固性和长期性"。立法是最有保障力度的制度。学习宣传和贯彻落实好《浙江省非物质文化遗产保护条例》，是各级人大常委会的题中之义，也是各级政府和社会各界的共同责任，更是各级文化部门义不容辞的职责。方针政策确定以后，最重要的是付诸实践。我们要把贯彻"条例"的精神，真正体现到依法行政上，体现到提高素质能力上，体现到推动工作落实上，体现到创造工作业绩上。只有真抓实干，"条例"才有实效性，才有权威性！

　　金华市人大常委会阎寿根主任等各位领导,高度重视非物质文化遗产保护工作,并专门组织《浙江省非物质文化遗产保护条例》法制讲座,让我倍感亲切,更是深受鼓舞。作为一个非物质文化遗产保护工作者,我和我的同事们一定更加珍惜时代为我们提供的机遇和舞台,更加珍惜各方面领导对我们的信任和期望,更加珍惜来之不易的大好形势,更加勤奋地学习,更加扎实地工作,不辱使命,不负重托,为非物质文化遗产事业的发展,为守护精神家园,作出应有的奉献和贡献。

第二讲

论坛讲演

非物质文化遗产与文化国力

从"端午祭"由韩国人"申遗"成功到皮影戏成为印尼人的文化遗产,国人不断受到强烈的刺激,眼下公众对非物质文化遗产保护的热情和意识也不断高涨。但是有些问题日益凸显,保护非物质文化遗产是对传统文化的坚守,而随着时代的飞速发展,传统与现代无论在观念上还是形态上肯定还将发生冲突,这才是国人保护非物质文化遗产面临的窘境和严峻问题。

我们的祖国素以历史悠久和文化灿烂著称于世,我们的祖先用智慧和汗水浇灌出了绚丽多彩的文化,我们为之骄傲和自豪。当今中国经济建设的前景一片大好,正以令世界震惊的速度迅速崛起,"再现汉唐盛世",成为中国人的流行语。许多人期待强大的中国也会使中华文化成为强势文化,但是,到了今天,在炎黄子孙手中传承了 5000 年的中华文化却遇到了前所未有的挑战,博大精深的中华文化正受到越来越大的冲击。有人呼吁,中华文化已经到了最危险的时候。中国的崛起与强大,对中华传统文化来说,到底是机遇还是危机? 如何让无比珍贵却又正在消失的文化遗产永远保存和传承下去,如何增强中国在世界竞争中的软实力? 下面我就保护非物质文化遗产在增进文化国力方面的意义,谈五点认识。

一、非物质文化遗产蕴含民族生命力

(一)从历史文化上看,中华文化 5000 年源远流长

中国的悠久历史,让国人引以为自豪,考古学家还在竭尽全力地把中国历史、中华文化起源的时间往前推,并不断有惊喜发现。浙江从距今 5000 年的良渚文

2006 年 5 月 30 日—6 月 2 日 中国艺术研究院、中国文化报社、浙江省文化厅联合举办"国家文化安全"中国非物质文化遗产保护余杭论坛。本文为在论坛的讲演,收入论坛文集。

化,到 6000 年前的马家浜文化,到 7000 年前的河姆渡文化,到 8000 年前的萧山跨湖桥文化,再到最近发现的浦江上山文化,浙江有人类存在的历史,已推移到 1 万年前。据称,古巴比伦、古埃及、古印度几千年的文明都已萎缩和灭亡了,只有中国从登上历史舞台那天起,就没有停滞过。中国历史上,不断遭到外族的侵扰,和外国列强的侵略,面临亡国灭族的危险,但是在辉煌的中华文化面前,外来文化或为高山仰止被同化,或被击溃,中华文化抵抗住了各种外来文化的侵入。由此可见,5000 多年的中华文化根深叶茂,能够抵挡住任何苦难和危机。

胡锦涛 2006 年 4 月 21 日在美国耶鲁大学的演讲中指出:"中华文明是世界古代文明中始终没有中断,连续 5000 多年发展至今的文明。"中华文化的悠久、丰厚、灵性,在世界文化中是无与伦比的。作为中华传统文化重要组成部分的非物质文化遗产,是各族人民在生产生活实践中创造出来,并逐渐提炼积累下来的精神财富,体现了中华民族所特有的道德观念、审美情趣和文化认同。它产生于民间,生长在民间,繁荣于民间,它是草根文化,是乡土艺术,是百姓的文化、生活的文化,它贴近实际,贴近群众,贴近生活,它形式多样,五彩缤纷,生动活泼,它传递着祖先丰富的文化信息,以鲜明的风格和独特的价值,为中华民族文化提供源源不断的养料,使中华民族传统文化薪火相传。非物质文化遗产是民族旺盛生命力的集中体现。

(二)从现实状况看,非物质文化遗产面临生存危机

随着全球化趋势的增强,经济和社会的急剧变迁,传统文化面临的冲击越来越严重。一方面,是西方发达国家凭借其强大的综合国力,先进的科学技术,发达的文化传播媒介,通过引导世界文化的潮流,急剧传播西方的价值观念和生活方式。另一方面,随着时代的发展,人们对文化表现形式的要求呈现出多样化,而在社会发展进程中,优秀民族传统文化固有的形式甚至一些特征与日益变化的对文化的要求不相适应,特别是保护意识的弱化,导致历史遗产、老街古巷、秦砖汉瓦在现代化的口号下日渐消隐、土崩瓦解,使传统的非物质文化遗产逐渐失去了赖以生存和发展的环境基础;大批有历史、文化和科学价值的代表着中华文化创造水平的民间作品和承载着非物质文化遗产基因的实物资料,继续以各种形式通过各种渠道流往海外,严重影响了我国非物质文化遗产的生存发展。于是在今天,逐渐成为强势国家的中国,原先强势的民族民间文化其地位已变得极为脆弱。面对全球化浪潮,面对扑面而来的现代化,不少专家不禁要担心,中国人传承了 5000 年的传统文化又在哪里,中华文化是否面临着消亡的危机,面临无以维系的危机?有识之士预

警,中华文化乃至整个文化土壤,正在迅速地贫瘠化、单质化、板结化和沙漠化。

面对5000年文化有濒临消失之虞,作为炎黄子孙,龙的子孙,我们有责任保护我们自己民族的文化。拥有时不懂得珍惜,等到失去的时候才追悔莫及。非物质文化遗产具有不可再生性,如果消亡,如果后继乏人,如果不及时抢救、保护,优秀的民族传统文化,就会失传和流失。非物质文化遗产蕴藏了中华民族活的文化传统,遗憾的是许多年来人们从来不这样思考,或者这样思考了,也不会给民族民间文化以应有的位置。好在非物质文化遗产中的大多数种类都具有草根特性,注定其生命力无比坚韧。可是,再坚韧的生命,也当不得数十年甚至一个世纪的冷落,如果在冷落之外又来了新的强势力量的冲击,那么这些以口头和身授方式相传的绝对弱势文化一旦遭遇传承人断代,就只能步《广陵散》后尘,成为空谷绝响。非物质文化遗产面临着严峻局面,也对当代人提出了严峻的挑战,我们能不能上不负祖先,下无愧于子孙,文明的传承能不能不在当代人的手中断裂!非物质文化遗产是老祖宗留下来的,我们当代人的历史责任何在?

(三)从政府保障措施看,非物质文化遗产在回归中重焕生机

2005年,国务院办公厅、国务院先后下发文件,强调加强非物质文化遗产保护工作,规格提高,力度加大。国家加强非物质文化遗产保护,体现了对维护中华文化整体性和历史延续性的认识,体现了对加强中华民族的文化自觉和文化认同的高度重视和战略思考,这是历史的使命,也是历史的必然。国务院即将公布第一批国家级非物质文化遗产名录,有重要价值的非物质文化遗产代表作列入名录之后,如果不落实保护措施,名录中的项目还是有可能失传,所以对于地方政府尤其是文化主管部门来说,列入名录意味着加重了责任。国务院办公厅《关于加强我国非物质文化遗产保护工作的意见》中指出:"对列入各级名录的非物质文化遗产代表作,可采取命名、授予称号、表彰奖励、资助扶持等方式,鼓励代表作传承人(团体)进行传习活动。通过社会教育和学校教育,使非物质文化遗产代表作的传承后继有人。"并强调要"研究探索对传统文化生态保持较完整并具有特殊价值的村落或特定区域,进行动态整体性保护的方式。在传统文化特色鲜明、具有广泛群众基础的社区、乡村,开展创建民间传统文化之乡的活动"。非物质文化遗产与物质文化遗产不同,其保护主体就是人本身,保护非物质文化遗产的重点就是保护传承人。同时要让非物质文化遗产活在民间,永远扎根于民间这块沃土之中,要让更多的群众了解、熟悉和喜爱非物质文化遗产。非物质文化遗产只有活在民间才有生命力,只有在回归中才能重焕生机。

传承优秀传统文化是每一个公民的责任和义务。在这个传统文化已离我们越来越远的年代，我们不仅需要有文化良知，更需要更多的人把这种文化良知落实到行动上来。只有我们每个人都关心和爱惜前人给我们留下的这些财富，我们民族独特的审美、独特的气质、独特的传统才能传承下去。守护非物质文化遗产，对我们的国家在全球化的进程中保持自己的方位有着重要的意义。为此，我们需要共同努力。

二、非物质文化遗产体现人民创造力

（一）非物质文化遗产是人类创造力活的见证

文化部长孙家正指出，多姿多彩的非物质文化遗产是历代祖先的创造，也是祖先内心情感的天然表达，具有展现中华民族文化创造力的杰出价值，并促进了文化的多样性和人类创造力的发展。前两届人类口述和非物质文化遗产代表作评审委员会主席也表达了类似的观点。他指出："关于人类存在和起源的创造性丰富多彩，绚烂多姿，无穷无尽。"

勤劳智慧的中华民族创造了光辉灿烂的历史文化，留下了举世闻名的文化遗产，体现了中华民族的生命力和创造力，是中华民族的宝贵财富，也是人类的文明瑰宝。从 2001 年起，联合国教科文组织已经公布了 90 件人类口述和非物质文化遗产代表作，中国的昆曲、古琴艺术、新疆维吾尔族"木卡姆"、蒙古族传统长调民歌（中国和蒙古国）都在其中。即将公布的第一批国家级非物质文化遗产名录项目，应该说都具有杰出的价值，或在非物质文化遗产中具有典型意义。比如文房四宝，不但对中国传统文化的形成和发展有着巨大的、不可磨灭的历史贡献，而且在现代社会仍具有十分重要和无可替代的作用。由众多匠师世代传承的文房四宝及其制作技艺，蕴含着极为丰富的文化内涵和珍贵的科技基因，它们是中华民族文化多样性和中国人智慧与创造力的活的见证，是具有中国特色的典型的非物质文化遗产。最近中国科学院自然科学史研究所协调文房四宝申报"世遗"工作，如果此项目"申遗"成功，对维护文房四宝的发明权，促进制作技艺的传承弘扬，提高品牌的知名度，和推动文化事业的发展，都将起到重要的作用。"申遗"，是对传统文化的肯定与延续，但"申遗"千万不要仅仅成为一种应景之举。"申遗"的目的是为了更好地保护，是为了更好的彰显。

2006 年元宵节，在国家博物馆举办的中国非物质文化遗产保护成果展，充分展示了我国民族民间文化的源远流长、博大精深，充分展示了各省份各呈特色的民间文化艺术。参展项目题材广泛,品种繁多,蔚为壮观,体现了地方文化的多样性、丰富性;参展作品精妙绝伦,凝聚着民间艺术家的高超智慧和不竭的创造力;参展作品既有传承千年的传统力作,又有令人耳目一新的创新之佳作。这些展品以深厚的传统文化底蕴、特别的个性、精湛的工艺、强烈的美感、浓郁的地域特色,共同组成了五彩缤纷的民间工艺精品大观,吸引了各界群众踊跃参观。为了我们的子孙后代,所有的非物质遗产都需要好好保存和保护。我们要着力推动我国非物质文化遗产的抢救、保护与传承,着力打造和世界各地不同的、在国际上独特的中华文化符号。

(二)非物质文化遗产保护的意义在于推陈出新

纵览古今,放眼环球,文化只有不断创新,才能充满生机与活力,传之久远。京剧的演变和发展是一个典型的例子。越剧也是如此,推陈出新,是越剧秉持不变的艺术情怀。在中国近现代众多地方戏曲剧种中,越剧是一个相对年轻的剧种,但是它善于吸收新事物、新观念、新思想,广泛吸取各种艺术门类的成功经验和艺术营养,兼容并蓄,为己所用,形成了与时俱进、独具特色的艺术风格,成为我国戏剧宝库中的璀璨明珠。今年是越剧百年,百岁越剧将迎来庆祝高潮,百岁越剧给我们以启迪:创新意味着永恒,坚守昭示着一切。从民俗来说,有传统民俗和新民俗之分。传统民俗构建了一个丰富性的基础,但目前传统民俗已经破坏得差不多了,我们面临着一个重要任务,就是要尽可能地恢复传统民俗,尤其是传统民俗的精华部分,凸显和美的民俗符号,保持传统文化的丰富性,使民族民间几千年源远流长的精华得以弘扬。另外一类为新民俗,新民俗反映了传统和现代的结合,生产方式变了,生活方式也改变了,许多新民俗自然而然就创造出来了。这些新民俗一般都是有历史传承,然后结合现在农村的实际需求,吸取先进的文化和文明风尚,不断更新。民族民间文化在内容和形式上是可以变化,可以创造的,这种积极创新,促使保护对象得以应时而变,去芜存菁,吐故纳新,生生不息。唯有如此,民族民间文化才能更加枝繁叶茂,才能产生持续不断的吸引力,中国传统文化才能与时俱进,不断增强中国特色社会主义文化的吸引力和感召力。

(三)加强非物质文化遗产知识产权的保护

不仅仅在高科技方面有着知识产权保护问题,我们有许多优秀的传统文化,具有展现中华民族文化创造力的杰出价值,同样存在知识产权保护问题。我们不能再等到别人抢的时候才着急了。尽管今年的端午节与往年有些迥异,端午节等民族传统节日已被列入第一批国家级非物质文化遗产名录公示名单,却仍容易让人联想到韩国成功将"端午祭"申报为人类非物质文化遗产带给中国人的遗憾。韩国在成功将类同于中国端午节的"端午祭"申报为人类非物质文化遗产后,又准备将中医改为韩医申报人类非物质文化遗产。中国的中医药博大精深,传统中医的治疗理念正逐渐为世界所接受,受到国际社会越来越多的关注,这为中医药的发展提供了广阔的空间。如果我们不重视,也许又被韩国抢先了。我国的川剧变脸、安徽宣纸技艺已为日本人所窃取;我国著名的工艺品景泰蓝,也是文化保护上的一个教训,据说如今日本的景泰蓝出口占了国际市场的80%以上。我们的文化保护意识为什么总是比别人慢一拍?为什么只有当别人"捷足先登"的时候才意识到传统文化的珍贵呢?传统技艺的保护,既是知识产权的保护,也是国家文化安全的维护。

三、非物质文化遗产激发民族凝聚力

我国各族人民在长期历史发展过程中创造的非物质文化遗产,不仅构成了中华民族深厚的文化底蕴,而且承载着中华民族文化的渊源和基因,承载着中华民族的精神、情感和价值观念,是中华文化的根基和重要组成部分,是维系国家统一和民族团结的基础。

(一)尊祖崇祖是中华民族的传统风俗和传统美德

我们被称为炎黄子孙,源于炎帝和黄帝。炎黄联盟与帝俊、蚩尤相继征伐后,天下大一统,这是从来没有过的奇迹,因此我们被称为"炎黄子孙"。我们也被称为龙的传人,源于伏羲女娲时期。天地感应而生伏羲女娲,霹雳雷电之状若龙,击之于木而燃烧,取木火而用,自此改变人类,使之从动物世界分化走出。故以伏羲为龙,但凡神州大地之后人,均为龙之传人。三皇五帝,无论是真有其人其事,还是纯粹的神话传说,都寄寓了海内外炎黄子孙的民族情感和对其所开创的功德的尊崇。黄帝陵祭典、太昊伏羲祭典、女娲祭典、大禹祭典、妈祖祭典、祭孔大典等入选国家级非物质文化遗产名录,体现了国家对弘扬中华民族精神、凝聚民族力量的重视,体现了民心所向。近年来,各相关地区不断发掘整理和保护宣传好这些重要的民族文化遗产,纷纷举办相应的祭典祭祀活动,以血缘与地缘为依托,凝聚一个民族共有的精神,也成为海内外炎黄子孙寻找民族认同,抒发爱国情感的重要方式。

(二)传统节日是中华民族文化的共同传承与认同

对任何一个民族来说,文化是它的根本,而传统节日正是民族文化的重要载体。中国的传统节日如春节、元宵节、端午节、中秋节、重阳节等,都特别讲究全民同乐,注重家庭团圆,洋溢着浓厚的东方文化色彩。这既是民族凝聚力和向心力的体现,也是我们民族文化的魅力所在。中国的传统节日是中华民族身份识别的象征之一,也是中华文化长期积淀的产物,是中华民族自我认同的主要形式。它是一个民族的心理和情感纽带。有学者提出,把春节、清明节、端午节、中秋节这四个传统节日,像元旦、五一劳动节、国庆节一样,纳入到国家的法定假日中,这一建议对于弘扬民族优秀文化传统,形成温馨和谐的社会环境,增强民族的凝聚力和认同感,具有积极的意义。由于传统文化意识的日渐淡漠,我们有着悠久历史和丰富内涵的传统节日,变成了"吃"的文化了。春节吃年糕,元宵节吃汤圆,端午节吃粽子,清明节吃青团,中秋节吃月饼。如今,满足了温饱需求的中国人,传统节日的吸引力似乎一下子失去了以往的魅力,传统节日普遍被边缘化。即使中国人以往最为隆重的除夕夜,除了年夜饭,除了电视屏幕上的春节联欢晚会,有些城市连辞旧迎新和充满喜庆的鞭炮也被禁止。这与西方人欢度圣诞节的热闹相比,我们的春节年味淡了,气氛淡了,人情淡了。恢复传统节日,就是保护我们的非物质文化遗产,更何况这样的文化传统中有值得我们传承的精髓。以纪念爱国诗人屈原的端午节而言,就昭示了这种意义。端午节吃粽子、赛龙舟、喝雄黄酒、戴荷包等等,所蕴含的历史人文内涵,所散发出的浓郁人文色彩,所体现的民族精神和人文精神,有我们今天一直缺失和遗忘的东西。这不仅是一种形式上的热闹,更能使我们找回和重温失落的传统精神和民族文化精华。

(三)民族精神是非物质文化遗产最本质、最集中的体现

非物质文化遗产,其内涵,是一种民族情感,是通过艺术、技艺所表现出来的民族精神。因此,传承优秀民族传统文化,挖掘优秀民族传统文化的历史内涵,培育鲜明的文化个性,形成具有独特魅力的历史文脉和民族精神,增强民族凝聚力,是非物质文化遗产保护的重要内容,也是非物质文化遗产保护弘扬的目的所在。我国传统的民间传说、民间故事,大多蕴含着健康的思想价值,听听岳飞精忠报国的故事,徐福东渡传说,爱国情怀、民族自豪感油然而生。许多民间戏剧、民间曲艺,承载着爱国主义和民族精神,梅兰芳在抗战时期,编演了《木兰从军》、《抗金兵》和《生死恨》等爱国剧目,激励国民抗敌救国的斗志。各地的民间龙舞、狮舞和民间鼓乐、器乐,寓意着中华民族的自强不息和奋进精神,等等。我们经常号召要热爱祖国,热爱民族,这就要求我们首先要了解我们国家的民族民间文化。民族民间文化是我们产生这些意识和观念的宝库。在经济全球化和现代化的冲击下,实施非物

质文化遗产保护工作,对于传承中华文明,增强中华民族的凝聚力,具有不可替代的作用。

四、非物质文化遗产促进社会生产力

(一)非物质文化遗产是发展文化产业的重要资源

我国处于社会主义初级阶段,以经济建设为中心是一个长期的战略。而文化产业的蓬勃发展已成为一个国家经济发达的重要标志。民间艺术商业化是文化产业发展的重要体现。以浙江为例,青田石雕历经沉浮,终以文化力的张扬而得以重新崛起。如今的青田石雕业,已进入从业人员最多、产业规模最大、产销量最高、精品最丰富的黄金时期。青田石雕原产地证明商标的推广和使用,专业工艺品市场、石雕工业园区和石雕博物馆相继建成,青田县通过一系列组合措施,推动石雕产业向集约化发展,石雕文化资源已经转化为该县的经济支柱。据了解,目前青田石雕年产值 4.2 亿元,从业人员超过 3 万。在今天的东阳,木雕已经成为支柱产业之一,从事木雕生产的企业有 140 余家,家庭作坊 2000 余家,光木雕从业人员就有 2 万余人,年产值 20 多个亿。嵊州的民间职业剧团有 120 多个,全年演出超过 1.5 万场次,总收入达到 1.5 亿。嵊州还千方百计做大越剧延伸产业,嵊州越剧的演员培训业、演出中介业、戏剧服装业、道具制造业等相关产业已初具规模。据说唱绍兴莲花落的演员,出场费都能上万,还可以开上奔驰车。绍兴艺校 2006 年新开设的"曲艺表演"班成为了热门。民间文化产业的发展,使民间文化重新焕发出勃勃生机。民间文化有着比较广阔的市场前景,特别是对于有着丰富非物质文化遗产资源但经济欠发达的地区,民间文化遗产资源的合理开发利用,将成为脱贫致富奔小康的有效途径,成为新的经济增长点。

(二)非物质文化遗产是提升旅游业内涵的重要途径

民间文化与旅游的关系,可以说颇为密切。民间文化在当代旅游业中越来越发挥出重要的作用,为旅游业提供了一个积极的发展空间,民间文化也可以借助旅游业的拓展做大文章。如在一些景区景点内进行民族民间文化展示,赋予旅游景区文化的内涵和风韵。杭州宋城成为杭州的旅游亮点,大型歌舞《宋城千古情》是反映杭州历史文化的景区舞台演出,深受游客欢迎,全年上演 700 余场,平均每天上演 2 场以上;宋城加强市井表演和民俗演出,皮影戏、木偶戏、魔术、杂耍、高跷、抬阁、戏曲等粉墨登场,庙会、火把节、泼水节等民俗活动依次举办。宋城被旅游行业人士誉为"杭州的民俗文化园"。杭州东方文化园开展文化遗产休闲体验之旅活动,2006 年首先开辟昆曲体验之旅,邀请昆曲名家演出昆曲的代表曲目,在园区内运用昆曲的实物资料和影视多媒体等手段,展现昆曲艺术的发展,观众可以从中直接体验和感受到古老神秘和唯美的昆曲艺术。另一方面,如以民族文化村为依托,对具有深厚文化内涵的乡村文化资源加以发掘利用,使民族文化不离开本土生存环境。这方面,云南、贵州、广西等省份已有成功的经验。旅游业的发展应是多向的,不仅要注重经济效益,同时也要承担起继承和光大民间文化的责任和社会使命。当然,在旅游开发的过程中,不能以歪曲和滥用民间文化遗产为代价,而应该是建立在保护基础上的旅游开发,在保护的同时,让民间文化发挥其价值。

(三)非物质文化遗产是经济社会可持续发展的重要支撑

非物质文化遗产的价值,在现代经济社会发展中的最大体现,莫过于提供精神动力和智力支持。我们现代许多思想,包括所谓的创新思想,都在我们的非物质文化遗产中早已萌芽了。只要充分地关注我们的非物质文化遗产,我们就能从中发现宝藏,这些宝藏或许不是现实的直接的生产力,但是给我们的思想启迪和精神支撑,足以转化为持久的生产力,促进经济社会的健康和可持续发展。

非物质文化遗产扎根于相关社区的文化传统,世代相传,具有鲜明的地方特色,具有见证中华民族活的文化传统的独特价值,特别是它所蕴含和推崇的"仁、义、礼、智、信"等基本价值和追求,具有促进中华民族文化认同、增强社会凝聚力、增进民族团结和社会稳定的作用。非物质文化遗产不仅在视觉上和精神上满足群众的文化审美需求,更在潜意识中在潜移默化中熏陶和引导人民健康向上、积极进取。非物质文化遗产,或被概括为一个社区的文化精神,或提升一个地区的文化知名度和影响力,或拓宽和丰富人们的想象空间和表现空间,这是一笔无形的财富。对非物质文化遗产的认知程度提高了,开发利用充分了,必定将为当代经济建设和社会文明进步增添动力。

五、非物质文化遗产提升国家影响力

(一)从争取话语权这个意义上重视对外文化传播

主权国家的综合国力主要体现在两方面,硬实力和软实力。硬实力指的是经济、军事和科技实力,软实力主要是指一个国家的文化影响力。一个国家走向世界,这不仅仅是在经济上有翻天覆地的变化,还应让文化推陈出新,在输出文化上下大功夫,让人家接受你这一文化。随着中国经济日渐崛起,中国也越来越受到世界的瞩目,与之相配套,文化的影响力也亟待拓展和加强。当下,西方文化的侵蚀随处可见,在美国薯片、芯片、大片这"三片"齐下的文化战略的冲击下,我们的民族优秀传统文化在相当长一段时期内处于基本失声状态。中国有句古话叫做"来而不往非礼也",礼尚往来讲究的是往来,如果只有外来文化的单边输入,那不叫文化交流,交流应该是互动的和双向的。我们要从争夺话语权这个意义上来看文化走出去,向西方展示富有魅力的中国,向国外宣传充满蓬勃朝气的中国。在前不久的全国政协十届四次会议上,赵启正(国务院新闻办原主任)指出,作为一个拥有5000多年文明史的文化发源地,中国不能只出口电视机,而不出口电视机播放的内容,不能仅满足于成为硬件加工厂。他呼吁,要振兴中国文化,推动中华文化走向世界,并对世界文化作出较大的贡献。只有在世界文化中占有一定的份额,才能成为文化大国。只有先成为文化大国,才可能成为世界强国。从某种意义上说,谁开始喜欢你的文化,你就开始拥有了谁。赵启正并进一步指出,要把振兴文化提到文化安全的高度,有了文化安全,才能谈到价值观安全和意识形态安全。

(二)非物质文化遗产是联系世界的桥梁

越是本土的,越具有民族性;越是民族的,越具有世界性。越是在全球化的时代,文化的走向越趋向本土化,民族性比较强的文化艺术越能被世界所接受。民族文化和世界文化在一定程度上是相通的。比如中国的瓷器、丝绸、茶叶和酒文化,中国的昆曲、京剧、舞龙舞狮和民族器乐,都以其独特的文化魅力在国际社会中得到青睐,受到欢迎。再比如,意大利文艺复兴时期艺术巨匠所创造的雕塑和绘画,和其蕴含的人文主义思想,对欧洲以致对整个世界艺术的发展,均产生了很大的影响。非物质文化遗产是国家文化影响力的主要资源。近年来,我国通过多种渠道和形式在法国、意大利、俄罗斯等国家开展"中国文化年"活动,取得良好反响。各地也纷纷开展国际友城文化交流活动,走出国门,向世界展示中华民族优秀文化成果和中国人民的精神风貌,从而不断提升中华文化的亲和力和感召力。我们有理由相信,开展成功的文化外交,有益于塑造我国良好的国际形象。

(三)运用现代传媒扩大辐射影响

当前,报刊多如牛毛,电视走进千家万户,互联网铺天盖地,现代传媒的影响是相当巨大的。西方国家文化产业强烈冲击带来的"西化"浪潮,令不少国家和地区面临文化殖民的威胁。近两年来,世界舞台上"汉风"再起,我们要珍惜这一历史机遇。邻国所创造的韩剧神话,不得不让我们想起很多,不得不让我们深思。《大长今》一剧受到观众的普遍欢迎,其中重要方面在于剧中积淀了丰厚的汉文化,剧中的礼仪文化、服饰文化、饮食文化、医学文化、官制文化、诗词、汉字、书法等均来源于汉文化或继承于汉文化,而且许多故事情节也是围绕汉文化展开的。《大长今》等韩剧的成功,一定意义上实现了韩国文化产业的战略目的,达到了他们金融危机后文化立国的目标。审时度势,如何运用现代传媒、运用全新的影视艺术等传播中国本土文化,如何在5000年文明的深厚积淀中创造出风行世界的文化产品,是我们面临的具有战略意义的重要命题。我省启动了非物质文化遗产题材系列电影创作计划,《皮影王》、《十里红妆》、《鼓舞天下》、《蓝印花布包裹的纯真年代》、《情系龙泉剑》、《李渔的戏班》等10部影片,将由浙江本土电影公司在浙江投资开拍,既是宣传浙江的非物质文化遗产,宣传古老的中国,也是宣传多彩的中国,现代的中国。非物质文化遗产具有鲜明的民族印记,表现了典型的民族风情,表达了强烈的民族精神。加强我国非物质文化遗产的展示宣传,是提升我国文化国力的重要手段,是实现中华民族文化复兴的题中之义,也是我们肩负的历史使命和责任担当。

《礼记·中庸》曰:凡事预则立,不预则废。中国要振兴民族传统文化,必须认真制定国家文化发展战略。要把振兴民族文化提到维护国家文化安全的高度来认识,有了文化安全,才能谈到价值观安全和意识形态安全。中华文明生生不息数千载,历尽艰难坎坷,却依然茁壮挺拔,就因为在每一个紧要的历史关头,前辈先哲们都以超人的勇气、智慧和理性面对危难。今天在实现中华民族伟大复兴的进程中,专家学者们应该担负起挽救文化危机的重任,政府应该担负起挽救文化危机的重任。有一种说法,欲灭一国,必先灭其文化。就是说一个国家、一个民族如果没有了自己的文化,它离灭亡的日子也就不远了。因此,一个国家,不仅要有经济、科技、国防实力,更要有文化软实力,提升文化实力,提升综合国力。一个国家,没有经济实力、军事实力,一打就垮,没有文化实力,将不打自垮。这不是危言耸听。我们当警惕和惊醒,当作暮鼓晨钟。

培育和弘扬生态文化　促进和维护文化生态

感谢张庆善院长给我这个机会,让我就文化生态区建设发表意见。我们象山的吴健局长讲得很好,我接着她发言的话题再补充一下。我用三句话来做汇报和介绍。

一、审时度势,在大局中科学定位

象山申报国家级海洋渔文化生态区,具有特殊的和重要的意义。

(一)象山建立海洋渔文化生态区,对于象山的意义

象山海洋渔文化生态区,自然生态良好,人文古迹丰富,民俗风情浓郁,文化形态多样,在我省海洋渔文化生态中具有典型性、代表性。象山县委县政府对文化生态的保护高度重视,尊重历史沿袭下来的传统生产生活方式和风俗习惯,采取一系列行之有效的措施,推进海洋渔文化生态维护和保护。当地人民群众对之形成共识,积极参与文化生态的保护。刚才吴局长的介绍也很生动。象山建立海洋渔文化生态区,是象山经济社会发展到新的历史阶段的现实选择,是维护海洋文化资源的内在要求,是文化遗产事业可持续发展的有效途径,也是彰显城市区域特色的战略举措。实际上,她介绍的也是某种程度上浙江重视文化生态保护和生态文明建设的一个缩影和一个窗口。

(二)象山建立海洋渔文化生态区,对于浙江的意义

在我们国家这个"金鸡"版图里面,浙江的陆地面积 10 万平方公里,位居全国倒数第二,只比宁夏多一点(不包括直辖市和海岛省份)。但是我们浙江拥有辽阔的海疆,漫长的海岸线和众多的岛屿。浙江有 26 万平方公里的海域,是陆域面积的两倍多;有 6696 公里海岸线,全国最长;有海岛数量 2878 个,约占全国的 40%。

2009 年 5 月 18 日在全国文化生态保护实验区建设研讨会上的发言

另一方面,浙江不仅是海洋大省,而且是经济强省,浙江经济发展的步子很快,连续17年浙江的经济总量在全国各省份中始终居于老三和老四的地位,但是经济发展了,后遗症、副效应也很大。随着城市化、工业化、新农村建设的推进,原生态文化的保护面临的形势很严峻,已经迫在眉睫,必须被提上重要的议事日程。我们省委省政府出台了生态浙江建设规划纲要,提出来不但要生产发展、生活富裕,而且生态也要良好,不单要金山银山,还要绿水青山;不单要抓好自然生态保护,还要抓好文化生态保护。这体现了科学发展观的思想,体现了全面协调可持续发展这么一个理念。在象山进行海洋文化生态整体性区域性保护的探索,在我省具有重要的示范价值和引导作用。

(三)象山建立海洋渔文化生态区,对于全国的意义

我国沿海有 10 个省份,有 2 个直辖市,有港澳台。跳出象山看象山,特别是把象山放到全国各地文化生态区申报和保护的大格局中来看,在象山进行海洋文化生态保护实践,象山的实践和经验,对于全国沿海省份文化生态保护会有重大影响,对于全国文化生态保护的多样性和差异化发展也会有重要的影响。

基于以上认识,我们对于象山文化生态区建设有着内生的动力,有着自觉的意识。而且,我省不仅重视推进象山这个点的建设,还公布了 7 个省级非遗生态保护区试点,从不同的层面不同的形态进行探索。非物质文化遗产,是文化生态保护区的核心内涵。文化生态保护区建设,不仅是非遗保护的生命线,也是生态浙江的重要支撑点。

二、多措并举,在探索中促进保护

开展文化生态保护区建设,加强重点区域整体性保护,是我省非遗保护实践的一大着力点。我厅根据《浙江省非物质文化遗产保护条例》,《浙江生态省建设规划纲要》精神,自 2008 年开始,开展了非物质文化遗产生态保护区试点工作,坚持分类指导,鼓励先行先试,探索文化生态整体性保护的有效途径。

(一)以理论研究为先导,科学保护

2007 年以来,我厅先后与浙江大学、浙师大、杭师大、中国美院、浙江传媒学院、浙江艺术职业学院联合共建了 6 所高校省非遗研究基地。这 6 所高校基地,积极投入非物质文化遗产理论研究,参与有关市县文化生态保护规划的制定,为文化生态的整体性保护工作提供了富有前瞻性和针对性的理论指导。我厅连续举办了

五届省非物质文化遗产保护论坛,分别以"国家文化安全"、"非物质文化遗产生态保护"、"传承人保护与传承基地建设"、"民俗文化的当代传承"、"传统表演艺术保护"为主题,配套专家专题讲座,对非物质文化遗产保护范畴的一些重大论题,进行有针对性的探讨与交流,成为我省加强非遗整体性保护的一个重要平台。

(二)以编制规划纲要为依据,依章保护

文化生态保护区作为非物质文化遗产整体性保护方式,对于维护文化生态系统的平衡与完整,推进非物质文化遗产的传承与发展具有重要的意义。我省各试点单位,依靠专家,制订了具有科学性、前瞻性、系统性的非物质文化遗产生态区保护规划。在目标确定上,认真总结近年来非遗保护事业发展的主要成绩,深入分析存在的问题,提出了非物质文化遗产生态保护的指导思想、总体目标和主要任务。在指标体系的设置上,力求全面、具体,力求符合实际,力求具有可行性和可操作性。在主要措施上,突出了政策支持与引导,为规划的顺利实施和落实,提供了有力的保障,打下了坚实基础。

(三)以维护文化多样化为重点,多元保护

浙江地理风貌较为丰富,有水乡平原、有山区、有丘陵、有海岛。我省考虑到各地文化形态不一、各有特色,在指导保护区保护方式上也各有所重。我省确立的 7 个省级非物质文化遗产生态保护区,都具有不同文化特征类型。如杭嘉湖蚕桑丝织文化、象山海洋渔俗文化、金华婺文化、绍兴越文化、景宁畲族文化、乐清工艺美术文化、江山廿八都文化。各试点地区通过发掘文化内涵,发挥文化优势,彰显文化特色,树立区域文化形象,维护文化的整体性、多样性。探索不同条件下文化整体性保护模式,引导文化与经济社会协调发展。

(四)以项目保护为基础,分类保护

非物质文化遗产名录项目的保护传承,是文化生态区工作的重点。抓文化生态区建设首先要抓项目。各地根据非物质文化遗产的不同类型和特点,所保护的重点和途径也有所不同。如杭嘉湖蚕桑丝织文化生态区,对不同特定区域的蚕桑文化表现形态,采取了不同的保护方式,或建有"蚕桑丝织文化展示馆"、"双林绫绢织造技艺展示馆",或举办"含山轧蚕花"、"新市蚕花庙会"、"洲泉蚕花水会"等民俗活动,或建立"清水丝绵制作技艺保护示范点","蚕桑丝织文化生态园"等。象山县每年举办"象山开渔节"、"如意娘娘省亲"等民俗活动,推进"徐福东渡传说"、"石浦——富岗如意信俗"等非遗项目的保护传承,加强石浦渔港和古街区生态的保

护。金华市高度重视婺文化保护工作,强化婺剧团建设,建立婺剧学校,成立了婺文化研究会、举办婺文化研讨会,出版了婺文化丛书40多册。经省人大常委会审议通过,景宁县出台了《景宁畲族自治县民族民间文化保护条例》,畲族文化生态保护有了地方法规保障。各地因地制宜,采取了有针对性和实效性的保护措施,使重要非遗项目焕发生机活力,使文化生态的保护有了凝聚点和着力点。

(五)以人民群众文化自觉为支撑,全社会保护

非物质文化遗产与人民群众生产生活息息相关。非遗是民众的文化,生活的文化。非遗保护,要唤起民众千百万,只有成为人民群众的自觉自愿的行动,才能做好。各地利用"文化遗产日",各类民俗文化节庆活动,各类非遗博览会等各种文化载体,开展多种形式的展演展示活动,增强了人民群众的文化认同,提高了文化自豪感,激发了保护热情,提升了人民群众参与保护区建设的文化自觉,形成全社会参与保护的热潮。宣传生态文化、保护文化生态,成为社会共识和全民的行动。

我省充分认识文化生态保护区建设的重要意义,积极推动文化生态保护区建设深入开展,并取得了初步的成果和成效。

三、抓纲务本,在转变中实现发展

我省在文化生态区建设上,在主观理念和行动上,体现了"五个抓,五个变"。

(一)自觉的抓,变被动抓为主动抓

政府是推动非遗保护和文化生态区建设的第一位力量。没有政府以及相关部门的大力倡导和身体力行,非遗事业和生态区实践将很难有效地运行起来。但同时必须清醒地认识到,非遗是民间文化,生活文化,百姓文化,只有唤起社会公众的自觉参与意识,形成广泛的社会共识,才是非遗事业持续发展的可靠保证。为此,我们在每年的文化遗产日期间举行浙江省非物质文化遗产节,开展全省上下联动的非遗宣传展示活动;充分运用一年到头的各类传统节日和文化节庆活动,引起社会所有成员对非遗保护的日益关注;大力推进各类非遗展示馆建设,使非遗的宣传展示经常化、日常化、正常化。我们还特别重视运用各类讲坛、讲座来宣传,邀请国家知名专家学者来做讲座,我们也请基层的乡土专家走上讲坛,让代表性传承人走进讲坛。各类讲坛讲座,在传播非物质文化遗产的知识和保护理念方面发挥了重要作用。我省特别注重与新闻媒体的联动互动,譬如举办浙江省非遗普查十大新发现评选,和非遗保护的十大新闻人物评选。昨天,这两个评审结果都在"浙江日

报"和浙江非遗网上公示了。从 2006 年开始,我们每年开展浙江省非遗保护十件大事评选。我们还跟浙江日报等媒体联合举办浙江省非遗保护宣传报道奖评选活动,评出好专题、好专栏、好文章各十篇。"三好"的评选,把各地新闻媒体的工作热情调动了起来。近年来,我省还构划和实施浙江省非遗系列电影创作计划,《皮影王》已经拍摄完成,《十里红妆》《鼓舞天下》《情系龙泉剑》《蓝印花布包裹的纯真岁月》等,已签约和列入拍摄计划。另外,浙江省入选第一批国家级非遗项目系列电视片已拍摄和制作完成,44 个国遗项目,一个项目一集,今年文化遗产日举行了首发仪式,并将在浙江电视台连续播放。浙江非遗工作有这么大的声势,与我们重视宣传鼓动是分不开的,重彩浓墨的宣传展示活动,和大张旗鼓的社会舆论氛围,使非遗事业从政府推动转化为社会运动,从政府主导转化为社会主动意识,从政府战略转化为公众战略。

(二)负责的抓,变明天抓为今天抓

文化部部署抓文化生态区建设,体现了一种战略意识、前瞻意识。科学发展观,就是"既要金山银山,又要绿水青山"。从文化生态的角度来讲,我们不仅要保持自然界的青山绿水,还要让文化资源显山露水。我们不仅要留点土地给子孙耕,还要保护文化资源让子孙后代永续享用。文化生态区建设,就是要走出一条以维护文化生态为特色的可持续发展之路。这是一种发展理念,或者说是非遗保护的理想境界。随着经济社会的快速发展,文化生态受到越来越大的冲击。非遗代表性传承人往往年事已高,风烛残年,而且往往因为手工作业费时长,成本高,市场效益不高,为此后继乏人,即使有年轻人愿意学,培养工作也是一个漫长的过程,有一定实力和水平的年轻的传承人,往往又留不住,被广告公司、文化创意公司等高薪挖走。当前,对非遗的挖掘抢救保护和整理工作中,还存在着明显投入不足的问题,受经费所限,一些很好的文化素材和题材得不到有效的挖掘整理,一些较有影响的民俗活动也逐渐淡出生活。总体上看,非物质文化遗产保护还处于松散的无序的状态中,依然前景堪忧。当前非遗保护工作面临的形势依然很严峻,依然是刻不容缓,迫在眉睫。所以我们务必要强化使命感和责任感,有条件的要抓紧上,没有条件的也要创造条件上,今天的工作要做好,明天的后天的工作也要在今天争分夺秒做好。为了抢抓时间,大家都是没日没夜地干,所谓 5+2,白+黑,是当下非遗工作者工作状态的真实写照。

(三)持久的抓,变一时抓为长期抓

非遗保护和文化生态的保护,关键在于形成一个长效的机制。我省出台了若

干的政策意见和若干的规划。2005年省委办公厅、省政府办公厅颁发了《浙江省文化保护工程实施方案》，提出了"十一五"期间构建非遗保护的五大体系，实施非遗保护八大重点工作，提出了加强非遗保护的政策措施。这是全国各省份中唯一的省级非遗保护中长期规划。2006年，浙江省政府出台了《关于进一步加强文化遗产保护的意见》，对非物质文化遗产保护工作作了进一步强调和要求。2007年，浙江省人大常委会通过颁布了《浙江省非物质文化遗产保护条例》，明确提出"县级以上人民政府应当根据需要建立非物质文化遗产保护工作机构"。我们把非遗保护工作机构建设作为工作的重点，大力推进。周和平部长曾经有一句话，"只要人类存在，这项工作就一定会继续下去"。非遗事业要可持续发展，必须要有机构办差，有人办事。我省建立了非遗保护专项资金，每年1500万元。我省非遗工作有这么大的成效，是与党委政府的高度重视和强力推动紧密联系在一起的。依法保护，依照规划保护，依据政策保护，为浙江非遗事业的健康和可持续发展提供了全面的有力的保障。

（四）创新的抓，变单一抓为综合抓

我们坚持贯彻"保护为主，抢救第一，合理利用，继承发展"的方针，坚持"在保护中发展，在发展中保护"的原则，既突出工作重点，又注意统筹兼顾。当前重点是抓好抢救保护，开展了非遗大普查，建立了名录体系，认定了一大批代表性传承人，对代表性传承人颁发制度化的政府津贴，每年开展服务传承人月活动，并建立了一批非遗传承基地、非遗传承教学基地和传统节日保护基地，使一大批重要的非遗项目得以恢复，使一批濒危的非遗项目得到抢救，使广大传承人焕发了重操旧业和带徒传艺的热情，使传承人的地位和社会价值得到了社会的承认，使非物质文化遗产得到了社会的尊重。在着力和着重抓好抢救保护的基础上，我厅将非遗资源的合理开发利用提上议事日程，进一步发挥非遗资源的社会功能作用和经济价值作用。现在是眼球经济，注意力就是生产力。我们公布了一批传统文化节庆活动，通过恢复和彰显传统文化节庆活动，彰显非物质文化遗产经久不衰的魅力，彰显区域特色文化的影响力和品牌号召力。我厅与省旅游局作了会商，准备评选一批非物质文化遗产旅游景区景点，我们设想把更多的非遗项目引进旅游景点，增加旅游景点的人文含量，增加它的文化品位，提高它的知名度和影响力；同时把一些非遗资源集聚的地方，非遗特色鲜明的地方，把旅游也结合进去，纳入旅游线路，把游客引进来，扩大非遗的影响力和辐射力。另外，我们还要公布一批非遗的生产性保护基地。当前经济形势不景气，实际上许多非遗项目有经济效益，有市场空间，可以成

为拉动内需促发展的一个亮点,可以成为一个新的经济增长点。

(五)统筹的抓,变局部抓为整体抓

怎么体现生态区的区域特色和文化内涵,怎么体现生态区的文化空间概念,怎么与当地经济社会发展相结合,一直是我们思考的问题。我们厅里公布了7个文化生态保护区试点,各种层级的都有,有跨行政区域的,有以设区市为单位的,有以县域为单位的,甚至有以乡镇为单位的。我们希望在各类试点的基础上,在取得经验的基础上,以点带面,典型示范,逐步铺开。特别是象山,我们对它也有一个定位,希望象山能够立足县域抓保护,立足海域抓保护,率先实践,率先突破,然后我们再做好宣传推广。在象山文化生态保护实验区建设过程中,我们将和象山一起探索机制和深入总结,特别是要研究和推动出台一些相关政策,总结对全省对全国有启发的经验。既然是实验区,就应该有较大的创新空间,通过先行先试,探索路径,提供示范。对于非遗资源及其生存环境实施有效的整体性保护,特别是要防止因为过度开发而对整体生态造成损害,对此应该有相应的问责或处罚办法。我省把文化生态区的建设,列入了文化大省建设规划,列入了浙江生态建设规划纲要,列入了山上浙江、海上浙江建设的重要内容。我们应该从过去的注重非遗项目保护转向整体性的、综合性的保护,文化生态区建设,是一个根本途径。

这些年来,我们在"五个抓"上面下功夫,在"五个变"上面见成效,这是一个初步的总结。安徽省等兄弟省市的实践经验,很值得借鉴。他山之石,可以攻玉,我们将认真吸收宝贵经验,认真借鉴学习。各位国家级专家的真知灼见,为我们破解了难题,打开了思路,使我们深受启发和启迪。明天周和平部长将做重要讲话,一定会给我们指明方向,指引我们把文化生态区建设工作提高到一个新的水平。在此,也诚挚欢迎大家来浙江考察指导工作!

在发展中保护　　在保护中发展

　　上个月底,文化部在黄山召开了全国文化生态保护区建设研讨会,就文化生态区的理念理论、实践实验进行了研讨研究,文化部周和平部长在会上做了重要讲话,多位国家级专家在会上做了指导性学术报告。文化生态区建设是一个新的课题,缺少相应的经验借鉴,也需要科学的理论指导。参加黄山会议,我感觉收获很大。

　　今天,我们在余杭举行第五届浙江省非物质文化遗产保护论坛,本届论坛也是以文化生态保护区建设为论题。我们这次论坛,因为有各地的丰富的实践作为支撑,交流很实在,探讨也很深入,大家引起共鸣,取得共识。

　　在会前,我到新华书店找找有没这方面的书,站了两三个小时,没看到有直接相关的书籍,有寥寥几本关于生态方面的书,也讲的是自然生态的维护,仅有只言片语提到文化生态。文化生态保护,可以引用、借鉴的资料实在不多。这也说明了加强文化生态保护和生态区建设研讨的必要性和意义所在。

　　借这个机会,我结合黄山会议上周和平部长的讲话精神,综合会上专家学者探讨交流的一些观点,也初步提炼各地文化生态区建设探索的一些经验,结合自己初步的思考,就文化生态区建设方面发个言,和大家一起探讨。我把文化生态区建设概括为六句话:

一、文化生态区建设,是一门新兴的边缘学科

　　我先讲三个概念:一是文化生态、二是文化生态学,三是文化生态保护区。

　　文化生态的概念,有两层意思:一个是指由特定民族或者特定地区人民群众的生产方式、生活方式、文化表现形式、风俗习惯等文化因素的统体构成;第二个是更

2009 年 6 月 24 日在第五届浙江省非物质文化遗产保护论坛上的讲话

高层次的,是追求人与自然的良性循环,协调发展。

文化生态学,诞生于美国,1955 年,美国有一位学者首次提出了文化生态学的概念,主要探讨两个问题:一个是探讨具有鲜明地域特点,具有差异性的文化特征及文化模式;第二个是探讨人类文化与所处的自然环境之间的关系。

文化生态保护区,是利用文化生态学的理论,在一个特定的区域中,通过采取有效的保护措施,修复和构建一个和谐的文化生态环境。在这个文化生态环境中,物质遗产与非物质遗产同生共荣,传统生产生活方式与现代社会文明紧密结合,人文环境与经济环境相互依存,人与自然和谐共处。

在此,需要强调的是,任何一种非物质文化遗产都离不开自然生态的滋养与润泽。自然生态资源是孕育非物质文化遗产的温床,是非物质文化遗产繁衍生息的根,也是非物质文化遗产生存延续的生命源泉。良好的自然生态是非物质文化遗产传承发展的前提和条件,因此必须牢固树立保护自然生态和文化生态环境并重的意识。

文化生态区建设,是一门具有学科交叉与融合特质的学科,是一门应该有着系统理论和科学方法支撑的学科,是一门正在破土和受到重视的新兴学科。文化生态区的建设,应当以科学发展观为指针,以生态文明的理论为参照,以文化生态保护实验区建设为基石,以探索保护机制和保护规律为重点,以唤起人民群众的文化自觉为根本途径。这是文化生态区建设应当遵循的基本原则。

二、文化生态区建设,是一项时代赋予的历史使命

我国官方文本出现文化生态区的概念是在 2004 年。2004 年 4 月份,文化部、财政部联合下发了《关于实施中国民族民间文化保护工程的通知》,首次提出了"分级建立文化生态保护区"的设想。2005 年 12 月,《国务院关于加强文化遗产保护的通知》指出:"随着经济全球化趋势和现代化进程的加快,我国的文化生态正在发生巨大的变化,文化遗产及其生存环境受到严重威胁"。为此提出:"对文化遗产丰富且传统文化生态保持较完整的区域,要有计划地进行动态的整体性保护"。2006 年 9 月,经国务院批准,国家发改委、文化部等印发了《国家"十一五"时期文化发展规划纲要》,计划在"十一五"期间建立 10 个国家级文化生态保护实验区。2007 年 6 月,文化部首先公布了福建闽南文化生态保护实验区,之后又相继公布了徽州文化生态区、四川羌族文化生态,待公布的有 3 个,一个是东海海洋渔文化(象山)生态保护区,再有是湖南湘西苗族土家族文化生态保护区、广东梅州客家文化生态

保护区。这几个文化生态区的建设，有关省份都很重视。

文化生态区建设，从提出倡议到开展试点，再到国家级实验区，是与整个时代的背景相呼应的。我们生活在这个经济快速发展的时代，城市化、现代化、工业化、城乡一体化、新农村建设，日新月异，自然环境和社会环境发生剧烈变革。改革开放30年，经济大发展，人民生活水平大提高，要高度肯定。但是从另外的一个角度看，也有不少的经验教训值得总结。我们国家的发展，正面临着一个重要的选择，在生态保护和经济发展之间，如何做到生态优先，如何真正实现经济增长方式的转变，如何实现科学发展和可持续发展，这是必须思考和破题的紧迫课题。文化生态区建设，是特殊时期对特殊的区域文化生态保护的有效措施，在当下这一探索性的实践意义极为重大。

它的意义体现在四个方面：从文化生态保护来看，有利于具有特殊价值和深厚内涵的区域文化得到了整体的、活态的保护和传承，也标志着文化遗产保护事业进入了新的历史发展阶段。从文化事业建设来看，它是文化发展理念的提升，为文化事业纵深发展和空间拓展开辟了新的道路。从社会效应来看，这是民族文化自身创造发展的内在需要，是提升人民群众生活品质的有效载体。如果再从大处来讲，上纲上线来看，它是贯彻落实科学发展观的必然要求，是可持续发展的生动实践，是构建和谐社会的具体行动，也是促进经济发展的重要途径。为此，文化生态区建设意义重大而深远。

三、文化生态区建设，是一种区域发展类型

我国幅员辽阔，地区之间差异明显，在自然条件、资源禀赋、经济发展水平等方面，在历史发展所形成的文化传统、文化优势和文化特色方面，都不尽相同。因此，必须从实际出发，结合各地的情况和条件，建立不同区域不同类型的文化生态区，制定相应的实施规划，通过地方行动，逐步落实国家文化发展战略。

我省此项工作起步较早。2008年2月，省文化厅公布了7个非物质文化遗产生态保护区试点，分两种类型：一种是综合性的，具有一定社会发展和人文基础，如绍兴越文化生态区、金华婺文化生态区、景宁畲族文化生态区、江山廿八都文化生态区；另一种是专业性较强的，具有代表性、典型性的，如杭嘉湖蚕桑丝织文化生态区、浙东海洋渔俗文化生态区、乐清工艺美术生态区。这7个生态区试点，覆盖了杭嘉湖、宁绍温、金衢丽9个设区的市，他们分别代表不同区域文化特征、不同行政层级、不同类型。取得了一定的成效和经验，也产生了良好的社会影响。

非物质文化遗产是活态的、流变的,跨行政区域是正常的,也是必然的。徽州文化生态保护区,横跨安徽、江西两省,主要涉及两省三市九县区,主要包括安徽黄山市、绩溪县和江西婺源县等。在共同推进徽州文化生态区保护过程中,为避免矛盾,营造良好的协作机制,安徽、江西协商提出了"三个不涉及":一不涉及两省之间行政区划的重新认定问题;二不涉及两省之间的财政经费调拨统筹问题;三不涉及两省文化遗产项目和传承人的归属问题。先小人后君子,是为了避免以后合作中的不愉快。总之是管好自己的账,做好自己的事,资源共享、优势互补。

我们设想,通过当地政府有效的组织推动,及社会各界的广泛参与,为文化生态可持续保护探索经验,并提供不同地区、不同类型的典型示范;通过政策引导,解决区域文化生态保护中的一些重点、难点和关键问题;通过局部区域文化整体性保护或者一种文化特殊形态保护的实验实践,开拓不同地区、不同条件下文化遗产保护的多种模式;通过地方的实践,因地制宜,因势利导,探索区域实施文化生态保护的新途径;通过积累经验,探索规律,对传统的区域文化生态保护政策和模式,进行不断修正和完善。

我觉得,文化生态区的建设,是一种大胆进行政策性试验的文化改革,是一种新型社区发展类型和探求新型保护模式的有益尝试,是一种运用生态文明的理念引导文化跟经济社会协调发展的社会实验。

四、文化生态区建设,是一项优化环境的社会实验

文化生态区建设,体现了一种文化整体性保护的理念,体现了一种可持续发展的观念,体现了一种社会的理想。

现在,省内、省外,各地都在探索和构建理想生活愿景。都在构想一种如诗如画的美好生活愿景。江西的婺源提出来要营造这样一种环境:一个是蓝天青山绿水,第二个是小桥流水人家,第三个是粉墙青砖黛瓦。我还没去过婺源,但是已经被它感染了,很向往。象山提出来,要重点传承渔家传说、渔民号子、渔鼓、鱼灯,要重点保护渔家的建筑、渔家的饮食、渔民的服饰、渔家的医术,要重点培育渔家的节庆等一系列的相对完整又富有地域特色的象山渔民文化。桐乡提出来要唱蚕歌、剪蚕花、做蚕猫、望蚕讯、轧蚕花、祭蚕神等,保留传统蚕农生活,保护蚕乡传统习俗,同时,让游客来宾体验蚕农的生活,感受蚕乡的风俗。维护一种生态,营造一种环境,要有一个个凝聚点和关注点,不能零打碎敲,要做成系列,要搞排比,要有气势。

　　我想,其他各个地方的文化生态保护,也应该有自己的概括,有自己的提炼,要有提纲挈领的口号,要有生活愿景。我也比较感性地设想和描述一下:第一,我们要通过一项一项的具体的非物质文化遗产的保护,体现地域文化的独特性,维护文化的多样性。第二,通过传统节日和民间信仰等风俗习惯的保护,大力传承和弘扬传统美德,寻找传统文化和现代文明的衔接点和融合点。第三,通过非遗项目的生产性保护和合理开发利用,发展良性循环的区域经济,促进文化旅游和文化产业发展。第四,通过古村落保护,或者是城镇的历史街区保护,为新农村建设、现代城市建设,留下温馨的文化记忆和优美的人居环境。第五,通过相关的自然环境的保护,培养生态文明的意识,构建人与自然的和谐关系。

　　总之,抓好文化生态保护,促进生态文明建设,促进经济社会科学发展和可持续发展。

五、文化生态区建设,是一个理性规划的产物

　　以前,我们强调一个一个项目的保护,强调项目列入省遗、国遗以后,要货真价实,不能重申报轻保护。今天,我们在保护理念上有深化和升华,强调要抓好文化生态的整体性保护。怎么保护?几个试点单位都讲了要做好调研,做好规划,这个肯定是对的,周密调研和科学规划,是一切工作扎实有序开展的前提。文化生态区建设是一个新生事物,有一个好的规划很重要。规划有两个意义:第一,有一个好的规划,可以科学指导,可以有计划、有步骤地安排,可以有重点、有序地推进。第二,规划是一个大口袋,什么都可以往里面装。通过这个规划,把要做的事情全部套进去,规划是纸上谈兵,但报经当地政府公布以后,就具有刚性,政府就得掏钱,就得按规划的要求实施。所以,要通过制订规划,把文化生态区的框架构架起来,把目标、任务、工作重点和保障措施明确起来。规划是纲,纲举目张,做好规划,事半功倍。

　　具体的文化生态怎么保护?这个要有一点理念,要有一点思路。绍兴提出在古城保护上,要注重历史的真实性、风貌的完整性、生活的延续性和人文与自然的融合性;提出古城保护要实行原汁原味保护、原模原样的恢复,有根有据的重建,有脉有络的创新;又提出来要确立点、线、面保护,与传统风貌、古城格局相结合。虽然绍兴讲的是古城保护的总体框架,但是对整个文化生态区的保护,在思路上可以借鉴。

　　我想,规划里面可以体现几个结合:一是文化生态区的保护规划要跟当地的经

济社会发展规划、城乡建设规划相结合；二是物质文化遗产与非物质文化遗产保护相结合；三是文化生态与自然生态保护相结合；四是重点保护与整体保护相结合；五是抢救保护与合理开发利用相结合；六是文化生态区建设与改善当地环境，提高当地群众生活水平相结合。

这六个结合，讲的是规划理念，讲的是规划的核心内容，讲的是保护的范围和对象，也是一个保护的原则。

六、文化生态区建设，是一项系统的社会工程

这个我想简单地用六句话点一下：（一）领导重视、部门联动，是文化生态区建设的关键。景宁县建立了文化生态区建设的领导机构，涉及到 12 个部门，涉及到环保、土地、建设、旅游、宗教等等，文化生态保护涉及方方面面，要统筹协调，形成合力。（二）健全机制、完善考核，是生态区建设的保障。对文化生态、自然生态的保护，实际上政府对此都有共识，都认识到极为重要，但是当文化遗产保护和城市的建设如果发生矛盾，文化保护和经济的发展有矛盾的时候，往往文化遗产被牺牲、被礼让了。所以，要列入考核机制，要用科学发展观来衡量，要有一个指挥棒来导向。（三）落实规划、整合项目，是生态区建设的基础。规划是纸上谈兵，但又不能纸上谈兵，要去实施、要去落实，要项目化，要工程化，不单是文化的项目，要跟其他的项目整合，体现多元化保护，体现综合性保护。（四）发挥优势、突出特色，是生态区建设的重点。生态区建设要扬长避短，要把最有特色的、最有价值的，有典型性和代表性的，最有魅力的，作为重点呈现出来。（五）广泛动员、提升理念，是文化生态区建设的保证。文化生态保护一定要有广大的人民群众来参与和共享，要广泛的发动群众，要动员一切可以动员的力量，人民群众的认识提高了，意识增强了，才有有力的支撑。（六）经济发展、生态良好，是生态文明建设的目的。我们搞文化生态保护，不仅不能影响经济发展，还要有助于人民群众的经济收入提高，有助于群众生活水平和生活质量提升。文化生态保护，就是要让老百姓的生活更加的幸福，这个是我们的目标。

文化生态的保护，是一个社会转型期的一个重要课题，各地也是边摸索、边实践、边总结、边推进，这项工作存在着问题和差距是不言而喻的，是客观的存在。比如说理论研究滞后，专业人才不足，社会氛围不浓，政府支持乏力，保障措施不强，这些都需要在今后的工作中不断地加强和完善。文化生态的保护，既要自上而下推动，又要自下而上进行，上面肯定越来越重视，下面要不断地攻艰克难，解决问

题，不断创新机制，出成绩和出经验，上下联动，左右协同，推进文化生态保护事业的健康持续开展。

恩格斯有一句话，一个民族要想登上科学的高峰，是一刻也离不开理论思维的。所以，只有理论思维的翅膀加上去，才能真正的飞翔飞跃。我们的文化生态区建设，一个是需要实践上积累，一个是需要理论上的积累。文化生态保护区的建设，目前最重要的还是科学理论的指导。这次文化生态区建设的研讨会，是第一次，各位专家学者和我们的实际工作者，放眼全国，立足浙江，为文化生态建设从理论的深度和实践思考的角度，作了初步的具有建设性的研究，相信将会对我省文化生态区的建设产生重要的作用。

今天吃中饭的时候，我与同桌的各市文化局的分管局长说，在城市化、现代化、工业化的进程中，如果没有现在的文化遗产保护，五千年的中华文明史，源远流长的文明史，将戛然而止，我们这一代人，将被子孙后代骂，将成为历史的罪人。我们今天从事文化遗产的保护事业，使我们的文脉薪火相传、继承发展，功在当代，利在千秋，因此，我们将成为历史的功臣，历史会记住我们这一代人的努力，记住我们这些人的努力。望各位再接再厉！

用真心保护　用行动传承

　　最近,"非物质文化遗产"这个词很热,社会关注度很高,中央和省领导频频出席观看非遗展览,媒体重彩浓墨宣传非遗活动。

　　今年6月9日,是我国的第二个文化遗产日,温家宝总理莅临中华世纪坛,观看了文化部举办的中国非物质文化遗产保护成果展。家宝总理在经过浙江展区乐清细纹刻纸展位时,与我们乐清的细纹刻纸国家级传承人林邦栋老人亲切交谈,他说:我对非物质文化遗产有三句话的理解:第一,它是民族文化的精华;第二,它是民族智慧的象征;第三,它是民族精神的结晶。在场的各位异口同声说:"讲得好!"大家热烈鼓掌。家宝总理对于非遗的理解很深刻,概括很精到。这也体现了中央高层领导对非物质文化遗产的高度认识和重视。

　　今年6月9日,我厅举行浙江省纪念第二个文化遗产日暨第二届浙江省非物质文化遗产节开幕式活动,包括民间艺术花会、戏曲擂台赛、传统手工艺展示长廊、普法宣传咨询等活动。盛昌黎副省长代表省政府在开幕仪式上致辞,她强调:"我们要让民族民间艺术后继有人,发扬光大。"盛省长这句话,道出了非遗保护工作的目的和意义。

　　今年5月25日,省人大常委会通过了《浙江省非物质文化遗产保护条例》,该条例自今年6月1日起正式施行。浙江非遗保护条例这个地方法规的出台,使我省非遗工作有法可依,有章可循,我们要依法行政、依法做好保护工作。

　　今天,我们在乐清举行第三届浙江省非物质文化遗产保护论坛,以传承人保护和传承基地建设为主题,共同研究和探索非遗保护方式和有效途径,研究和探索非遗保护传承的科学规律,很有必要,也很重要。乐清等地的实践探索,富有成效;各位论文作者的理论探讨,很有见地。大家集思广益,建言献策,把脉会诊,把脉开

2007年7月30日在第三届浙江省非物质文化遗产保护论坛上的讲话

方,我听了深受教育,也深受启发。借此机会,对于认真领会温家宝总理的重要讲话精神和吕省长的指示精神,对于依法做好非遗保护工作,特别是做好传承人保护与传承基地建设,讲几点意见。我用十个关键词来体现。

一、规划为先

非遗保护是一个长期的事业,一个地方的非遗保护工作要有长远的眼光,要有一个系统的思想,要有个总体规划。规划是区域发展的龙头,也是非遗事业发展的龙头,也是项目保护工作的龙头。各地既要制订好当地非遗保护"十一五"规划,也要制订好年度工作计划,同时还要认真编制好列入各级名录的非遗项目的保护计划。所谓思路决定出路,眼光决定未来。所谓谋定而后动,则无往而不胜。

规划的编制,一种是自己来编,一种是聘请专家来编。我的意见是,自我编制,专家咨询指导,充分讨论论证,最后定稿,付诸实施。规划不但是展望未来和描绘愿景,规划是工作指南和依据,要增强科学性、计划性和规范性。编制规划,要处理好近期与长期,需要与可能,传承与发展的关系。既要立足地方实际,又要与上级要求对接。要长计划、短安排。规划与计划相比,规划缥缈,计划刚性。但规划不是纸上谈兵,不是描绘空中楼阁,也要具有针对性、实效性。通过规划,指引方向;通过计划,促进落实。

省非遗保护条例第四条要求:县级以上政府应当制定非遗保护规划,将非遗保护事业纳入国民经济和社会发展规划。规划是个纲,纲举目张。各地要特别重视依法编制好当地"十一五"非遗事业规划。这是当前文化行政部门的首要任务。

二、保护为本

2006年6月,国务院公布了首批国家级非遗名录,我省有44个项目上榜,名列全国榜首。2005年6月,浙江省政府在全国率先公布了省级非遗名录,今年6月省政府公布了第二批省级名录,分别有64个项目和225个项目上榜,共有289个省级项目。当地的非遗项目列入国遗、列入省遗,令人高兴令人激动,但我们更要承担起保护的责任。我们要面对现实,认真思考保护之道。要重点在项目保护、传承人保护和实物资料保护上下功夫。每个列入省级、国家级名录的项目,都要有一套切实可行的保护方案,要有专家指导组全程介入,要有工作班子负责,要有传承基地落地保护,要有展示平台传播,要抓紧抢救一批实物资料,要编写普及读物,要有一个政策措施支持。通过系列措施,促进重要非遗项目的保护。

保护带有抢救的性质。要抓紧收集和征集与非遗相关的实物资料,特别是非遗代表性作品和精品。这次会议安排参观了乐清三科企业的非物质文化遗产展厅,这个企业很有眼光,也很有远见,收集和收藏了许多的黄杨木雕和细纹刻纸精品。从主观上讲,也许是从企业经济利益出发,但在客观上,保存和保护了优秀传统文化。非遗项目只有保护好了,才能永续利用。

现在有一种说法,普查出来的非遗项目太多了,都保护保护不过来,也没有必要都保护。这种说法是不正确的。与中华五千年文明史相比较,我们身边的历史遗存和历史文脉,实在是太少了。地方政府要有保护文化遗产的诚意,社会公众要有保护文化遗产的良知,文化部门要有保护文化遗产的责任担当。

三、传承为魂

非物质文化遗产依靠人为载体,口传心授,言传身教,世代相承,活态传承。所以传承人是非遗保护的主体,是非遗保护的核心和关键。对于政府主管部门来讲,服务好传承人,就是促进非遗的保护传承。

各地在传承人保护上,有不少好的探索和措施。譬如,对传承人进行走访慰问,发放政府补贴,召开传承人座谈会,安排传承人体检,举办非遗展示活动,建立非遗传承基地,落实带徒传艺措施,组织相关宣传报道等,这些做法值得认真总结,形成制度性的措施。我们要设身处地为传承人着想,要掏真心,动真情,下真功夫;要真情实意为传承人办事,办实事,做好事,解难事。要营造尊重传承人,爱护传承人,服务传承人的社会氛围。

省非遗保护条例对代表性传承人和传承单位应当履行的义务,作了要求,主要有三条:要保存和保护所掌握的知识、技艺以及相关的原始资料、实物场所;要积极开展展示传播等活动;要按照师承形式或者其他方式,培养新的传承人。非遗项目后继乏人,是当前面临的严峻问题。传承人要破除旧观念,破除门户之见,要无保留带徒传艺,切实承担传承责任。既要注重传统技艺技能的传承,更要注重精神衣钵的传承。我主张,代表性传承人带徒,要举行拜师仪式,尊师爱教是非遗传承的根本前提。

要加强传承基地建设。每个国遗项目和省遗项目,都要设立保护传承基地。可以是一个基地,也可以是多个基地,形成传承、展示、教育等不同功能的基地链。通过项目的落地保护,使该项目的传承后继有人,使非遗项目焕发活力。同时,还要重视学校教育和社会教育,使非遗项目作为活的文化传统得以继承和弘扬。

四、特色为要

特色就是个性，就是品牌，就是优势，就是核心竞争力，就是影响力。

非遗项目要突出个性、张扬个性，要彰显特色，要凸显优势，所谓人无我有，人有我特，人特我优。这个特色，包括要体现项目特色、体现地域特色、体现传承人的艺术个性和艺术特色。同样是剪纸，乐清细纹刻纸，浦江戏剧剪纸，缙云民俗剪纸，桐庐风光剪纸，温岭海洋剪纸，各秉优势，各寻路径。同样是乐清的细纹刻纸传人，林邦栋老人和陈余华的剪纸，也同中有异，各具特色。同样是乐清黄杨木雕的传人，叶润周大师擅长镂雕技艺，高公博大师擅长劈雕，王笃纯大师擅长江南水乡的意境作品，虞金顺大师擅长佛教题材人物创作，王笃芳大师擅长历史题材创作。各位木雕大师错位发展，差异化发展，各显神通，各放异彩。外行看热闹，内行看门道。我向参加会议的都一兵老师和王其全老师讨教，也增长了不少知识。

另一个方面，强调特色，不是要故步自封，画地为牢。非遗是活态流变的，要有交流、有交融，要积极吸收相关艺术品类的养分。但这种吸收不是东施效颦、邯郸学步，不是失去自我，不是把自己的特色搞没了，结果土豆不像土豆、芋艿不像芋艿，搞成三不像。既要注重融汇别人的优点，更要形成和凸显自己的风格。

五、平台为媒

要多多搭建非遗展演展示的平台，为传统表演艺术项目搭建展演的平台，为传统工艺美术项目搭建展示展销的平台。

2005年7月，我厅在浙江博物馆举行浙江省民族民间艺术资源普查保护成果展暨首届浙江省民族民间工艺美术博览会。这次展览，展示了全省11个市丰富多彩、形式多样、斑斓多姿的民间手工艺精品，让广大观众喜出望外、大饱眼福。杭州观众反响热烈，新闻媒体反映强烈。

2006年6月起，每年6月份的第二个星期六，为我国的文化遗产日。我省在文化遗产日期间，每年举办浙江省非物质文化遗产节，已办了二届。今年的文化遗产日，我厅在吴山广场举办第二届浙江省非物质文化遗产节开幕式，专门搭了3个台，分别表演传统音乐和舞蹈，传统戏剧，曲艺专场，并且举办了浙江非遗保护条例法制宣传活动，和安排了现场鉴宝和手工技艺一条街，规模宏大，声势浩大。

今年的文化遗产日期间，我厅还选调了"余杭滚灯"参加在成都举办的"中国国际非物质文化遗产节"演出；选调新昌调腔、金华婺剧参加"中国非遗稀有剧种展演"；选送乐清细纹刻纸、浦江戏曲剪纸参加"中国民间剪纸艺术大师精品展"。

各地根据地方实际，利用文化遗产日、传统节日、文化节庆和博览会等多种途径，大力开展非遗展演展示活动，推出精品，展示成果，扩大影响，促进社会共享。搭建各种各类的非遗展示平台，必不可少，意义重大。

六、生态为基

温家宝总理指出："21世纪将是一个生态文明的世纪。"所谓生态文明，就是强调不能机械的追逐经济利益最大化。有的地方长官抓经济发展很有一套，很有招数，能把当地资源变成财富，能让老百姓的腰包很快鼓起来，但老百姓对之评价不高，原因在于过于在乎眼前利益，没有长远眼光，急功近利，牺牲了子孙后代赖以生存的生态资源，污染了自然环境和文化环境。老百姓要过好日子，更要好环境。要金山银山，也要绿水青山。发展经济，不能拿子孙后代的生存条件作为交换。发展要惠及民生，还要惠及子孙。

我省颁布了《浙江生态省建设规划纲要》。生态省既包括自然生态，也应当包括文化生态。宣传生态文化，保护文化生态，是文化部门的两大任务。浙江非遗保护条例第二十八条指出："传统文化生态保存较完整，并具有特殊价值的村落或者特定区域，可以建立非物质文化遗产生态保护区。"并强调"非物质文化遗产生态保护区应当划定保护范围，设立保护标志"。我厅设想在全省布点开展省级非遗生态保护区试点，可以传统村落或者乡镇为单位申报，也可以以县（市、区）为单位申报，特殊情况可以设区的市为单位申报，甚至跨行政区域申报。通过各类文化生态区试点，对非物质文化遗产遗存丰富和特色鲜明的区域进行活态保护，整体性保护，可持续保护。我们鼓励各地探索建立多种形式，多种形态的文化生态保护区，发挥示范引导作用。

七、社会为根

非遗保护是一项社会工程，政府主导，社会参与。要充分发挥政府主导作用，文化部门主力军作用，传承人主人翁作用，人民群众主体作用。浙江非遗保护条例总则有一句话："任何单位和个人都有保护非物质文化遗产的义务"。这句话说得好。也就是说，非遗保护是社会各界的责任，是全民的义务。

非物质文化遗产是民间文化，草根文化，百姓文化。联合国教科文组织通过的《保护非物质文化遗产公约》，关于非物质文化遗产遗产给出了一段定义："非物质文化遗产,指被各群体、团体、有时为个人所视为其文化遗产的各种实践、表演、表现形式、知识体系和技能及其有关的工具、实物、工艺品和文化场所。各个群体和团体随着其所处环境、与自然界的相互关系和历史条件的变化,不断使这种代代相传的非物质文化遗产得到创新,同时使他们自己具有一种认同感和历史感,从而促进了文化多样性和激发人类的创造力"。这段话很书面,很拗口,但是表述很精到,大家可以在网上找出来,细细品读,慢慢领会。简而言之,非物质文化遗产是老百姓自己的文化,是社会公众认同的文化。

今年"文化遗产日"上,我厅组织了"浙江省非遗保护条例"法规宣传活动,和"保护文化遗产,守护精神家园"公众签名活动。全省各地也普遍开展了保护文化遗产志愿签名活动,群众很踊跃,体现了对非遗保护的真切拥护和积极响应,

相应的社会舆论氛围已经形成。我们要抓住时机,积极搭建群众参与的平台,改进群众参与的方法,拓宽群众参与的渠道,充分调动群众参与的积极性,进一步营造全社会齐抓共管,全社会合力参与非遗保护的社会氛围。

八、民生为上

民生是天,百姓是天。执政为民的理念,落实到文化领域,就是文化为民。具体到非遗保护,就是非遗惠民、非遗富民和非遗强民。

要积极做好非遗的保护传承,积极做好非遗的宣传展示,让人民群众共享保护成果,让人民群众的基本文化权益得到保障,让人民群众的精神文化生活更加丰富多彩,让人民群众的精神风貌更加昂扬向上。

非遗保护也关系到人民福祉。一个地方有自己的历史文脉,有自己的特色,有独特的民俗风情,人民群众就有群体的凝聚力,就有心灵的归属,就有精神的家园。要大力推进非遗的保护传承,发挥非遗在引导社会、教育人民,推动发展方面的功能作用。

非遗与社会经济领域关联度高,涉及面广,互动性强,也越来越为社会各界所认识和重视。文化吸引力也是一个地方重要的文化资源。非遗的传承传播,可以直接成为旅游资源,以文化提升景点品味,以景点实现文化价值;可以成为文化产业的重要支撑点,以产业拉动文化,以文化提升产业。非遗生产性保护和非遗产业的发展,可以变绝技为效益,变包袱为财富,变资源为资产,变民俗为民富,为脱贫致富奔小康服务,为拉动内需促发展做贡献。

非遗与老百姓的生活密切相关,非遗的保护传承,也是人民群众最关心、最直

接、最根本的利益所在。非遗保护要依靠人民,保护成果让人民共享。

九、发展为纲

发展是硬道理,是一个普遍真理。非物质文化遗产的根本特点,就在于它是动态的、活态的。任何事物,不变是相对的,变是绝对的,非物质文化遗产更是如此。

非物质文化遗产要传承发展,既要做精做深,也要做大做强。今天是论坛,我抛出一个观点,对不对可以讨论。我认为,对于非遗项目应当"三分保护,七分发展"。发展是最好的保护。要在发展中保护,在保护中发展。非遗项目,濒危的要抢救,传统技艺要保护,历史文脉要传承,同时在继承传统的基础上可以有创新,在保持传统基因的基础上允许有新的发展。各类非遗传承基地,要按照省里的部署和要求,做好规定动作,创新自选动作,找准工作切入点和突破口,探寻发展规律,探索有效做法,积累实践经验。非遗事业的发展,也应该顺应发展大势,挖掘发展潜力,增强发展动力,激发发展活力。

我厅研究,将在近期部署开展省级非遗生态保护区试点,和非遗传承基地、传统节日保护基地申报工作。各地在注重非遗事业整体推进的同时,要注重凸显和彰显特色,注重发扬和发挥优势,以强化非遗项目保护和打造区域非遗品牌,提名气,促形象,聚人气,促发展。

十、保障为重

非遗保护,已经上升为国家战略,已经体现在党委政府的决策上,相应的政策措施已纷纷出台,相应的社会舆论氛围已经形成。面对这种喜人的景象,和良好的发展态势,我们要抓住机遇,抓住时机,积极主动,奋发有为,积极争取领导重视,争取政策支持,加大投入力度,加强保障措施。

各地要重视传承人的保护工作。吕省长提出,要采取颁发政府津贴的办法,支持传承人带徒传艺。我厅会同省财政厅正在研究具体的实施办法,我们设想对于年事已高的传承人发给政府津贴,各地如果能够进行配套,积少成多,让传承人有基本的生活保障,将进一步激发传承人带徒传艺的积极性,让非遗的传承后继有人,让历史文脉薪火相传。

各地要重视传承基地建设,包括非遗传承基地、非遗传承教学基地、传统节日保护基地、非遗生态保护区建设,以及非遗展示馆建设。各地要探索非遗保护的有效途径,和各类非遗保护传承基地建设的模式。对于各种各类传承基地的建设,应该有财政资金给予扶持,要列入财政年度预算,要有真金白银,要做大蛋糕,确保保护措施落到实处和取得实效。

非遗事业,是一项长期的任务。文化部周和平部长说,只要人类存在,这项工作都将延续下去。非遗工作不是阶段性、突击性的工作,已经成为一项日常性、经常性和常态化的工作。各地要争取政府领导和编制部门的重视,加快和加强非遗保护工作机构建设,要有机构办差,要有人办事。

当然,在目前事多人少、应接不暇、招架不住、疲于奔命的情况下,从事非遗工作的同志可谓条件艰苦,工作辛苦,生活清苦。我们更要提振信心,坚定信心,要有科学求实的态度,要有积极进取的精神,更要有敢于担当的责任意识和满腔的情怀,为了历史文脉的薪火相传,为了非遗事业的发展,为了增进人民群众的福祉,共同努力,继续努力,不懈努力。

推进非遗生产性保护 促进经济持续性发展

什么是文化产业？从不同的角度有不同的定义。我的理解，凡是与文化相关联的产业都属于文化产业。文化产业以文化资源为素材，开发文化产品以及延伸产品，带动文化流通与消费，既增强了文化软实力，又促进了经济建设。

干什么吆喝什么。我谈谈非遗与文化产业的问题。

非遗是否可提产业，可不可以提产业化？非遗保护是一项事业，但是其中的一些非遗项目可以与产业结合或者说发展成产业。所以，也可以提非遗产业的概念。但一提"产业化"容易走极端，容易偏颇。现在有个概念，叫生产性保护，很好。我的理解是，保护中有开发，开发中有保护，如果更准确的讲，开发为了保护，开发服从保护。

2006年初，我应邀到江苏宜兴讲课，提出非遗工作要重点抓好十大保护，即：采录保护、立项保护、传承人保护、展示性保护、民俗馆保护、生态性保护、生产性保护、科研性保护、制度化保护，全民性保护。其中包括了生产性保护。许多非遗项目，可以用生产性保护来传承，转化为经济资源，体现为经济效益。较早提出非遗生产性保护的概念，不是我有多少高明，而是基于对非遗定义的理解。非遗的定义是"世代相承的、与人民群众生产生活密切相关的文化表现形式和文化空间"。基于这一定义，对于生产性保护的必要性，我有个简单的认识：一，非遗本身就是一个生产性的概念，是柴米油盐酱醋茶的日常生活方式，也是农林牧副渔生产方式。它既然是源于生产生活，自然又可以促进生产生活。二，非遗是世代相承的、是活态传承。有专家说，物质遗产是东西，非物质遗产不是东西；物质遗产是鱼干，非物质遗产是活鱼。这一比喻是否妥贴另当别论，但很形象。既然非物质遗产是活态的东西，不是死的东西，那自然是应当是不断继承发展的。三，非遗项目的传承发展，

2009年7月9日在浙江省文化产业论坛上的主旨报告

如果有利可图,有经济利益,能够成为传承人安身立命的资本,才有人愿意学,愿意传承,才能够更好地发展。适者生存,永远是颠扑不破的真理,活得好的都是有生活需求的,有产业表现的。这也是事物发展的本来的规律。

对于非遗产业,我觉得,可以重点开拓的领域有 10 个方面:

一、演艺市场

演艺方面,包括音乐、舞蹈、戏剧、曲艺、杂技、竞技、武术等传统表演艺术的开发。我省传统表演艺术资源很丰富,长期以来成为广大人民群众精神文化生活的重要组成部分。民间文化是一种公共资源,但是也有供需矛盾,有市场需求。一部分传统表演艺术项目进入演出市场,也有着可观的经济效益。譬如,长兴百叶龙一年演出收入有上百万;一人一台戏的温州鼓词,不少艺人一年收入数十万,甚至上百万,都有点不可思议。永嘉应坑村就有七个乱弹剧团,全村有 200 多人常年在外地演出,人均收入一年在 3 万元以上;嵊州有 100 多个常年或季节性演出的民间职业越剧团,活跃在全省各地;金华等地婺剧的演出市场也很活跃,很受群众欢迎。不少传统表演艺术项目已经产生良好的市场效应。我们有责任指导和帮助基层单位和民间演出团体,不断推出精品,开拓演出市场。

二、会展业

这几年,浙江对会展业的发展很重视,包括举办各种类型的非遗博览会,搭建了传统手工艺品展示展销平台。有省文化厅举办的中国(浙江)非遗博览会,省经贸委举办的中国浙江工艺美术大师精品博览会,省老字号协会举办的中华老字号企业博览会,杭州市政府举办的西湖博览会,还有我省重点打造的义乌文博会,杭州上城区举办的中华民间艺人节等等,这些博览会,都已连续举办多届,而且都是与国家有关部门联合举办的,打的是"国字号"的品牌。除了各类综合性的或相对综合性的博览会,还有各地立足地域文化特色举办的专题性展会。譬如,中国龙泉青瓷宝剑节、青田石雕文化节、东阳木雕节、乐清工艺美术节等等。各级各类的展会,促进了手工技艺项目的市场开发,扩大了非遗项目的影响力和辐射力,也提升了地区文化软实力和竞争力。

三、文化节庆活动

包括民族传统节庆和新的民俗节庆。我省积极推进传统节日的保护与弘扬,公布了20个省级传统节日保护基地,譬如绍兴安昌祝福、泰顺百家宴、缙云祭黄帝、嘉兴端午节、杭州中秋节、永康方岩庙会等,各重要的民族节日都有保护示范点。我省公布了18个重点扶持的地方文化节庆活动,譬如象山开渔节、岱山谢洋节、景宁畲乡民歌节、衢州孔子文化节、泰顺廊桥文化节等,这些节庆具有浓厚的地域特色和时代特征。通过节庆活动,一方面,构筑文化资源共享的平台,推动交流与合作;另一方面,聚集人气,提升地方知名度和美誉度;三是拉动地方经济发展,为当地老百姓带来了实际利益。

四、文化旅游业

有人说,所谓旅游,就是从自己活腻的地方,到人家活腻的地方去体验一把。游客不仅要看自然风光,还要看人文古迹,要体验乡风民俗。读万卷书,行万里路,体验万家生活。省文化厅会同省旅游局公布了一批非遗旅游景区,其中10个非遗旅游经典景区和12个非遗旅游景点。杭州宋城景区、桐乡乌镇景区、东阳横店景区等一批著名旅游景区,把非遗项目融入景区,丰富景区的文化内涵,提升景区的人文品质,也增强了景区的吸引力。还有,泰顺廊桥文化园、龙游民居苑、奉化民国大杂院等一批地域文化特色鲜明的园区,和发展当地旅游业结合起来,把旅游团队引进来,让游客体验优秀传统文化,感受独特的人文魅力。还有安吉等地把乡村非遗展示馆串联起来,打造非遗旅游精品线路,成为旅游的新热点。非遗是活态的书,引导游客走进民俗的精神深处,寻找心灵的归宿;同时,非遗也是聚金的盆,促进当地人民群众发家致富,促进地方财政财源广进。

五、影视动漫

非遗资源也可以用现代技术手段重新包装,让它更时尚,更有受众。我省已经有多个非遗项目拍成了电影,《皮影王》已放映,《十里红妆》已投拍,《情系龙泉剑》、《蓝印花布包裹的纯真岁月》已列入拍摄计划,《滚灯》、《廊桥》等题材正在酝酿筹划之中。好些非遗项目,特别是传说类的,搞成了系列电视片,譬如《西施》、《济公》、《白蛇传》、《绍兴师爷》等等。杭州打造动漫之都,横店打造影视之都,可以主动衔接,提供非遗素材,或者洽谈合作意向。我们鼓励以非遗为素材为题材,进行影视动漫创作。当然在利用非物质文化遗产进行创作改编中,应当尊重其文化内涵,不得歪曲滥用。

六、教育培训

培训也是个大产业。考公务员、考托福、考研究生、考艺术院校、艺术考级等等各类培训,都很火爆。如果思路拓宽一点,开办面向社会公众的专业性的兴趣性的短期性的各类非遗项目培训,既是培养传人,也是普及知识,也是可以有经济回报的。现在传承人越来越吃香,社会声望也越来越高,相信愿意学习非遗项目,有志于非遗项目传承的年轻人也会越来越多。据说广厦职业技术学院开设了东阳木雕这一专业,开了两个班,报名很踊跃。有点冷僻的新昌调腔,开设了一个中专班,招了 30 多位学员。诸如此类的职业培训和专业培训,应该是大有前景的。无论对于非遗培训业举办者,还是接受技艺技能培训者,既是解决就业的一条门路,也可以是安身立命的资本,和成名成家的途径。

七、信息资源开发与知识产权的开发

比如非遗普查成果的开发。我们拥有丰富的非遗信息资源,全省 270 多万条线索,15 万多个非遗项目,如果与数字技术结合,提供信息服务,合理收费,完全可能作为一个产业领域开发出来。目前,我们正在建立数据库,建网站,既有利于长期保存保护,更有利于传承传播,而且将来可以也可能产生经济效益。非遗资源的知识产权保护,应该引起关注。非遗项目涉及到商业秘密,涉及到版权,现在宁海"十里红妆"与绍兴某公司打官司,长兴"百叶龙"与福建某公司打官司,居然浙江小百花越剧团新版《梁祝》公演也引起了纠纷,引起版权之争。民间文化艺术是否有版权?保护责任单位是否是版权持有者?包括商标、专利、版权、原产地保护等保护方式,能否应用于非遗项目?美国将《花木兰》搞成了动画片,据说赚了四个亿,也有说赚了十几个亿,但美国佬不会分给你一分钱。我们民族文化的资源怎么保护,利益怎么维护?

八、文化创意

杭州提出要做世界办公室,而非世界工厂。中国许多地方成了国外名牌的加工地,搞贴牌生产,搞密集型生产,没有多少利润,没有自己的形象。还是要自主创新,还是要转变经济发展方式。杭州提出了今后的十大发展重点,要做强十大门类的产业,居于前两项的是文化创意产业、大旅游产业。这两项产业都是跟非遗有紧密关系的。桐庐的剪纸、绣花鞋与文化创意结合,既有原创力,又有想象力,开发了新的价值,具有美好的市场前景。桐庐的实践证明了非遗项目可以在继承传统的基础上有新的创造,证明了非遗元素可以广泛应用于社会生活。脑筋急转弯,豁然开朗,思路一变天地宽。解放思想,黄金万两。

九、打造产业基地

省文化厅命名了一批非遗传承基地,还计划命名一批非遗产业基地。有些非遗项目可以规模化生产,集约化生产,但我们更强调传统生产方式的维护和保护。我们提出生产性保护的概念,重在体现非遗的特性,体现非遗独特的价值。只有手工的个性化的才是经典的,只有具有区域特性的鲜明特色的才是令人向往的。非遗项目要保护传承,也要继承发展,要讲社会效应,也要讲经济效应。培育和打造非遗生产性保护基地,既保护了一方非遗品牌,弘扬地方优秀文化传统,又将为非遗项目注入生机活力,促进向经济市场渗透延伸,促进产业发展。

十、文化交流

中国的传统文化对世界是有重大贡献的。譬如四大发明,我们的造纸术、指南针、火药、活字印刷术,影响了人类文明进程。还有我们的丝绸文化、青瓷文化、茶文化、酒文化影响广泛,扩大了中国文化在国外的传播和影响。我们的四大发明对于世界只有贡献,没有经济效益;当年我们的丝绸、瓷器、茶叶扩大了外贸,给我们的国库带来了滚滚财源。今天,西风东渐,美国的大片、薯片、芯片让你欲罢不能,美国的洋片、洋餐、洋节充斥着我们的生活。外来文化侵入,来而不往非礼也,对外交流应该是个战略,我们要抢占制高点!我们能否生产类似《花木兰》的动画片占领欧美市场,能否生产更多的类似《梁祝》的演艺精品占领欧美市场,能否有更多的类似丝绸、青瓷的手工艺品占领欧美市场?我们要让更多的非遗走出国门。非遗不但是文化表现形式,是文化符号,而且是文化精神、是国民精神的象征和体现。同时,经济全球化的背景下,应该有更多的非遗项目可以做大市场,可以开拓国际市场,提高我国对外竞争力。

非遗保护工作的实施,提升了非遗在经济和社会发展中的地位。而且,不少非遗项目正在从产地优势向产业优势转换,从资源优势向资本优势转换。我们要立足传统产业的优势,找准比较优势,打造竞争优势,发展产业优势,要事业与产业结合,公益性与赢利性结合,既发展文化软实力,又发展核心竞争力。要利用好国际和国内两个市场,一头向基层扎根,一头向国际延伸,为拉动内需促发展,为增加外汇增实力,做出努力,做出贡献。

　　非遗生产性保护还处在探索之中,非遗产业发展还是个新课题,虽然有了一些成功的做法,但需要我们思考的问题还很多,还需要一定的理论依据和科学理论的指引。理论探讨很有必要,专家学者的意见很有参考价值。在文化大发展、大繁荣的时代背景下,非遗的生存空间同样会有大发展;在全球化、新经济、互联网时代,非遗一定有巨大的市场。我们要不断总结推广成功经验,通过我们的实践,为非遗的传承发展,为民族的更加富裕和幸福,书写重彩浓墨的篇章。

大力推动非遗与旅游融合发展

非遗资源的合理开发利用,也是我们思考的问题,各地也在积极的探索实践当中。从理论上讲,也从实践中感受到,非遗与旅游可以很好结合,非遗资源优势可以向旅游资源优势转换。根据会议给我确定的议题,我从基本认识、各地实践和推进融合的建议,这三个方面谈一点思考。

一、非遗与旅游结合的意义

(一)从非遗角度讲

1. 非遗资源是旅游开发的源头活水。浙江是地域小省,但也是非遗大省。浙江的地理风貌很丰富,有山区,有海岛,有丘陵,有水乡平原。浙江的非遗资源丰富多彩,形式多样,斑斓多姿,各具特色,十里不同风,百里不同俗。浙江可以体验非遗的地方很多,而且大多数都比较有看头。只要想做文章,每个县、每个乡、每个村,都能做文章,都大有文章可以做。

2. 返璞归真是现代人的必然选择。现在这个社会,太浮躁了,发展得太快了,走得太快了,人的灵魂跟不上人的脚步,跟不上社会发展的脚步。城市的人返璞归真,向往田园,对民间的、草根的、乡土的东西,特别怀念,特别留恋。寻找心灵的归宿,寻找精神家园,是城市里的人、特别是都市里的人越来越强烈的渴望。上山下乡赶海,变成时髦的活动。

3. 非遗的保护发展有着重要的现实基础。非遗是传统文化表现形式,也是生产生活方式。它是老百姓的生活文化,与老百姓的日常生活密切相关,与城乡发展经济、改善民生、促进就业,都可以紧密结合,都可以发挥作用。非遗是老百姓自己创造的文化,老百姓应该充分享有自己创造的文化。做好非遗的抢救保护,做好非遗的传承发展,可以让老百姓得到实惠,也得到老百姓的真切拥护。

2011 年元月 20 日在浙江省城市科学研究会、省旅游发展研究会新年论坛上的讲演

4. 非遗项目是提升区域影响的优势所在。不少非遗项目，可以借题发挥，可以打造品牌，提高当地知名度和影响力。现在这个社会，千城一面，千篇一律，大同小异，一个地方要引起关注，要吸引眼球，要聚集人气，靠什么？非遗资源、非遗项目，就是优势，就是特色，就是个性，让你与众不同，让你彰显特色。现在是眼球经济，注意力就是影响力，注意力就是生产力。

5. 非遗保护是政府和社会的责任所系。城市化现代化大背景下，留住历史脉和记忆，守护精神家园，成为社会共识。从政府来讲，从社会来讲，保护和发展文化遗产，都有这个责任。做好这项工作，既是对列祖列宗负责，又是对父老乡亲负责，也是对子孙后代负责。发掘非遗资源，做好非遗保护，是一种责任担当，是一件顺势而为的事，也是本来应该做的事。

（二）从旅游角度讲

1. 经济发展越来越好，百姓口袋有点钱，有条件去旅游。如果百姓口袋里没钱，旅游业发展不起来。

2. 现在有长假，老百姓有闲暇旅游，出门旅游，已成为一种生活方式。如果老百姓忙得没时间，旅游业兴旺不起来。

3. 旅游业是赚钱的无烟工业，可以拉动内需，促进消费，扩大就业。为此，政府对旅游业的发展大力支持。

4. 旅游景区景点，也是非遗项目宣传的窗口。旅行社的参与，旅游线路的安排，可以让更多的人了解非遗，感受非遗，体验非遗。

文化是旅游的灵魂，旅游是文化的重要载体。非遗与旅游的结合，有助于推动非遗的传承保护，有助于扩大非遗的影响力，有助于促进旅游产业转型升级，有助于拉动内需促发展。非遗与旅游的结合，可以优势互补，资源共享，互促互进，互赢互利。

二、非遗与旅游结合的实践

近年来，我省各地充分发掘非物质文化遗产资源，大力推动非遗与旅游结合发展，打造文化旅游系列品牌。

（一）命名非遗旅游景区（景点）

去年5月，省文化厅会同省旅游局公布了十大省级非遗旅游经典景区，包括杭州宋城景区、桐乡乌镇景区、舟山普陀山景区等著名景区，并公布了泰顺廊桥文化园、安吉民俗文化园等12家非遗旅游景点。这些景区景点，把非遗的展示展演作为重要内容，增添景区的人文色彩，提升景区的品位，也因此增强了景区的效益。

（二）发展民族传统节日旅游

省文化厅公布命名了 20 个省级民族传统节日保护基地，大力推进传统节日体验性旅游。如春节的绍兴安昌祝福，元宵的杭州运河灯会、泰顺百家宴，清明的桐乡蚕花水会、秀洲网船会，嘉兴端午文化节，杭州中秋西湖赏月、钱江观潮，重阳的缙云轩辕氏祭典、永康方岩庙会等，这些传统节日，历史悠久，内涵丰富，传统习俗完整，地域特色鲜明，人民群众广泛认同。有些旅行社抢占先机，特意安排传统节日旅游线路，让游客参与和体验乡土风俗，感受传统节日氛围。

（三）大力开展文化旅游节庆活动

省文化厅从全省上百个文化节庆活动中，确定了 18 个文化节庆活动，加以重点扶持。如每年一度的景宁畲乡民歌节、象山开渔节、湖笔文化节、绍兴大禹祭典、衢州孔子文化节、龙泉青瓷宝剑节、青田石雕文化节、泰顺廊桥文化旅游节等活动，有浓厚的地域特色，有时代特征，有品牌效应，有广泛影响。这些活动既体现区域性，又逐步培育和打造成全国性的文化节庆活动，吸引了大批海内外游客。

（四）特色非遗展示馆拉动旅游

浙江各地近年来先后建立了一大批具有一定规模的特色非遗展示馆，在全省初步形成了非遗展示馆的网络体系，成为拉动旅游的新热点。譬如安吉县因地制宜，建立了农耕文化展示馆、白茶文化园、皮影展示馆、木偶展示馆、龙文化展示馆等 35 个乡村非遗展示馆。当地旅游部门把乡村非遗展示馆串联起来，打造非遗旅游精品线路。

（五）打造高品质旅游演艺产品

2008 年的北京奥运会开幕式，非遗元素运用得很充分。张艺谋把笔墨纸砚，把印刷术、中国画元素、戏曲元素等多样的文化元素，用各种不同的艺术形式表现出来，展示中国文化的博大精深。这也是传统文化运用于现代演出的一个标志性案例。我省各地开发演艺旅游项目的热情越来越高，推出了一批具有品牌效应的演艺旅游项目。杭州的《宋城千古情》，名声在外，号称世界上三大演艺品牌之一；丽水排演了《畲乡风》，景宁排演了《千年山哈》，云和排演了《童话云和》，金华排演了《仙山婺水金华人》，宁波排演了《十里红妆》，舟山排演了《东海水，渔家人》，这些项目，以本土文化为元素，创新演出形式，加上运用现代高新技术手段，都赢得了良好口碑。但是也令人遗憾，这些高投入的演出剧目，多数没有进入演艺市场，没有经常性演出，没有产生它应有的更好的价值。引起轰动以后，又归于沉寂，又进了仓库。我们需要会同旅游部门商量能否联合搭设一个平台，创新机制，让这些受到热烈欢迎的演艺项目经常性演出，为更多的受众更多的游客所享有。

(六)积极开发非遗旅游纪念品

每个城市,每个地方,都应该有文化标识,应该有能够代表这座城市这个地方的文化名片。不少地方注重将非遗元素引入旅游纪念品设计,已经搞出了名堂。如海宁市重点推出硖石灯彩,既有传统造型的灯彩,又创意制作各种精致小巧的紫砂壶款式的灯彩,供不应求;象山县开发具有海洋文化特色的贝壳、珊瑚类纪念品,市场前景看好;桐庐县合村乡恢复绣花鞋制作工艺,设计各种新款式,受到市场欢迎。在上海世博会上,浙江各地开发的非遗旅游纪念品成为抢手货。各地非遗资源都很丰富,可以选择其中最能代表地域文化的标志物,打出品牌。

三、进一步推进非遗与旅游融合的思考

(一)明方向

非遗与旅游的结合,基本上还处于起步阶段。怎么发展,要找准定位,目标向导,要理清思路,规划指导,要统筹协调,加强领导,要强化措施,政策引导。思路清才能方向明,方向明才能步子大。

(二)深挖掘

旅游有六个要素,吃住行游购娱。这六个方面,与非遗元素是密切相关的。中国的饮食文化源远流长,中国的乡土建筑富有特色,中国的古街老桥风情独具,中国的手工技艺巧夺天工,中国的传统表演艺术和民俗事象纷繁多姿。充分发掘非遗资源,让旅游变得有声有色,有滋有味。

(三)连线路

各地各具风情的非遗项目,要有旅游部门参与,把它穿针引线,点连成线,线构成面,形成整体效应。新昌、天台、仙居三个地方的风景旅游资源串联起来,打出了"新天仙配"的品牌,吸引了许多有情人到这条线上旅游。有些人喜欢瓷器,杭州的官窑、绍兴的越窑、金华的婺洲窑、衢州的白瓷、龙泉的青瓷,可以构成专门的旅游线,探踪寻宝。浙江是丝绸之府,浙江有不少佛教圣地,浙江有丰富的民俗事象等等,诸如此类的文化体验游,可以安排出很多的线路,可以各取所需,满足不同人群的需要。

(四)创品牌

许多传统表演艺术项目可以推陈出新,许多手工技艺项目可以精益求精,许多传统节日可以融入生活,许多文化节庆可以扩大影响,许多旅游景点可以丰富内

涵,许多传说故事可以落地生根,许多的名优特产可以包装营销。许多的非遗资源都可以推出来,形成新型的旅游业态。

(五)重协作

文化与旅游的融入,不单是文化与旅游部门的事。非遗涵盖面很广,旅游涉及面很广,要使得文化与旅游的结合发挥效益,要体现"政府主导,部门联动,企业投资,市场运作"的原则,调动各方面的积极性,调动社会力量的热情,吸引社会资本参与投资,寻找与市场融合的方式,促进效益最大化。

(六)广宣传

酒香也怕巷子深,好东西也需要吆喝。现在是"眼球经济",注意力就是生产力。要重视借助于媒体宣传和推广。省里主流媒体对非遗保护工作很关注,宣传力度也很大,浙江日报开设《寻访民间文化》专栏,都市快报开设《旅游版带你找民俗》专栏;江南杂志社每年组织"走读江南"探寻非遗活动,邀请作家、艺术家考察和采风;浙江电视台"1818黄金眼"对20个省级传统节日保护基地进行实时现场直播。除了与传统媒体加强合作,还要大力运用网络媒体等新型媒体宣传推广。

(七)求共赢

非遗与旅游的结合也是把双刃剑。非遗与旅游的结合问题,一直存在争议。一些地方在非遗旅游开发中,对非遗资源歪曲滥用,对原生环境造成开发性破坏,甚至后果很严重。这里边有地方政府急功近利的问题,有开发商唯利是图的问题,也有文化行政部门监管缺失的问题,还有理论研究滞后的问题。非遗项目不同于经济项目,也不同于一般的文化项目,它必须经过政府、传承人与开发商等利益攸关方的充分协商,并经过专家的充分论证后才能实施,以确保开发利用与保护传承能够良性互动。

(八)惠民生

非遗与旅游的结合,既要让游客体验非遗风采,体验民俗风情,也要让非遗传承人得到实惠,让当地的百姓尝到甜头。非遗与旅游的结合,要为脱贫致富奔小康服务,为促进就业促进消费服务,为拉动内需促发展服务。

省城市科学研究会、省旅游发展研究会两个学会,共同关注非遗保护,关注乡土文化在城市化进程中的意义,让我深受鼓舞。这说明了非遗保护得到了各阶层的进一步关注,也说明了非遗事业可以在促进旅游业发展,塑造城市形象方面可以更有作为。在此也殷切期待各方面的专家学者,各方面的有识之士对我们的工作多予指导,不吝赐教。

非物质文化遗产的传承与发展

——《浙江在线》"在线访谈"

访谈主题: 非物质文化遗产的传承与发展

访谈时间: 2011 年 11 月 18 日 10:00—11:30

嘉　　宾: 王　淼　浙江省文化厅非遗处长

主 持 人: 宋　薇　浙江在线

访谈简介: 非物质文化遗产为何越来越受重视?浙江省非物质文化遗产有多少世界级、国家级项目?"十二五"期间我省将如何加大保护非物质文化遗产力度?浙江省政府门户网站特邀浙江省文化厅非物质文化遗产处王淼处长与大家一起探讨"非物质文化遗产的传承与发展"。

主持人: 直面热点焦点,通畅社情民意。大家好,这里是浙江省人民政府门户网站《在线访谈》和浙江在线新闻网站《民生直通车》为您同步直播的访谈节目,我是主持人宋薇。今天我们非常荣幸地邀请到浙江省文化厅非物质文化遗产处王淼处长做客我们的节目。欢迎大家通过浙江省人民政府门户网站、浙江在线《民生直通车》的留言板,以及我们的官方微博积极提问,参与我们的直播互动。

王处长您好!欢迎您的到来。

王淼: 主持人好。各位网友,大家好。

非物质文化遗产是民族的宝贵财富

主持人: 非物质文化遗产是民族精神文化的一个重要标识,它蕴含了民族特有的思维方式、想象力和文化意识,而非物质文化遗产的保护和发展应该说意义非常重大。党的十七届六中全会通过的《中共中央关于深化文化体制改革、推动社会主义文化大发展大繁荣若干重大问题的决定》,明确提出了建设文化强国的战略目标,并提出了建设优秀传统文化传承体系的要求。首先问一下王处,您是怎么看待非物质文化遗产保护工作在推动文化发展繁荣中的作用？

王淼：我觉得非物质文化遗产对推动文化的大发展大繁荣，有着很重要的作用。非物质文化遗产是民间文化、草根文化、乡土文化，是百姓的文化，大地的文化。所以，一定意义上说，非物质文化遗产就是中华文化的源头和根基。温家宝总理有几句话很经典。他在2007年参观中国非物质文化遗产保护成果大展的时候，经过浙江展区乐清细纹刻纸展台的时候，他跟我们浙江乐清细纹刻纸的传人林邦栋老人亲切交谈。家宝总理对他说，我对非物质文化遗产有三句话的理解：第一，它是民族文化的精华；第二，它是民族智慧的象征；第三，它是民族精神的结晶。这三句话很经典，当时在场的人都叫好，齐声叫好。说明总理是有备而来，有深刻的思考。

我再补充三句话：第四，它是民族历史的见证；第五，它是民族身份的标志；第六，它是民族基因的宝库。非物质文化遗产博大精深，包括民间文学、传统表演艺术、传统手工技艺，包括中医药等民间知识，包括传统节日等民俗风情，很丰富。它既是传统文化表现形式，也是传统生产生活方式。它不仅是活态的历史文化形态，也与老百姓当下的生活息息相关，也关乎着我们民族未来的生存发展。所以，我觉得它无论对于构建社会主义核心价值体系，对构建公共文化服务体系，对促进文化产业体系的发展，都有很重要的作用。

主持人：六中全会提出了构建社会主义核心价值体系，非物质文化遗产项目的保护和传承，在这个方面，或者说在哪些方面可以发挥它的特殊的重要的作用？

王淼：许多表演艺术项目，譬如民歌，譬如龙舞狮舞，譬如传统的戏剧和曲艺，大多数体现着真善美，体现着我们民族特有的精神特征和价值观念。如果举一个例子的话，像戏曲，它虽然表现的是帝王将相、才子佳人，我们说它是"才子佳人后花园，落难弟子考状元"，但是，它所体现的爱恨情仇、悲欢离合，它所体现的精忠报国、忠孝节义，它里面所蕴含的大多是一种健康向上的价值观念、伦理道德。它提倡人要向好向上向善，要真善美，这种在一定程度上也是一种核心价值，是社会主导的主流的健康向上的价值。再一个，我们浙江的传统戏曲种类很丰富，形式多样，丰富和满足了人民群众的精神文化生活。十七大报告中有一句话，要掀起文化建设的新高潮，要使人民群众的基本文化权益得到更好保障，使人民群众的精神文化生活更加丰富多彩，使人民群众的精神风貌更加昂扬向上。看戏看演出，通过这种潜移默化的熏陶和影响，实际上不但是丰富了人民群众的精神文化生活，而且另外一个角度来说，对社会主义核心价值也是一个体现，一种彰显和张扬。

主持人：非物质文化遗产的保护和弘扬，不但丰富了人民群众的文化生活，而且在激发人民群众的精神风貌上也有很重要的意义和作用。

王淼：对。非物质文化遗产的保护弘扬和开发利用，还有一个方面的功能作用，就是促进文化产业的发展，这方面的意义和作用也很大。非物质文化遗产与相关经济门类关联度高、互动性强，这一点也越来越为大家所认识。我们许多的非遗项目，包括手工技艺的项目，表演艺术的项目，民俗项目，或者进行生产性保护，或者与旅游结合，或者与文化创意结合，或者促进相关联的产业发展。不少非遗项目，特别是传统工艺美术项目，已经成为一个新的经济增长点，成为当地群众脱贫致富奔小康的有效途径，甚至成为当地经济结构调整和经济增长方式转变的重要途径。非物质文化遗产是民族的宝贵财富，不仅是民族的精神财富，也可以转化为民族的物质财富。我觉得，加强非物质文化遗产保护意义重大，对于营造中华民族共有的精神家园意义重大，对于经济社会的健康和可持续发展也是意义很重大。

浙江非遗工作全国领先

主持人：非遗保护意义非常深远。我在这儿也有几个问题想问一下王处长，在"十一五"期间，浙江省在非物质文化遗产保护方面主要做了哪些方面工作？目前浙江的非遗保护工作处于一个什么样的状态？我们浙江的非物质文化遗产有些什么样的特点？浙江列入人类非遗项目和国家级项目目前为止是什么情况？

王淼：浙江"十一五"的非遗保护工作，可以说是风起云涌、如火如荼。我省非遗工作，可以用三个关键词来概括：一个是非遗普查浙江模式，第二个是非遗名录浙江现象，第三是非遗保护浙江经验。我省非遗普查创新模式，为全国非遗普查提供了示范。我省结合基层实际，将国家下发的十八个门类的普查要求，重新梳理、提纲挈领、化繁为简，形成了具有实用性、操作性的普查表式。在此基础上，创造了"村查线索、乡查项目、县做申报文本"的普查思路，三个层级各有侧重，分步推进，为此打开了非遗普查的瓶颈，全省迅速掀起了非遗大普查的浪潮。我省的普查工作，可以说是地毯式、拉网式进行，全省纵向到底，横向到边，做到四个不漏：不漏村镇、不漏项目、不漏艺人、不漏种类。我们广泛动员社会力量参与普查。特别是动员了"五老"参与这个普查，那些老艺人、老工匠、老干部、老教师、老土地等等，各地基层的老年协会发挥了很大的作用。我们浙江非遗大普查，有23万人参加，队伍非常庞大，普查出270多万条线索，重点调查了15万多个项目。

主持人：应该说这个基数非常庞大。

王淼：对，非常庞大。2008 年 11 月，文化部在我们浙江象山召开了全国非遗普查工作现场会，这个现场会推广了浙江非遗普查的模式。当时我们配套搞了一个大型的展览，以设区市为版块，以县为单位，以乡镇为单元，把我们普查的成果——4000 多本普查资料陈列出来，洋洋洒洒，层层叠叠，声势浩大。当时，与会代表他们的反馈说两个词："感动，震撼！"也有代表说三个字：浙江的普查工作"了不起、不得了"。后来，《中国文化报》在头版头条用"非遗普查看浙江"为标题，重点报道和宣传浙江模式，推广浙江经验。报道中说，浙江的普查工作"做到极致，叹为观止"，这是四个字。通过大普查，我们把家底摸清了。

主持人：首先把非遗家底了解清楚了，我们的保护工作就有的放矢了。

王淼：对。这个普查也是一个基本省情的调查，对国家来说也是一个基本国情的调查。我们到底有多少资源，搞清楚，这是保护的重要条件。

第二个是建立名录体系。我们浙江省政府是全国省级政府中最早公布省级非遗名录的省份，在全国率先，体现了省政府对非遗保护的认知和高度文化自觉。特别是在国务院先后公布的三批国家级非物质文化遗产名录中，我省连续三批名列榜首，第一批是 44 个项目上榜，第二批是 85 个，第三批是 58 个，蝉联三连冠，可以说是不简单、不容易，甚至有人说了不起。建立名录体系，它的重要性和必要性，就在于你可以有针对性、实效性地实施保护措施。

第三个是我们保护工作的推进。普查不是目的，普查只是一个手段，目的是把它保护好、传承好，然后是合理利用和发展好。我们浙江在非遗保护工作中有许多探索，或者说有一些模式，有一些经验。比如说，我们的各种各类保护基地建设，包括非遗传承基地、非遗传承教学基地建设。传承基地是项目落地保护，要扎扎实实、实实在在承担起保护的责任；传承教学基地是通过学校来开展实践、实验、实习活动，在学校中进行非遗知识和技能的宣传教育和普及传播。另外，我们还公布了一批传统节日保护基地，有 20 个；再一个是公布了一批非遗旅游景区景点，这个是跟省旅游局共同公布的。刚才讲到的非遗传承教学基地，是跟省教育厅共同公布的。我们还公布了一批非遗生产性保护基地，促进非遗保护传承和传统产业发展。

主持人：应该说各类基地分得都非常清晰。各有侧重面，各有功能作用。

王淼：对。然后我们还公布了一批非物质文化遗产生态保护区，设想从个别项目的保护转向整体性的保护，从一些圈养式的动物园式的保护转向野生地的放养式的保护。这个生态保护区，以保护非物质文化遗产为核心，兼顾人文古迹的保护，和自然生态的保护。这是一个保护方式的探索，也是一个保护发展的新的理念,是一种保护工作的美好构想和理想状态。诸如此类的各种各类的保护基地,构成了浙江非遗保护的多种形态多种模式,形成了非遗保护百花争艳,各呈风采的生动局面。

浙江的非遗工作,"十一五"主要做了三件事:一个是大普查,一个是建立名录体系,还有一个是在保护上不断进行探索。非遗普查浙江模式,非遗项目浙江现象,非遗保护浙江经验,这是各方努力的成果结果,也是浙江对全国的贡献。

保护工作亮点频现

主持人:浙江非遗保护工作取得这么大的成绩,真令人高兴。那么请王处长谈谈浙江的非遗保护有哪些特点?

王淼:我的概括,主要有这么几个特点:第一个是起步早。浙江非遗工作有许多方面都是在全国率先的,我可以排出八个十个甚至二十个第一。刚才讲到率先启动非遗普查,率先公布省级名录,建立全省非遗名录体系;还有譬如率先设立省级非遗专项资金,率先对传承人施行制度性的政府津贴;率先制定"十一五"非遗保护规划;率先颁布非遗保护的地方法规,率先举办大规模的非遗博览会;率先编纂国家级非遗代表作丛书;率先建立行政层面的省非遗办和事业性质的省非遗保护中心,率先建立高校非遗研究基地,等等。我就不过多罗列了。

第二个是挖掘深。浙江地域面积不大,人口不多,民族单一,现代化程度高,一定意义上讲,浙江的非遗资源不多。但是,我们浙江的地理风貌很丰富,有水乡、平原,有山区、丘陵,还有海岛。浙江拥有辽阔的海疆,有漫长的海岸线,众多的岛屿。所以地理风貌还是比较丰富的,非物质文化遗产形态极为多样,所谓十里不同风、百里不同俗,甚至十里不同俗。所以,我们浙江可以讲是一个非遗大省,我们这几年对非遗资源的挖掘和抢救保护,也为浙江从非遗大省向非遗强省迈进奠定了基础。

第三个是上榜多。包括列入联合国教科文组织榜单的人类非遗项目,浙江有8个,江苏也是8个,我们并列第一。我省列入国家级非遗名录的项目总数是187项,蝉联三连冠。今年,赵洪祝书记两次做出批示,都用了"可喜可贺",给予勉励。另外,省政府公布了三批省级非遗名录,总共有省级项目586项。

第四是载体全。就是刚才讲到的各类保护基地建设卓有成效。各类基地遍布全省,星罗棋布,百花齐放,千姿百态,放大了非遗保护的效应和效果,推进了非遗保护的深入深化和延伸拓展,推动了非遗与经济社会融合发展,使非遗保护呈现出生动喜人的景象。

第五是品牌响。浙江的非遗项目在全国性展演展示活动中频频亮相,在对外文化交流中,和对港澳台文化交流中,成为热点。长兴百叶龙、奉化布龙、永康十八蝴蝶、九狮图、海宁花灯、余杭滚灯等等一大批的传统表演艺术项目,闪亮登场,精彩亮相。龙泉青瓷、青田石雕、东阳木雕等一大批传统工艺美术项目,老树新花,焕发活力。浙江的传统节庆,如大禹祭典、轩辕氏祭典、南宋祭孔和嘉兴端午节、杭州的中秋文化节、象山开渔节、遂昌劝农节等等,在全国打响了品牌。我们公布了20个传统节日保护示范基地,从春节、元宵、端午、清明、七夕、重阳、中秋,都有保护示范地。我们文化厅还公布了18个重点扶持的文化节庆活动,这些活动既具有地方特色,又具有品牌效应。所以,我们欢迎大家到我们浙江过节。另外,我们利用每年的文化遗产日,举办非物质文化遗产系列展示活动,已先后举办了六届浙江省非物质文化遗产节,每年我们还要搞中国浙江非物质文化遗产博览会。大家知道浙江也是一个会展大省,会展很多。应该讲,这些品牌活动,将浙江非物质文化遗产的丰富多彩、形式多样、斑斓多姿,都表现出来了。

第六是成效大。不仅是一大批的非遗项目保护好、传承好、利用好,而且普及了非遗知识,增强了人民群众的抢救保护意识,凝聚了社会共识,激发了人民群众的保护热情。

主持人:应该说我们浙江的非物质文化遗产工作的特点还是非常明显的,可以说亮点频现,成效卓著。

王淼:应该说形势大好,不是小好,在全国地位很高。我们已经做了大量工作,还有更多的工作要做。

让非遗薪火相传

主持人:十七届六中全会提出,要重视发现和培养"非物质文化遗产项目代表性传承人","促进他们健康成长,发挥作用"。非遗项目的传承工作,主要是依靠传承人的口传心授而世代相传。目前很多的传承人都已经年逾古稀,都是一些老人了,而年轻人可能由于兴趣或者说更多的是经济利益上的原因,很少愿意去学习这些项目,把这些项目传承下来,不少的非遗项目的传承出现了后继乏人的现象。我想问一下王处,在非遗传承人才的培养上,我们浙江有没有什么具体的措施?

王淼:你讲的这个问题的确存在,不少传承人年逾古稀,风烛残年了。我们现在列入国家级非遗代表性传承人的有94人,列入省级代表性传人的好像是738

人，已经有 9 个国家级传人和 21 位省级传人去世了。为什么认定的代表性传承人年纪都很大？这里边有个因素，我们认定传承人对从艺的年限有要求，起码要 25 年。如果你 20 岁开始学，就要 45 岁以上，但是你要考虑到中间有一个"文革"的阶段，当中没人敢学，所以这 10 多年"休息"了一个阶段。而且名额的限制，如果师傅在世的，一般先认定师傅。综合这些因素，所认定的省级以上传承人自然年纪都是比较大的。

主持人：也就是最起码要 60 岁左右的人了。

王淼：不是说必须上了 60 岁才可以评传承人，而是实际公布的上了名单的往往在 60 岁以上了。甚至有的市级代表性传承人，也都是 70 多岁的老人了。有专家呼吁，每一分钟都有一个传承人去世，每一分钟都有一个民间艺术品种在消亡。这不是危言耸听，说明了时不我待，刻不容缓，迫在眉睫，要只争朝夕，分秒必争，要和时间赛跑。传承人老化这个现象是存在的，我们也在逐步放大认定代表性传承人的量，当然跟后面的资金配套也有关系了。

另外，的确也存在着有许多项目没人学、后继乏人的问题。我记得 2005 年我们厅里举办浙江省非物质文化遗产博览会，在浙江博物馆，吕省长去看了，看了两个多小时，他一路跟传承人亲切交谈，在经过黄岩翻簧竹雕展位的时候，吕省长问这位老艺人，他问，你这个项目有没有人学？这个老人说没人学。省长愣了一下，说为什么没人学？老人说，这个翻簧竹雕费时很长，成本很高，然后卖得高了，没人要，卖低了，成本收不回来，没利可图，没有经济效益，谁来学？就没人学了。为此，吕省长提出给代表性传承人颁发制度性的政府津贴，鼓励和支持传承人带徒传艺。应该讲，随着非遗保护热潮的兴起，有一部分项目得到保护了，有传人了，也不排除有相当一部分项目后继乏人，要加强措施。

主持人：有什么措施？

王淼：一就是认定代表性传承人，就是每一个项目起码认定一位甚至多位传承人。第二个就是采取政府津贴的办法，对传承人带徒传艺实行制度性补贴。第三个是建立传承基地，项目落地保护。浙江省这方面的工作也是在全国领先的。

主持人：怎么样对传承人进行补贴？

王淼：现在国家级传承人呢，文化部是每人每年补助 1 万，省里现在是 65 岁以上传承人给予补助。有些地方，设区的市和县里也有相应的补助。所以有些国家级传承人可以拿到 2 万左右。

主持人：也就是各方津贴都在一起的话是 2 万多。

王淼：对，2 万多。但是有些市县没有这样一个政策措施。我们传承人拿的钱不是纯粹的生活补贴，主要是激励传承人带徒传艺，带更多的徒弟。生活补贴是民政部门的事情，我们主要还是强调非遗项目的传承。

各地都在积极探索促进保护传承的办法。我昨天刚从瑞安回来，瑞安有 11 位省级以上传承人，政府文化主管部门要求每一个传承人起码带 2 个以上徒弟。

主持人：至少有 20 多个。

王淼：对。瑞安对师父、对徒弟都有补助。瑞安有一件事情做得很好。瑞安的木活字印刷术，是列入联合国教科文组织急需保护名录的项目。他们在中学、小学招募愿意学这个木活字印刷技艺的孩子，让孩子们自愿报名，结果报了 250 多名，积极性非常高。现在把他们组成五个班，每周两个课时。因为学木活字印刷要学古汉语，要先把字描好，还要学雕刻，还有背口诀、检字、排版，印刷上也有特别的讲究，能够学到很多东西，所以家长很支持，孩子很有兴趣。现在瑞安准备在 250 人里再选 50 个人，办一个加强班。

主持人：就是 50 个特别突出的、特别好的孩子。

王淼：对。许多市、县都有相应的措施促进非遗项目的保护传承。宁波提出"三位一体"的概念，就是将项目和传承人和传承基地三者直接挂钩。让基地去找徒弟，而不是传承人去找徒弟。传承人有时候没有这个力量去找徒弟，把找徒弟的责任落实给基地或者说保护责任单位。传承人的任务是带徒弟，带好徒弟。师徒签订协议，政府文化部门做监证。"三位一体"就是三个方面共同把这个项目的传承责任和义务切实担当起来。我们现在也在推广这个做法。

你刚才讲得好，非遗是通过口传心授，言传身教传承的。非遗是以人为主体的，所以传承人是保护的主体，他应该讲是非遗的主人。所以政府部门就要为他们服务好，要肯定他的贡献，要承认他的地位，要给他一定的平台。我们这几年采取了很多措施，比如说我们每年的元旦到元宵都开展"服务传承人月""八个一"活动。政府文化部门要去慰问传承人，要送上一笔政府津贴，要带着他们去体检，要组织媒体去宣传一次，要给他落实至少一个徒弟，要给他解决一项实际困难，等等。还有一个"三必报、五必访"制度，包括有严重阻碍传承人传承活动行为的必报，代表性传承人大病逝世必报，代表性传承人有重要艺术成果必报。"五必访"是传承人家庭困难必访，大病逝世必访，收徒传艺必访，有重要艺术活动必访，有突发事件必访。我们觉得只有传承人有了一定的社会地位，才有更多的人去追随。所以我们通过这些途径，让这些草根的、乡土的、民间的人士，让他们感到自己在从事一个令人向往的职业,在从事一项崇高的事业,把这个作为一个职业,更作为一个终生的事业去追求。

主持人:我们也希望更多的年轻人能够加入非物质文化遗产传承队伍,把我们这么好的非物质文化遗产项目一代一代传承下来。

非遗体现了中华民族活的文化传统

主持人:这里我们有一个问题,前段时间有一个非遗项目的申报,大家比较有争议,就是东阳的"童子尿煮鸡蛋"这个事情,它成为了当地的非遗项目。有部分网友对于申报非物质文化遗产的条件感觉比较困惑,他也想问一下王处长,就是我们省各级非物质文化遗产项目的申报,具体有着怎么样的标准和要求?也就是怎么样才能够得上申报非物质文化遗产呢?

王淼:"童子尿煮鸡蛋"是一个比较典型的例子,人家说"扯蛋事件",见仁见智。我觉得不是不可以上,东阳市政府通过专家论证,向社会公示没异议,说明专家认可,当地群众认可,然后把它认定为东阳市级的一个项目,说明政府也认可,它列入非物质文化遗产项目有它的道理。关于"童子尿煮鸡蛋",网络炒得很热,比如说这个"童子尿煮鸡蛋"也算非物质文化遗产吗?"童子尿煮鸡蛋"你敢吃吗?或者说这个"童子尿煮鸡蛋"真的可以补身体吗?

主持人:有没有他所说的这个效果?

王淼:我也不知道。报纸上看到,当地老百姓说有效果。还有这个"童子尿煮鸡蛋"到底吃的是科学,还是吃的是习俗?连央视、湖南卫视都到那里去采访。浙江卫视当时也想采访我,我说我不接受采访。我从来不拒绝媒体,但是我说这个项目情况比较特殊:一,这是东阳市列入的,不是省里列入的。如果它申报省级名录,或者已经列入了省级名录,那我应该负责解释。第二个,从"童子尿煮鸡蛋"该不该上榜,一定意义上我不是很有发言权,因为它如果作为中医药项目,那么中医药的专家更有发言权;如果是作为民俗项目上榜,那么由民俗的专家发表意见更合适。所以,我们推荐了各一位中医药专家、民俗专家让浙江卫视去采访。他说你本人的态度呢?我说我本人的态度是不提倡、不支持、不反对。因为它这个东西是一个民间的土方子,听说《本草纲目》里面也有记载,就是说这个童子尿有温阳祛寒作用,而且说"童子尿煮鸡蛋"有一个春令进补作用。我们有这么一个特点,就是非物质文化遗产项目需要得到公众认同,就是在一个区域里面民众认同它是非物质文化遗产,那就可以是非物质文化遗产。这个项目,专家认同、社会公众都没有异议,当地的老百姓觉得的确它有效果。

主持人：对，就是当地老百姓已经成为一种习俗在那边在接受。

王淼：包括当做中医药项目在看，所以列上去。但是，从我们这里讲呢，就是说你这个项目有没有经过卫生部门，或者经过中医药部门认可。网民说卫生还有点问题，所以我刚才讲不提倡、不支持、不反对。

还有，你讲到底现在非物质文化遗产申报有哪些条件要求？

主持人：对，有哪些标准和要求？

王淼：是有几条的，比如说它要体现中华民族活的文化传统，还有体现中华文化的创造力，还有体现传统的优秀的伦理道德和社会价值，当然还要体现鲜明的地方特色。有几条标准的。但是它这个把握有点弹性，有许多项目可上可不上，的确是争论很大。"童子尿煮鸡蛋"仅仅是一个例子。也有专家提出来，五粮液上了，泸洲老窖上了，狗不理包子上了，北京烤鸭上了，还有五芳斋粽子上了，上海的霉豆腐也上了，兰州拉面也上了，你这个非物质文化遗产不是变成了一个酒厂，或者变成了一个食品店，变成了饭店了吗？你说该上不该上？法国大餐已经上了人类非遗项目，我们中国的饮食文化可谓博大精深，源远流长，我们许多的传统饮食项目当然也可以报也可以上。但是哪些可以上还是有讲究的吧。比如杭州杭帮菜可以上，但是这是一个大概念，杭帮菜太虚了，那要找具体的，可能就是楼外楼，或者是知味观。你说太小的不能上，那为什么五芳斋粽子可以上？它已经成为当地端午习俗的一个象征物，有一点文化意义在里面，同时它是一个品牌，中华老字号。而且这个项目产值也做得很大，它一年销售 3 亿多个粽子，我估计产值起码在 10 多亿吧。申报的标准条件还值得探讨，申报的条件或者是立项的条件，它是有弹性的，见仁见智。对我们来讲，首先要体现重要的历史价值、文化价值和科学价值，这个项目在一定的区域内或者行业内具有典型性、代表性，或者是关系到国家文化主权、国家文化安全的。比如这个木活字印刷术，韩国说雕版印刷是他们发明的，包括端午节和韩国的端午祭之争，包括针灸、中医药等等，所以有些因素我们要综合考量。

主持人：应该说有一定的硬性条件，但是它的弹性也是蛮大的，关键要看是否有价值。

王淼：讲得对，关键在于项目的价值。我们国家建立了四级名录体系，国家、省、市、县，分别项目的价值情况，分别评定公布，分级保护。

抢名人资源要靠谱

主持人: 我们知道为了提高知名度,带动旅游或招商引资,其实有些地方已经背离了文化遗产保护的真谛,而出现了争抢文化遗产的现象。我想问一下,对于这种现象您怎么看呢? 特别是对于争抢文化遗产资源。

王淼: 我觉得争抢文化资源是一件好事,就是大家注意到了文化资源对当地拉动旅游也好,促进经济也好,它的意义和价值很大。从这一点上看是一件好事。有一句话比较流行,文化是旅游的灵魂,旅游是文化的载体,这两个要结合。文化离开旅游,或者旅游离开文化,那就是魂不附体。旅游要通过非遗来提升人文内涵,非遗也要通过旅游去扩大传播。两样结合得好,那肯定是好的。因为现在都讲"眼球经济",注意力就是生产力,就是影响力。大家认识到这个非遗资源的作用,所以抢非遗资源,这个从一定意义上讲是一个好事。

王淼: 但是,就像你刚才讲的,争抢太功利了,太商业化了,这又是一个问题。有些抢是可以的,比如梁祝,是个传说,这个梁祝传说虽然很凄美,但是很美好很浪漫,表达了忠贞不渝的爱情,大家都希望成为梁山伯祝英台的故乡,跟梁祝相关的保护地涉及多个省份、多个城市。传说么,无非是借题发挥一下,有一些可能实在是捕风捉影,也是可以的。搞旅游,老是讲无中生有,捕风捉影,借题发挥。比如说,现在有地方搞出一个孙悟空故里,有专家给考证出来了,说在江苏的连云港。猪八戒故里高老庄也找出来了,在福建的哪个县。现在又说嫦娥的出生地在山东哪个县。这都是神话中的人物,本身是虚构,这个出生地太不靠谱太不搭调了。

主持人: 其实都是一些神话人物。

王淼: 这个东西都是瞎掰,忽悠了。还有几个地方抢西门庆,抢这么一个历史上留下臭名的臭名昭著的人物,这样就没有意义了。从这个角度呢,我们一要肯定各地保护和利用文化遗产的意识,但肯定的前提下要注意避免庸俗化的倾向。中央提出反"三俗",反对庸俗、低俗、媚俗之风,这是很有针对性的。我们要反对低级趣味的东西。

实际上有许多资源,我觉得可以好好去做。我最近听说东阳有一个东白山,这个东白山里边有牛郎村,有织女村,而且还有一个仙女湖,都是古而有之的老地名。你如果去做这个文章,那就会做得很大,这个资源可以大做文章做大文章。再一个比如西施,大家都知道诸暨,这是西施故里。实际上萧山的临浦也有许多与西施传说相关的遗址遗迹遗存,但是包装宣传滞后了一步,现在就有点被动了。如果做西施文章,人家说你是空佬佬的,西施么大家公认是诸暨的了;如果不做,当地老百姓又讲你有这么丰厚的资源又不做。我说,他们倒是可以做做范蠡的文章,还有嘉兴也可以做做范蠡的文章,嘉兴有一个范蠡湖。这个范蠡,我觉得是全中国古往今来最成功的男人:第一,当官当了宰相;第二,泡妞泡了一个四大美女之首;第三,后来听说成为一个大富豪,非常有钱。所以,我觉得不要搞那种让人家笑话的题材,各地真正可以挖掘的东西还很多。

主持人: 各地不要一味的瞎忽悠,连神话中的人物也都搬出来了,找到出生地了。

促进非遗绽放新的活力

主持人: 那么我们在保护的过程中,究竟是应该保护传统原貌,还是鼓励改革和创新? 特别是一些过度的保护和扶植,会不会使我们的非遗变味?

王淼: 你讲了一个保持原貌和发展创新的关系,两者我觉得不矛盾,应该是不矛盾。因为对于非遗来讲,保护为主,抢救第一,前提就是保持原貌,原汁原味,原生态原真性。比如昆曲,我个人倒是希望我们的昆曲一直维持不变,到500年以后我们的子子孙孙回过头来,还能够看到我们今天的或者是古时候留存下来的那种昆曲,那种韵味,那种经典,见证历史上老底子的一种生活方式,一种艺术品位,一种审美情趣。我希望是这样。但是,从另外一个角度呢,我们也不反对昆曲在继承传承的基础上有新的创造。比如青春版昆曲《牡丹亭》,很受年轻人特别是青年学子的欢迎,都演了快上百场了,演到哪里火到哪里,粉丝很多。这个戏曲,因为时代在变,生活方式在变,许多审美情趣,文化享受方式都变了,总不能看戏曲的总是白头发,没有黑头发,所以你能够既保持传统的原貌,又有创新的,两条腿走路,我觉得是可以的,不冲突的,甚至是要鼓励和提倡的。

另外,你说的保持原貌,也有一个问题。事物都在发展变化的,变是绝对的,不变是相对的,你这个原貌是明朝的原貌还是清朝的原貌,还是今天的原貌? 非物质文化遗产是活态的、动态的,是活的一种文化。所以,我们一个方面是反对拔苗助长,反对过度开发,反对把这个非遗项目搞得有点串味了,同质化了,搞得不伦不类,土豆不像土豆,芋艿不像芋艿;另外一个,我们也不反对推陈出新,古为今用。在保持基本元素的基础上的发展或者说创新,也是符合事物发展的本来规律,符合艺术生长的发展规律的。另外呢,讲到过度保护,社会上现在好像有一种说法,认为当下的非遗保护过热了过度了。我觉得这句话是不对的。现在不存在过度保护,而是有许多的项目嗷嗷待哺,缺少资金,缺少人才,缺少政策措施的支持和支撑。

主持人:这个力度还应该再加大。

王淼:对。我们当下所面临的是保护力度不够的问题,而不是过度保护的问题。这点我觉得有必要强调。

主持人:其实,我们应该正确的理解和把握,应该把原来的传统面貌和发展创新相结合,两者都是需要的。

实行退出机制是一个可喜的进步

主持人:我们今年发现一个问题,就是在今年的9月份,文化部发布了《关于加强国家级非物质文化遗产代表性项目保护管理工作的通知》,明确指出对于国家级非物质文化遗产项目,要建立一个警告和退出的机制。我想请王处给我们谈一下,怎么样去解决这个"重申报、轻保护"的问题?还有,您对国家级名录项目退出机制的理解,这方面您怎么看呢?

王淼:"重申报、轻保护"的问题,这个情况是存在,我们省里也不排除有一部分的项目存在着"重申报、轻保护"的问题。因为有一些地方或单位把申报工作作为政绩,当成一个形象工程,等申报成功了,船到码头了,革命到底了,就万事大吉了。这是一种错误的现象。我们申报是为了保护,或者说申报也是一种保护,让你有重点、有针对性、实效性的实施保护。但是,我们这个申报,只是保护工作的一个起点,一个新的开始,或者是保护过程中的一个深化。所以,我们为了解决这个问题,省文化厅采取了一个措施,叫实施国遗项目"八个一"保护措施。包括每个国遗项目,一是要求都要有一个保护方案;二是要有一个专家指导组,全过程介入。

主持人:就是对于这个项目,要专门建立一个专家组做好专业指导。

王淼:是的,这个专家组要全过程参与,整个保护方案的制订,到保护工作的实施。还要实行首席专家制度,全面负责。第三,一个工作班子;第四个,就是要有一个保护基地,当然你要有三个五个更好,但是最起码要有一个,落地保护;第五个要有一个保护平台,就是你要给他一个宣传展示的平台;第六,就是要有一个完备的档案,包括数字化的运用现代科技手段建立的数字档案;第七,要有一本普及读物,现在我们所有的国遗项目,187个项目,每一个项目一本书,分批出版;第八,要有一个具体的保护措施,比如海宁花灯,市政府专门出台了意见,杭州的杭剧,市政府办公厅专门出台了一个做好保护传承的意见。我们就是用"八个一"保护措施来推进这个保护,应该讲这是一个比较好的抓手。

主持人:应该说是一个比较系统化的工程了。

王淼:对。我们是一项一策,分类指导,一抓到底,务求实效,不达目的绝不罢休,不见成效绝不收兵。我们也有监督机制。刚才你讲到这个退出机制很重要,从理论上来讲,或者从规律来讲,有进就有退,而且有退出才是真正的保护。有些地方的项目上榜了,入选名录了,就以为功成名就了,相应的保护措施没有跟进。所以,文化部对国遗项目明确提出了实行退出机制,这标志着国遗项目不搞终身制,也标志着退出机制将进入实践阶段,进入真正运行的阶段。文化部已经明确了基调,那么我们省级的名录项目退出机制应该讲也是势在必行。

在今年两会期间,国家文化部王文章副部长在答记者问时强调:国家级非物质文化遗产名录,将实行退出机制,检查保护措施到底落实没有,传承到底做得好不好,如果不符合要求,就从名录里消除,而且还要追究相关方面的责任。这个退出机制,我觉得今后应该跟官员的政绩考核挂钩,包括跟政府跟有关主管部门的政绩考评挂钩。列入国家级省级名单的,都是祖国优秀的重要的文化遗产,你没保护传承好,是渎职、是失职!你考评没考好,或者商业化过度开发造成后果的,要追究责任。

主持人:就是说列入名录仅仅是保护的开始,保护工作的成效要与考核体系挂起钩来。

王淼:对,退出制度将为盲目的片面的申报热降温,引导这些地方将工作重点从申报转移到保护。

非遗保护人人参与、人人共享

主持人:我们有一位网友提到,希望有更多的机会去看一些优秀的非遗项目。他想请王处给大家介绍一下,我们浙江省的非物质文化遗产展示场馆的建设情况,以及非物质文化遗产的精品展的开展情况是怎么样的?

王淼:非遗展示场馆的建设正在推进。这个非物质文化遗产是一个古老的话题,但就这个事业来讲,是一个新生事物。所以,现在非遗馆建设要后来居上,作为一个短板要加强,要与公共图书馆、文化馆、博物馆等形成系列,成龙配套。现在我们对非遗馆的建设比较重视,比如杭州市的国遗项目当中有 3 个项目专门建了专题展示馆,就是建在运河边的西湖绸伞博物馆、王星记扇子博物馆、张小泉刀剪博物馆。另外杭州市市本级的非遗馆已经立项,已经招标了,3.5 万平米,投资 4.3

个亿。

主持人： 在什么地方呢？

王淼： 就是在奥体中心边上。还有浙江省非遗馆已经列入"十二五"的浙江文化建设重点项目之一，正在选址当中。目前非遗馆的建设有多种类型，有官办的，也有民办的；有静态展示的，也有结合活态展示的；有综合性的，也有专题性的；有围墙的，也可以是没围墙的生态式的展示馆。各地建非遗馆或者博物馆的劲头很大。比如鄞州区已经建了20多个馆，当然当地政府的支持力度也很大。我们跟文物部门是工作一起做，成绩各自报。另外像安吉，每个村搞一个非遗馆，现在已经建了35个，体现当地的文脉，体现一种个性，体现一种文化特色，体现一种与众不同，这个工作做得很好。去年的10月底，省文化厅在安吉召开了乡村非遗馆建设的一个现场会，我们要推广安吉这个做法。非物质文化遗产，大家说是无形文化，无形文化也要用物质载体来承载，用有形文化来体现。所以这块我们要加强。

第二个，浙江的文化会展很热。譬如，省文化厅每年举办中国浙江非遗博览会，省经信委每年举办中国工艺美术大师精品博览会，还有西博会、义乌国际文博会等，也都将非遗项目的展览展示作为重要内容，非遗的展出展览的机会也很多。非遗馆是一个常态化的，就是经常性的、日常性的、正常性的一个展览。还有一个就是文化遗产日，或者我们搞非物质文化遗产节等等，来展示非物质文化遗产的风采，展示非物质文化遗产的魅力，让人民群众去共享。所以，这两项是我们都要做的，非遗馆和一些展演展示活动都要做。

主持人： 应该说，我们经常有机会接触非遗，感受非遗的这种文化的特色和特点。如果大家有兴趣的话，在非遗馆或者在这些活动的时候，都可以去参观这些展览和参加这些活动。

王淼： 对，我们想把各地的一些活动，都用预告的形式去告诉大家。

主持人： 就是登陆浙江非物质文化遗产的网站吗？

王淼： 是的。我觉得大家如果有需要的话，都可以从这个网站上得到一些预告信息，按照这个信息去参观展览，去参与民俗体验。这是一个比较好的途径。

主持人： 公众要参与非遗保护，首先要了解非遗。加强对非物质文化遗产的保护，需要社会公众普遍的一个认识。这些年，随着宣传力度的增加，社会公众对非物质文化遗产的保护意识已经日益增强。刚才王处在一开始提到，这个热度已经开始慢慢升温了。我们想问一下，就是社会公众具体应该怎么样去参与这个非物质文化遗产的保护呢？怎么亲身去参与这个保护？

王淼：今年文化遗产日期间，省文化厅会同浙江日报等新闻媒体共同表彰了一批"精神家园守护者"。这些受表彰的都是非遗保护的志愿者，是社会公众参与非遗保护的其中的突出代表。对于公众或者说志愿者参与非遗保护，我们要充分肯定，高度评价。我们要宣传表扬他的事迹，彰显他的精神，号召更多的人来参与非遗的抢救保护。还有一个，我们现在着力推动非遗志愿者社团的建设。今年6月份，我们在浙江大学举行了一个在杭高校大学生非遗志愿者团成立仪式，浙江大学、浙江工商大学、浙江理工大学等五所高校建立了志愿者团，这些青年学子们宣誓上岗。高校是一个层面。省里已经有7个相关社团，包括浙江省民俗文化促进会、浙江省非物质文化遗产保护协会、浙江婺剧文化促进会，包括浙江省企业家振兴民族文化促进会等，都跟非遗相关的。另外，各地也在推进非遗社团建设，这个工作也延伸到了市、县，甚至延伸到乡村。比如桐庐有一个合村乡建立了非遗志愿者协会，临安有个村也建立了非遗志愿者协会。我们有许多工作从上往下推往往推不动，而这项非遗工作得到了自下而上的支持，得到了人民群众真切的拥护。对于人民群众参与非遗保护工作的热情，要有一个机构去把大家凝聚起来，要搭建平台，把大家的积极性给调动起来，激发出来，焕发出来。这里面应该讲，在动员公众力量方面，媒体发挥了重要的作用。包括主流媒体和新兴媒体，媒体对非遗这块一直很关注，重彩浓墨，大张旗鼓，推波助澜，对凝聚社会共识方面发挥了很重要的作用。《浙江省非物质文化遗产保护条例》这个地方法规总则里面有一句话，任何单位和个人都有保护非物质文化遗产的义务。就是说，保护非遗是全社会的责任，是全民的义务。人人参与、人人共享，应该讲这是我们的目标和目的。人民群众是非物质文化遗产的创造者，也应该是参与者和享有者。

主持人：人人参与、人人共享！对于我们非遗的保护，应该说是每一个人的义务和职责所在。

浙江非遗事业的前景很广阔

主持人：六中全会《决定》为非物质文化遗产保护工作提供了一个新的机遇。我们想在节目的最后问一下王处，我们"十二五"期间，浙江省的非物质文化遗产保护工作的重点将会有哪些呢？

王淼：这两天正在召开的浙江省委十二届六次全会里面，对非物质文化遗产保护传承有更高的要求。省委赵洪祝书记对非遗保护很重视，多次作出批示作了强调，他指出，非物质文化遗产保护工作，不但是全省的全国的工作，而且是世界人类文明的传承工作,意义十分重大。赵书记要求我们倍加珍惜,采取措施,保护好、传承好、利用好。赵书记为我们进一步加强非遗工作指明了方向。省委全会提出实施浙江省文化遗产传承计划,作出了进一步部署和要求。我们厅里出台了浙江省非遗事业发展的"十二五"规划,这个规划,立足浙江、面向全国,立足当前、面向未来,提出了浙江非遗保护的八大行动计划。现在应该讲,"十二五"怎么发展,方向也明确了,步骤也已经清晰了,我们的目标就是要建立优秀传统文化传承体系,营造人民的精神家园。当然,我省的非遗工作也要继续走在全国前列,要成为先行省份,要成为示范的省份。

王淼:这个重点呢,一个方面,继续从省、县、村三个层面来推进。省里统筹统揽全局,县里是关键,村一级是基础,这三个层面抓好了,全省非遗工作就活了。还有一个,就是刚才讲到的以名录项目、各类基地,还有文化生态区三方面为着重点,抓好重点项目,抓好深入深化,抓好延伸拓展。还有一个,是从人、财、物三个方面加大力度,加强保障。所以,我们觉得浙江非遗保护的前景是很广阔的。我们作为文化部确定的全国的非遗保护综合试点省,作为先行者,也应该继续创造经验,提供示范。所以,我们要继续解放思想、实事求是、与时俱进、开拓创新,为了党的事业,国家的利益,民族的大业,或者说为了世界人类文明的传承工作,做出我们应有的贡献。

主持人:应该说我们这个非遗的工作,还需要继续不断地推进,不断地去努力,不断地去发展。我们在这儿,也非常感谢王处长的一一介绍,我相信大家对于非物质文化遗产保护工作,有了更深入的了解了。

好,各位网友,由于时间的关系,今天的访谈,我们就到这儿结束了。也再次感谢王处长在百忙之中来参加我们的节目。

王淼:首先谢谢小宋的主持,也谢谢各位朋友的参与。

主持人:好,今天也非常感谢各位网友的参与,希望大家继续关注我们的访谈节目,以及我们省政府门户网站和浙江在线网站的其他内容。我们下期节目再见。

保护我们民族的文化记忆

《今日浙江》访谈

积淀深厚的非遗资源，丰富了中华民族文化宝库，也奠定了浙江文化大省的坚实基础。我省充分发挥非遗资源的独特优势，非遗生产性保护不断取得突破，优秀传统文化焕发出新的生机和活力。

● 受访　浙江省文化厅非物质文化遗产处处长王淼

○ 采访　本刊记者朱馨

2012年1月31日，文化部为首批国家级非物质文化遗产生产性保护示范基地授牌，浙江东阳木雕企业陆光正创作室和青田石雕企业青田县二轻工业总公司入围。2月5日至15日，中国农业展览馆新馆举办了中国非物质文化遗产生产性保护成果大展，全国188项传统技艺、传统美术、传统医药类项目参加展览，其中包括我省的东阳木雕、青田石雕、乐清细纹刻纸、瑞安木活字印刷等13个项目和30多位传承人。

"生产性保护"指的是在非遗保护的实践过程中，以保持非遗的真实性、整体性和传承性为核心，借助生产、流通、销售等手段，进行合理的生产开发，促进传统技艺的传承、利用和发展。

就非遗生产性保护问题，本刊记者采访了省文化厅非物质文化遗产处处长王淼。

生产性保护是重振传统手工艺的有效举措

○ 您认为，浙江非遗生产性保护工作的现实意义是什么？

● 相对来说，浙江地域面积不大、人口不多、民族成分单一，但由于地理地貌丰富,成就了区域文化的多样性。我省积淀深厚的非遗资源,丰富了中华民族文化宝库,也奠定了浙江文化大省的坚实基础。

近年来,从最初唤醒人们非遗保护意识的宣传,到全省大规模的非遗资源普查;从非遗名录体系的建立,到非遗项目代表性传承人的认定;从非遗传承基地建设,到非遗生态保护区的设立,浙江非遗保护工作不断推向深入,也一直备受瞩目。特别是我省在先后三批的国家级非遗名录项目中蝉联三连冠,而且列入联合国"人类非遗代表作名录"和"急需保护的非遗名录"数目也是名列全国各省份首位,浙江非遗工作进一步树立了地位。非遗保护既要维护民族文化基本元素,加强优秀传统文化思想价值的挖掘和阐发,也要从经济角度推进非遗资源的合理开发利用。如今,"生产性保护"将浙江非遗事业推到了新的发展阶段。

一般来说,非遗生产是手工劳动,非遗产品是手工艺制品。浙江传统手工艺产业是一个饱含着、凝聚着、浓缩着民族情感和智慧的特殊行业,也是具有市场潜力和前景的新兴产业。发挥非遗资源的独特优势,做大做强传统手工艺产业规模,对于弘扬民族优秀文化,和推动文化产业的发展,促进经济产业结构调整,十分重要。这也是非遗生产性保护的重要意义所在,是我省促进文化产业发展的一个有效举措。

保护利用与普及弘扬并重

○ 请您简单介绍一下我省非遗生产性保护的现状。

● 我省非遗生产性保护已逐步形成建立生产性保护基地、举办会展活动、开发旅游产品、培育产业集群几大重点。

我省公布了 55 个省级非遗生产性保护基地,这些基地发挥龙头作用,正在将一些具有良好经济优势的非遗项目转换为经济资源。如临安千洪宣纸、宁波泥金彩漆、苍南夹缬、嘉善京砖等传统手工艺项目,采取非遗生产性保护方式进行合理开发,不仅使传承人提高技艺传承的积极性,而且使当地群众获得经济效益和实惠。

我省着力打造中国(浙江)非遗博览会、中国浙江工艺美术大师精品博览会等一批非遗展会,集中展示了非遗传承人高超技艺,进一步促进非遗项目的文化辐射,拓展了手工技艺项目的市场空间。中国龙泉青瓷宝剑节、青田石雕文化节、东阳木雕节等各种规模的专题性会展和各种类型的特色会展,一年四季不断,在全省串连成了永不落幕的博览会。义乌文博会、西湖国际博览会等我省重大文化产品博览会上,都将非遗项目的展示展销作为重要内容。

一些非遗资源丰富的区域,将非遗保护传承与旅游业发展相结合,给文化旅游产品或城市文化礼品注入地方文化内涵。杭州百万重金征集城市文化礼品,宁波举办国际港口文化节"手礼"设计大赛,都将体现非遗元素作为基本要求。各地纷纷利用各类展会、非遗馆、传习所和互联网平台,展示优秀的传统手工艺品,吸引广大群众和中外游客参观、购买。

全省各地纷纷挖掘非遗资源这一座文化产业的富矿,逐步把非遗资源有效转化成各地特色品牌的文化产业。青田石雕、东阳木雕、龙泉青瓷、绍兴黄酒、南浔湖笔……形成了传统手工艺产业集群,大大推动了区域文化旅游业发展和农村产业结构的调整,也成为区域经济社会发展的重要支撑点。

生产性保护呈现出多重效应

○ 您认为强调对传统手工艺的"生产性保护",对这个现代社会作用何在?

● 传统手工艺产业的发展,不仅促进了优秀传统文化的传承和弘扬,也为扩大就业、促进文化消费、改善民生等作出了贡献。主要体现出几大效应:

激发非遗生机活力。随着现代经济社会生活的嬗变,那些曾经与我们息息相关的文化记忆和民族传统,面临衰退或者濒临失传的境况。在非遗生产性保护的热潮中,这些传统技艺逐渐得到重视得以恢复生机,并且从传承人的小群体进入大众视野,重新焕发出新的活力和光彩。

凸显区域特色文化优势。传统手工艺产业的勃兴,对于彰显乡村的历史文脉,体现乡村的个性美、特色美,呈现乡村文化多样性,推进新农村文化建设,都是一条捷径。而且,对于发挥城市的文化优势,增加相关产业文化含量,延伸文化产业链,推动文化产业与旅游等产业的融合发展,建设特色文化城市,也不失为一条有效途径。

提升人民群众生活品质。传统手工艺品,是民族民间文化中颇具生命的重要载体。传统手工艺品,是艺术品、文化精品,相比较机械化流水线生产的商品和产品,具有更高的文化品位和艺术价值,与人民群众丰富性、多样化的精神文化需求和现代审美趣味融为一体。传统手工艺品进入现代市场,是为了更好地融入社会、融入生活、融入群众。

转移农村劳动力带动就业。传统手工艺是我省农村重要的家庭事业,是农民家庭收入的重要来源。发展传统手工艺产业,是组织农民脱贫致富的重要途径。

传统手工艺行业是一项劳动密集型产业,具有普遍性、群众性、投入少、收效快等特点,能解决大量农民和外来工的就业,成为当地群众脱贫致富奔小康的重要途径。

生产性保护的出发点和主要目的还是保护

○　是不是只有商品化了,才能有效保护?

●　在非遗生产性保护实践中,我们要正确处理好保护与开发的关系。

生产性保护的重点是保护,而不是生产性的开发。生产性保护不是让非遗产业化,逼着非遗挣钱。非遗生产性保护的核心,在于对传统技艺的传承和保护。生产性保护的底线,是不能破坏传统核心的技艺,特别是要强调"留住手工",让历史文脉延续,让非遗焕发新生。

非遗项目作为一种文化存在,都能够创造价值,纯粹地束之高阁的保护没有出路。我们应该找到真正的生产性保护的路子,而不是生产性破坏。不能把公益性的非遗保护变成功利性的商业行为,不能片面追求非遗项目蕴藏的经济价值。

非遗项目类别多、内容丰富、形式多样,具体到某一个项目如何进行文化产业开发,要视具体情况具体分析和研究。非遗项目承载着千百年历史的古老技艺,非遗项目要永葆生命力,除了有意识地抓好保护传承,更重要的是不断赋予它新的时代元素。这既是近年来非遗保护工作的经验总结,也是实现非遗可持续发展的有效途径。

营造有利于非遗生产性保护的良好氛围

○　非遗生产性保护工作应该怎样实施?

●　我认为,要从六个方面去着力推进。

要加强非遗生产性保护的规划建设。重点培育一批国家级、省级非遗生产性保护示范基地,积极探索和总结非遗生产性保护的做法和经验,充分发挥示范作用。还要发挥各地区域文化优势,规划建设各具特色的非遗生产性保护基地,进一步发掘和整合非遗资源,发展特色文化产业,发展非遗产业集群。

要注重培育非遗生产性保护知名品牌。有些地方推广一村一品、一乡一业、一县一特的做法,值得鼓励。有些地方推广"项目＋传人＋基地"、"农户＋协会＋公司"的产业模式,值得关注。要加大对拥有自主知识产权,弘扬民族优秀文化的产业支持力度,打造知名品牌。把发展传统手工艺产业与发展区域特色经济结合起来,积极推动经济结构的优化和经济增长方式的转变。

要在继承传统的基础上有新的创造。非遗资源也要古为今用、推陈出新。既要注重保护传统手工艺的原真性与完整性,鼓励和支持传承人制作传统题材作品,也应该鼓励传承人对传统技艺有所创新和发展,开发适应当代社会需求的产品,提升手工艺品的品质品位,扩大传统手工艺品的市场份额。

要注重发挥传承人的主力军作用。每一种传统手工艺都凝聚着几代传人的心血。我们要继续从政治上、工作上和生活上关心传承人,要给予传承人一定的经济保障,要使杰出传承人享有崇高的社会荣誉。要不断创造条件,为传承人带徒传艺和艺术创作提供良好的环境。

要为非遗生产性保护搭建平台。民俗节庆,具有广泛的群众基础,也是特色文化产品销售的重要载体和平台。要全面恢复发展民俗节庆活动,尊重群众的文化消费需求和文化创造热情。鼓励和支持传承人和保护传承基地参加各类有影响的展览活动。在继续办好各类展会的同时,还要积极探索传统手工艺品营销的新机制,建立一些规模化、集约化和品牌化的传统手工艺品交易市场。

要为非遗生产性保护和发展营造社会氛围。要充分运用各种媒介,广泛宣传传统手工艺传承发展在我省经济社会发展中的重要地位和作用,营造有利于非遗生产性保护的良好社会氛围。

浙江省非物质文化遗产保护纵深推进

　　浙江省委、省政府在建设惠及全省人民的全面小康社会中,提出"干在实处,走在前列"和"创业富民、创新强省"的发展思路。这一指导思想也有力地促进了我省的非物质文化遗产保护工作。我省认真贯彻国务院《关于加强文化遗产保护的通知》精神,认真落实《浙江省非物质文化遗产保护条例》要求,创新工作思路,探索保护机制,深入开展普查、积极抢救保护、大力传承发展、推进展示传播,扎扎实实干在实处,力求走在全国前列。经过全省上下的共同努力,我省非物质文化遗产保护工作取得了突出的成效,开创了良好的局面。

一、健全政策法规,强化保护措施

　　2006 年,我省十届人大常委会将《浙江省非物质文化遗产保护条例》列为当年一类立法计划。经过一年多时间的起草、修改,以及省人大常委会的两次审议,该"条例"于今年 6 月 1 日颁布实施。这个"条例"的出台,为加强我省非物质文化遗产保护提供了有力的法律保障,更重要的是增强了广大干部群众的依法保护意识。2002 年,省政府出台《关于加强基层文化建设的若干意见》,明确十五期间每年安排 500 万元,用于民族民间艺术的保护。2003 年,省政府出台《浙江生态省建设规划纲要》,明确提出实施浙江省民族民间艺术保护工程。2004 年省政府办公厅专门下发了《关于加强民族民间艺术保护工作的通知》。2005 年,浙江省委办公厅、省政府办公厅印发了《浙江省文化保护工程实施方案》。2006 年,为贯彻落实国务院《关于加强文化遗产保护的通知》、国务院办公厅《关于加强我国非物质文化遗产保护工作的意见》,省政府下发了《关于进一步加强文化遗产保护的意见》。我省在这些年来,还制定了《浙江省非物质文化遗产代表作申报与认定办法》、《浙江省非

　　写于 2007 年 10 月下旬。原载《浙江蓝皮书 2008 浙江发展报告(文化卷)》

物质文化遗产代表作保护与管理办法》《浙江省非物质文化遗产代表性传承人申报与评定办法》《浙江省非物质文化遗产代表性传承人（民间老艺人）政府补贴实施办法》等一系列制度性文件。通过地方法规和政府制度性、规范性文件的施行，有力推动了非物质文化遗产保护工作，弘扬优秀传统文化，服务于和谐社会建设。

二、深入开展普查，夯实保护基础

我省作为中国民族民间艺术保护工程综合试点省份，于 2003 年 8 月召开了浙江省民族民间艺术保护工程工作会议，在全省部署开展民族民间艺术资源普查工作。至 2006 年年底，历时三年多时间，按照"不漏村镇、不漏线索、不漏种类、不漏艺人"的"四不漏"普查要求，对民族民间艺术资源进行了地毯式的调查和登记，据统计，这次普查，全省共普查乡镇、街道 1515 个，占全省乡镇、街道数的 99%，普查村、社区 26064 个，占全省村、社区总数的 80%；访问"五老"（即老干部、老教师、老艺人、老工匠、老土地）32694 人次，召开各类调查座谈会 6401 次，参加座谈人数 71515 人。经过普查，全省共普查出民族民间艺术种类 1473 种，项目 11537 项。较全面地了解和掌握了我省民族民间艺术资源的种类、存量、分布情况、存在环境和保护现状。全省加强民族民间艺术普查资料的汇编和集成。各县（市、区）分别编辑《民族民间艺术资源普查资料汇编本》；11 个市分别编辑成各市《民族民间艺术资源普查资料汇集本》；省编辑成《浙江省民族民间艺术资源普查资料汇总本》。

今年开始，我省转段非物质文化遗产普查工作。针对非物质文化遗产普查工作范围广、内容多、时间紧、任务重，以及专业性强的特点，我省在开展普查工作中，采取试点先行、探索经验、及时总结、全面推广的做法，在全省确定了 6 个综合保护工作试点和 17 个普查工作试点。宁波等地普查试点单位大胆探索，勇于实践，创新普查模式，打开普查瓶颈，我厅综合各试点单位的有效做法，进一步加以梳理和规范，形成了一套具有浙江特色的，符合普查规律的非遗普查表式。并在宁波市召开了全省非遗普查工作现场会，加强对全省普查工作的指导，推进普查工作有序进行。我省此项工作已由试点向面上全面铺开，有望于明年上半年基本完成普查工作。通过普查挖掘，基本摸清全省非物质文化遗产资源的家底，为建立比较完备的非物质文化遗产保护制度，加强对珍贵的、濒危的非物质文化遗产抢救保护，并得以传承和发扬，打下坚实的基础。

三、建立名录体系，完善保护机制

目前，我省已初步建立了省、市、县三级非物质文化遗产名录体系。2005 年 5

月,浙江省政府在全国率先公布了第一批省级非物质文化遗产代表作名录;今年第二个"文化遗产日"前夕,省政府又公布了第二批省级非物质文化遗产名录。两批共公布省级名录 289 个项目。全省 11 个设区的市人民政府已经全部公布了第一批市级非物质文化遗产名录,共 524 项;全省 90 个县(市、区)人民政府都公布了第一批县级非物质文化遗产名录,共 1803 项。全省三级非物质文化遗产名录体系的基本建立,使一大批具有重要价值和濒危的非物质文化遗产得到了及时的抢救保护,也标志着我省非物质文化遗产名录体系建设迈出了重要的一步,标志着我省非物质文化遗产保护工作取得了重大的实质性进展。同时,我省积极做好申报国家级非物质文化遗产名录工作,在国务院公布的第一批国家级非物质文化遗产名录中,我省有 44 个项目上榜,位居全国第一。今年,我省又积极做好第二批"国遗"项目的申报工作,争取再创佳绩。

我省在初步建立非物质文化遗产名录体系的基础上,采取多种措施,加大对"国遗"、"省遗"项目的保护力度。一是系统保存,对优秀非物质文化遗产进行全方位保护。如海宁对皮影戏采取了"八个一"保护措施,即有一套完整的皮影文字资料,有一套完整的皮影剧本、曲谱、曲牌资料,有一套完整的音像图片资料,有一套完整的道具、乐器、头饰、服装等实物,有一本海宁皮影艺术研究论文集等。二是经常展示,传承弘扬优秀民族文化。如杭州市余杭区投资 6000 多万元,建造了 8000多平方米的中国江南水乡文化博物馆,其中用 4000 多平方米展厅面积,重点展示传统工艺和江南民俗风情。三是活动展演,充分展示优秀非物质文化遗产。我厅已连续举办七届省广场文化艺术节,每年有所侧重,分系列展示浙江丰富多彩的民族民间艺术。我厅举办了两届浙江省非物质文化遗产节,举办了浙江省民族民间艺术资源普查保护成果展暨首届民间工艺美术博览会,和《风从东海来》大型民俗风情展演活动,引起广泛反响。丽水市先后成功编排了大型民族风情歌舞《畲山风》、《畲家谣》,分别参加了第二届、第三届全国少数民族文艺汇演,都取得了优异成绩。金华市以当地民族民间艺术为素材,编排成大型歌舞《仙山婺水·金华人》进行演出,充分展示了金华深厚的传统民间文化。四是成果编纂,普及非遗保护知识。我省于 2006 年 4 月启动了《浙江省非物质文化遗产代表作丛书》编纂出版工作,投入 176 万元,将浙江入围第一批国家级非物质文化遗产名录的 44 个项目,每个项目单独成书,将陆续编撰出版。

四、坚持以人为本,加强传承发展

非物质文化遗产的特性,决定了传承人是保护主体。我省在传承人保护方面进行了积极探索。今年 6 月 1 日施行的《浙江省非物质文化遗产保护条例》，以法规的形式对传承人的权利、义务作了明确，规定对代表性传承人和生活困难的传承人给予政府补助，使传承人保护有了法规保障。2005 年，我厅印发了《浙江省民间艺术家命名办法》，继续开展浙江省民间艺术家评选活动，至今已经评定三批。我省在申报认定国家级代表性传承人的同时，开展了省级非物质文化遗产代表性传承人的申报与评定工作，并决定从今年开始，对 65 岁以上的国家级、省级名录项目代表性传承人和民间艺术家，由省财政给予每人每年 3000 元至 4000 元的政府津贴。许多市县也纷纷进行非遗项目代表性传承人的评选，并向传承人颁发政府津贴。通过这些积极的措施，不仅鼓舞了非遗代表性传承人开展传承活动的热情，更重要的是确认了传承人的历史贡献，确立了他们应有的地位，赢得了社会各界对代表性传承人的尊敬。

为了推动非物质文化遗产的传承发展，我省开展了非遗传承基地的命名和建设工作。我厅将命名一批省级非遗名录项目的传承基地，各市、县也开展了传承基地建设试点工作。如杭州市余杭区命名了"余杭滚灯"等 10 个传承基地；新昌县为抢救保护"新昌调腔"这一"戏曲活化石"，组织了调腔培训班，并在此基础上恢复组建调腔剧团；临海市建立了"黄沙狮子"、"黄沙乱弹"、"黄沙秧歌"传承基地；乐清市把"黄杨木雕"、"细纹刻纸"引进中小学第二课堂，在学校建立民间工艺实验基地；长兴县在中小学校和企业建立了 12 个"百叶龙"实验基地。通过传承基地建设，培养后继人才，形成了社会各界参与非遗保护的有效机制。

五、维护文化生态，进行整体保护

"保护为主，抢救第一"是非物质文化遗产工作的根本。我厅坚持非遗保护真实性和整体性的原则，采取措施，对农村传统文化生态保持较完整并具有特殊价值的村落或特定区域进行动态整体性保护。我厅初步规划重点发展景宁大均乡畲族民间艺术生态保护区、嵊州甘霖镇前期越剧艺术保护区、武义俞源民间艺术生态保护区、瑞安木活字印刷艺术保护区、秀洲王江泾船民民俗生态保护区、江山廿八都镇民间艺术生态保护区、象山渔文化生态保护区、绍兴越文化生态保护区等一批民间艺术生态保护区，对当地世代相传、与群众生活密切相关的传统文化表现形式和原生文化资源，进行真实、动态、整体和可持续保护，促进非物质文化遗产原生态环境的维护，促进物质遗产与非物质遗产的同生共荣，使非物质文化遗产在特定区域得到全面、完整保护，在人民群众当中得到确认、尊重和弘扬。

六、恢复传统节日,弘扬优秀遗产

传统节日是非物质文化遗产的重要组成部分。为加强对传统节日的保护,我省各地注重以多媒体方式记录传统节日文化遗产,对具有重要价值的传统节日习俗,对传承人在传统节日中的表演、制作过程,对传统节日中的各类文化表现形态,以文字、录音、录像等方式进行有形记录。各地依托传统节日,积极开展具有民族特色、地域特点的非物质文化遗产展示活动。杭州市余杭区五常乡、西湖区蒋村乡的端午龙舟盛会,每年一度,规模较大,特色浓郁;武义县的七夕节,与民间传说相结合,与群众生活相贴近,与自然生态环境相融,较有影响;温州市龙湾区的农历七月十五中元节转变为固定的东瓯王汤和节,祭奠抗倭民族英雄。景宁县以畲族"三月三"歌会传承文化,展示民俗,增强畲乡人民对畲族民间艺术的热爱。绍兴市打响"北有黄帝陵、南有大禹陵"品牌,大力发掘利用"大禹祭典"的历史积淀、文化内涵和精神价值,使祭禹活动成为推动绍兴经济社会和谐发展的有效载体。各地的传统节日,丰富了当地群众的精神文化生活,促进了民族优秀文化的传承和弘扬。我厅将酌情命名一批传统节日保护基地,推进传统节日的品牌培育,进一步发挥传统节日的社会效应。

近年来,我省的非物质文化遗产保护工作有重点有序地推进,取得了明显成效,积累了初步经验。我们也清醒地认识到,在我省经济社会发展的历史性进程中,我省的文化生态正在发生巨大变化,许多非物质文化遗产在人们经意或不经意间消失了。我省非物质文化遗产保护工作的形势依然十分严峻,面临许多制约保护工作深入深化的瓶颈。加强非物质文化遗产的保护刻不容缓。我们将继续创新思路,勇于实践,积累经验,遵循规律,干在实处,走在前列,不断开创非物质文化遗产保护工作的新局面。

非物质文化遗产保护的浙江行动

2002 年,浙江省政府印发《关于加强基层文化建设的若干意见》,明确每年安排 500 万专项资金用于民族民间艺术保护传承。这一文件的出台,标志着浙江省民族民间艺术保护工作的启动。我省认真落实国家有关部署,紧紧围绕省委"两创"总战略,按照"干在实处,走在前列"的要求,推进非遗事业跨越发展。近十年来,浙江省民族民间艺术保护工作和之后转换到非物质文化遗产保护工作,逐步深入深化,逐步延伸拓展,逐步转型升级,逐步形成态势,取得了显著成效和突出成绩,始终走在全国前列。2008 年 11 月,文化部在浙江象山召开全国非遗普查工作现场会;2011 年 12 月初,文化部在浙江宁波召开全国非遗保护工作会议。浙江非遗事业跨越发展的经验,得到各方充分肯定,引起各方热烈关注。

浙江非遗事业十年基本经验,主要体现在以下十二个方面:

一、贯彻两法　依法推动

由浙江省人大常委会颁布的《浙江省非物质文化遗产保护条例》(以下简称"省条例")于 2007 年 6 月 1 日起正式施行。由全国人大常委会颁布的《中华人民共和国非物质文化遗产法》(以下简称"非遗法")于 2011 年 6 月 1 日起正式施行。地方法规和国家法律的先后颁布,为非遗事业的健康可持续发展提供了有力的保障。我省抓住机遇,着力推进两法的贯彻实施。

做好普法宣传。"省条例"颁布后,我省运用多种手段,开展内容丰富、形式多样的普法宣传活动。如印制了 1 万册"省条例"单行本和编制了 1 套 4 幅普法招贴画,举办普法系列讲座,开展法规知识竞赛,举办非遗展演展示活动等,营造学法、知法、尊法、用法、守法的舆论氛围,创造依法行政、依法保护的社会条件。国家"非

原载于 2011 年 12 月 8 日《中国文化报》。编入本文集时,作了修改。

遗法"颁布后,我省积极探索法制宣传教育的新形式、新方法,增强法制宣传教育工作的新颖性和实效性。我厅将 2011 年 6 月列为国家"非遗法"普法宣传月,在全省部署开展百场非遗演出、百个非遗展览、百场非遗讲座、百题非遗知识竞赛、百篇学法体会文章、百册非遗普及读物、百位非遗先进典型宣传、百万群众志愿签名"八个百"活动。举办了"非遗法"普法宣传月启动仪式暨在杭高校非遗保护志愿者团授牌仪式。各地依照我厅统一部署和要求,积极策划和组织实施了有规模、有成效、有影响的宣传活动,提高了普法宣传的社会参与率,为贯彻落实"非遗法"打下了良好的社会舆论基础。

依法行政管理。我省积极依照"省条例"要求,切实加强对非物质文化遗产保护工作的领导。由省政府分管省长领衔的省文化遗产保护管理委员会,将非遗保护工作列入重要职能。市、县两级政府加强文化遗产保护工作领导和协调机构建设。各级政府把非物质文化遗产保护工作纳入重要议事日程,纳入国民经济和社会发展规划,纳入城乡建设规划,纳入政府及文化主管部门任期目标及年度目标责任制考核内容;并将人文环境的保护和改善,纳入生态省建设考核体系。各级政府认真贯彻落实国家"非遗法"和"省条例"精神,遵照"保护为主,抢救第一,合理利用,传承发展"的非遗工作指导方针,遵循"政府主导、社会参与,明确职责、形成合力;长远规划、分步实施,点面结合、讲求实效"的工作原则,切实加强非物质文化遗产保护政策措施,加大保护传承的政策扶持力度,建立非遗保护工作评估考核机制,推进非遗保护事业又好又快发展。

依法推进保护。我省以实施"省条例"和"非遗法"为契机,以推进非遗大省向非遗强省跨越为目标,以"转型升级,深入深化,提升水平,再创优势"为总体思路,以弘扬"主流文化"、礼敬"母体文化"为自觉,以构建和深化非物质文化遗产保护五大体系为建设重点,以"人人参与,人人共享"为落脚点,以先行先试凝聚信心和勇气,勇于先行,敢于创新,在实践中探索,在探索中前进,创造了许多宝贵的实践经验。无论是全民参与的非遗大普查,还是覆盖全省的名录体系建设;无论是多种保护传承载体的创设,还是广泛开展的宣传展示活动;无论是保护机构队伍的加强,还是各种保护机制的形成;无论是保护法规和规划建设,还是政策和制度建设;无论是是科研编纂工作的开展,还是非遗数字化建设的推进,均取得了令人瞩目的成绩。浙江非物质文化遗产保护事业全面扎实推进,打下牢固基础,凸现优势亮点,开创了良好局面,也为全国非遗保护工作做出了富有成效的探索,积累了宝贵经验。

依法加强保障。非遗事业是一项长远的事业，必须加强人财物等保障力度。我省依照法律法规精神，大力推进非遗保护管理工作机构建设。经编制部门批准，省文化厅设立了非物质文化遗产处，建立了省非遗保护中心。全省 11 个设区市已经有 6 个在文化行政部门设立了非遗处，并已全部建立了市级非遗保护中心，90 个县（市、区）已经有 75 个建立了非遗保护中心。各地积极落实人员编制，落实工作场所，落实工作经费，落实工作任务，加强依法行政依法保护的工作力量。全省初步建立了一支职业化的高素质的非遗保护工作队伍。省财政对于非遗事业支持的力度不断加大，从"十五"期间的每年 500 万，到"十一五"的每年 1500 万，递增到"十二五"的每年 2000 万，为非遗工作的深入开展提供了有力支撑。各地积极推进非遗馆建设，为非遗实物资料的保护管理，和非遗成果的展示宣传，打下了坚实基础。健全机构，强化职能，持续投入，拓展平台，是非遗事业持续发展的保障。

二、统筹全局　规划牵动

凡事预则立，不预则废。谋先则事昌，谋定而后动。我省在非遗事业发展的不同历史阶段，认真研究和分析事关事业发展的战略性、全局性和趋势性问题，分析研究非遗事业发展中的热点、焦点和难点问题，出新招、有突破、求成效，强化落实措施，加大推进力度，创造条件实现目标。

2003 年，我厅颁布了《浙江省民族民间文化保护综合试点省实施方案》，对"十五"期间的民族民间文化保护进行全面系统的部署。着力在民族民间艺术普查、民间艺术实物资料征集、民间艺术展示活动、民间艺术精品培育、民间艺术之乡建设五个方面下功夫。"十五"期间的民族民间艺术保护实践，为全面深入开展非遗保护工作积累了经验，夯实了基础。

2006 年，浙江省委办公厅、省政府办公厅印发了《浙江省文化保护工程实施方案》，提出了构建全省民族民间文化资源保护体系、展演展示体系、规章制度体系、宣传推广体系、产业运作体系的五大体系，实施抢救一批濒临消失的传统民族民间艺术、确立一批优秀民族民间艺术代表作的传承人（团体）、创建一批民族民间艺术之乡、发展一批民族民间艺术生态保护区、做大一批民族民间艺术品牌活动项目、建设一批民族民间艺术展示场馆、培育一批民族民间艺术旅游经典景区、建立一批民族民间艺术产业基地的"八个一批"重点项目。"十一五"期间，我省坚持长远规划与分步实施结合，试点先行与面上推进结合，重点抢救与整体保护结合，分级保护与属地管理结合，政府保护与民间保护结合，使文化保护事业深入扎实推进。大批具有重要历史、文化和科学价值且处于濒危状态的民族民间艺术种类得以有效保护，使民族民间艺术遗产在全社会得到确认、尊重和弘扬。

2011年，我厅颁发了《浙江省非物质文化遗产保护发展"十二五"规划》，提出了健全非遗保护工作的"五大体系"，包括非物质文化遗产生态保护体系、传承发展体系、展示共享体系、典型示范体系、保护制度体系。实施非物质文化遗产事业发展"八大计划"，包括抢救保护计划、活态传承计划、生态区建设计划、展示共享计划、生产实践计划、研究应用计划、制度建设计划、可持续发展计划，并分别明确了重点实施的项目。"十二五"时期，浙江非物质文化遗产保护事业，进入转型升级、深化拓展、提升水平、再创优势的重要发展时期。

三、摸清家底 普查发动

新世纪初，我省先后组织开展了深入细致的民族民间艺术资源普查和声势浩大的非物质文化遗产普查。我省始终坚持实践第一、先行先试的精神，解放思想、实事求是，与时俱进、开拓创新，为全国普查工作创造了经验，做出了示范。

从2003年8月开始，我省率先在全国部署开展民族民间艺术资源普查工作，历时4年，我厅相继召开了诸暨动员会、杭州培训会、临安现场会、余杭推进会、临海讲评会等5个会议，在不同的工作阶段和时间节点，分析态势，交流经验，研究问题，加强措施，深入推进，规范运行。基本摸清了民间艺术资源家底、找准了存在的问题、明确了保护方向、加强了工作措施，呈现出了喜人的保护成果。

自2007年下半年开始，我省转段开展大规模的非物质文化遗产普查工作，确定了23个非遗普查试点。试点单位宁波市在实践中创造了"村报普查线索、乡查重点项目、县做申报文本"的普查工作流程和普查方法，使普查工作从最基层的村落和社区做起，从动员广大群众参与做起，从提供简单的普查线索做起，打开了普查难于深入的瓶颈。我厅及时总结宁波非遗普查试点模式经验，在进一步梳理和规范非遗普查表式的基础上，在宁波召开浙江省非遗普查宁波试点模式推广会，在全省做出部署。在民间艺术和非遗普查工作推进中，我省先后召开了7个会议，下发了37个文件，全过程指导普查实践。23万普查员投入工作，投入6400多万资金，为普查提供有力保障。全省非遗普查工作以全面性、代表性、真实性为指导原则，纵向到底，横向到边，地毯式、拉网式进行，做到"四个不漏"，全面记录；"四位一体"，立体记录。全省开展了"六比六看"竞赛活动，掀起了"比、学、赶、帮、超"的热潮，全省各地形成竞赛态势，形成非遗普查和保护的热潮。

经过先后历时 6 年的艰苦努力,我省民族民间艺术资源普查和之后的非物质文化遗产普查取得了突出成绩。普查覆盖面达到全省所有乡镇、街道及行政村的 100%,全省共上报非物质文化遗产普查线索 271.9 万条,实地调查非物质文化遗产项目 15.63 万项,其中新发现项目 5.3 万余项。召开各类座谈会 18894 次,走访民间艺人 13.37 万人次,收集相关实物资料 2.3 万余件,调查文字记录 11032.1 万字,录音录像记录 4525.7 小时,汇编普查资料 3260 余册。经过全面、深入的大普查,基本摸清了我省非物质文化遗产资源的种类、数量、分布状况、生存环境、保护传承现状。这是对祖先留下的宝贵精神财富的一次大盘点,也是对文化省情、国情的一次深入摸底。

2008 年 11 月,文化部在我省象山县召开全国非物质文化遗产普查工作现场经验交流会,推广浙江非遗普查成功经验。宁波的普查模式,转换成了浙江普查经验,形成为全国的非遗普查运动。

四、依托名录　项目带动

继中国昆曲(浙江昆曲)、中国古琴艺术(浙派古琴)先后列入人类非物质文化遗产代表作名录后,2009 年 9 月,由我省为主申报的中国蚕桑丝织技艺和中国龙泉青瓷烧制技艺项目,和我省参与申报的中国剪纸(乐清细纹刻纸)、中国篆刻(西泠印社金石篆刻)4 个项目,又成功入选人类非物质文化遗产代表作名录;我省参与申报的中国木拱廊桥营造技艺(泰顺、庆元),被联合国教科文组织列为急需保护的非物质文化遗产名录。2010 年 11 月,由我省瑞安市为主申报的中国活字印刷术(瑞安木活字印刷术)被列为急需保护的非物质文化遗产名录。2011 年 11 月,中国皮影戏(海宁皮影戏)列入人类非物质文化遗产名录。至今,浙江已有 7 个项目入选人类非物质文化遗产名录,2 个项目入选急需保护的非物质文化遗产名录。共有 9 个项目列入联合国教科文组织榜单,位居全国各省份榜首。

在国务院先后公布的三批国家级非物质文化遗产名录中,浙江分别有 44 项、85 项、58 项上榜,连续名列榜首,蝉联三连冠。浙江省政府已公布三批省级非物质文化遗产名录项目,共计 586 项;第四批省级非物质文化遗产名录项目,已进入公示阶段。全省各地已公布市级名录项目 1637 项、县级名录项目 5538 项。我省建立健全了非物质文化遗产名录体系。

2011 年 6 月 21 日,省委赵洪祝书记专门作出重要批示:"我省蝉联国家级非物质文化遗产名录'三连冠'可喜可贺。希望倍加珍惜,采取措施,切实把国家级非物质文化遗产项目保护好，传承好，利用好。"为认真贯彻赵洪祝书记重要批示精神，切实推进国遗项目的科学保护和管理，我厅在全省部署实施国家级非遗项目"八个一"保护措施，即"一个保护方案、一个专家指导组、一个工作班子、一个传承基地、一个展示平台、一套完备档案、一册普及读本、一项配套政策"。各地依照"八个一"要求，依照"一项一策，分类保护"的原则，加强对国家级非遗项目的保护传承和合理利用。

五、活态传承　服务助动

事业以人为本。非物质文化遗产的特性，更是决定了传承人是保护工作的核心。那些深深根植于民间土壤的非遗传承人，才是非物质文化遗产的真正主人。各地切实解决传承人最需要解决的困难和问题，力求为传承人多办实事、多做好事。

我省积极推进非遗传承机制建设，促进非遗活态传承。自 2008 年以来，我省在每年的元旦至元宵期间，在全省开展浙江省"服务传承人月"活动，包括"进行一次走访慰问、发放一笔政府补贴、召开一次座谈会、安排一次体检、举办一次展示活动、组织一次专项采访报道、建立一个传承基地、制订一年传习活动计划"等"八个一"服务内容。并在全省建立了服务传承人的"三必报、五必访"制度，包括"有严重阻碍传承人传承活动行为的必报，传承人大病逝世必报，传承人有重要艺术成果必报；传承人家庭困难必访，大病逝世必访，收徒传艺必访，有重要艺术活动必访，有突发事件必访"。省文化厅并下发了《关于进一步明确非物质文化遗产代表性传承人应当履行的义务和享有权利的通知》。通过系列举措，激发传承人传承历史文脉的使命感和责任感，营造尊重传承人、支持传承人、服务传承人的良好社会氛围。

各地积极鼓励传承人带徒传艺，促进非遗项目薪火相传。宁波市为促进非遗项目的活态传承，建立了名录项目、传承人、传承基地"三位一体"的保护与传承机制，将项目保护的三个主体维系在一起，明确保护与传承任务，取得了明显成效。海宁市建立非遗传承基地和传承人带徒授艺考核机制，明确了每年传承基地和传承人带徒授艺的目标任务，年终进行考核，并与补助经费挂钩。平湖市利用民俗文化馆馆舍条件，开设平湖钹子书、平湖派琵琶、杜经布、西瓜灯、圆作、剪纸等项目传承人工作室，让传承人在工作室内开展教学、带徒、展示、展演、研究等工作，为传承人创造基本的工作空间。宁海在职业学校搭建青年传承人培养平台，结合培养目标和专业岗位需要，设立了舞龙舞狮、泥金彩漆工艺、清刀木雕工艺、布袋木偶表演等传统文化课程,聘请各项目的代表性传承人给学生授课,编印了校本教材。并创新思路,加强与企业的合作,输送非遗专业学员进入相应的企业实践,促进非遗项目的生产性保护。各地积极探索非遗保护传承的方式方法,推进传承人群体建设,推进后备力量的培养,推进保护传承工作再上新台阶。

六、搭建平台　共享互动

我省在非物质文化遗产保护中,坚持尊重人民群众的主体地位,让更多的非物质文化遗产回归民间,回归生活。充分运用多种载体和多种渠道,展示优秀非物质文化遗产保护成果。坚持"保护优先,在保护中利用,在利用中更好保护"的指导思想,鼓励和支持发挥非物质文化遗产资源的特殊优势,在有效保护的基础上合理开发利用。

自 2006 年以来,我省已先后举办六届浙江省非物质文化遗产节,一年一个主题,一年一个切入点,形成系列,形成品牌。全面恢复民族传统节日,大力开展文化节庆活动,扩大知名度,提高影响力。我省公布了 20 个省传统节日保护示范基地,绍兴安昌祝福、泰顺百家宴、缙云祭黄帝、嘉兴端午节、杭州中秋节、永康方岩庙会等民族传统节日全面恢复,延续和传承文脉,促进了社会和谐。我省重点扶持了 18 个具有地方特色的文化节庆活动,象山开渔节、岱山谢洋节、景宁畲乡民歌节、衢州孔子文化节、泰顺廊桥文化节等,以浓厚的地域特色和鲜明的文化特征吸引了大批游客,为当地老百姓带来了切实利益。

我省积极推进非遗展示馆建设,促进非遗的保存保护和宣传展示。杭州市非遗展示馆建设已经开工,建筑面积 3.5 万平方米,投资 4.3 亿元;安吉县在美丽乡村建设中实施"一村一品"计划,已经建立了 35 个村级非遗馆,初步形成了非遗展示馆网络。2010 年 11 月,省文化厅在安吉召开浙江省非物质文化遗产展示馆建设现场经验交流会,推广安吉乡村非遗展示馆建设模式。宁波市鄞州区强化政策措施,推进非物质文化遗产展示馆群建设。据不完全统计,全省各地已经建有不同类型的非遗馆和非遗展示厅等 240 多个,呈现出建设类型多样、投资主体多样、非遗门类多样、发挥功能多样的特点。

多年来,全省各地文化行政部门结合本地实际,精心组织和筹划开展丰富多彩、形式多样的宣传展示活动,积极开辟经常化、日常化、正常化的宣传展示场所,促进了优秀传统文化的传承与弘扬,促进了区域文化软实力的提升,促进了保护成果的社会共享。

七、拓展领域　基地策动

我省大力拓展非遗保护基地建设,促进保护工作深入深化。近年来,我省先后命名了6个高校省级非遗研究基地、36个省级非遗传承基地、62个省级非遗传承教学基地、12个浙江省中华老字号保护传承基地、20个省级传统节日保护基地、18个浙江省重点扶持的文化节庆活动、22个非遗旅游景区(景点)、55个省级非遗生产性保护基地,9个省级非遗生态保护区试点。今年,我厅还开展了浙江省非遗宣传展示基地评选工作,推进非遗展示馆等非遗基础设施建设。2010年6月,我省象山县海洋渔文化生态区列入国家级文化生态保护实验区。2011年11月,文化部公布了第一批国家级非物质文化遗产生产性保护示范基地名单,我省"东阳木雕"、"青田石雕"2个国遗项目保护责任单位入选。通过多途径多形式的非遗保护基地建设,促进非物质文化遗产保护传承,促进优秀传统文化传播与弘扬。

我省本着"实际、实用、实效"的原则,大力推进各级各类的非遗基地建设,各类非遗基地遍及全省各地,星罗棋布,四面开花。各类非遗基地建设各有侧重,各具特色,呈现出广泛性、多元性、灵活性、实践性、开放性的特点。这些基地,广泛整合了社会公共资源,搭建了社会保护传承平台,构建起立体的宣传展示阵地,为非遗融入社会提供了越来越广阔的舞台,扩大了非物质文化遗产保护的辐射力和影响力,促进了当地的经济发展和社会进步。

非遗基地建设是一项开创性工作,很多问题需要我们在实践中进行探索,大量的后续工作还需要我们加大工作措施,去认真落实,不断完善提高。各地积极探索创新机制,促进非遗基地的长效管理和有效利用。

八、融入生活　产业拉动

我省在加强非遗保护的前提和基础上,推进非遗生产性保护,呈现出良好的发展势头。

搭建手工艺展示展销平台。近年来,我省着力培育和打造一批具有鲜明地域文化特色和较大影响力的非遗展会。省文化厅举办中国(浙江)非遗博览会,省经贸委举办中国浙江工艺美术大师精品博览会,省老字号协会举办中华老字号企业博览会,杭州上城区举办中国民间艺人节。还有,中国龙泉青瓷宝剑节、青田石雕文化节、东阳木雕节等专题性展会,进一步凸显非遗项目的文化辐射,拓展市场空间。中国杭州西湖国际博览会、中国义乌(国际)文化产品交易博览会等综合性的大型的展会,都将非遗项目的展示展销作为重要版块,作为诠释和阐发地域文化内涵的重要载体。各类各层次的展会,扩大了非遗的影响力和市场份额,提升了非遗在经济社会发展中的地位。

树立非遗生产性保护典型。我省公布了 55 个省级非遗生产性保护基地。临安千洪宣纸、宁波泥金彩漆、苍南夹缬、嘉善京砖等非遗项目,发挥自身优势,找准比较优势,打造竞争优势,逐步从产地优势向产业优势转换。各级积极运用非遗资源,发展特色文化产业,规划建设各具特色的非遗生产性传承园区,提高专业化、集约化、规模化水平,这是浙江促进文化产业发展的一个有效举措。非遗生产性保护,已逐步成为转变经济发展方式的重要着力点,成为新的经济增长点,为拉动内需促发展作出了贡献。

培育传统表演艺术演出市场。我省公布了 30 个传统表演艺术精品项目和 90 个重点培育的项目,涵盖传统音乐、传统舞蹈、传统戏剧、曲艺和传统体育等门类。浙江越剧、婺剧、绍剧、甬剧、瓯剧等地方剧种演出市场也日趋活跃;绍兴莲花落、温州鼓词、杭州小热昏等传统曲艺在当地广受欢迎;余杭滚灯、海宁花灯、青田鱼灯、长兴百叶龙、永康十八蝴蝶等传统舞蹈走出浙江走向全国。各地着力运用丰厚的传统表演艺术资源,推进演出市场的活跃,丰富人民群众精神文化生活,提升地方文化影响力。

探索非遗旅游结合路子。我省公布了 22 个省级非遗旅游景区(景点)。杭州宋城景区、桐乡乌镇景苑、东阳横店民居苑等著名旅游景区,进一步融入非遗项目,丰富景区的文化内涵,提升景区的人文品质,增强景区的吸引力。同时,在非遗资源丰富、地域文化特色鲜明的区域,和发展当地旅游业相结合,把旅游团队引进来,让游客体验优秀传统文化,感受独特的人文魅力。安吉县从实际出发,重点开发农耕文化展示馆、白茶文化园、皮影展示馆、木偶展示馆、龙文化展示馆等非遗旅游项目,把乡村非遗展示馆串联起来,打造非遗旅游精品线路,成为旅游的新热点。我省积极推进传统节日的保护与弘扬,和大力开展传统文化节庆活动,以浓厚的地域特色和艺术特征吸引了大批游客,聚集人气,带动地方经济发展,为当地老百姓带来了实惠。

九、优势互补　区域联动

浙江地理风貌多样,有山区、有海岛、有水乡平原,有丘陵地带。十里不同风,百里不同俗,是浙江多样多元文化形态的真实反映和写照。从全省通盘去考虑,我厅公布了杭嘉湖蚕桑丝织文化生态区、浙东海洋渔俗文化生态区、金华婺文化生态区、绍兴越文化生态区、景宁畲族文化生态区、龙泉青瓷文化生态区、普陀山观音文化生态区、乐清工艺美术生态区、江山廿八都文化生态区等9个省级非物质文化遗产生态保护区试点。这些生态区试点，立足功能互补、优势互补，错位发展、联动发展，积极探索文化生态科学保护、整体保护的有效途径，努力走出一条具有时代特征、民族特色、浙江特点的文化生态保护路子。

文化生态的保护，不仅是人类生存发展环境保护的重要方面，也是非遗保护的题中之义。建立文化生态保护区，从静态保护到活态保护，项目保护到整体保护，非遗保护到自然与文化遗产综合保护，标志着文化遗产保护开始进入到新的历史阶段。文化生态区建设，要尊重人民群众的生活方式、风俗习惯，尊重传统街区和传统村落的历史风貌。既要突出实践特色，又要注重科学理论的指导。要认真研究完善保护规划，明确保护范围、保护目标、保护重点，逐步落实保护措施，促进非物质文化遗产与自然生态和人文生态的和谐共存。

观照全省，山水相依、地缘相近、人文相亲、经济相融。要编制和落实区域文化生态保护发展总体构架，突出区域资源禀赋，突出非遗功能区特色，加强区域合作，谋求联动发展，这是推进城市主题文化集聚和扩散的重要途径，是提升区域文化竞争力和浙江文化整体实力的共同需求，也是浙江文化大省向文化强省跨越的必然选择。

十、创新管理　科技驱动

数字化建设，是提升非物质文化遗产保护工作水平的有效手段，是具有基础性、先导性和全局性的现代化工作手段。

我厅本着"建用结合、以用为主"的原则，加快推进非遗数字化平台建设，包涵普查资源数据库、名录项目数据库、事业管理数据库、集成志书数据库、影像资料数据库、管理平台数据库六大数据库。通过六大基础数据库，构建起覆盖全省的、上下联动的、功能齐全的非遗数字化保护体系。

我厅制定了全省非遗数字化建设实施方案，统筹规划非物质文化遗产数据库建设，初步建立满足工作需要、兼顾各地实际、提供公共服务的数据库群和工作平台。就信息平台的功能运用来讲，我省非遗数字化平台今后的发展方向或者说愿景，应该发挥六大平台的作用，成为非遗数据存储平台、应用管理平台、服务共享平台、宣传展示平台、文化惠民平台和电子商务平台。非遗数字化建设将为非遗保护利用插上科技的翅膀，让非遗乘上网络快车，使非遗保护拓展新的发展空间，加快非遗保护方式和非遗事业发展方式的转型跨越。

我厅将于近期召开全省非遗数字化建设推进会议,作出部署,以点带面,分步实施,加快非遗信息资源的输入,促进非遗资源的科学管理,推进非遗资源的合理开发利用。这是一项系统工程,需要我们做长期的探索和努力。

十一、树立典型　舆论鼓动

我省坚持在非物质文化遗产事业发展中,解放思想,实事求是,与时俱进,开拓进取。坚持先行先试,率先发展,把握发展机遇,创造新鲜经验,总结保护规律。敢做先行者,敢做排头兵,不断以新的举措和成果,为全国非遗保护提供示范。

我省在非遗保护工作中,注重发现和培育先进典型,在全省树立了一批倾心事业、勇于担当、乐于奉献、成绩突出的非物质文化遗产保护先进人物。先后会同浙江日报等媒体开展浙江省非遗保护十大新闻人物评选活动和浙江省精神家园守护者评选活动,宣传和褒扬先进人物的事迹和自觉担当精神。同时,树立了一批非遗抢救保护、传承发展先进典型,先后公布了一系列的非遗保护示范基地。树立了一批非物质文化遗产事业全面推进、保障有力、保护成效突出的示范地区。全省上下联动,相互推动,形成各级各类非物质文化遗产保护典型示范体系。

我省注重与新闻媒体的合作联动,加大非物质文化遗产保护宣传力度,营造有利于保护工作推进的舆论环境。我厅在非遗普查阶段,开展了浙江省非遗普查十大新发现评选。自 2006 年起,每年评选年度非遗保护十件大事。开展了二届浙江省非遗宣传报道奖评选活动,评出一批"好专栏、好专题、好文章"。会同《江南》杂志组织一批作家、艺术家深入基层采风,宣传非遗保护成果;配合宝马"中国文化之旅"深入基层采访,报道非遗工作成就。办好浙江非遗网,成为宣传推广浙江非物质文化遗产的重要窗口;办好各级非物质文化遗产工作简报,成为宣传交流工作的重要载体。充分发挥各级新闻媒体的宣传推广作用,运用多种手段和形式,大力宣传推广非物质文化遗产保护工作的成果。通过营造声势,营造环境,促进非物质文化遗产事业的发展繁荣,促进"人人参与,人人共享"。

十二、非遗保护　全民行动

我省积极贯彻"政府主导,社会参与"的保护原则,充分发挥各级政府在非遗保护工作中的主导地位与主导作用,制定规划,组织力量,加强保障,推进事业发展。同时,积极动员社会力量参与非遗保护。我省大力推进非遗保护社团建设,先后建立了浙江省民俗文化促进会、省民间艺术研究会、省婺剧文化促进会、省戏剧发展促进会、省非遗保护协会、省老字号企业协会、省企业家振兴民族文化促进会等社团。各地积极动员社会力量参与非遗保护，余杭、开化、洞头等不少地方建立了非遗保护志愿者协会，有的甚至延伸到乡村，如桐庐县合村乡成立了民俗文化促进会，临安市清凉峰镇杨溪村农民非遗保护志愿者协会。浙江大学、浙江理工大学等6 所在杭高校建立了非遗志愿者团，大学生志愿者宣誓上岗，参加假期非遗调查和保护实践。各地调动社会各方面的力量，激发广大人民群众参与非物质文化遗产保护的积极性、主动性、创造性，共同推进非物质文化遗产保护工作。

　　新世纪兴起的非遗保护已有十年历程。这是大事多、喜事多、难事多的不平凡的十年；是得到各级领导深情关怀，非遗工作实现整体提高的十年；是围绕中心，服务大局，充分发挥职能作用，重点工作取得明显实效的十年；是坚持重心向下，抓基层打基础，实现关键性突破的十年；是我省坚持先行先试，实践第一，率先发展，有效推进的十年；是我省着力推进非遗工作机构建设，提高队伍精神风貌和整体素质的十年；是我省非遗保护传承兴旺发达、硕果累累的十年。今天的非遗保护事业，是充满奋斗与追求、生机与活力、希望与憧憬的事业！我们将继续以宽广的视野、创新的思路、务实的举措，为浙江文化大省向文化强省跨越，作出卓越的贡献；为建立优秀传统文化传承体系，营造中华民族共有的精神家园，作出更大的贡献！

第二讲

会议讲话

推广科学普查模式　探索科学保护方法

一、关于本次会议的主要收获

本次会议,是一次十分重要又很有特点的会议。大家普遍认为,这次会议,通过学习宁波经验,交流各地工作,收获很大。我想这次会议的主要收获有以下几个方面:

一是统一了思想,提高了认识

这是一句套话,但不是空话。思想意识是形而上的,但它是统帅,是灵魂。从会上交流的情况看,各地和各位同志对做好非物质文化遗产普查,加强非物质文化遗产的保护,它的意义,它的重要性,都有很高的认识。概括地讲,做好当前的普查,是推进非物质文化遗产保护的一项重要基础性工作,是全面摸清非物质文化遗产家底的重要举措,是真实了解我省非物质文化遗产现状的迫切需要,是调查文化国情国力的重要途径,是科学制定非物质文化遗产保护事业规划的重要依据。同时,通过全面和深入的普查,促进非物质文化遗产的保护,对于维系我们中华民族的血脉,对于振奋我们的民族精神,对于弘扬我们的优秀传统文化,对于构建社会主义和谐社会,都有着极为重要的意义。如果从世界眼光、人类发展来看,对于维护人类文化的多样化,对于推进人类的文明进步,都有着重要的现实意义和深远的历史意义。只有认识的到位,才有行动的自觉。这一点既是肯定,也是重申。

二是理清了思路,明确了方向

非物质文化遗产普查查什么?国家普查手册、省普查实施方案,都很明确,共分十八个门类。包括口头传统,民间表演艺术,传统手工技艺,传统礼仪,节庆,民俗活动,民间传统知识等等。怎么查?按照国家普查手册,有些很繁琐,如民间戏曲要填13张表,民间曲艺要填8张表;有些又太笼统,如民间手工技艺和生产商贸习俗、消费习俗、岁时节令等许多民俗项目又没有表式,很不一致,缺少规范,缺少统筹。如果一

2007 年 8 月 13 日在浙江省非物质文化遗产普查宁波试点模式推广会上的讲话

个项目要填 10 多张表,限于专业水平,限于工作力量、工作经费,基层做不动,做不了。没有表格的门类,普查员又难于操作。我是老革命碰到新问题,心中也没数。为此,厅里在各市确定了普查试点,先行实践,摸索经验。宁波市从实际出发,本着实事求是的精神,大胆提出了"村报普查线索、乡查重点项目、县做申报文本"的普查思路,这一做法有很强的实践性,打开了普查无从下手无所适从的僵局,让我们眼前一亮,让我们豁然开朗! 我厅在此基础上,组织宁波、余杭等一些试点地区的同志再次召开"诸葛亮会",研究和解决普查表式问题,确定了"一个门类一张表"的思路,进行表式再设计,进行统一规范。管理就是把复杂的问题简单化,混乱的事情规范化。"村报普查线索,乡查重点项目,县做规范文本",这是普查工作方法问题;"一个门类一张表",这是普查内容规范问题。这两个突破,将复杂的问题简单化,是化繁为简,是科学地"偷工减料",是普查工作顺利进行的捷径,是确保普查成功的"法宝"。应该讲,我省非遗普查工作的思路已经清晰,方法已经明确,要求已经清楚。宁波等地的试点实践,为全省各地结合实际扎实做好普查工作,指明了方向。

三是激发了活力,引发了思考

会上,宁波以及余杭等地作了交流发言,各有好的做法和经验体会。这些发言很精彩,这些经验很宝贵。集中浓缩了我省开展非物质文化遗产普查和抢救保护工作以来的新探索、新实践,新经验、新思想,对各地相互借鉴、促进工作非常有用,无论是对当前工作还是长远工作,都有很强的指导作用。

宁波模式的意义,我认为主要在于"不唯上、不唯书,只唯实"。我们已经习惯于上搬下套,照搬照抄。宁波敢于突破条条框框,走自己的路。而且,宁波不唯上、不唯书,得到了省厅的肯定和鼓励。而且,省厅以"宁波模式"来定名,并组织现场会予以推广。我想,此事的意义,必将对非物质文化遗产保护事业的发展产生十分重要的影响。

邓小平理论,我概括为三论,"摸论、猫论、不争论",实践是检验真理的唯一标准。宁波是邓小平理论的忠实践行者。高举邓小平理论伟大旗帜,不能挂在口头上,要落在行动上!

四是取得了真经,增强了信心

宁波的经验,我概括为"多、快、好、省"四个字。多,讲数量。宁波全市村一级普查出了 30 多万条线索;快,讲速度。宁波在两个月内完成了第一步村级普查任务;好,讲质量。在村级普查的基础上,有选择、有重点,每个乡镇搞 100 个项目,重点调查,填报项目表,可以集中力量做好重点项目;省,讲成本。不仅省时、省力,而且省经费。我们要用系统的观点来分析和考虑问题,来研究如何把我们要办的事情办得更多、更快、更好、更省。

总之,这次会议求真务实,解决疑难,质量高,效果好,是一次成功的会议。

二、关于宁波试点模式的基本精神

宁波试点模式的经验可贵,宁波创新实践的精神更可贵。有句话,只要精神不滑坡,办法总比困难多。我认为,宁波试点模式的具体精神,主要体现在五个方面:

一是走在前列意识

常言说"笨鸟先飞",宁波是九头鸟先飞。宁波这个试点,是宁波市文化局主动向省里争来的。原先普查试点布点,省里只考虑县一级层面的,汪志铭处长要求把宁波全市作为试点,这种主动请缨的可贵精神,勇挑重担的使命意识,感动了我们。走在前列,意味着不是消极、被动地等待,而是积极、自觉地进取,这是一种精神状态;走在前列,需要胆识和勇气,在奋勇争先之前,就要作好承担风险、承担压力、承担无限付出的思想准备。宁波珍惜成为唯一的设区市普查试点的机遇,抢占先机,抢占了制高点,赢得了主动,也赢得了荣誉。

二是敢于创新意识

中央领导强调,创新是一个民族进步的灵魂,是一个国家兴旺发达的不竭动力。有著名学者指出,如果说我们过去二十几年的实践是"改革的岁月",那么在新世纪里,经济社会的发展正步入"创新的时代"。创新,就是解放思想,开动脑筋;创新,就是突破传统思维定势,冲破旧的框框。新的发明,新的发现,新的创造,是创新;革新思想观念,拓展工作思路,改进工作方法,也是创新。宁波制订了一套简便易行的普查表式,是创新;宁波利用网络平台进行普查信息交流,是创新;宁波建立一支覆盖全市每个村落和社区的庞大的业务普查员队伍,颁发普查员证,并给予相应的政策待遇,是创新;宁波通过媒体向社会公布普查热线电话,向市民推出"非物质文化遗产搜宝大行动",是创新。宁波市积极探索非遗普查的有效途径和科学方法,体现了强烈的创新意识,当前的非物质文化遗产保护工作,固定可循的模式不多,如果我们不去研究新情况、创造新做法,不注意与时俱进、开拓创新,我们的工作将缺乏生气,缺乏活力,将不能很好地履行职能和职责。行政层面上有一句话很流行:各项工作要"体现时代性、把握规律性、富于创造性",这句话也应该成为我们工作的指针。通过创新促保护,通过创新求发展。

三是务求实效意识

这次会议,宁波准备得很充分,从市里到县里到乡镇到村,各级都安排了典型经验介绍,层次很清楚,参照性很强。听了宁波市、县、乡、村四级典型经验介绍,我觉得他们普查工作之所以取得实效,一在于从提高普查员业务能力上下功夫。多数的县(市、区),一竿子插到底,直接培训到村普查员,让普查员搞清楚干什么,怎么干。二在于从解决突出问题上下功夫。真正做到有什么问题就解决什么问题,什么问题突出就着重解决什么问题。三在于从建立长效机制上下功夫。宁波层层建立组织机构,加强工作协调;分级配套普查经费,加强财力保障;制订保护规划,加强统筹推进;动员社会参与,加强宣传发动。做好一件工作,做好任何工作,都要立足长远,立足长效。

四是勇担责任意识

什么是责任意识?英国王子查尔斯有句名言:"这个世界上有许多你不得不去做的事,这就是责任。"

宁波有个工作群体,很值得高度评价,值得各地学习。这个群体核心有三个人:一个是汪志铭处长,他是宁波市文化局老处长,"老中医"、"老甲鱼",有丰富的行政经验,有很强的工作荣誉感。汪老处长在普查中起到纲举目张的作用。他在深入调研、慎密思考的基础上,开出了解决普查疑难杂症的"药方",并具体统揽普查工作的破难攻坚。还有两个是宁波群艺馆的孔燕副馆长和非遗保护中心竺蓉主任,她们既是具体实施者,又是"自学成才"的专家。她们敢于承担责任,敢于正视矛盾,承担了繁杂的具体普查业务,承担了繁重的基层普查工作指导任务,不怕苦、不畏难,挑起重担。当然,还有宁波基层的一大批同志,他们是"聚精会神搞普查,一心一意谋保护",把心思用在抓落实上,把精力投到干事业上,创造出了实实在在的工作成绩。

责任心是一种基本政治素质,是一种基本的职业道德,也是一种思想境界,也体现了一种奋发有为的精神面貌。不管任务有多重,困难有多大,情况有多复杂,只要我们都有这样的事业心、责任心,开拓进取,扎实工作,我们完全能够把普查工作做得更好,完全能够把非遗保护事业推上新的台阶。

五是动员群众意识

发动群众,动员群众,是我们党做好一切工作的法宝。群众是真正英雄,群众有丰富多彩的创造,如果群众动员起来了,群众的热情调动起来了,群众的积极性、主动性、创造性激发起来了,没有做不好的工作。非物质文化遗产源于民间,活在民间，人民群众既是非物质文化遗产的传承者、传播者，又是非物质文化遗产的保护者。宁波通过媒体，通过宣传资料，通过座谈会等，宣传非物质文化遗产保护的重要性，宣传非物质文化遗产知识，让非物质文化遗产广为知晓，家喻户晓。宁波市的人民群众或打电话，或来信来访，积极向文化部门反映，或向新闻媒体反映，踊跃提供普查线索，提出保护工作建议。宁波市普查办专门配置了6个小灵通，配合非遗大搜宝行动，听说小灵通都快被打爆了。这说明了我们的宣传发动很到位，群众都发动起来了。

宁波市非物质文化遗产普查试点的探索，已取得了显著的成绩，并且积累了十分宝贵的经验，为全省推开面上的普查工作奠定了坚实的基础。"有这碗酒垫底，什么样的酒都能喝下去。"有宁波的经验先导，我们完全有信心、有干劲，把这项历史性任务完成好。

三、关于具体普查业务要处理好的十个关系

非遗普查纷繁复杂，错综复杂。非遗普查，是我们面临的新领域，是个新生事物。昨天晚上的分组讨论会上，大家提出了许多问题，我们面临许多疑难杂症，要破难攻坚。我对大家反映的问题，认真做了梳理，就一些共性的普遍性的问题，作一解答。我概括为要具体处理好十个关系：

一是民间艺术普查与非物质文化遗产普查的关系

我省花3年多时间进行的民族民间艺术资源普查，是非物质文化遗产普查的第一阶段，它着重是对民间表演艺术和民间造型艺术进行调查，基本上属于文化部门传统业务范围的工作。而非物质文化遗产普查涉及18个门类，除民间表演艺术、民间造型艺术之外，还包括生产商贸习俗、消费习俗、人生礼俗、民间信仰、民间知识等，涉及面更广，内容更庞杂，任务更繁重。作为非物质文化遗产保护的主管部门，要肩负责任，全面统筹，扎实推进第二阶段的、更广泛层面的普查工作。

二是民间艺术普查新与老的关系

所谓"老"，是指上世纪八十年代进行的民间文学和民间文艺十套集成志书的编纂。当时根据全国的统一部署，我省有重点地进行了分类调查。那次调查至今已经有20多年了。民间文学方面，当时基本上每个县都编纂了集成，这次对民间文学部分的调查，以前集成有记载的，不要简单重复，我们重点查以前集成没有收录记载的。民间艺术方面，八十年代的调查，国家与省两级编纂了集成，当时市县

两级主要是配合提供一些重要项目的概要性材料。2003 年开始铺开的全省民间艺术资源普查,基本告一段落,但要按照文化部界定的内容和有关新要求,抓紧查漏补缺,把它查彻底,取得扎实成效。

三是省里普查表式与国家普查表式的关系

全国统编的普查参考表式,荟萃了国家专家学者多年的经验积累,体现了他们宝贵的学识,对我们普查工作具有重要指导意义。但由于时间仓促,没有经过实践,表式设计过于专业、过于复杂,而且各门类表式之间也不一致,缺少规范,缺少统一,缺乏操作性,不够"傻瓜",基层做不动,做不了。根据国家非物质文化遗产普查手册的基本框架,我厅本着实事求是的精神,先行试点,然后对宁波、余杭等试点地区设计的普查表式进行综合分析,重新研究和设计出了一套我省的非物质文化遗产普查表。按省里统一规范,村一级填报"普查线索表",力求简明扼要,简便易行,简单可操作;乡镇填报"项目调查表",重点抓代表性的、有特色的或濒危的、传承人年事已高的项目。要按照我厅制定的 18 个门类分类表,分门别类做好填报;县级抓重点项目,要求立体记录。我省重新设计的普查表式,既对国家普查手册的要求有所遵循,也有自己的创造。

四是项目普查与传承人调查的关系

非物质文化遗产是由人来承载的,因此,项目普查与传承人调查必须结合。我厅在"项目调查表"中,突出了传承人这个主体,先讲人,再讲项目。各地在普查中,要注重对老艺人、老工匠、老师傅的调查,做好相关记录。同时,对于项目的历史渊源、表现形式、艺术特征、主要价值等诸多方面,几个方面都是不可或缺的。要深挖细查,全面记录。

五是生产技术与生产习俗的关系

生产技术,包括"农林牧副渔"等,是劳动人民传统知识与经验的积累,很重要。但生产技术的普查,专业性、技术性很强,如果不能协调各相关部门共同参与、共同组织,不是文化部门能承担得了的。如果政府牵头,相关部门有共识,条件许可,当地可以组织对生产技术方面进行相对全面的调查和记录。就面上来讲,要求重点落脚于与生产技术有关的习俗,包括相关信仰、仪式和禁忌等。相关习俗调查为主,生产技术调查为辅。

六是现成资料与实地调查的关系

我们这次普查,不是全新的普查。以往或专题或局部曾经进行过调查和资料整理,这些成果要心中有数。当前社会各界对文化遗产的保护都很关注,政协文史委、地方文献编纂部门、党史办、民族宗教部门、文联系统、有关高校、艺术研究部门和新闻媒体等,都不同程度地参与了这项工作,有些调查成果很有价值。我们在非物质文化遗产普查中,要充分运用前人的调查研究成果,充分运用各有关方面的调查研究成果。不了解和掌握这些成果,简单重复调查,将是人力财力物力的浪费。同时,还要强调,对既有调研成果,不能盲从,不能迷信,要结合实地调查,结合第一手调查材料,进一步充实和完整记录。非物质文化遗产是活态的,是存活于民间、存活于生活的,田野调查,始终是非物质文化遗产普查的根本,甚至可以说,是生命所在。

七是文字记录与音像、图片、图记的关系

非物质文化遗产丰富多彩,形式多样,斑斓多姿,仅用文字记录,不能全面、完整地反映它的面貌。村里查线索,留个线索就行了,但乡镇查项目,要注意运用现代科技手段,要录音、录像、拍照等多管齐下,力求立体记录。对表演类的项目和民俗相关实物,还要采用图记方式,作为补充调查资料记录在案。

八是普查与名录的关系

普查,是抢救保护的基础,必须扎扎实实地做好。只有做好普查,摸清家底,才能明确方向,进行重点保护。现在有一种偏向,重名录、轻普查,对于普查走过场,搞形式,应付了事,敷衍了事,有点急功近利。这种现象必须警惕,必须纠正。普查工作,是当前的阶段性重点,是指令性工作,必须无条件做好。对于做不好普查的地方,我们将采取一票否决制,申请经费、申报项目都免谈。在做好普查的同时,各地要按照分级建立名录的要求,逐步健全名录制度,并积极申报国家级、省级名录。建立名录体系是为了有针对性、有重点地加强保护,要切实落实保护措施。

九是本地与外地的关系

对于查什么,有些地方有一些误区。譬如永嘉也有鼓词,但认为瑞安鼓词的品牌已很响,我县就没有必要查了。实际上他还是应该查。非物质文化遗产是活态的、动态的,流传到一方以后,在一方水土的滋养下,在不同文化群体的传承和发展中,将会有不同的表现特点,呈现出不同的风格流派。所以,人无我有的要记,人有我特的也要记。非物质文化遗产在不断地流播,各地在普查中,可以只管脚下、不管天下,把自己的项目调查记录好,在人家地盘的生长生存情况,由人家记录。

十是文物普查与非物质文化遗产普查的关系

当前文物普查与非物质文化遗产普查几乎同时进行,不少同志对二者的概念

和区别有点模糊。文物是具象的,非物质是表现形式,文物是"东西",非物质文化遗产"不是东西",譬如房子是物质的,造房子的技术及相关习俗是非物质的。二者是一个事物的两个方面,侧重点不同。非物质文化遗产普查着重记录传统文化表现形式和文化空间,但对相关的历史遗迹和实物资料,也应该作相应记载,以体现普查记录的完整性。

四、关于贯彻本次会议精神的几点要求

非遗保护热潮,给了我们历史性的机遇;非遗大普查,给了我们用武之地;非遗普查试点,给了我们施展才能的机会。有了舞台就要唱好戏,有了机会就要乘势而上,认准的事就要一抓到底。这里我再强调几点:

一是珍惜机遇,加快推进普查试点工作

什么是试点? 试点就是机遇。因为你受到特殊的关注,因为你比人家领先一步,因为你有机会出成绩、出经验。

机遇,就是加快发展的机会。能不能抓住机遇、加快发展,历来是一个国家能否实现经济腾飞的关键,也是一个地区、一个行业能否在激烈的竞争中赢得主动、脱颖而出的关键。抓住机遇就海阔天空。丧失机遇则步履艰难。联系到我们非物质文化遗产普查和抢救保护工作,也是同样的道理。宁波抓住了机遇,因此脱颖而出。

同样为试点单位,面临同样的机遇,但进展有快慢,力度有大小,成效有差距,有些已出成绩、出经验,有些还没有实质性启动。这有客观的因素,但更重要的在于是否充分发挥了主观能动性,在于各试点单位领导捕捉机遇和利用机遇的能力,在于试点地区干部群众的共识和行动。

既然你是试点,你必须不辜负重托,不辱使命。定下来的事情就要雷厉风行、抓紧实施;部署了的工作就要督促检查、一抓到底。在座的各试点单位的分管领导要身先士卒,靠前指挥,抓紧抓好,真正把试点机遇变成推动当地普查和保护工作取得突破的动力和实际成效。

二是做好汇报,积极争取党委政府的重视

非物质文化遗产普查涉及面广,牵涉部门多,专业性强,时间紧,任务重,要求高,具有艰巨性、复杂性,具有紧迫性和突击性,各地要把它作为一项阶段性的中心工作、重点工作来抓。要做好这项工作,没有党委、政府领导的重视不行,没有各地文广局主要领导的重视不行。我们要做好汇报,争取领导的共识,争取纳入政府的

重要议事日程。要争取政府出台文件,召开部署会,形成声势;要组建普查工作机构,落实人员和经费,加强人、财、物的保障;要理顺关系,明确部门分工和工作任务,加强协调协作。做好这次普查工作,必须体现行政推动、政府作为。

三是参照宁波,有计划分步骤抓好实施

模式就是样板,就是参照。宁波、余杭等地各显神通,创造了普查模式。各地要参照先行经验,抓好当地的试点,做好以点带面。我对普查工作概括为 3+1,"3"是普查三个步骤,"1"是要抓好一个试点,在点上突破。

普查三个步骤:第一步,村级找线索。要广泛宣传,发动群众;要不漏线索,摸清家底。宁波要求每个村提供 100 条线索、社区 50 条线索,实践证明适当压任务的做法是可行的。第二步,乡查项目。在村级充分提供线索的基础上,乡有选择地、有重点地抓项目调查。着重抓有典型性的、抓有价值的、抓有特色的、抓濒危的、抓老艺人年事已高的项目。县文化部门要与乡镇一起分析,确定着重抓的项目。按宁波做法,每个乡镇抓 50 到 100 项重点调查项目,以文字记录为主,配照片,有条件的配套进行录音、录像。第三步,县做规范文本。县级在乡镇抓好重点项目调查的基础上,进一步遴选确定有一定历史、文化、科学价值的项目和急需抢救的项目,直接组织力量,进行专题和深入的调查,把项目的历史渊源、表现形式、价值所在等进行全面、真实的记录整理,并提出保护计划、保障措施等建议。同时,各地要有计划地公布代表作名录,有重点、有序地做好抢救保护工作。

这里特别要强调,各地首先要抓点实验。每个市必须要落实一个县搞点,每个县必须要落实一个乡镇搞点,把以上三个步骤贯穿其中。通过抓点,摸索经验;通过抓点,在游泳中学会游泳,培养和培训干部;通过抓点,显示成果,扩大影响,引起领导和相关部门的重视;通过抓点,举一反三,触类旁通,示范引导。

四是结合实际,着力寻找破难攻坚的新途径新办法

工作越是向前推进,触及的矛盾就越深,碰到的阻力也就越大。同时也说明我们在工作内容的拓展、工作方法的创新上,有很大的探索空间。我们要既善于继承前人,又勇于开拓创新。各市、县文化主管部门的领导要主动到条件艰苦、环境复杂、矛盾集中的地方去,与基层的同志一起研究办法,不断寻求履行职能的新途径、新形式、新举措,努力形成具有独创性、突破性、超前性的工作思路,积极打开工作局面。要一级带着一级干,一级干给一级看,下基层,解难题,办实事,边调研边实践,边总结边推广。任何事物的发展过程总会面对各种挑战,而解决一个个难点的积累就是成功。

五是注重示范，努力扩大工作成果

试点不是目的，试点是先导，抓试点是为了以点带面，示范引导。一花独放不是春，万花齐放春满园。要通过试点，典型引路，推动形成"比学赶帮超"的热潮。

宁波的村报线索、乡抓项目经验，余杭的抓点示范，三门重视对乡镇普查设备的配置，临安建立志愿者队伍，东阳借助多种媒介宣传，景宁重视实物资料收集，还有不少地方建立非遗保护中心，落实编制，强化专门工作力量，等等。各地的好的做法，要相互参照，相互促进。有些情况不一定有可比性，但更多的工作可以类比。人家能做你也能做。三门为相对经济欠发达地区，但是为每个乡镇配置电脑、照相机、录音笔等普查装备，三门能做，台州各县也都应该能做到，全省应该三分之二以上的地方都能做到。一个地方的工作能否出成绩、出经验，关键在于能否争取领导重视，关键在于局领导是否有开拓进取的意识，关键在于我们各位同志有没有求实务实抓落实的精神和作风。

六是围绕规划，加快推进相关保护载体建设

现阶段我省非物质文化遗产保护工作的总体思路，如果概括讲，就是以省人大颁布的《浙江省非物质文化遗产保护条例》为法律依据，以省委办公厅、省政府办公厅下发的《浙江省文化保护工程实施方案》为指导框架，以省文化厅、省财政厅印发的《浙江省非物质文化遗产普查工作方案》为阶段性工作目标，以"保护为主，抢救第一，合理利用，传承发展"为工作方针，以"政府主导，社会参与"为工作原则，以提高履行职能的能力为基础，以推进相关保护载体建设为途径，以创新工作机制为着力点，以健全制度、规范管理为方向，要融会贯通，通盘考虑，统筹兼顾。当前非遗普查工作是中心、是重点，但普查不是目的，做好普查的最终目的是为了做好抢救保护和传承发展。我们在工作中，要注重普查与抢救保护的结合，要始终有这根弦，要不断推出保护载体，不断深化保护措施，把已经看准的事先做起来，把行之有效的做法和经验推广开来。《浙江省文化保护工程实施方案》规划发展一批重点项目，提出了"八个一批"，这里我不展开了，大家要把这个实施方案作为纲，贯彻到整个工作进程中去。

我们面临的发展机遇前所未有，面对的挑战也前所未有，我们正肩负着前所未有的繁重任务。希望同志们把握好发展机遇、乘势而上，大干快上，真正把所有的心思凝聚到干事业上，把全部本领用在促保护发展上，把最大功夫下到抓落实上，脚踏实地、埋头苦干，一步一个脚印地把我们的事业推向前进。

坚定信心　振奋精神　破解难题　务求实效

2008 年,对于我们国家是一个重要的年份。今年,我国将承办北京奥运会,今年是我国改革开放 30 周年,今年的意义和影响将极为深远。对于我们非遗工作来说,今年同样是个极为重要的年份。根据文化部部署,今年年底全国将基本完成非遗普查任务,我省作为全国非遗保护的综合试点,应当率先在全国完成普查工作,并加大抢救保护力度,推进保护工作进程。在 2008 年刚刚开年之际,我厅就在武义召开全省非遗普查试点工作交流会,体现了厅领导对这项工作的充分重视。这是今年我厅召开的第一个全省性会议。

在昨天的会议上,金庚初副厅长作了重要讲话,对我们一些有效的做法,一些基本的经验,进行了提炼概括,给予了充分肯定。这个"红脸"他唱,"白脸"我来唱。我们的成绩很大,问题也不小,主流要肯定,支流也要正视。这次会议,既要总结经验,也要找出问题、找准问题,研究和解决问题,推进工作。

一、试点工作存在的问题

目前我们试点工作中还有许多的问题,许多的不足之处,存在着不少疏漏的环节。根据会上交流的情况,根据平常的了解,我把有关问题归纳了一下。不足之处,主要有以下四点:

(一)保障不足

一方面是经费保障不足。不少县(市、区)、乡镇(街道)普查经费不落实,特别是经济欠发达地区,因为缺少经费,举步维艰。第二个是人员保障不足。有些乡镇单靠文化站一两个人在干,还有不少市、县的群艺馆、文化馆置身事外,社会各界也没有发动起来,村一级也没有动员起来。搞普查就是要搞"群众运动",就是要动员

2008 年 1 月 8 日在浙江省非物质文化遗产普查试点工作经验交流会上的讲话

千军万马。非遗普查涉及面这么广,没有一批骨干力量投入精力,没有多行业的人参与,有些工作开展不了。三是普查设备不足。非物质文化遗产丰富多彩、斑斓多姿,它的特性决定了这项普查要用立体的方式记录,不能纯粹靠文字记录,还需要用录音、录像等现代化的手段全面记录,形象生动地记录。不少地方没有为普查机构配备必要的普查设备,造成项目采录不完整,普查效果不理想。四是政府重视不够。非遗普查与同期进行的全国第三次文物普查相比较,保障力度不够。在不少地方还没有成为政府行为,还停留在职能部门上,也就是只有文化部门在做。

(二)普查范围不广

一是普查区域不宽,不少试点县还没有做到"不漏村镇",特别是村一级、社区一级还远没有全覆盖,没有做到"横向到边,纵向到底"。二是普查门类不全,对非遗普查的范围把握还不够。上世纪八十年代的普查重点是民间文学,前几年组织的普查以民间艺术为主,这次非遗普查涉及 18 个门类,几乎是包罗万象,但是一些地方还是走老路,不断简单重复,依然集中在民间文学、民间艺术的范围,对于生产商贸习俗、民间风俗、民间信仰、民间知识等方面涉及远远不够。

(三)普查深度不够

一是田野调查做得不透。从试点单位上报的材料看,有些表格栏目还空在那里,有些记录非常简单,有些表述很混乱,项目的历史渊源说不清,它的表现形式道不明,不能体现它的特征,不能体现它的价值。二是项目的归类上有点乱,张冠李戴。原因在于普查业务学得不够,缺乏一种基本的把握。三是任务观点,应付思想,凑数。为了完成上报指标,一些地方不是深入排查,而是下面报什么,就往上报什么,连"白日依山尽,黄河入海流"都报上来了。四是在项目名称上没有把握非遗的特点,上报的项目还是文物的名称。房子是物质的,造房的技艺才是非遗,这是一个基本常识。

(四)普查工作不平衡

一是总体进度不平衡。有些地方已经基本完成普查工作,进入成果编纂阶段,但也有不止个别的试点,工作很滞后,总体工作缺少一种思路、构想,缺少主动性,走一步看一步,推一推动一动,不推不动。申报试点时很积极,公布为试点后又没有作为,做事还没有进入状态。二是有些市对当地的普查试点关心不够,指导不到位,事不关己,高高挂起,还游离于普查这个中心工作之外。三是成效差异很大,有些试点普查卓有成效,面广量大,有些试点网上没有几条鱼,丢东拉西,缺斤少两,不知道成天在干什么!

我把当前存在的问题作了归类,作了罗列,在于向大家作一提醒。希望大家本着"有则改之、无则加勉"的精神,对有关问题作一对照。这些问题,有主观因素,也有客观原因,我们要在客观上积极争取改善工作条件,更要从主观上担当责任,抓住重点,突破难点,抓好试点工作。

二、下一步试点工作要求

试点引路,示范引导,是我党传统的工作方法,也是实践证明行之有效的工作方法。智慧来自民间,办法来自实践,经验来自试点。我们对试点单位、试点经验充满期待。对深入推进试点工作,强调六点:

(一)进一步提高认识

试点很重要,对于省里来讲,它起到一个发现问题、解决问题的作用,和积累经验的作用。因为,我们的工作没有经验可以借鉴,没有模式可以参照,没有样板可以遵循,普查和保护工作怎么做,必须通过试点探索,取得经验,以点带面,推动全盘。对于市里来讲,试点也很重要,因为各设区的市都只有一两个试点,试点工作做得好,将对周边县(市、区)提供好的做法和参照,可以举一反三,触类旁通,榜样的力量是无穷的。对试点县来讲,实际上这是省厅给你的一个机遇,这是对你资源比较丰富,对你抢救保护工作做得好的一种认可,而且试点将得到省厅更多的关心和支持。所以,试点单位要把握试点这一机遇,各市也要关心试点的实践,给予指导与支持。对于试点的意义和作用,务必要有清醒的认识,要有充分的认识。只有认识到位,才有行动的自觉,工作不到位,关键还是认识不到位,做的好的地方,都是认识高的地方。

(二)进一步强化责任

目前,全省各地普查试点工作进展不一,有的地方很重视,有些地方重视不够;有的很认真,有的浮光掠影;有高质量,有低水平;时间节奏上有快、有慢;试点中也有好、中、差。试点单位要加快普查进度,发挥先导作用;还要讲究质量,发挥示范作用。武义县政府与各乡镇签订了普查工作责任书,对于普查的数量和质量,以及工作进度和工作成效的检验,都作了明确。做好一项工作,关键在于明确责任,关键在于责任心。只要尽心、尽力、尽责,没有做不好的事情。试点工作必须在2008年3月底前完成,不能影响全局。

（三）进一步破解难题

会上试点单位交流中，主要有几个方面的难点，譬如没有形成政府行为，没有形成部门合力；非遗涉及面太广，普查人员不可能样样能、件件会；缺少有关政策措施支撑，专项资金不落实。要争取政策，研究措施，为普查工作的顺利进行创造条件。

作为试点单位，完全可以争取地方政府来部署和统筹这项工作，完全可以通过政府来协调有关部门。这次会议上，有几个地方介绍了好的做法，值得参照和借鉴。譬如，刚才讲到的武义县政府给各乡镇下达了普查工作任务书，列入县政府对乡镇的年度考核；还有，景宁县由县委办、县府办出面督查各乡镇普查工作；衢州市衢江区采取区直各部门与乡镇挂钩的方式，落实包干责任。怎么解决难题，靠各地共同创造。全省已有 15 个县建立了非遗保护中心，各试点单位中还没有建立保护中心的，要争取把中心建起来，争取把普查机构提升为常设机构，把突击性工作转化为常规性工作。试点单位还没有建立非遗保护专项资金的，要抓紧和争取建立专项资金。机构和钱是瓶颈，试点单位应先行一步，争取突破，使普查工作和可持续保护有可靠保障。

（四）进一步创新方法

创新方法，我想体现在两方面：一是各地有丰富多彩的创造，好的做法、好的经验，可以相互学习，可以拿来主义，可以站在人家的肩膀上，站得更高，看得更远；二是要大胆探索。我们要高举邓小平理论伟大旗帜，邓小平理论的精髓体现在解放思想，体现在"三论"——"摸论"、"猫论"、"不争论"。摸论，就是摸着石头过河，大胆探索；猫论，不管白猫黑猫，抓住老鼠就是好猫，实践是检验真理的唯一标准；不争论，就是不管姓资姓社，发展是硬道理。我们强调以邓小平理论为指导，讲在口头上，更要落实在行动上。特别是试点单位，为什么叫你搞试点，试点就是要搞探索，你要帮我们发现问题、研究问题、解决问题，帮我们创新实践、积累经验，探索规律。宁波没有按照上面的普查方案做，我们没有批评，我们给予了高度评价，我们在宁波召开了宁波模式的推广会，就是鼓励这种大胆探索的精神，鼓励拓展思路，鼓励求真务实。

（五）进一步巩固成果

已基本完成普查的试点单位，下一步要及时建立非遗资料库、数据库，要绘制非遗分布图，要编辑出版非遗大观。这些普查之后的后继工作，有一定的复杂性，省里还没有形成成熟的指导性意见,但这些工作有一定的紧迫性,普查资料不能束之高阁,不能零零散散,不能局限在圈内人看,要抓紧数据化,要条理分明,要提供给社会共享。各试点单位抓好普查之后,抓紧普查成果的梳理,也是题中之义,这些工作要抓紧研究起来,开展起来。我们现在暂时不定时间表,将在各地实践的基础上,进一步明晰方案,进行规范。

(六)进一步传承发展

普查不是最终目的,普查是为了摸清家底,找准问题,明确方向,加强管理;是为了更好地保护好、传承好、发展好非物质文化遗产,是为了更好地融入现代生活。十七大报告强调,要开发利用民族文化丰厚资源,使之与当代社会相适应、与现代文明相协调,保持民族性,体现时代性。我们要依照这一精神,抓好非物质文化遗产的传承发展。

各地在非遗项目的保护传承上,有进展、有突破、有成效。譬如,新昌调腔的保护和传承做得很好,20 年没排剧目了,去年一年排了 5 个剧目,20 年没演出了,这一年已经演了 200 多场,而且到北京去演出,而且在刚结束的省第十届戏剧节上获剧目大奖。再如,长兴百叶龙,从一条龙变成了 12 条龙,搞了 12 个百叶龙传承基地,现在又搞百龙计划,搞大了。传承人的保护上,在政策上也有突破。我省率先对年事已高的代表性传承人,每年颁发政府津贴,这是制度性的安排,将管到传承人百年以后。希望各市县也有相应的举措。钱不在多,在于意义,在于肯定传承人的贡献,承认他的价值,给予应有的社会地位。对于非遗的传承发展,省里将推出一系列举措,试点单位要带头做好衔接,带头做好这些工作。

对各综合试点和普查试点,提这么六个“进一步”的要求。各试点单位已经有良好的基础,希望更上台阶。

三、关于面上推进的要求

这次会议,既是试点工作交流,也是普查工作面上铺开的动员和部署。就面上推进,强调五点:

(一)列为年度大事

各地的文化主管部门,要将普查工作列入年度大事,摆上重要的议事日程。既然作为大事,主要领导要集中精力,分管领导要全神贯注,要作为当务之急,要作为重中之重来抓。尤其在人财物方面要加强保障,队伍的组织、人员的调配、相关经费的安排、相关设备设施的配置，要全面配套。既然作为大事，要及时向当地党委、政府做好汇报，争取重视。省非遗保护条例强调非遗保护工作要体现政府主导，要求县级以上政府将非遗工作纳入重要议事日程，纳入经济社会发展规划，纳入城乡建设规划，纳入财政预算，并设立非遗专项资金。各地要贯彻好"条例"精神，争取政策，争取人财物的落实，争取重视。强调作为年度大事，一个自己要重视，第二个要争取政府的高度重视。

（二）抓紧工作部署

普查工作时不我待，抢救保护工作刻不容缓。各地要强化使命感、紧迫感，要抓紧按照省里相关文件精神要求，制订方案、明确目标、阶段推进，有计划、有步骤、有重点、有序地铺开面上普查工作。在抓好试点的基础上，在推出典型的基础上，要及时召开协调会、推进会、现场会，做好以点带面。这项工作希望各市近期能够有所安排。我们的普查工作，不能光靠我们文化部门来做，要做好宣传发动，要激发人民群众的参与热情。上面热下面冷的地方有，下面热上面冷的地方也有，实际上社会各界热情是很高的，人民群众的热情也很高，关键在于我们如何组织和引导，关键在于我们动员群众的能力。要抓紧工作部署和动员一切可以动员的力量，参与普查和保护工作。

（三）实施有效指导

一方面，要应用试点单位好的做法，推广先进经验；第二个是组织专家队伍，加强业务培训，加强业务指导。普查业务的培训，至关重要。但培训工作不能依赖省里，省里的涉及面太广，僧多粥少，照应不过来。可以市为单位组织，各地在普查的实践中已经涌现了许多颇有真知灼见的土专家，实践出真知，历练长才干，要注重发挥好这些乡土专家的作用。宁波市动员了上百个行业协会、社会团体参与普查工作，成为了普查工作的重要力量。这一做法很好，解决了专业人手不足的问题。第三个是我们大家都要加强这方面的学习，非遗博大精深，必须静下心来、沉下心去学习和领悟，要了解非遗的 ABC，要努力成为内行，否则无从实施有效的指导。第四个要强调工作作风问题，各市、县文化主管部门的领导在这个工作方面不能太超脱，不能浮在上面，要重心下移，要阵地前置，要靠前指挥，要沉下去，要帮助基层解决问题。

（四）强化督促检查

要协调解决县（市、区）、乡镇（街道）在普查工作中的人财物问题，强化工作保障;要解决好面上进展不平衡的问题,抓两头带中间;要力求保质保量完成普查任务,在普查的面和重点项目调查的量上都要有所突破;要把握好工作节奏,不拖后腿,不影响全局。没有监督的工作,难免产生懈怠。宁波、武义等地在推进非遗普查中的一个重要经验,就是对工作的进展情况强化督促检查。督促针对的是工作过程,检查针对的是工作结果。一项工作部署了、做完了,就要按照事先制定的工作要求和标准,按照责任书来进行严格验收,一是一,二是二,不走过场,不循私情,不打折扣,做出实事求是的评价和结论。同时,根据工作到位情况,奖罚分明。我厅也将研究出台普查验收标准和考核办法,将组织阶段督查,并将在资金补助等政策上体现奖优罚懒。

(五)提升保护成效

省委办、省政府办在 2005 年 9 月印发了《浙江省文化保护工程实施方案》,谋篇布局,对全省今后若干年的非遗保护工作明确了目标任务,大家要认真学习领会,形成共识,要结合各地的实际,制定相应的专项实施规划,要立足长远,通体构思,推进各种保护载体建设,要总结推广不同类型的经验,要注重理论指导实践,要研究和落实保障措施,切实抓好省规划方案落到实处。

前不久,有记者问文化部周和平副部长,非遗保护工作还要抓多少年?周部长指出,只要人类存在,我们这项工作都将继续下去!周部长高瞻远瞩、深谋远虑。非遗保护工作任重道远,非遗保护工作也是一个长征。我们要着力抓好当前,还要着眼长远。

各位同仁,在我们近 5 年来的非遗保护实践中,已经形成了极为宝贵的浙江非遗保护工作精神,这一精神我概括为:力争上游、奋勇争先的赶超精神,不怕困难、不计名利的奉献精神,勇于探索、积极实践的创新精神,精益求精、脚踏实地的认真精神,上下齐心、密切合作的团队精神。希望同志们继续履行好政府主管部门的职能,进一步振奋精神,进一步弘扬这五种精神,把我们的非遗保护事业推上新台阶,推向新的高潮。

让我们共同努力!

狠抓"四基" 求实创新

我们这次会议在遂昌召开,一是因为遂昌非遗普查工作做得好,很深入,很扎实;二是因为遂昌抢救、保护、传承工作做得好,有声有色,红红火火。在遂昌开会,既有现场会性质,更有标识意义。这次会议,标志着我省非遗大普查工作的基本结束,标志着全面推进非遗保护发展新阶段的开始。

经过全省上下共同努力,经过五六年艰苦卓绝的不懈努力,我省非遗普查工作取得了突出成效,取得了丰硕成果,取得了热烈的社会反响。去年11月,文化部在我省象山召开了全国非遗普查工作现场经验交流会,周和平部长对我省普查模式和工作经验给予充分肯定和高度评价,并就在全国推广我省非遗普查模式作了部署。周部长殷切希望我省继续在非遗保护工作的深入深化上为全国做出表率。上个月,省委赵洪祝书记对我省非遗保护工作做出重要批示,对我们的工作给予了高度评价,并对深入抓好非遗工作提出明确要求。我省非遗事业在第一阶段有了很好的态势和气势,热潮已经形成。这次会议,是一个承前启后、继往开来的会议。这次会议上,厅领导对贯彻落实赵书记重要批示精神和全国非遗普查现场会精神做了强调,对我省全面转入非遗保护发展新阶段作了部署,对2009年的全省非遗工作作了要求。我就贯彻落实好上级指示精神,深入扎实地推进非遗事业的健康可持续发展,提出几点基本思路,我把我们下一步的工作重点概括为抓好"四基"。

我国思想政治方针上有个"四基",叫做四项基本原则。以往社会文化工作,也有个"四基",叫做基本设施、基本队伍、基本活动内容和基本活动方式。当前的非物质文化遗产工作,在非遗普查工作全面完成的基础上,将面临全面的工作转型,将转入抢救保护、传承弘扬的新阶段。我将这一阶段的工作重点,也概括为"四基"。这四个基,第一个是抓基层,第二是打基础,第三是抓基地,第四个是练基本功。

2009年3月10日在浙江省非物质文化遗产转段工作会议上的讲话

一、抓基层

基层扎实,坚如磐石。

抓基层是一个老话题,但是永远是一个新问题。因为基层是我们一切工作的根本,也是我们工作的出发点和落脚点。

党的十七大精神要落实到基层。"十七大"提出来要兴起文化建设新高潮,要推进文化的大发展、大繁荣;提出了三个"更加",要使人民群众的基本文化权益得到更好的保障、使人民群众的文化生活更加丰富多彩、使人民群众的精神风貌更加昂扬向上;提出要加强文物和非物质文化遗产保护工作,弘扬中华优秀传统文化,营造我们民族共有的精神家园。十七大的这些精神,同样要在基层落实。

我们非物质文化遗产的保护方针是"保护为主、抢救第一,合理利用、继承发展"。这个方针也要靠基层去落实。

关于抓基层,主要体现在三句话:一是思想上要重视基层;二是作风上要深入基层;三是行动上要真抓基层。要切实树立"基层第一、为基层服务"的思想,不但要进行宏观指导,也要进行具体环节、措施、方法的研究和指导,要及时总结基层的许多创造和工作经验,要着力帮助基层解决疑难杂症问题,帮助基层排忧解难,为基层优化非遗保护发展的环境。

我老是强调要培养一支求真务实抓落实的队伍、培养一种求真务实抓落实的作风。大到方针政策,小到一项工作、一项活动,有没有良好效果,关键是能否在基层抓好落实。希望各位能够重心下移,阵地前置,靠前指挥,要求真务实抓落实。

二、打基础

基础不牢,地动山摇。

基础工作历来很重要,基础是我们推进事业发展的必要的条件。我概括了一下,有这么几个基础:

(一)机构的基础

这项工作不是阶段性的、突击性的,而是长期性的工作,要一以贯之扎实推进。非物质文化遗产源远流长,一脉相承,要薪火相传,要继承发展。这项工作只要人类存在,肯定都要继续抓下去。所以,我们必须要有机构来办差,要有人来办事。

一个是领导小组的问题。现在省里文化遗产保护有两个领导协调机构。一个是省历史文化遗产保护管理委员会,这是作为省政府的一个议事机构设立的,由分管省长担任主任,有 20 多个相关部门为成员。有关物质遗产、非物质遗产和历史文化名城工作等相关重要事项,需要统筹和协调的,由这个委员会研究议决。再一个机构就是由省文化厅和省财政厅共同建立的浙江省非物质文化遗产保护工作领导小组。我省非遗保护工程是由文化、财政两家共同来推进的。不少市县已参照省里,由文化、财政两家共同建立了非遗保护工作领导小组,有的地方由政府领导牵头建立了非遗保护工作领导机构。还没有建立非遗保护领导机构或议事机构的地方,要争取把它建立起来。这项工作的推进,这项工作的深入深化,要争取各有关方面的重视和支持。实践证明,这个机构的建立,是比较有效果,比较有效率的。

另外,作为政府文化行政主管部门来说,要争取建立非物质文化遗产工作的职能处室;还有一个就是要建立事业性质的承担具体业务事项的工作机构。文化部的非遗司已经从社文司单列出来,非遗司有 15 个编制,还建立了国家非遗保护中心,有 40 个编制在干这个事了。我们厅里设了一个非遗办,作为省非遗保护工作领导小组的办事机构,已经从社文处单列出来,在厅里作为一个独立的处室运作。现在各市文化局社文处的摊子和工作量实在太大了,既要管群文,又要管图书馆事业,还要管非物质遗产。各市文化局要争取把非遗保护的职能从社文处单列出来,并且要抓紧建立市非遗保护中心,还要积极推进县市区非遗保护中心建设。胡锦涛总书记在"十七大"报告中强调要加强非物质文化遗产保护工作;《浙江省非物质文化遗产保护条例》强调,县级以上人民政府应当建立非物质文化遗产保护管理工作机构,相关精神和依据也是有的。我们要加大推进机构建设的力度,以适应非遗保护工作形势的发展。

(二)队伍的基础

文物是正规军,我说我们目前的非遗工作队伍是土八路、是游击队、是预备役、是民兵,但是这支队伍也是能打硬仗的。虽然许多同志,特别是年轻同志新参加这项工作不久,但充满着热情,充满着朝气,有着昂扬的精神风貌。今天上午,我们省非遗办的 3 个小组长把今年各组的工作安排作了介绍之后,一个局长给我发了一个短信,说:"王处长,你不但为非遗事业作出贡献,而且带出了一支年轻的、富有生机的队伍。"感谢勉励!我们一定要培养一支年轻的但是富有战斗力的队伍。

目前,由于非遗工作缺少机构和编制,由于非遗工作是一项新时期新产生的工作,由于非遗还没有专门专业,我们这项工作严重缺乏工作力量,缺乏相对专业的工作队伍。我们面临的不单是传承人后继乏人问题,我们的工作队伍、专家队伍同样是青黄不接。我们要通过丰富的工作实践,锤炼出一支专业化的、职业化的队伍,要在游泳中学会游泳。我们设想搞个中青年非遗干部培养的"百人计划",要培养一批中青年骨干,逐渐让他们在非遗保护工作中发挥核心的中枢和骨干作用,发挥主力军作用。

另外一个就是专家队伍建设。许多老专家、老前辈,经验很丰富,造诣很高,但也年事已高。也由于这些老专家较长时间离开工作一线,在某种程度上有些方面跟我们现实工作还是有一些脱节的。各地要逐步健全专家队伍,要建立非遗保护专家委员会,要建立非遗保护专家储备库。专家库人员,要尽量的扩展,不要局限于传统的文化系统的领域,局限于文化艺术领域。非遗的涵盖面实在是太广了,门类太繁杂了,所以要调度社会上的各方面力量、各相关力量,要网罗各方人才,为我所用,为非遗事业所用。

(三)群众基础

金厅长上午讲了一句:"文化繁荣的基础是人民群众的参与,我们的非遗工作必须依靠群众。"这次非遗大普查中,有23万多普查员参与,说明我们的普查工作得到了人民群众真心的拥护和真切的欢迎。我们千万不要在普查工作结束以后,就把这批队伍解散了,要动点脑筋,把他们凝聚起来。

有几个市县建立了非遗志愿者组织,余杭建立了非遗志愿者协会,有56个志愿者,披红戴绿、宣誓上岗;开化、洞头也建立了非遗志愿者协会。我们厅里正在筹备建立省非遗保护协会,筹备工作正在紧锣密鼓地进行之中。省委宣传部原常务副部长,现在的省人大教科文卫委员会主任童芍素主任,正在牵头筹备浙江省民俗文化促进会。童主任对非遗保护是一腔情怀,倾注了很大的热情。另外,省粮食局原局长、现在是省政协文体卫委员会主任李林访主任,牵头建立了省婺剧文化促进会,在他的策动之下,金衢丽地区及各县市分别建立了婺剧文化促进会。李林访主任时任省粮食局长,我问他:你抓婺剧,班子里的意见是不是一致?他说:局班子对此高度一致,粮食局以前是抓物质食粮的,现在农民群众的温饱问题解决了,文化生活还不丰富,所以我们也要抓精神食粮。粮食局的职能因此也"扩大"了。

有关领导对非遗保护很关心很重视,社会各界参与非遗保护的热情很高涨,我们应顺势而为,可以建立一些诸如非遗保护协会、民俗文化促进会、老字号协会等机构,把构架搭起来,成为我们延伸的一个手臂、左右臂膀,共同把非遗保护事业做大,把非遗保护的态势做大。

(四)物质基础

我想物质基础一个是钱的问题,一个是场所的问题。省非遗保护条例要求很明确,县级以上人民政府都应当建立非物质文化遗产保护专项资金,很明确地强调要建立专项资金,而且要求各级政府都要将非遗工作纳入到财政预算中去。这个各级政府,包括省、市、县级政府,也包括乡镇政府。海宁市政府出台了一个文件,明确提出了非遗专项资金的经费额度为每人每年 1.5 元,海宁 60 多万人口,每年差不多就有 100 万了。我省经济发达市县,这完全可以作为一种参照。余杭的非遗经费一年就有 500 万,大手笔、大投入,体现了政府的高度重视。各地务必要把专项资金搞起来,资金的额度也要尽量做大,非遗事业逐步铺开,必要的保障是需要的。办公场所的问题,要解决好,这里我就不展开了。

(五)保护的基础

非遗保护的基础,是建立非遗名录体系。我们已经下了一个文件,要求市县两级要抓紧公布第二批、第三批的非物质文化遗产名录。因为上级名录要在下级名录中产生,国遗要在省遗中产生,省遗要在市遗中产生,市遗要在县级名录中产生。理论上说,文化部接受第三批国家级非遗名录项目申报的时候,省、市、县肯定已经公布三批名录了。但是,据了解,我省有些市县还没有公布第三批名录,甚至还有个别的还没有公布第二批名录,这项工作各地务请务必抓紧去做。在第 4 个文化遗产日前,也就是今年 6 月份之前,各地都必须把第二批、第三批名录都公布了。这个事情,不能再耽误,省厅将进行第二批、第三批省市县三级名录项目的汇编,如果还有没有政府公布文件的,我们将采取包括不予安排补助资金等相应措施。分级建立名录体系,这是保护工作的基础,可以有的放矢,有针对性、有重点地采取保护措施。

(六)开发利用的基础

我省非遗普查工作基本完成了,但不是船到码头车到站了,革命到底了,可以刀枪入库了,束之高阁了。通过大普查,各地的资料都是海量的,我们要赶紧把它整理出来。所以,这些资料库、数据库、分布图工作,要紧跟着行动起来。数据库、分布图到底怎么做?国家非遗中心正在研究之中,正在抓试点之中。我厅也分别确定了若干数据库建设试点、分布图编制试点,没有经验,要创造经验。我们省面临的这个问题,要比兄弟省紧迫,我们已经完成普查了,兄弟省份还正在普查之中,我们碰到的是人家还没有碰到的问题,这是发展中的问题,要在发展中解决。在数据库、分布图建设上,我们依然要先行一步,依然要抢先突破技术瓶颈,依然要争取为全国做出示范。下个月,省非遗办将召开数据库、分布图建设试点单位交流会,到时候我们也会请北京的专家、请高校的专家、请有关部门的专家共同来参与、来论证,要基本明晰思路,数据库做出一套软件,分布图做出一套样本,要具有科学性和可操作性,具有先进性。经北京审定后,将在全省推开。普查资料的整理汇编,数据库、分布图的建设,是下一步非遗资源开发利用的重要基础。

我们要坚持实事求是,立足现实基础,又要积极创造条件,要量力而行,又要尽力而为,努力推动问题的解决。做好这六个基础工作,我们就有了一个后继开发的优势,有了一个可持续发展的优势。

三、建基地

基地搞活,全盘皆活。

建基地,就是我们的保护工作要落地,要生根、开花、结果。使非遗工作基地四面开花、星罗棋布、铺天盖地。我们要通过建一批基地,把非遗保护的方针贯彻落实好,引向深入。我厅构想中,要建八大基地:

(一)非遗研究基地

我厅会同有关高校,已经建立了6家高校非遗研究基地,包括浙大、浙师大、杭师大、中国美院、浙江传媒学院、浙江艺术职业学院这6家高校基地。绍兴在绍兴学院、绍兴职业技术学院也建了基地;嘉兴在嘉兴学院和嘉兴职业技术学院也挂钩建了基地。其他地区也可以参照,在当地高校建立非遗研究基地。校地结合,可以优势互补、资源共享、互促互进、共同提高。应该讲,有关高校研究基地在我省非物质文化遗产抢救保护方面,发挥了积极的重要的作用。

对于高校非遗研究基地建设,我曾经提出两句话,第一句话是对"上"回答问题;第二句话是对"下"解决问题。对"上"回答问题,这个"上"是个象征意义,主要指对省文化厅非遗保护的决策,提供决策咨询。我们在工作的推进中,有许多遇难杂症,需要破难攻坚,高校基地参与非遗工作的研究,进行合作攻关,给予科学指导。比如说,非物质文化遗产的知识产权保护问题。非遗涉及面广,民间文学、表演艺术、手工技艺、传统医药、民俗等各有特点,相关的知识产权保护也应该分门别类,有所区别,到底是原产地保护?商标保护?版权保护?还是专利保护?你要告诉我保护有什么好处?不保护有什么坏处?应该怎么保护?如果哪个高校在非遗知识产权这个课题上有所突破,我看可以建立一个非遗知识产权的机构,承担知识产权的申请申报工作,为重要非遗项目的保护出谋划策,为重要非遗的保护保驾护航。对"下"解决问题,就是希望校地结合,校地挂钩,能够为基层的,特别是县一级的非物质文化遗产保护，从普查到抢救保护，到开发利用，全面参与、全程指导。你如果把县里的非遗工作搞明白了、搞透彻了，那你参加省里的工作，就举重若轻、游刃有余了。各高校基地要主动有为，担当责任，不要游离于"中心"之外，要发挥高校知识密集、学科交叉、人才叠加的优势，参与到火热的非遗保护实践中来。我们要与高校建立更为紧密的合作。

（二）非遗传承基地

我们厅里已经公布了 30 多个非遗传承基地。这批传承基地都是落地的，传承单位一般都是设在企业、村里或者是设在老字号或者是剧团。宁波市把传承基地建设作为重点来抓，通过基地建设带动传艺，把这个项目，特别是一些重点项目或者是濒危的项目传承下来，已经取得明显成效。前几天，《浙江日报》以一整版的篇幅，对宁波非遗传承基地建设进行了专门报道。台州、嘉兴、湖州、绍兴等地都先后公布了一批非遗传承基地，对重要非遗项目的传承工作进行积极探索，逐步积累经验。景宁首批公布了 17 个传承基地，由县人民政府来公布，加大保护力度，加强保障措施。抓好传承基地建设，是非遗保护的特性所决定的，要高度重视。

（三）非遗传承教学基地

浙江省非遗保护条例明确要求，要建立非物质文化遗产的传承教学基地。去年年底，文化部、教育部联合下发了《关于在未成年人校外活动场所开展非物质文化遗产传承教育活动的通知》，提出要建立"非物质文化遗产青少年传承实践基地"。两个文件都可以依照。非遗传承教学基地，主要设在职业技术学院、设在中小学，这是一种实验性质的、实践性质的、实习性质的传承基地。要逐步在有条件的学校，在有积极性的学校，普遍建立非遗传承教学基地，逐步让非物质文化遗产进入国民教育体系，让广大的青少年从小就了解和熟悉本民族的宝贵的非物质文化遗产，在广大青少年当中普及保护知识，凝聚共识。非物质文化遗产，不但要保护老一代传人，还要传递给下一代。海宁市、上虞市这方面工作做得很有成绩。我想适当时候，我们会同教育部门和共青团部门开一个现场会，总结交流经验，再推波助澜一下。在职业技术院校和中小学建立非遗传承教学基地，有着特别重要的意义，这对今后我们中华民族文化的传承弘扬，有着重要的意义。

（四）非遗宣传展示基地

这里主要讲的是非物质文化遗产展示馆建设。省里非遗馆建设，已有规划设想，但何时圈地，何处圈地，还没明确。各市县对非遗展示馆建设热情很高，作为地方文化展示的窗口,作为传统文化的体验中心。宁波已经设立了一个非遗展示中心,嘉兴会同民营企业也建立了一个非遗展示中心,规模都蛮大的。温州近期也要建立一个综合性的非遗展示馆,杭州的非遗展示馆用地已落实,规划4万平米。不少县市区,甚至一些乡镇、一些村落,也建起了不同类型的或综合或专题性的非遗展示场所。这项工作很重要。前几天,我们开了一个记者座谈会,有记者问我:"你们不能老是让人民群众在文化遗产日来看非遗,不能只看一天,应该有一个常态的、经常性的场所,让大家来领略非物质文化遗产的魅力和风采。"而且在场的几个记者都有共鸣,他们提出建议,能不能够在吴山广场或类似的地方,能够把一个一个传统手工艺项目、传统表演艺术项目,定点展示表演。我觉得记者的意见很对,记者的建议很好。经过全省的非遗大普查,我们有这么多的资源,有这么多的重要项目,这么多的实物资料,我们应该把它充分运用起来,向人民群众展示,可以把展示、展演、展览、展销结合起来,让大家有看的、有玩的,有可以体验的,然后还能带点非遗纪念品、带点记忆回去。

(五)传统节日保护基地

我们厅里已经公布了20个传统节日保护基地。开始公布了18个,后来增补了2个,一个为嘉兴端午节,一个为拱墅元宵灯会。嘉兴的市委书记陈德荣书记看到报纸上报道省文化厅公布了一批传统节日保护基地,马上批示给文化局,问嘉兴端午节为什么没有上?嘉兴既有五芳斋粽子,又有南湖的龙舟竞渡,嘉兴的端午习俗也很丰富,而且,嘉兴与韩国江陵还是友好城市。江陵端午祭已成功申报世遗(人类非物质文化遗产代表作),嘉兴端午习俗进一步打响品牌,有着特殊的"政治"意义。拱墅运河元宵灯会,很有历史渊源,也很有地域特点,灯会的规模也很大,拱墅区也要求增补公布为省传统节日保护基地。去年一年,浙江电视台的"1818黄金眼",把省里公布的传统节日保护标志地,每一个都进行现场直播,电视转播车开下去,而且是免费的。媒体也需要这样的资源,人民群众也愿意体验这种民俗风情。

传统节日的事情还可以搞一点名堂。今年春节前,我们跟省旅游局联系,请了几家旅行社来开个座谈会,开始这些旅行社的老总觉得很奇怪,说旅游局通知他们到文化厅开会,干什么?好像没什么相干。结果来了以后,我们一讲传统节日,介绍一个个灯会、庙会、集市,介绍泰顺百家宴,介绍武义七夕接仙女,介绍开化中秋草龙会,介绍重阳永康方岩庙会,旅行社的老总一个个都很激动。他们说,现在的游客单是看自然风光已经不满足了,要体验当地群众的生活方式,体验旅游地的风土人情。特别是老外,他要看看中国人怎么生活?民族节日怎么过的?所以,传统节日与旅游业甚至与文化产业,都能够找到契合点。各地也可以公布一些传统节日保护地,除了一些大的传统节日,一些小的节日、当地特有的独具风情的节日,也可以公布出来,可能更有魅力,更有吸引力。

(六)非遗生态保护基地

《国家文化发展纲要》提出:"十一五"期间,公布10个国家级文化生态保护区。文化部已公布了福建闽南文化生态区、安徽与江西共建的徽州文化生态区、青海热贡文化生态区,四川羌族文化生态区四个保护地;已经经过验收的还有浙江象山海洋渔俗文化生态区、广东客家文化生态区、湖南湘西苗族土家族文化生态区等若干个。各省份对国家级文化生态区的申报,都高度重视。我们厅里已率先公布了七个省级非遗生态区的试点,除象山浙东海洋渔俗文化生态区,还有绍兴越文化、金华婺文化、景宁畲族文化、江山廿八都民俗文化生态区,杭嘉湖蚕桑丝织文化生态区、乐清工艺美术生态区,不同区域环境,不同类型,不同层次。这些省级试点,有的已经搞了规划,像金华婺文化生态区、景宁畲族文化生态区;有的地方拖泥带水,至今没有实质性启动相关工作。有些地方如果自己也不当一回事,我们考虑要把你帽子摘掉了。在城市化、现代化、工业化、城乡一体化的大背景下,我们不但要抓项目保护,更要重视整体性的原生态的原真性的保护。文化生态的整体性保护,对民族的未来很重要!

(七)非遗旅游基地

我们想搞一批非物质文化遗产的旅游经典景区。两个概念:一个是著名旅游风景区,把非遗引进去,增加旅游景区的人文含量,增加文化品位,增加知名度和影响力。譬如杭州的宋城、河坊街,还有乌镇、东阳横店等地,已经成为有影响的非遗旅游景区。还有一个是非遗比较集中的地方或者是有鲜明特色的地方,我想也可以公布为非遗旅游景区。前一阶段,在瑞安调研,瑞安设想把木活字印刷、蓝夹缬工艺、提线木偶表演等串联起来,搞成一条非遗旅游线来经营,这一想法很好。文化是旅游的灵魂,旅游是文化的载体,文化与旅游不结合,那就是"魂不附体"。旅游靠非遗增加文化内涵,非遗靠旅游来扩大传播,非遗与旅游结合,可以使非物质文化遗产得到更大程度的宣传,还能产生经济效益。

(八)非遗产业基地

现在在非遗产业方面,有一些做得很红火。不少手工技艺项目,比如丽水的青瓷、宝剑、石雕，还有东阳木雕，乐清黄杨木雕等等，影响很大，效益也好。不少传统表演艺术项目，也很有市场。我看过一出瑞安鼓词的表演，一人一台戏，说、唱、表演、敲锣打鼓，一人兼顾，很有艺术表现力和现场感染力。我听说，有的鼓词艺人单是春节元宵期间的收入，就在二三十万，有的演出订单已排到 2012 年。传统表演艺术也有这么大的市场，有点意外，出人意料。许多民俗项目很有观赏性很有吸引力。泰顺的元宵百家宴，据说前年一千来桌，去年元宵有两千多桌，今年元宵居然搞到了五千来桌，那是什么概念？一桌 10 人，那就是 5 万多人。来参加百家宴的已不仅是亲朋好友、七姑八姨，不单是那些摄友、驴友，连上海的、广东的也一辆辆大巴把游客拉过来。我想非遗产业的开发，是很有前景的，是大有可为的，是有利可图的，能够对脱贫致富奔小康、拉动内需促发展做出贡献。

以上八大基地的建设，要统筹兼顾，有计划、有步骤地开展，要有重点、有序地推进，要开动脑筋，广开载体，脚踏实地地办一些惠民实事。我想，把一个个基地搞活了，全盘皆活，将形成四面开花、百花争艳、万紫千红的局面。

四、练基本功

基本功强，带兵领将。

这里主要讲基本能力建设，增强务实创新的本领。有六个方面的能力，要引起重视，要切实加强。

(一)学习能力

讲学习能力，好像太小瞧大家了，但是我觉得我们都有个重新学习的问题。你、我、他，我们都一样。因为我们从事的这项工作，既是古老的话题，又是全新的领域。我们要进入角色，我们要探寻规律，我们要做出成绩，不加强学习，不提高素质，不注重积累，将不能适应形势，将不能适应事业的发展。

首先，是科学发展观理论的学习。科学发展观，强调全面、协调、可持续的发展，强调以人为本的发展，强调人与自然的和谐发展。我们要以科学发展观统筹我们的工作，增强科学保护的理念，指导我们的非遗保护实践。

其次，要学习非物质文化遗产的基本知识、基本原理。搞非遗，要懂得非遗，要了解什么是非遗，非遗有哪些表现形式，有哪些基本特征，要研究非遗保护的方法途径。特别要研究和学点民俗学，因为民俗包罗万象，与人类学、社会学、艺术学、经济学都相关联，容量很大。我想适当的时候，考虑请省里专家加上北京的专家推荐一批书，一批阅读书，一批参考书，大家要花点时间，长计划、短安排、分阶段、分步骤，认认真真读一些书，长点知识，长点见识，提高识见，提升素养。也可以和高校联合搞几期短训班，用一两个月的时间搞一些有点广度、有点深度的培训。

再是，提高学习借鉴的能力。要做好工作，要创新实践，不但要埋头苦干，还要抬头看路，要抬头看路与埋头拉车相结合。我省非遗保护上先行一步，但现在左邻右舍都醒过来了，我们的先发优势已不再具备。兄弟省市八仙过海，各显神通，都有丰富多彩的创造，我们要谦虚谨慎、戒骄戒躁，要敢于"拿来主义"，善于"拿来主义"，站在人家的肩膀上，站得更高，看得更远。如果盲目自大、沾沾自喜、孤芳自赏、闭目塞听，你想继续走在前列，那是不大可能了。

学然后知不足，用然后知不足。随着工作的推进，随着工作的深入深化，学习问题，已是一个迫在眉睫的问题，已经是一个亟待重视的问题。

（二）调研能力

调研工作，是我们做好工作的一个法宝。我们的非遗工作做到现在这个层次，有点成绩了，有点可以"骄傲"的资本了，现在我们正面的消息听得太多了，包括我自己也有点扬扬自得，有点沾沾自喜，这种现象值得自省自警。这里要提醒大家，我们要有清醒的头脑，要有忧患的意识。应该说我们成绩很大，但是问题也不少，形势喜人，形势也逼人，我们既要报喜更要报忧，要沉下去找问题、发现问题。我们当前更需要了解下面存在哪些不足，哪些困难，哪些瓶颈，哪些薄弱环节，下面的主要矛盾或者说矛盾的主要方面有哪些？然后为我们进一步作出正确的决策、科学的决策，提供依据，提供参考，提出建议。

（三）办事能力

办事能力我想有两点：一是上面精神贯彻落实的能力，或者说执行力；二是横向协调的能力，或者说合作能力。

首先，上面布置的指令性工作要做好，要不折不扣，无条件地做好。这是讲"政治"，这是讲大局。比如普查工作，这是阶段性的中心工作，这项工作总体上完成得很好，但工作也不平衡，有好有差。还有三个县区，普查的线索数量和项目质量不过关，被列为整改单位。这有客观上资源条件的因素，但更多的是主观上的问题。再如建立非遗名录体系，对此省厅文件一而再再而三强调，但是现在有些地方连第二批的名录都还没有公布，拖全省的后腿，也延误了当地的抢救保护工作。再有，要求各地报国家级项目代表性传承人，有些上报表格上，没有传承人的签字，等于说传承人自己不一定同意、不一定支持，不一定想履行职能。这说明有些同志对工作也太不上心,缺少认真细致的作风。再比如第一批国遗项目丛书的编纂工作,原计划这批丛书在今年的文化遗产日前要出齐,44 本全面完成出版,如果缺一本就不圆满了。但是总有几个地方拖拖拉拉,至今已是 3 月份了,连个初稿还报不上来,有些据说连作者都还没有落实,肯定赶不上趟了。对于这些重申报轻保护、轻成果编纂的单位,如果再不加快节奏,我们要杀两只鸡给猴看看。做好一件事情,上面的文件精神要吃透,上面的步伐要紧扣,上级的部署要认真落实。

其次,横向的协调很重要。要争取经费,要争取编制,要争取财政、人事部门的理解和支持。文化部周部长说,与有关部门不单要"文来文往",还要"人来人往",要去"编故事",要能打动他,要有具体的项目,要能"忽悠"。这项工作功在当代,利在千秋,只要工作做到位,财政和人事部门会有共识,会给予大力支持。

办事能力,当然还包括办文、办会、办活动的能力,包括办大事、办难事、办实事、办新事,也包括处理日常事务的能力。这些要不断锤炼,不断积累。

(四)创新能力

去年年底是改革开放 30 周年,改革开放的根本意义就在于"解放思想"。不是说 30 周年纪念完了,我们就功德圆满。在新的时期,更需要去解放思想,去大胆开拓,去创新实践。我们要尊重基层的首创精神,因为谁也不是先知先觉,我们的智慧在哪里? 在人民群众。可以讲,我省非遗工作的推进卓有成效,取得一定的成绩、成果、成就,主要在于鼓励基层解放思想、实事求是、与时俱进、开拓创新。基层出成绩、出经验,我们来学习、来宣传推广。

在非遗普查整个工作进程中,我们转发了一系列各地好的做法和经验。宁波创造了"村查线索、乡查项目、县做申报文本"的普查模式,我们召开现场会,给予推广。上虞搞了个倡议书,发动全市中小学生参与线索排摸,发了 10 万张普查表给孩子,回收了 8 万多份,获得有价值的线索不是很多,但是通过"小手拉大手",使非遗普查工作进村落户,到每一个家庭,影响很大,以至全社会都在关注非遗普查。我厅转发了上虞的倡议书。再如,武义县政府跟乡镇政府签订非遗普查《任务书》,明确下达任务,提出指标要求。这个做法很好,我们转发各地参照。衢江区区委区政府建立非遗普查领导小组,并要求领导小组成员单位与各乡镇一对一挂钩联系,指导和督促检查普查工作,协调解决问题。我们也一应转发给各地。

去冬今春,省文化厅又连续转发了三个文件,一个是转发了金华市人大常委会《关于加强非物质文化遗产保护工作的决定》,这个文件很有刚性,很有权威性。我们转发了海宁市政府《关于加强非物质文化遗产保护工作的若干意见》,这个文件含金量很高。我们又转发了杭州市政府办公厅《关于加强杭剧保护的意见》,对一个濒危的省遗项目加强保护措施。杭州的做法具有借鉴意义。

我们既要做好规定动作,还要创新自选动作。创新就是从实际出发,从效果出发,创造性地贯彻上级精神,就是开动脑筋,开动机器,进一步创造发明,使我们的事业更有成效。

(五)造势的能力

造势的能力就是要小活动大宣传,大活动更要大宣传。大活动,意义很重大。比如第七届中国艺术节在我省举办,我们搞了一台大型晚会《风从东海来》,这台晚会通体构思,整体设计,集中展示了我省各地的龙舞、灯彩舞蹈、鼓乐舞蹈等项目,现场反应很火爆,很热烈。吕省长等省领导看了以后赞不绝口,吕省长说:"这台晚会,说明了我省民间文化资源很丰富,说明了我们抢救保护工作很有成效,也说明了每年500万花得值得,要继续加大资金投入的力度。"因此,我省非遗专项资金从每年500万变成了每年1500万。我们后来在浙江博物馆举办了全省民族民间艺术资源普查成果展暨民间手工艺博览会,吕省长看了两个多小时,还沿途跟老艺人亲切交谈,有位翻簧老艺人跟省长说:现在这个项目传承不下去了。省长问他为什么?他讲:因为费时很大,成本很高,但是价格卖高了没人要,卖低了成本也收不回来。做翻簧,没有多少经济效益,没有市场利益,没利可图,所以也就没人学。省长当即表态,我们要考虑以政府津贴的办法资助老艺人。所以,我省就出台了政策:65岁以上的省级传承人每人每年补贴3000元,70岁以上每人每年补贴4000元。

我厅近年来很重视非遗工作的宣传,除了每年的文化遗产日期间要搞系列活动,要做大宣传,还每年进行非遗保护十件大事的评选,每年十件大事搞一个画册,送给各位领导、各有关方面。今年,我厅又部署开展非遗普查十大新发现的评选和非遗保护十大新闻人物的评选。这"双十"评选,我厅联络浙江日报、钱江晚报、今日浙江、浙江之声联合举办,这些主流媒体都很响应,都很支持。非遗工作,要通过媒体的参与,重彩浓墨、大张旗鼓地进行宣传。刚才金华的局长介绍,义乌搞十大传统建筑、十大传统美食、十大民俗活动的评选,这一做法值得提倡。要通过一些社会关注的活动,推波助澜,把宣传声势搞大。我们的工作不能零打碎敲、鸡零狗碎,要搞排比,要搞系列,要搞气势,这样不断地把场面做大。

(六)应变的能力

应变的能力,就是处理突发事件的能力。现在大事、急事、难事比较多,现在媒体、网络的信息传播能力很快，如果遇到事情，我们不能措手不及、疲于招架，我们要有应急方案，要有主动有为的姿态。比如说，泰顺药发木偶传承人被公安拘留的事件出来以后，应该说厅里的反应也是快的，后来这件事情弄大了，有关材料报上去以后，中央领导做了重要批示，文化部长和分管部长做了批示。杨厅长极为重视，要求温州和泰顺有关方面保护传承人的权益，妥善协调处理好这件事。温州市委邵占维书记作出批示，要求温州文化、公安、安全管理部门会同泰顺县政府"寻求既能满足药发木偶实际需要，又能符合爆炸物管理规定的具体办法"。在各级领导的重视下，药发木偶事件有了比较圆满的处理结果。厅里经常接到一些来信来访，媒体上也经常有传承人传承困难等类似问题的反映，作为非物质文化遗产的主管部门，我们不能漠视，不能等闲视之，不能"事不关己、高高挂起"。我们要及时应对，要及时妥善处理，要努力争取有好的解决办法或圆满的结果。

在座的都是市县文化部门的分管领导，或是职能处室的负责人，基本功强了，才能带好兵打好仗，我们的非遗工作也才能持续健康地推进。

当前，我省的非遗保护面临很好的形势，我们还要争创新的优势，营造新的态势。年初，赵洪祝书记为非遗工作作出重要批示，给我们明确了方向，给我们很大的鼓舞。省人大常委会即将组织文化遗产保护"一法六条例"的执法检查，包括了《浙江省非物质文化遗产保护条例》的执法检查。下个月，省政府将召开全省文化遗产保护工作会议，省领导将出席作重要讲话，对文化遗产保护作进一步的部署。这些说明了省委、省人大、省政府将非物质文化遗产工作列入了重要的议事日程。应该讲，形势大好，不是小好。我们要迎春风、借东风，要趁势而上、迎难而上，大干快上。非物质文化遗产工作，很有意义，也很有意思，这是一个神圣的事业，同时也是幸福的事业。我们要不辱使命、不负重托，把我们的事业推上一个新的台阶，为党的事业、国家利益、民族大业，为世界人类文明的传承，作出我们应有的贡献！

深化非遗保护工作需处理好十个关系

这次会议，东道主三门县的典型经验很好，让我们深受启发，深受教益。这次会议，11 个市交流得很好，对上半年工作做了小结，对下半年计划安排也做了交流。特别是有些同志提出了一些思想观点，比如讲到非遗工作面临转型的问题，这个观点很前瞻。比如提到当前非遗保护工作面临的几个问题，这些疑难杂症怎么破难攻坚？再如非遗工作中理论上需要澄清的问题，怎么样科学保护，怎么样才算科学的保护。实际上这些问题都是发展中的问题，我们因为走在前列，我们碰到的问题是人家没有碰到的，怎么解决这些问题？发展中的问题，还应该在发展中解决。我想下一次的工作例会，要务实务虚结合，可能更加侧重于务虚。到时候我们对转型的问题，对碰到的那些疑难杂症那些亟待于破难攻坚的问题，还有那些专家学者也是莫衷一是见仁见智的需要在理论上澄清的问题，进行深入深化的研究。

金厅长对下半年的工作已经做了部署，我就不重复了。我借此机会，结合非遗工作新阶段的新任务，对于正确认识和辩证处理好当前工作中的一些重要关系，跟大家交流一下。

当年，在 1956 年初，为了探索一条适合中国国情的建设社会主义的道路，毛泽东主席用了两个多月的时间先后听取了中央 34 个部委的汇报，在此基础上，经过中央政治局的几次讨论，毛泽东把各种关系梳理和概括为十大关系，于同年 4 月 25 日，在中央政治局扩大会议上作了《论十大关系》的报告。很遗憾，由于我国 1957 年后又逐渐转入到阶级斗争的错误轨道之中，《论十大关系》没有得到较好实践。但是，《论十大关系》在统筹兼顾、驾驭全局方面的基本指导意义，仍然值得高度重视和珍惜。毛泽东主席在 50 多年前提出的思想和主张，是经得起时间的考验的，是富有生命力的。

2009 年 8 月 14 日在浙江省非物质文化遗产保护工作交流会上的讲话

前几天,我翻阅《毛泽东选集》,为《论十大关系》所吸引,重新学习和领会《论十大关系》的辩证法,很受启发。当前,非物质文化遗产保护工作进入了一个新的阶段,在全面完成了非物质文化遗产大普查、初步构建非物质文化遗产名录体系之后,如何深化非遗保护工作,是当前我们面临的具有一定的复杂性和难度的问题。这就要求我们站在全局的高度来观察和思考问题,以唯物辩证法的发展观来正确认识和处理好当前工作中的一些重要关系,推进非遗事业的顺利进行。

结合非遗工作新阶段的新任务,需要正确处理好十个关系。

一、立足当前与着眼长远的关系

当前工作与长远发展,是矛盾的统一。当前工作做好了,就能为非遗事业长远发展奠定好基础。着眼长远发展,可以为当前的非遗工作指明前进方向,可以避免走弯路,提高当前工作的成效。非遗事业发展的长远目标,要通过完成阶段性任务来实现的。如果只顾当前忽视长远,事业发展就会迷失方向;如果脱离现实只讲长远,事业发展就会失去基础。所以,我们既不能好高骛远,只想长远不干当前;也不能急功近利,只顾当前不想长远。用温家宝总理的话,既要仰望星空,又要脚踏实地。用老百姓的话,既要抬头看路,又要埋头拉车。

对于当前工作,或者说下半年工作,我概括为两个申报、两个编纂、两个活动、两个评选。一是"两个申报"。就是第三批国遗的申报、第四批人类非遗代表作的申报。第一批国遗我们中了头彩,第二批国遗我们又遥遥领先。我们下一步的目标是争取第三批国遗项目继续夺冠,实现三连冠。我不敢说志在必得,但这应该作为我们坚定不移的目标,这个目标的实现还要仰仗于大家。对于第四批人类非遗代表作的申报,浙江主推中国蚕桑丝织文化和中国龙泉青瓷烧制技艺,浙江备选的还有泰顺、庆元的廊桥营造技艺、嘉兴端午习俗、普陀山观音文化,这几个项目的影响都非常大,体现了中华民族的"天才"创造力,具有杰出的历史、文化和科学价值。人类非遗代表作申报成功,影响将非常大。二是"两个编纂"。包括各市县非遗普查成果的编纂出版,和浙江省非遗代表作丛书的编纂出版。宁波市149个乡镇,每个乡镇一本普查成果汇编,由乡镇汇编,县里审核,市里统一编审出版,已经陆续正式出版。各地市县两级也要在梳理和整理普查成果的基础上,编纂出版非物质文化遗产大观,或者丛书。浙江省非遗代表作丛书,第一批国遗44个项目,即将全部出版。这套丛书一个讲权威性,另外一个讲可读性。要挖掘项目的内涵,要梳理传承的脉络,要体现表现的形式,要探索保护的途径。第二批国遗85个项目的编纂出版工作也即将部署。三是"两个活动"。一个是今年是新中国成立60周年，省里将举行浙江省首届文化艺术节，其中非遗方面将举办中国（浙江）非物质文化遗产博览会，各地要积极配合支持，做好参展项目的推荐，做好参展项目的展示。第二个活动是各地的传统节日活动和文化节庆活动。我厅公布了20个传统节日保护示范地，公布了18个重点扶持的文化节庆活动。这些活动都有鲜明的特色，都具有浓郁的风情，都有一定的规模，都有一定的影响力。各地抓传统节日、文化节庆的热情很高，兄弟市县之间也要相互交流，组织相互观摩，相互促进，共同提高。四是"两个评选"。一个是省非遗传承教学基地，我厅会同省教育厅组织申报和评选；一个是省非遗旅游经典景区，我厅会同省旅游局组织申报和评选。各地申报热情很高，省里将在今年第四季度组织11个市交叉检查，邀请省里相关部门和高校非遗研究基地的专家学者参加评估验收。争取在2010年第一季度公布名单。对于当前的重点工作，各地要充分重视，具体抓，抓具体，要求实务实抓落实，要真抓实干，一抓到底，务求实效。

着眼长远，就是要强化规划意识，体现前瞻性。古人说，没有规矩不成方圆；凡事预则立，不预则废；不谋全局者，不足以谋一域，不谋长远者，不足以谋一时。非遗工作是一项系统工程，是一项长期性永久性的工作。要从突击性的、临时性的、阶段性的工作转变为日常性、经常性、正常性的工作，从攻坚战转为持久战，从短期安排转变为长效管理。所以必须突出规划的龙头地位，规划是个纲，纲举目张；规划是个大口袋，什么都可以往里面装。规划是务虚的，有人说"规划规划，纸上写写，墙上挂挂"，但是规划是要组织实施的，必须工程化，项目化，具体化。我们要尽量把它既放远一点，又要写得实一点。要树立规划的权威性，做到一个规划管整体，一张图纸干到底。

二、重点与一般的关系

这也是点与面的关系。在点面关系上，既要以点带面，又要以面促点，或者说既要抓好重点，又要统筹兼顾，握紧拳头抓重点，张开手指弹钢琴。

非遗工作千头万绪，按照唯物辩证法的要求，必须突出重点，兼顾一般。所谓重点工作，指的是那些牵动全局的，具有基础性、长远性、建设性的工作；一般工作是重点工作之外的其他工作。一方面对重点工作要重点对待，抓主要矛盾，抓矛盾的主要方面，抓关键环节，抓核心因素，要抓重点，抓热点，抓焦点，抓难点，抓薄弱点，抓影响全局的事情。一切工作都要往重点工作集聚，要集中优势力量，一抓到底,有效解决问题。另一方面,要合理分配时间和精力,在抓好重点工作的同时,带动一般工作的开展,使一般工作不弱项,不拖后腿,努力形成全面活跃的工作态势,发挥整体效应。

我们开展工作,既需要点,也需要面。点,体现了力度跟深度,点上经验,对面上工作有着实验性和示范性;而面,体现了宽度和广度。在非遗工作的推进中,我们始终坚持以点带面,示范引导。先点后面,先抓试点,先抓典型,取得经验,然后全面铺开。但是,要注意一种倾向。有些地方,把以点带面搞成了以点代面,只抓点不抓面,搞几个盆景,只做锦上添花的工作,没有处理好点面的关系,没有处理好重点和一般的关系,没有很好地发挥典型的带头、带动作用。

在抓点的时候,要注重典型性和代表性。既要抓基础工作好的点,也要抓工作基础差的点,这样才能使点上的经验可信可学,才能在面上铺开。既要抓正面的典型,也要抓反面的典型。抓好正面的典型,可以指导和引导面上工作的推进;抓反面典型,可以起到警戒的作用。要注重抓两头,带中间。既要做锦上添花的文章,也要做雪中送炭的工作。既要扑下身子抓重点工作,又要统筹兼顾促全面发展。

三、数量与质量的关系

这里主要讲要从数量积累向质量提升转变。我省率先开展的非物质文化遗产大普查,普查出的线索有 270 多万条,重点调查的项目有 15 万多个。我省已构建起完整的非物质文化遗产名录体系,现有列入第一批、第二批国家级名录项目 129个,居全国第一位;省政府已公布三批省级名录,列入省级名录的项目有 586 个;还有大量项目列入了市一级名录和县级名录。同时,这几年我省推出了一批保护载体,先后公布了省级非遗传承基地 33 个,公布了省级传统节日保护示范地 20 个,公布了重点扶持的文化节庆活动 18 个,公布了省级非遗生态保护区试点 7 个,还将公布一批省级非遗传承教学基地,公布一批非遗旅游经典景区,公布一批非遗产业基地。在浙江大地这个棋盘上,我们谋篇布局,有了整体的布点计划,已布下一批棋子,星罗棋布,四面开花。应该说,我省非遗保护整个态势良好,形势喜人,这应该充分肯定,应该有个良好的自我评价。

但这里有必要提醒大家,越是形势大好,我们头脑越要清醒。譬如,在轰轰烈烈、大张旗鼓的大普查中,在海量的非遗普查线索中,在重点调查的项目中,在经历数量上的大幅提升之后,在热闹的场面背后,我们需要扪心自问,我们不妨进一步想想:庞大的普查线索数量背后其含金量究竟有多少?我们对重点项目深挖细查得够不够？这些列入各级名录的项目文化含量究竟有多少？申报书中计划的保护措施实施得如何？那些保护载体有没有切实履行好保护传承的责任，有没有发挥好典型示范作用？运用非物质文化遗产资源，服务于社会的成效如何？我们是否有不切实际的贪大求量、急于求成的情况？

　　如果只讲数量，只追求数量，我们的工作就会流于浅薄和虚荣，就会衍生形式主义。今天，我们应该有新的保护理念，应该有新的认识。我们应该从量的扩张向质的提升转型。浙江的工作到了新的历史阶段，应该是重质而非重量了。我们要数量更要质量，数量多不如质量好。数量固然重要，但更应该在抓好质量上狠下功夫。我们要摒弃浮躁之气，力戒浮躁情绪，防止好大喜功，避免急于求成。既不盲目自满，也不头脑发热。下一步要着力于抓质量树品牌，抓质量增效益，抓质量求发展。

四、保护与利用的关系

　　国务院文件提出的我国非遗保护工作方针是："保护为主，抢救第一，合理利用，继承发展。"党的十七大报告指出："加强对各民族文化的挖掘和保护，重视文物和非物质文化遗产保护，做好文化典籍整理工作。""要全面认识祖国传统文化，取其精华，去其糟粕，使之与当代社会相适应、与现代文明相协调，保持民族性，体现时代性。加强中华优秀文化传统教育，运用现代科技手段开发利用民族文化丰厚资源。""弘扬中华文化，建设中华民族共有精神家园。"党的十七大报告和国务院文件，为非遗保护工作指明了方向，对处理好保护与利用的关系，阐述得很清楚了。

　　非遗工作，抢救保护是基础，是前提，合理利用是必然，是目的。保护不是为保护而保护，保护实际上就是为了利用，为了服务于当代社会。保护跟开发利用实际上是不矛盾的，关键是要科学的开发利用。当然，保护和开发利用有一个谁主谁次的问题，我们的观点是：保护优先，开发服从于保护，开发促进保护。如果急功近利，纯粹为了经济效益，不注重保持非遗本体及其原生环境的真实性、完整性，不遵循非物质文化遗产保护应有的规律，那就不行。非物质文化遗产保护的目的和目标，既要保持民族性，也要体现时代性。也就是说，既要保持文脉、传承文脉，要为历史存档，为民族续脉，也要发展弘扬，服务社会，要融入群众、融入生活、融入社会，使非遗保护成果惠及人民。特别是在信息化技术条件下，要注重运用现代科技手段做好非物质文化遗产资源的开发利用，拓宽非遗保护的渠道，拓展覆盖面，不断满足人民群众日益增长的精神文化需求，建设中华民族共有的精神家园。

五、走出去与请进来的关系

我国对外开放的力度越来越大，文化走出去的机会越来越多。单以我省为例，近年来，我省先后在港澳台、在国外举办了一系列文化交流活动，如港澳·浙江周、台湾·浙江文化节，还有法国·浙江文化周、俄罗斯·中国浙江周、澳大利亚·中国浙江文化周、墨西哥·中国浙江文化节等，文化交流活动规模扩大，项目增多，质量提升，影响越来越大。我省非物质文化遗产精品项目成为对外对港澳台文化交流的重要组成部分，成为突出的亮点。我省百叶龙已出访了法国、韩国、新西兰等多个国家，临安有水龙等十多个项目出访国外演出，青田在意大利、西班牙华侨中传授鱼灯舞表演技艺，组织华侨鱼灯队，中华老字号企业衢州邵永丰麻饼与台湾、澳门有关机构签订设点经营协议。各地各种形式的对外文化交流活动，进一步推动了浙江文化走出去，扩大了浙江文化的影响力。

不同民族不同地域的文化，必然是各有各的特点各有各的长处。有位名人说，文明一旦产生，其交流就是必然的，没有文化的交流，就没有文化的发展。我们既要继续地大步地走出去，唱响主旋律，打好主动仗，讲述中国的故事，演绎中国的风情，展示中国的风采，也要以更加开放的姿态，大胆地引进来，从外来文化中汲取营养，博采众长，兼收并蓄。我国2008年举办北京奥运会，2010年将举办上海世博会，两大世界性的标志性的盛会，带给中国的影响将是前所未有的，是长远的。还有，海南博鳌成为亚洲论坛总部的永久所在地，目前已成为亚洲以及其他大洲有关国家政府、工商界和学术界领袖就亚洲以及全球重要事务进行对话的高层次平台；还有，四川成都成为中国国际非物质文化遗产节的固定举办地。以浙江的影响力，以浙江经济的实力，以浙江非遗工作的优势，浙江有没有胆略和魄力承接国际性或地区性的文化交流节会，而且一届接一届可持续办下去？应该说，我们有这个条件，我们也应该有这个魄力。哪个市有这份勇气，哪个市有这个雄心壮志？

随着经济全球化深入发展，文化交流日益加深，我们应该充分利用日益拓宽的中外文化交流平台，积极研究借鉴国外一切于我有利的文化成果和有益经验，推进非物质文化遗产保护工作水平，彰显我省乃至我国文化软实力，推进世界人类文明传承工作。

六、对上与对下的关系

这是纵向的一种关系。要做好工作，必须注重研究和把握"两头"，必须吃透

"两头"：一头是党的方针政策，一头是人民群众的意愿；一头是上级的精神，一头是本地本单位的实际情况；一头是上面的规定动作要抓好，一头是各地的自选动作要有创造。

能否正确处理好对上负责与对下负责的关系，把中央的方针政策，把上级的精神，与本地本单位的实际情况结合好，是衡量一个领导者能力和水平的重要标志。对上负责，要求认真贯彻落实执行上级的决定，确保政令畅通，落实各项任务，提高执行力。对下负责，要求坚持群众路线，反映群众意愿，集中群众智慧，使各项决策和工作切合客观实际，为基层服务，为基层办实事，为基层解决困难和问题。抓落实的过程，就是探寻"上情"与"下情"结合的最佳点，把上级的方针政策同本地本单位的实际情况相结合，把上级的指令转化为抓好落实的具体行动，推动工作不断前进的过程。

所谓上下之间，一个是上面规定的动作和要求要尽量做好，另外也要自觉地大胆地创新创造。规定动作高标准高质量做好，自选动作求创新求突破；规定动作重实效，自选动作呈亮点；规定动作有板有眼，自选动作有声有色；规定动作不折不扣，自选动作生动活泼。我们开展工作，既要对上级负责，更要对基层负责；既要加强执行力，又要强调服务力。特别要强调的是，要把工作的重点放在基层，要坚持下基层抓落实。我们应该把基层工作的好坏，作为衡量工作成绩的主要标准。

七、自身建设与外部条件的关系

这是讲横向之间的一些关系。自身建设，指的是非遗工作系统的建设。《浙江省非物质文化遗产保护条例》指出：文化部门是非物质文化遗产保护的主管部门。我们要加强自身建设，加强责任担当。目前全省已基本构架起非遗工作机构体系，省里有代表行政的"非遗办"，有具体承担非遗业务工作职能的"非遗中心"，各地经当地编制部门批准，已有近三分之二的市、县建立了非遗保护职能机构。做好非遗工作，要有机构办差，要有人办事。先组建再提高，先发展再规范。临时性机构要转变为常设性机构，我们这批"游击队""土八路""预备役""民兵"，要逐步整编为"正规军"，要打造一支"正规军"。我们这些"草头班子"，要逐步正规化规范化建设。非遗工作任重道远，非遗工作系统和非遗工作者要进一步加强使命感责任感，要进一步担当历史重任。

所谓外部条件，主要是两个方面：要借助外部的力量，要借鉴外地的经验。非遗工作涉及面广，要做好工作，必须打开篱笆门，广交朋友，借力和借助于外部的力量。我们应该在整个社会的大舞台上，找准自己的位置，打破工作的封闭性和局限性，推进非遗工作的社会化，争取社会各方面的支持。要加强横向联系，横向交流，密切协作，密切配合，互相尊重，互相支持，扩大非遗工作的辐射力和影响力。同时，我们要重视借鉴兄弟省市的工作经验。在日益开放的环境，做好非遗保护工作，需要有开阔的视野，需要学习借鉴。去年11月，文化部在我省召开了全国非遗普查工作现场经验交流会，中国文化报发表了系列文章，系统介绍浙江的工作，兄弟省市纷纷组织赴浙考察团，来我省交流取经。我们也要走出去，取人之长补己之短。兄弟省市在非遗保护方面同样有许多探索和创造，有许多成功的实践和经验，我们要谦虚谨慎，戒骄戒躁，学习取经，博采众长。它山之石，可以攻玉。如果闭目塞听、盲目自大，坐井观天，将错失提升和发展的良好机遇。我们要充分重视与兄弟省市加强交流，借鉴有效做法和经验，创新保护思路，推动保护实践，推进事业发展。

八、政府主导与社会参与的关系

这是非遗保护的工作原则。政府主导，主要体现在"五个纳入"，就是要纳入政府的重要议事日程，纳入经济社会发展计划，纳入城乡建设规划，纳入财政预算，纳入党政领导岗位目标的考核体系。另外在当前很重要的一点，就是要争取非遗保护工作机构建设纳入当地的机构改革"三定"方案，争取在这一轮机构改革中做好定机构、定编制、定人员工作。再有还可以考虑争取将非遗保护工作内容纳入党校和行政学院的课程安排，强化党政领导的非遗保护意识和文化自觉。做好非遗工作也一样，领导重视是关键，或者说关键是"教育"领导。"老大难老大难，老大重视就不难"。要强化政府的职能，强化政府的主导作用，然后我们借势、借力、借题发挥。

同时，要重视调动全社会支持和参与非遗保护的热情。一项事业的推进，没有人民群众的广泛支持和拥护，是没有前景的。我省非遗大普查，23万人参与了这项工作，声势浩大，人民群众体现出了蓬勃的热情，体现出了可贵的文化自觉。我们要保护这种热情，珍惜这份自觉。各地要积极推进非遗保护志愿者队伍建设，可以考虑建立非遗保护社团，建立协会、促进会、研究会等形式，把各行各业的志愿者组织起来、凝聚起来，进一步引导和组织全社会的力量共同参与非遗保护。我们的目标是，人人参与，人人共享。

九、有作为与有地位的关系

作为和地位谁为先，历来是一个有争议的问题，仁者见仁智者见智，一说有作为才有地位，一说有地位才有作为。作为和地位，是辩证的统一体，两者不可偏废。但是，我们作为非遗工作部门，要特别强调先有作为，要主动作为，积极作为，大胆作为，去争取地位，赢得地位。

应该说，从中央到省委省政府领导，对非遗保护工作认知都很高，应该说是高度重视。多数的市县党委政府领导，对非遗工作同样给予了切实重视。现在的问题是，有了地位之后是不是就能更好的有所作为？我看未必。有些地方的文化主管部门没有抓住机遇乘势而上，至今还有不少地方没有建立非遗保护工作机构，没有设立非遗保护专项资金；各级政府公布的非物质文化遗产名录项目，也没有切实措施传承和保护好；一些地方工作缺少主动性创造性，工作缺少思路和章法，成效不明显，成绩平平。长此以往，如此这般，不能履行好职责，不能堪当大任，应有的地位也将丧失，也会尽失。有地位而不作为，那是失职，那是为政的耻辱。

有些地方的党政领导对非遗工作缺少认识，重视不够，怎么办？从我们自身来讲，应首先考虑的是作为，先树菩萨后建庙，靠我们的奋斗和工作实践来赢得党委政府的信任和重视，争取应有的地位。我省余杭、临安、景宁、三门等地，奋斗在先，事业为重，有条件上，没有条件创造条件上，只为成功想办法，不为困难找理由，既积极争取领导重视，又主动作为，主动有为，赢得领导的重视。这种精神和工作姿态，值得我们尊敬和学习。我们在做好工作的基础上，在做出突出成绩的基础上，也要及时向党委政府做好汇报，还要借助新闻媒体做好宣传。如果我们的非遗保护工作有声有色，有声势有影响，有显著成效，有突出成绩，这样我们的威信和地位也就会越来越高。

对于作为和地位的关系，正确的理解是：有地位更有作为，有作为也更有地位。

十、实践与认识的关系

关于两者的关系，我讲两句话：

一是实践是检验真理的唯一标准。丰富的实践活动，是产生相应的理论的基础。我们只有解放思想，大胆实践，勤于总结，善于分析，才能清醒地判断出今后发展的趋势，认识存在的不足，制定出相应的政策措施。我们的非遗工作，没有多少经验可以借鉴，没有多少模式可以参照，我们立足于自主创新，大胆实践，积极探索,不断摸索经验积累经验,不断探寻规律,才取得了今天的成绩。非遗工作的继续和持续推进,要求我们不为既往的成绩而自满,不被既有的经验所束缚,不被习惯的做法所局限,继续解放思想,开拓进取,创新思路,大胆实践。浙江作为全国非遗保护的试点省,先行先试,这是我们的责任所在。

二是正确的理论是指导我们行动的指南。正确理论的提出,并非一朝一夕之功,它需要经过实践的不断检验,经过实践——认识——再实践——再认识的过程。这是一个循环往复,螺旋式上升的过程。非物质文化遗产保护工作离不开理论的指导。面临一项工作,我们要搞清楚:为什么干,干什么,怎么干,谁来干,干到什么程度,干不好怎么办等问题。不能以已昏昏使人昭昭。一方面需要在丰富的实践的基础上,探讨探索和总结其特点与规律,获得启示。另一方面,要重视前瞻思考,要重视科学理论的指引,这样我们的工作才能坚持正确的方向,沿着正确的轨道前行。

非遗保护是一个复杂的系统工程,这要求我们要有清晰的大脑,辩证的思维,从哲学的高度提供解决问题的思路与策略。以上十分方面的关系,是辨证统一的,是有机结合的,是相互联系、相互促进、相辅相成的。如果归结到一点的话,就是尊重规律,讲究科学。浙江以往的工作卓有成效,是大胆实践,也是理性思考和探索的结果。当下和未来,我们将面对繁重的任务,和可能出现的各种复杂情况,我们更要保持清醒的头脑,增强科学性,防止片面性,减少盲目性,把握规律性,更有成效和卓有成效地做好工作,继续保持前列优势,继续引领非遗事业的顺利进行和健康发展。

推动二次创业　推进转型发展

今年8月在三门召开的全省非遗保护工作交流会上,嘉兴市局领导提出了非遗事业面临转型升级的问题,给我以提醒。当时我们就商定年底在嘉兴开个会,务实与务虚结合,既是全省非遗工作的年度会议,更是探讨和研究未来工作走向工作趋势的理论务虚会。务实是根本,而务虚是务实的前提。科学理论指导实践,将引领非遗事业向新的更高层次的历史阶段迈进。

我们这次会议,对全年工作作了全面盘点,对明年工作和今后一个时期非遗事业发展作了研究。2009年,全省非遗工作系统认真贯彻赵洪祝书记的重要批示精神,贯彻全国非遗普查现场经验交流会精神,依照厅党组对全省非遗工作提出的任务和要求,依法行政,创新实践,抓好基层,夯实基础,突出重点,打造亮点,科学保护,整体推进,成绩很大,形势喜人,各方反响很好,评价很高。2009年的过去,也是本世纪前十年的收尾。过去的十年,一定意义上说,是非遗保护事业从无到有、从小到大的十年。我省非遗保护工作势头强劲,走在前列,实现了"第一次创业",赢得了社会广泛共识。2010年是一个特殊的年份,标志着新世纪第二个十年的开始。在新的一年里,前景看好,但任务更重,要再接再厉、乘势而上,要准确定位、明确目标,要创新思路、落实举措,努力实现"第二次创业",赢得更大的发展。

在这新的时期,经济部门提出了升级换代的问题,腾笼换鸟的问题,转型升级的问题。我们非遗工作同样面临着转型发展、继往开来的问题,面临着如何跨上新台阶、实现新跨越的问题。我就新的一年,或者说更长一个阶段的非遗工作,相对务虚作了思考,提出一个口号:"推进转型发展,推动二次创业。"我这里想讲三个问题:第一是为什么要转型;第二是转型转什么;第三是怎么来转型。

2009年12月17日在浙江省非物质文化遗产保护工作务虚会上的讲话

一、为什么要转型

主要阐述和强调要认识转型发展的重要性。我把它概括为五个方面的因素，决定了我们必须转型。

(一)转型是顺应非遗保护工作规律的必然要求

转型是必然的，问题是什么时候转型。我们浙江已经具备了转型的条件和基础，人家还没到这个时候，浙江应该说是到了这个时候。对前几年工作进行全面回顾，实际上我们做了这么几件事，我就点到为止：一个是大普查，摸清家底；第二是建立名录体系，保护传承；第三是推出一批保护载体，探索保护途径；第四是建立工作机构，明确保护责任；第五是宣传展示，营造氛围，形成共识。应该说，前面几年，我们明确了方向，探索了路径，也积累了经验。明年是"十二五"规划的编制年，我们面临着新形势、新任务、新要求。"十二五"对非遗的保护发展，在定位上，应该有更深的理解、更高的要求。所以还是要解放思想、实事求是、与时俱进、开拓创新，本着这个精神来提出新的发展目标。事物的发展都是由低级到高级，由简单到复杂，由基础再提升，新陈代谢，吐故纳新。这是由事物发展的规律决定的。我们要继往开来，要与时俱进，要承担起转型的历史任务。

(二)转型是促进非遗资源开发利用的必然要求

我们对省情要有一个深入的认识，我们以前都觉得浙江的非遗资源相对兄弟省份可能不是很多，因为从地域面积来说，从人口数量来说，从民族的多样性来说，从城市化程度来说，好像浙江非遗资源的总量和形态都不多。但实际上通过这次大普查，发现我们资源巨大。因为浙江地域面积虽然不大，但是浙江的地理风貌比较丰富，有山区、有海岛、有平原、有水乡、有丘陵，所谓"十里不同风，百里不同俗"，这在我们浙江得到印证和充分体现。这次大普查以后，我们发现了 270 多万条线索，重点调查了 15 万多个项目，发现我们浙江的人民在这块土地上创造了、积淀了、传承了、形成了大量的非物质文化遗产，非物质文化遗产的储藏量很大，涵盖面很广，形态也多样。从现在的情况来看，特别是手工技艺项目尤其多，浙江不愧是百工之乡，能工巧匠多，所以提出生产型保护实际上有它的优势。还有一个是民俗事象特别丰富，基本上每个县都有上十个或几十个庙会、祭典、节庆之类的。另外民间音乐、民间的舞蹈方面也很丰富，比如说龙舞，浙江有 30 多种，百叶龙、布龙、草龙、板凳龙、水龙、拼字龙等等不一样的龙有 30 多种。通过普查可以看出，我们浙江是非物质文化遗产资源的大省或者说大省之一，资源丰富、形式多样、斑斓多姿、精彩纷呈。这也是浙江省情的组成部分。

我们有这么多的资源，我们对非遗的发展要再思考。大家都知道，普查是手段不是目的，普查只是一个阶段性的目标。普查结束了，不是船到码头车到站，不能马放南山，不能刀枪入库，不能束之高阁，这么多的资源，我们要把它开发出来，要抓紧开发出来。这方面已经做了大量的工作，还有大量的工作要做，我们要把这些非遗资源融入社会，融入群众，融入生活，为我们省的经济社会发展服务。所以，这里讲的合理利用、综合运用，就是如何把我们非遗资源大省的优势，转化成促进文化发展繁荣、促进经济社会发展的新优势。

(三)转型是破解非遗事业发展瓶颈的必然要求

2005 年的时候，国办、国务院先后下发的文件，都指出文化遗产保护的形势十分严峻。四年过去了，非遗保护成绩巨大，但是保护形势也不能说警报解除了，应该说是挑战和机遇并存，保护任务依然十分艰巨繁重，事情还是很多。比如说普查成果的编纂，现在宁波市每个乡镇都有一本，正式编撰出版。但是有许多地方一个县就搞一个大观，众多的普查资源还来不及全面整理。再比如数据库建设和分布图的编制工作，没数据库，海量的资料无处堆放，也不方便查找。4 月份，全省文化遗产保护工作会议上，我们配套搞了一个大规模的非物质文化遗产普查成果展，各地上报的展出的资料，展览后我们找了一个厂房堆放。数据库这个事情也是一个很棘手的问题，目前国家还没有统一软件来支持，还没有具体的指导意见。数据库怎么弄，我们搞了几个试点，包括杭州、余杭、绍兴、磐安、泰顺，这几个地方都有探索。今年 5 月，我们召开了数据库试点方案分析会，交流了一下，确定以杭州的方案为主体，吸收各家方案的长处，争取拿出一个具有科学性又具有操作性的数据库建设方案。进一步实施完善之后，争取我省的数据库成为国家数据库的标准或者参照。分布图也一样，文化部把我省列为分布图编制工作试点，现在湖州市南浔区已经反复推敲，编制出分布图样本，还比较成熟。我们请文化部尽早来浙江开一个论证会，提出指导，争取定下基调后，先在全省铺开，再向全国推广。另外一个知识产权的保护问题，现在为非遗项目知识产权打官司的事情不少。宁波的十里红妆，被绍兴的一个公司注册了，它注册的范围很广，从老酒开始，到餐饮，到服装，到出版物，通盘来开发，国家工商总局也受理了，已进入公示期，如果没有很有力的依据申述，可能它就要正式公布了。长兴百叶龙也被福建的一个服装老板抢注，长兴亡羊补牢，文化局会同工商局采取了一系列措施，不单是协商处理好被抢注的事，而且举一反三，触类旁通，延伸拓展，建立了百叶龙知识产权保护体系。我们希望高校非遗研究基地在知识产权保护上给我们以指导，能否列入名录的项目整体打包保护，或者是按门类分门别类保护，或者是每个项目——保护？到底用哪一种方式申请保护，是专利保护、商标保护、原产地保护还是版权保护？谁作为主体来申报，通过什么途径申报？是由省里或市县统一出面申报，还是每个项目各自申报？这里面很复杂。还有，这个知识产权如果不保护会出现什么问题，如果保护有什么好处？有没有一所高校或法律事务所出面建立一个非遗知识产权保护公司，来统一筹划和受理非遗项目的知识产权保护？如果有哪家能抢占先机，在这个问题上能够突破，我觉得效益是大大的，功劳也是大大的。另外一个是非遗展示馆的建设和管理。一是建的问题，要大力加强非遗基础设施建设；二是管的问题，一些地方非遗展示馆已经建起来了，但是门口很冷清，没人去，门可罗雀，里边展示的东西也不是很丰富，展示的形式也很单一，也就是物什放在那里，竖一块牌子。非物质文化遗产的展示，应该是活态的、动态的，应该是以人为主体，怎么体现？所以你虽然是免费开放，但没人看，政府如果投资很大又没人看怎么办？还有一个是文化生态区的建设问题。从项目保护转向整体性保护，这是个新领域，也是一个新趋势，需要实践的探索，也需要科学理论的指导。另外还有非物质文化遗产保护工作的动态评价机制问题。我们怎么样去保护，工作成效怎么样去界定，怎么样去评价呢？所有这些问题都需要破题。这些问题我们碰到了，兄弟省可能零零星星地碰到一点，但是我们碰到的可能更多，我们碰到的这些问题是人家没有碰到的，说明什么？说明我们是走在前列的，说明你比人家先行了一步。当然不是说你碰到问题多就是走在前列，而是你解决问题多，那才是你真正地走在前列。所以我们还是要发扬浙江非遗精神，敢想敢干、敢为人先、敢于超越，要解放思想、创新思维、真抓实干。

（四）转型是提升区域文化软实力的必然要求

软实力是相对于硬实力而言。大家知道，经济、科技、军事是硬实力，文化、意识形态是一种软实力，这两项加在一起就是综合国力，或者叫做综合实力或者叫做综合竞争力。文化软实力，对于一个国家、一个地区就是影响力、凝聚力。温家宝总理指出，非物质文化遗产是民族文化的精华，是民族智慧的象征，是民族精神的结晶。这说明非物质文化遗产体现了文化软实力的核心价值，是文化软实力的重要组成部分。

为什么对非遗这么重视？许多领导都把它当做一个文化名片，当做一个地方的文化标志。城市化、现代化、工业化，导致许多城市千城一面、千篇一律。有外国人说，中国就是由一千个相同的城市组成的国家。当前，城市间的竞争已不再是单纯的经济竞争，文化竞争力已成为城市综合竞争力的重要组成部分。而在城市竞争中，普遍出现了"特色危机"，个性趋同，千城一面，成了困扰各个城市的共性问题，而破解这些难题必须靠走"特色"之路来实现。一个城市要有自己的文化优势，要有自己的主题文化。你怎么样能够跳出来？你怎么与众不同？你怎么独树一帜？非物质文化遗产鲜明的地域性、个性和特性，也是一个区域在综合实力竞争中最根本的、最难以替代的、最持久的和最核心的竞争优势。它可以让你在众多城市中脱颖而出，提升城市发展的品质和层次，提高城市的知名度和影响力。

文化软实力不仅是文化方面的意义，它可以促进经济发展，可以为保增长、调结构、扩内需、惠民生做点贡献。浙江是手工艺大省，龙泉青瓷和宝剑、青田石雕、东阳木雕、蚕桑丝织等许多项目，在解决就业、拉动内需、地方税收方面的作用，大家都看到了。传统表演艺术项目也一样，也能做贡献。一定意义上讲，曲艺是个冷门，但东北的二人转很火，浙江的莲花落、温州鼓词等不少项目也很火。今年文化遗产日，我们在杭州搞了全省曲艺汇演，我省上了第一批、第二批国遗的曲艺项目都调上来演出，不少项目现场很火。我是第一次看温州鼓词演出，这个鼓词就一个人表演，瑞安的一个鼓词女艺人一个人就是一台戏，连说带唱加表演，一个人扮演多个角色，塑造不同性格的人物，声情并茂、活色生香，同时一个人敲奏五六件乐器，应付自如。演出现场场面火爆！据说，有不少温州鼓词的艺人年收入超过百万，订单已排到2012年，居然做到这个份上！我省曲艺界老前辈马来法老师约我找个时间一道去温州，体验一下老百姓为什么这么喜欢，去感觉一下那种氛围。虽然现代的文艺形式充斥着大街小巷，但温州鼓词还是在人民的心中那么牢固的扎根，这个现象值得研究。

再一个文化软实力和构筑精神文化家园有关。十七大提出营造中华民族共有的精神家园。你到底从哪里来，你要走到哪里去，这就是心灵归宿的问题，这是非遗成为文化软实力一个核心的因素。做好非遗保护工作，不仅有利于提高知名度，扩大影响力，包括对构建核心价值体系，对构建和谐社会，都有特定的意义和重要的作用。以前有一句话，叫做"文化搭台，经济唱戏"，这个观念要转变。还有句话："城市发展的实力看经济，影响力看文化。"这句话也不全面，文化不仅关乎影响力。如果说，以前是"不抓经济没地位，不抓文化没品位。"那么，现在是"不抓经济没地位，不抓文化是既没地位更没品位。"你无论从全面小康，从四位一体，从科学发展观，从和谐社会讲，你不抓文化既没地位更没品位，所以党委政府对文化，包括对非遗工作越来越重视。

（五）转型是继续走在全国前列的必然要求

浙江许多方面走在前列，我也不再啰嗦了，大家都是共同的见证者、参与者、实践者。中国文化报头版头条报道，题目为：非遗普查看浙江；文化部领导说，非遗保护看浙江。这既是对我省非遗工作的肯定，更是殷切希望，更是沉甸甸的责任和压力。全国看浙江，浙江怎么办？我们要抢抓机遇，进一步完善发展思路和工作措施，趁势而上。我们跟兄弟省市比较，我们的工作是领先的，许多工作是做得好的，步子是快的，是超越的。但是就我们工作本身来讲，实际上还有许多问题，还需要加快步伐。从全国来讲，兄弟省市的工作各有特色，有丰富多彩的创造，有成功的实践，有宝贵的经验，我们不能盲目自大，不能闭目塞听，要谦虚谨慎、戒骄戒躁。刚才几位同志提出来要求省厅组织走出去学习，赴兄弟省市考察学习，我觉得很对，不出去看、出去交流，工作拎不高，只有看了以后，你才有更加开阔的视野，你才可以站在人家的肩膀上站得更高，看得更远。

我从以上这五点阐述了我们为什么要转型。一项事业的推进也如逆水行舟、不进则退。赵洪祝书记去年年初批示"要继续把非遗保护工作向前推进一步"，今年年初批示"要继续深入抓好"。这就要求我们发挥先发优势，进一步增强预见性、前瞻性，要站在时代的高点，要引导新潮流，要引领方向。

二、转型转什么

这里要说明的是，不是我说转型就转型，实际上已经在转型了，初步呈现出一个态势，我把它概括为十个转型，都点到为止。我们要把握转型发展的新态势。

第一，保护观念，从保守型向开放型转型

反正对于非物质文化遗产怎么保护，一直有两种主张：一种意见强调要原汁原味、原生态、原真性，另一种意见认为可以开发利用，可以发展产业。专家也是见仁见智，也是"两派"。现在实际上两种保护兼容并蓄，都认可了，就是既要保存、保护，同时也要传承、传播。对传统技艺类非物质文化遗产，可以通过生产性保护方式，加以合理利用，为文化产业发展注入新鲜元素。对传统表演艺术类非物质文化遗产，一方面注重原真形态的展示，另一方面可以通过编排加工，使它变得更好看。以前注重的是非遗保护的事业性，现在提出了生产型保护，提出了产业的概念。非物质文化遗产，既是事业，也是产业。有些地方将非遗与旅游相结合，有些地方与

文化创意结合，有些地方的非遗项目已经成为当地的支柱产业。非遗资源可以转化为经济资源，可以社会效益与经济效益结合。促进非遗产业的发展，既能促进非物质文化遗产的保护传承，也能为扩大内需和经济增长方式的转变作出贡献。非遗保护发展的观念有了大的转变，不能为保护而保护，发展才是最好的保护，要扩宽思路，要体现时代性。

第二，保护管理，从行政型向法制型转型

国家"非遗保护法"千呼万唤不出来，但已有不少省份已先行立法。《浙江省非物质文化遗产保护条例》于2007年5月颁布实施。在现代社会里，法律法规是准绳、是准则、是保障。有法必依肯定是社会发展的大趋向。我省这个地方法规出台后，使我省非遗工作机构建设、经费投入有了依据，使非遗保护工作有了遵循、遵照，使保护方针的贯彻有了刚性和力度，促进了我省非遗事业的跨越式发展。

今年3月至4月，省人大常委会组织开展文化遗产保护执法检查，省人大常委会副主任吴国华亲自担任组长，赴杭州、宁波、嘉兴、绍兴、金华、衢州等6个市，对依法行政情况、文化遗产基本保障情况、文化遗产保护与利用情况进行了检查。执法检查组听取了当地政府关于文化遗产保护情况的汇报，实地探勘和考察文化遗产保护情况，召开了一系列有各方代表参加的座谈会，广泛了解文化遗产保护法律法规实施成效，研究分析文化遗产保护工作存在的问题与不足，提出对策建议，形成执法检查报告，提交省人大常委会主任会议审议后，对省政府深入贯彻实施文化遗产保护法律法规提出进一步要求，提高监督实效。

有法可依，有法必依，强化了各级政府保护好文化遗产的意识和责任；依法行政、依法保护，使各级文化主管部门增强了权威性和责任担当。《浙江省非物质文化遗产保护条例》第七条明确要求县级以上人民政府应当加强非遗保护管理工作机构和专业队伍建设。依据这一精神，全省大力推进非遗工作机构的建立。经编制部门批准，省文化厅已建立非遗处，建立了省非遗保护中心，全省已有6个设区的市和49个县（市、区）建立了非遗办、非遗处（科）或非遗保护中心，为非遗事业的可持续发展打好基础。同时各地依据"条例"要求，建立非遗名录体系，创设非遗保护传承的载体和平台，推进非遗资源的合理开发利用，我省非遗事业呈现出蓬勃生机和活力。

第三，保护决策，从经验型向科学型转型

非遗事业是一个新的领域，需要逐步积累经验、探寻规律，更需要科学理论指

导。这几年我们承办了两次全国性的论坛,一次是 2006 年的中国非遗保护余杭论坛,今年又承办了中国非遗保护嘉兴论坛。我们省里已先后举办了五届的浙江省非遗保护论坛,每年一届,每届一个主题,突出解决非遗保护进程中的焦点、重点、难点问题。而且去年在桐乡搞了中法文化遗产保护论坛,在杭州搞了一个中韩非遗保护论坛,在金华浙师大搞了一个中日非遗保护论坛。法国、韩国、日本,在非遗保护上应该说有许多先进的理念,人家先进的理念和做法,我们要借鉴、引进。再一个,我厅在浙江大学等六所高校建立了省级非遗研究基地,嘉兴、绍兴、舟山市也在当地高校建立了非遗研究基地,各高校非遗基地发挥了人才密集、学科交叉的优势,整合力量参与非遗保护,发挥了很重要的作用。各地建立了非遗保护专家委员会,专家学者参与非遗项目的评审论证,保护工作的业务指导,事业发展的决策咨询。我们非遗保护工作,从无到有、从小到大,从摸着石子过河,先试点再推广、先发展后规范,再到在规划指导下进行建设,科学理论指导实践,逐步成熟,逐步规范。我觉得,我们要好好总结这若干年来非遗保护工作的经验和教训,要善于总结,只有总结好才能提升自己,然后把它上升到规章制度,成为一种规范,成为可以遵循的一些规律,推进非遗工作科学转型,以实现又好又快的发展目标。

　　第四,保护载体,从单一型向多样型转型

　　实践告诉我们,设计一个或系列具有创新性、富有针对性实效性的工作载体,对于切实落实非遗保护工作方针具有重要的意义,对于改善工作方法,提高工作水平,取得好的工作成效具有现实意义。2005 年 8 月,由省委办公厅、省政府办公厅印发的《浙江省文化保护工程实施方案》,明确提出了实施非遗保护八个重点项目,包括:抢救一批濒临消失的传统民族民间艺术,确立一批优秀民族民间艺术代表作的传承人(团体),创建一批民族民间艺术之乡,发展一批民族民间艺术生态保护区,做大一批民族民间艺术品牌活动项目,建设一批民族民间艺术展示场馆,培育一批民族民间艺术旅游经典景区,建立一批民族民间艺术产业基地,多措并举,有序推进。应该说,当时设定的这一些保护载体,具有超前意识,具有创新精神,具有时代的内涵,具有鲜明的特色,具有实践性的特点,具有便于普及推广的特点。由于制定这一规划方案时,预见了形势的发展,把工作做在前面,产生了良好的社会影响和效果。

　　随着形势的发展,非物质文化遗产工作的内涵和外延也在逐步丰富和发展。新的时期抓好非遗工作需要用新的思维、新的视角,看准了的行之有效的载体,要抓深抓实抓出成效,常抓常新。群众在实践中有许多创造,这是非遗保护取之不尽、用之不竭的源泉。我们始终尊重群众的首创精神,及时总结群众在实践活动中创造的新鲜经验和成功做法,并加以提炼、总结、推广,让非遗事业不断增添新的活力,不断推向前进。

第五,保护手段,从传统型向现代型转型

比如说普查,上世纪八十年代的时候主要是用纸和笔记录,当然也配套用磁带录音,用胶卷拍照。现在肯定是不一样了,现在更多地运用现代电子技术的东西。包括档案也一样,以前可能是传统纸质档案为主,经过大普查,海量的、批量的非遗资源堆积如山,靠翻纸箱、人工查找,费时费力费工夫,还不一定查得到,下一步肯定是进入数据库,把数据库建好了,查找和运用也就很简便了。非遗展示馆也一样,以前都是实物资料为主,静态展示为主,现在是声光电结合,多媒体结合。非遗的宣传展示,既要重视建立实体的非遗馆,还要重视虚拟的网上非遗展馆建设。有围墙的展馆与没围墙的展馆要齐头并进,相辅相成,相得益彰。再讲我们工作系统的联络,以前都是纸质文件邮递,现在我们通过网络,通过QQ群。这个非遗工作QQ群很好,每个县都有骨干参加,我们有文件先通过网络、通过QQ通知下去,然后这边纸质文件邮递到各地,各地收到公文以后,局长批过了,好些同志活都已经干好了。在现代科技条件下,非遗的保护与展示手段也将面临新的变革,将为之带来别开生面的前景,将带来快节奏、高效率的工作运行方式,这也是一种转型。

第六,保护活动,从零散型向系统型转型

以前搞活动,我们都是上面布置一个下面搞一个,或者是自己想到一个搞一个,现在都逐步地搞系统、搞系列。比如义乌最近进行"十大文化名人评选",据说以前还搞过"十大传统建筑评选"、"十大传统美食评选"、"十大民俗活动评选"等,这样连续搞上几年,应该可以产生"蝴蝶效应"、品牌效应和广泛的社会效应。我们省里这几年也有意无意地搞十大系列评选,包括普查十大新发现评选、非遗保护十大新闻人物评选、每年的非遗保护十件大事评选,我想今后我们能不能推十个非遗保护工程示范县等等,通过舆论造势,通过媒体大张旗鼓宣传。明年我省的文化遗产日系列活动暨第五届浙江省非物质文化遗产节,我们将围绕传统表演艺术做文章,浙江省传统音乐展演交给省群艺馆承办,浙江省传统舞蹈展演交给杭州承办,传统戏曲展演交给绍兴,传统绝技绝艺展演由金华永康来办,还有传统表演艺术保护工作会议暨论坛由温州承办,传统表演艺术的系列讲座由浙江图书馆承办。主题很鲜明,内容很丰富,形式很多样。我们设想通过系列动作,通过从理论到展示

到普及性活动,能够推出、能够催生、能够产生、能够涌现一批非遗的表演艺术的精品。我主张做事情不能鸡零狗碎,不能小打小闹,一定要搞成系列搞成系统,一定要搞出气势搞出声势。

第七,保护重点,从项目型向人本型转型

非物质文化遗产口传心授、言传身教的传承特性,决定了人是保护主体。所以围绕传承人的保护,浙江做了一系列的工作。在认定代表性传承人、颁发政府津贴、建立传承基地的基础上,从 2008 年开始,我省每年开展以"八个一"为内容的"服务传承人月"活动,全省在每年的元旦到元宵期间,对传承人进行一次走访慰问,发放一笔政府补贴,安排一次健康体检,召开一次座谈会,制订一项传习活动计划,举办一次传承人技艺展示活动,建立一个传承传习基地,组织一次专题采访报道。省文化厅并在全省建立非遗代表性传承人访问报告制度,包括"三个必报""五个必访",要求各地发现代表性传承人家中有突发事件必报,代表性传承人大病逝世必报,代表性传承人有重要艺术成果必报,等等。我省努力创新服务内容、服务方式和服务手段,维护好传承人的实际利益,让传承人切实感受到党和政府及社会各界的关怀与温暖,激发传承人开展传习活动的责任感和使命感,推进非物质文化遗产保护和传承。

以人为本还有一个寓意就是以人民群众为本,非物质文化遗产本身就是民众的文化,就是民众的生活方式。省文化厅公布了 20 个省级传统节日保护示范地,让我们的非物质文化遗产保护成果更好地融入群众、融入生活、融入社会。省文化厅公布了 18 个重点扶持的文化节庆活动,政府办节,让老百姓过节。这个工作还要继续做好。我们的转型是为了人民群众,也要依靠人民群众,保护成果也要让人民群众去共享。

第八,保护宣传,从浅表型向纵深型转型

今天非遗保护形成热潮,有这么大的声势,与新闻媒体的关注和推波助澜分不开。我们为了推动媒体宣传报道,搞了浙江省非遗宣传报道"三好"评选(好专题、好专栏、好文章),进一步调动媒体的积极性。这几年,非物质文化遗产成为舆论热点、关注焦点和时尚亮点,媒体功不可没。我们举办的三个"十大"评选(非遗普查十大新发现、非遗保护十大新闻人物、非遗保护十件大事),引起了社会广泛关注。特别是十大新闻人物评选,通过浙江非遗网投票,居然上百万人参与投票,影响居然这么大,我都觉得不可思议,感到有点不真实。我想人的一生要做点有意义的事

情,让后人去记录、纪念,还有一种是写点有意义的文字,让后人去读。我们出版了一套浙江非遗代表作丛书,第一批国遗44个项目,每个项目一册,44本已出齐;第二批国遗85个项目入围,编撰出版工作也已作了布置,两批次共129本,到时候出齐了,洋洋大观,将很有气势、很震撼。当下社会是互联网时代,互联网为我们提供了一种全新的宣传方式,要积极借助这一载体。浙江省非遗网建立运行已一年半,效果不错,但余地和空间还很大,优势还没有得到充分发挥。栽下梧桐树是为了引来金凤凰,是为了有更多的人关注非遗保护工作,是为了借助互联网将自己推向世界,推向外部世界,走向世界。宣传的载体很多,电视、报纸、网络、手机短信、海报、广告牌、讲座、大会等等,要运用多种形式多种途径做好宣传,重彩浓墨、大张旗鼓做好宣传。

第九,保护主体,从主导型向协调型转型

非物质文化遗产保护的原则中有一条:政府主导、社会参与。省政府建立了历史文化遗产保护管理委员会,20多个相关部门为成员单位,依照各自职能职责,落实目标任务,定期交流情况,研究分析问题,统筹协调推进。《浙江省非物质文化遗产保护条例》明确了文化行政部门是非遗保护工作的主管部门。一定意义上讲,作为政府的职能主管部门,文化部门在非物质文化遗产工作中起着主导作用。但文化部门不能也不可能包揽天下,非遗工作涉及方方面面,非遗工作是一个系统工程,必须调动各方力量、汇集各方资源,协调各方参与。我们将浙江省非物质文化遗产保护工程纳入生态省建设规划纲要,我们会同省财政厅共同启动和推进工程建设,我们开展的非遗传承教学基地评选与教育厅联合,非遗旅游经典景区评选与省旅游局联合,非遗保护十大新闻人物评选与党报党刊联合,举办非物质文化遗产博览会与经信委联合等等。浙江非遗保护条例总则里面有一句话:任何单位和个人都有保护非物质文化遗产的义务。任何单位和个人,大包含、全覆盖,这是强调全民义务。非遗工作,已从部门行为上升为政府行为,再形成为全社会行为。打开篱笆门,广交朋友,资源共享、优势互补,相互融合,相互促进,将开辟非遗工作的新领域,向更广的层面发展。

第十,保护模式,从基础型向长效型转型

各地立足当前打基础、着眼长远促发展,加强保护规划的制定,加强名录体系建设,加强传承人保护,加强保护载体构建,加强保护工作机构的建设,加强政策措施的出台。我们把认真落实非遗保护方针政策贯穿于工作过程,把以人为本贯穿

于工作过程,把健全机制贯穿于工作过程,把长效意识贯穿于工作过程,在促进抓落实上下功夫,在提高干部队伍素质上下功夫,在坚持常抓不懈上下功夫,从长期效应上着力。非遗工作承载历史、服务当下、面向未来。我们的这项工作,要做到既经得起上级的检查,又经得起群众的检阅,更经得起时间经得起历史的检验。

这十大转型,不是突然的大转弯,不是一蹴而就的,而是渐进的,循序渐进的。这十大转型,它们之间不是孤立的、分割的、机械的,而是相互联系的,是互生共融的,应该是一个多维的结合。

三、怎么样转型

第一,创新理论促转型

对于转型发展,实践上还要进一步探索,理论上还要进一步深化,实践无止境,认识也是无止境的。我们需要对转型的经验进行总结,对转型的理论进行深化,使转型发展的思路更加成熟。我老是讲:解放思想,黄金万两。观念一变天地宽,脑筋急转弯豁然开朗。我们一定要开动脑筋,放开思路。浙江非遗保护工作的推进,实际上就是解放思想的过程,就是理论创新的过程。我们要继续用科学的理论武装头脑,用先进理论指导实践。理论是行动的先导,没有先进的理念,就没有先进的实践。

第二,科学规划促转型

规划是个纲,纲举目张,规划是个大口袋,什么都可以往里面装。"十一五"期间,为什么我们的工作有计划、有步骤、有重点、有序地推进,就在于我们出台了《浙江省文化保护工程实施方案》,省委办公厅、省政府办公厅两办发的,列入了文化建设的八大工程之一。当时我们就在实施方案中提出了要初步构建五大体系,我们提出了浙江非遗保护工作要成为全国的重点地区、重要地区,要走在前列。"十二五",我们同样要提出这么一个目标,提出进一步的目标,浙江非遗工作要成为全国的示范地区,要从重要地区升级为示范地区。我们要继续走在前列,要保持这个前列优势。"十二五"规划的制订,到时候还要专题专门地研究,要以转型升级为总的要求,体现全面性、科学性、系统性、创新性,当然科学规划就是要遵循科学规律。有科学的思想思考思路,才有工作的率先领先争先。

同时这个规划还有一点很重要,就是列入一个大的规划。要把这个规划列入经济社会发展的规划、城乡建设规划、文化大省建设规划、生态省建设规划等等,要列入党政领导政绩考核指标体系,要跟党政的政绩挂起钩来。

第三,盘活存量促转型

存量是一个经济学概念,它是指已有的经济总量,比如资本存量,土地存量、人力资源存量、知识存量等等,也是指闲置的、没有充分发挥作用的生产要素。盘活存量,就是让存量流动起来。比如你有存货,放在那儿不用,就没有什么价值,你完全可以到市场上出售,卖给需要的人,然后就会产生更多的经济附加值,增加GDP。我们要认识存量的意义,把现有的非物质文化遗产资源盘活。怎么样盘活呢?我觉得,首先要打造精品。像百叶龙、余杭滚灯一样打造精品,像金华的《仙山婺水金华人》、云和的《童话云和》、景宁的《千年山哈》一样打造精品。第二是保护性开发。比如一个国遗或者省遗项目的保护,可以通过建立传承基地和传承教学基地的方式,促进传承发展。比如传统手工艺的产业开发,比如传统节日的恢复和弘扬,文化节庆品牌的打造。第三是城市文化主题的塑造。一个城市,要发挥优势,要突出重点,要整合资源,要打造品牌,塑造城市形象。再比如文化生态保护区,与各方面的关联度高,要统筹兼顾,整体性保护和开发利用。盘活存量,就是要让人尽其才、物尽其用、地尽其力,就是要盘活我们现有的文化资源,拓展发展空间,力求效益的最大化。

第四,扩大增量促转型

增量,就是增加的量。一种是在原有基础上进一步发展,做大做强;另一种是原先没有的,现在新引进的,或者新开掘的。新增非遗保护工作机构,新增干部编制,是一种增量;建立非遗保护专项资金,增加经费额度,是一种增量;当地成功申报省遗、国遗项目,是一种增量;建立各种保护载体,是一种增量;引进美国乡村舞蹈"排舞",引进山西锣鼓之类的也是一种增量;四川成都建立非物质文化遗产博览园,我们杭州办一个"给我一天还你千年"的宋城,是一种增量;创造条件承办全国性非遗展示活动,举办全国性非遗保护论坛,是一种增量;合理开发利用非物质文化遗产资源,为群众脱贫致富奔小康服务,为拉动内需促发展服务,也是一种增量;等等。我们既要继承发展,也要积极借鉴引进,要把非物质文化资源蛋糕做大,品牌做大,增强社会影响力,增强中华文化的影响力。扩大增量,总的意思是让非遗资源放大效应,倍增效应。

第五,搭建平台促转型

非遗保护需要平台,非遗保护工作转型升级更需要平台支撑。要搭建非遗展示平台。宁波市明年计划投 2000 万资金重点支持建 10 个非遗展示馆；岱山县计划重点建设盐业文化博物馆，渔业文化博物馆，灯塔博物馆，岛礁博物馆，台风博物馆等十个博物馆，把这个海岛县办成博物馆城。安吉县计划建立 30 个不同类型的、专题性的非遗展示馆，让非遗馆在这个竹乡星罗棋布，四面开花。不少地方也有相应的规划，或者建立综合性的非遗展示馆，或者借力文化馆、博物馆建设非遗展示厅，使非物质文化遗产得到经常性、日常性的展示传播。要搭建信息交流平台，办好工作简报，办个杂志，建个 QQ 工作群，建个网站，也是必要的和重要的。要搭建队伍培养的平台，招聘引进人才，送上去挂职，送下去锻炼，送出去培训，打造一支素质优良、结构合理，能够适应非遗事业发展需要的专业化职业化人才队伍。还要建立协作合作平台、舆论宣传平台、制度保障的平台等，不断创新管理手段和方式，推进转型促发展。

第六，功能突破促转型

我们经常讲发挥功能作用，就是要突破思想观念，创新思路，让某一事物或某一工作方法发挥出更好的更大的作用。譬如不能就非遗抓非遗，非遗的功能要延伸拓展，跟校园文化的结合，跟精神文明创建的结合，跟城市文化形象塑造结合，跟新农村建设的结合，跟旅游业的结合，跟文化产业的结合，跟对外交流的结合，要与外部的文化环境互动，才能更好地发挥它的功能作用。譬如，不同工作基础，不同工作阶段，不同地区，要解决的主要问题不尽相同，必须对现状作出客观的实事求是的分析，找出问题的症结，找准工作的着力点，这样才能采取正确的方法，对症下药，取得实效，取得突破。譬如，要在既有的工作成绩上、站在新的高点上求发展，必须突破观念瓶颈，突破视野的瓶颈，突破思维瓶颈，还要突破资金瓶颈，突破人才瓶颈，才有事业的大发展。

第七，夯实基础促转型

今年年初，在遂昌召开的全省非遗转段工作会议上，我们提出了抓基层、打基础、建基地、练基本功的夯实"四基"要求。这"四基"建设，也是个系统工程。这里重点强调一下人财物的问题。各地要继续大力推进非遗保护中心建设，下一阶段还要逐步推进非遗处、非遗科的建设。事业以人为本，人是生产力中最活跃的因素，只要有了人，有一批想干事、能干事的人，什么样的人间奇迹都能创造出来。财力是保障，巧媳妇难为无米之炊，要少花钱多办事，但办好事，办大事，还是要有钱。钱不是万能的，但没有钱万万不能。还没有建立非遗保护专项资金的地方，要抓紧去建立起来,增加资金的额度,要管好资金、用好资金。各地要将非遗展示馆、非遗传习所等基础设施建设,纳入文化基本建设的总体布局中去,要列入下一阶段和"十二五"的建设重点。这项工作,不是阶段性的工作,是一个长期性的工作,应该成为日常性的工作,经常性的工作,所以一定要有机构办差,有人办事,有场地做好事。只有强本固基,把基础工作做好了,才能可持续发展,才能升级换代,才能永葆生机活力。非物质文化遗产工作也要重在基层、重在建设、重在全面建设。

第八,探索机制促转型

建立和健全制度化、规范化、法制化的长效机制,是加强非遗工作和推进非遗事业转型发展的治本之策。建立和健全非遗保护的长效机制,有许多方面的内容,包括协调管理机制、群众参与机制、社会共享机制、人才激励机制、多元投入机制、检查监督机制、责任追究机制等等。各种机制的建立,需要科学论证,需要大胆探索,需要在各个时期的实践中不断完善。当然,各种机制和各项制度也并非越多越好,过多的机制和制度只会淡化重点,不抓落实的制度和机制是没有生命力的,也是毫无意义的。

推进转型发展,推动二次创业,是我们共同面临的一个题目,要靠大家去破题和解答,靠大家做好文章。我只是抛出一些观点,提出一个方向,提一些思路性的意见,供大家参考。这个转型不是我说转型就转型了。转型升级,转型发展,应该说是一个新形势下的新的要求,是发展的需要,也是时代的呼唤。应该说是我们一个义不容辞的责任。转型是一种创新,是一种开拓,是一种努力,是一种追求,是一种勤奋。浙江作为全国非遗保护的综合试点省,作为一个走在全国前列的省份,必须做到认识领先、行动率先、示范在先,当好领跑者、当好排头兵、当好带头羊。让我们共同努力,巩固第一次创业的成果,进行第二次创业,再接再厉,再立新功,为推进我省非遗保护的历史进程和全国非遗事业发展作出应有贡献。

明确定位　整合资源　立足基点　强化支撑

第一批高校非遗研究基地在 2007 年文化遗产日授牌，第二批基地是 2008 年文化遗产日授牌。各高校基地逐步进入角色，逐步启动工作，逐步投身非遗保护实践，总体上看，取得了阶段性的成果，取得了富有一定成效的成绩。特别是浙师大研究基地，主动有为，成绩突出。上个月，省文化厅专门下发文件，授予浙师大非遗研究基地为"浙江省非物质文化遗产保护优秀科研基地"。今天，我们在浙师大召开高校非遗研究基地工作交流会，具有现场会性质，借鉴浙师大基地工作经验，推动相互之间的工作交流与合作，研究和明确下一阶段任务。

我讲几点意见：

一、 高校非遗研究基地的工作成效

金厅长对六个高校基地的工作有个总体评价，给予了充分肯定。我就高校基地的具体工作成效，概括为五点：

（一）积极参与国遗、世遗申报工作

文化部已公示第二批国遗项目候选名单，我省入围项目再度名列榜首。各高校基地的专家积极参与我省第二批国遗项目申报工作的评审和指导，在申报文本和录像片制作等方面，发挥了智力支持的作用。今年为第四批"人类非物质文化遗产代表作"申报年，杭师大参与了"中国蚕桑丝织文化"申报工作，浙师大参与了"中国龙泉青瓷烧制技艺"的申报工作，中国美院参与了"中国木活字印刷术"的申报工作。这几个高校的有关专家学者，积极配合、高度敬业，付出了心血和智慧。文化部组织对我国上报联合国项目进行了认真评审，我省牵头申报的这几个项目已列入预备报送联合国清单。我省在两批国遗项目申报中，走在全国前列，今年的世遗

2009 年 3 月 4 日在浙江省高校非物质文化遗产研究基地工作交流会上的讲话

申报,有大的突破,相关高校基地功不可没。

(二)积极组织重大课题研究

浙江大学研究基地承担了知识产权研究、数据库研究课题,浙师大承担了非遗生态区研究课题,这几个课题是当前我省非遗保护实践中面临的重要课题,具有紧迫性,也具有前沿前瞻性,需要破难攻坚。浙大和浙师大对这几个课题的研究极为重视,调配了多学科人员参与,整合和优化科研力量,结合我省实际,积极开拓思路,拿出了具有一定指导性的初步科研成果。同时,各高校基地立足专业优势,开展非物质文化遗产科研工作,拿出了一系列成果。如浙师大已基本完成或已立项的课题,有《浙江民俗史》、《浙江民间故事史》、《浙江民间音乐史》等非遗史学课题,引起了多方关注。中国美院发挥专业和学科优势,组织编撰《浙江工艺美术史》、《浙江民间剪纸史》。浙大非遗基地大手笔,大写意,计划编纂"国外非物质文化遗产研究丛书"和"国外非物质文化遗产翻译丛书"。国外不少国家在非遗保护方面,有许多成功的经验,有许多成熟的保护模式,很值得我们学习和借鉴。这两套丛书如果能按既定目标推进和出版,对我国的非遗保护实践将有重要的参考作用。

(三)积极创建学术活动平台

去年10月,浙师大会同有关方面举办了中韩非物质文化遗产论坛,来自中国与韩国的与会专家学者就本国非遗项目申报制度、地方非遗项目个案保护、民族文化传统及其传承等,进行了交流与探讨。浙大"东方讲坛"先后邀请了刘魁立先生、人类学家庄孔韶先生、北京大学高丙中教授、台湾的民族学家蒋斌先生等非物质文化遗产领域知名学者做专题讲座,进行学术交流。浙师大计划每年出版一本以书代刊的《非物质文化遗产研究集刊》,第一辑已正式出版,第二辑也即将出版。中国美院创办了《文化遗产》小报。其他高校也或多或少举办非遗学科研讨会,非遗学术报告会,出版非遗研究书刊,作为学术交流的载体和对外拓展的平台,扩大了基地的学术影响力。

(四)积极打造非遗宣传品牌

浙师大抢滩意识比较强,居然抢注了"浙江省非物质文化遗产网"网站域名。我厅顺水推舟,由省非遗办与浙师大非遗基地共建这个网站,去年文化遗产日前夕已正式开通。网站设有政策法规、遗产名录、风情浙江、非遗知识、保护论坛、视频在线等多个栏目,成为社会各界了解我省非物质文化遗产工作的重要窗口。杭师大开辟了专门的非遗展示馆,浙江艺术职业学院对建设非遗展示馆也有专门的规划和设想,中国美院开设的皮影艺术馆,已收藏上万件皮影艺术精品,具有相当的影响。浙江传媒学院建立了非遗视听馆。各高校发挥专业优势,做了不少富有实效的工作。开展非遗工作,也是最近几年的事,要进一步加大非遗知识的普及和传播、非遗工作的宣传、非遗保护重要意义的宣传。

(五)积极推进校地深度合作

浙师大与金华市文化局紧密型合作,为地方非遗保护和非遗项目的申报,提供智力支持。浙大研究基地与绍兴市文化局合作开展"越文化生态区"规划研究,杭师大与杭州市文化局合作编纂《非物质文化遗产丛书》,传媒学院与绍兴县文化局签订了"非遗保护协作协议",艺术职业学院与景宁县文化局签订了"非遗保护协作协议"。各高校积极发挥智力密集、人才荟萃的优势,发挥主观能动性,参与地方非遗保护工作。校地合作,有力和有效促进了相关市县的非遗保护工作,同时对于高校本身也因此拓展了领域,赢得了机会,基地增强了活力,基地的研究人员也从中收获很大,获得了更多掌握第一手资料的机会,获得了更多到基层调研的机会,获得了更多出科研成果的机会。双方资源共享、优势互补,借鸡生蛋、借题发挥,得到了双赢。

(六)积极加强研究机构建设

这次会议,安排参观了浙师大非遗基地的办公场所,非遗展示厅与办公合二为一,别出心裁,别具一格。2006年6月浙师大成立非遗研究基地以来,先后引进了两位博士、一位硕士,配备了基地专职秘书,这些人员都是专职的科研编制,不需要从事本科教学工作,只需要专心致志做非遗保护与研究工作。浙师大还建立了民间风俗、民间表演艺术、民间造型艺术3个研究室,进一步明确研究方向;设立了数字保护、集刊编辑、学术研究、名录申报、非遗网络5个学术研究部,进一步明确工作职责。杭师大研究基地下设有民俗与民间文学、民间表演艺术、民间工艺美术、传统体育4个研究所。浙大研究基地、传媒学院研究基地分别专门引进人才,充实力量。浙师大研究基地的建设,已上轨道,较为规范,其他高校也从实际出发,逐步加强基地建设,为更好地发挥高校基地的功能作用,打下了较为厚实的基础。

总体上看,高校基地建设取得了较好的成绩,非遗科研课题的数量有较快增长,学术研究的层次有了新提高,研究成果的影响扩大,学术氛围更为浓厚,基地研究实力得到加强,非遗研究基地在学界的地位得到提升,特别是对政府部门非遗保护实践的指导作用得到了充分发挥,值得充分肯定。

二、高校非遗研究基地存在的不足

高校非遗研究基地建设还处于初步发展阶段,仍然存在一些问题和难点:

(一)知识化程度较高,但组织化程度较低

高校人才济济,高人很多,理论上讲,高校基地应该在非遗保护方面为我们指点迷津,指引方向,应该在非遗保护上发挥重要作用。但是,实际情况呢?有的高校介绍有二三十人参与基地研究工作,好像有点排场,但是都是游兵散勇,各自为战,都是零打碎敲地搞自己感兴趣的专业课题。我们非遗保护工程推进中遇到的疑难杂症,需要破难攻坚,课题交付给有关高校基地,要么拖拖拉拉,要么拿出的所谓成果云里雾罩不落地。还有些基地,实际参与工作的也就一两个人,感觉上有点突出个人,排斥整个学校资源的参加,没有发挥群体和团体的力量。高校研究基地,应该起到牵头、协调、组织的作用,起到整合学科资源的作用,起到凝聚力量的作用,起到集中优势力量打攻坚战的作用。可惜,结果并不理想,没有形成合力。

(二)基地科研经费有所增长,但支持力度不够

建立非遗科研基地,要发挥两方面的积极性,首先是学校的积极性,另一方是文化部门的积极支持。有些高校如浙师大,学校很支持基地建设,工作热情也很高,文化厅项目补助资金也不少,良性循环。有些高校,争取设立基地的时候,校领导表态很爽快,学校将投入多少多少钱,并表示如果文化厅给课题经费,校方将1∶1甚至给予1∶2配套。实际情况呢?据了解,有些基地还没有落实日常运行经费,举步维艰;省文化厅的委托课题,学校也没有配套相应的经费。兵马未动,粮草先行,工作要推进,要有成效,要有财力支持。在资金上,多数高校支撑力度还不够,影响了基地效果的发挥。

(三)实证研究得到重视,但成果转化有待加强

这次会上,各高校基地都报来了工作总结,也报来了非遗课题的研究成果清单,各高校研究基地承担并完成的科研项目,有不少国家级课题,有好些省重点课题,有许多厅级课题。这些课题,有研究非遗基本原理的、有研究各个专业门类的、有研究具体非遗项目的,有研究保护方式的,各有侧重,各有收获。这些实证研究的成果,对于当前的非物质文化遗产保护,具有对策性,具有前瞻性和指导性。但是,我们不少专家学者,好像是为课题而课题,为成果而成果,课题申报成功了,课题立项了,经费拿到手了,课题结题了,也就革命到底了,束之高阁了。还从来没有

专家将结项的课题抄送一份给文化厅，也许可能也没有抄送给具体项目保护地的文化主管部门。我们很需要这些成果，我们的非遗保护很需要专家学者的智力支持和学术指导。希望各高校基地和专家学者能够强化成果转化的意识，强化服务社会的意识，发挥科学理论指导工作、推动实践的作用。

高校非遗基地建设，还存在其他一些问题，这里不一一列举了。这些问题，要在实践中不断研究和积极改进。

三、高校非遗研究基地的发展

非遗基地的发展，要有长期规划，要有系统意识，要把握方向，要明确目标，要突出重点，要注重效果。我用"五个结合"来阐述观点。

（一）与浙江非遗工作定位结合

我省非遗保护工程定位：成为全国非遗保护的重要区域，为全国非遗保护作出示范。赵洪祝书记批示：非遗保护工作，不但是全省的、全国的工作，而且是世界人类文明的传承工作，意义重大。赵书记站得高，看得远，高瞻远瞩，深谋远虑。今天我们的定位应该是：扎根浙江，立足全国，面向世界。我们的思想、观念，也要升级换代，要进一步解放思想，明确思路，把握方向，找准前进的方向。要在立足浙江研究的同时，积极引导面向全国乃至面向世界的研究。既要在推进浙江非遗保护工作上有所成就，还要在助推全国非遗保护工作上有所贡献，还应该在促进世界人类文明传承工作上有所作为。我们要关注全局，坚持在全局下开展工作。

（二）与浙江非遗保护工程的推进结合

浙江非遗保护工作正处于黄金发展期，也处于矛盾凸显期。浙江是全国非遗保护工程的综合性试点，浙江走在前列，兄弟省市没碰到的问题，我们首先碰到，浙江碰到的问题，就是全国性的问题。我们要破难攻坚，要当仁不让，要承担起历史责任，要有担当的意识。各高校基地的专家学者，要在推进非遗保护工作上，为我们指点迷津。比如非遗的数据库建设，到底怎么弄，国家有个大框架，但是太复杂了。我们现在在抓试点，既要科学，又要"傻瓜"，可操作，很实用。浙大数据库方面的力量很强，希望有关专家参与进来。再如非遗分布图编制工作，非遗的涉及面很广，太繁杂，不像文物一个一个点很清楚，非遗是流变的，是活态的，在分布图里怎么体现？再如非遗的知识产权问题，也是个庞杂体系，各个门类知识产权的保护方式应该各有不同，到底是成体系保护、分门别类保护，还是分项目保护？到底是专利保护、商标保护、原产地保护还是版权保护？还有文化生态区怎么保护？涉及到自然生态保护、历史文物保护、非遗活的保护，还有如何处理保护与开发利用的关系等。科研工作要与实践同步，更要体现前瞻指导。我们要依托高校的专家学者，对非遗保护工程推进中面临的种种新情况新问题新矛盾，开展策论研究，对非遗保护工作的模式进行理论设计，对非遗保护工作的趋势进行预测，提出更多对决策有参考价值的理论成果，为非遗保护工程理清思路、描绘蓝图，促进保护工程健康持续发展。

（三）与高校的优势结合

作为一个高校的研究基地，人力财力物力有限，要有所为，有所不为，一定要扬优势、抓重点，抓住不放，抓出成效。我们希望高校做什么，高校能做什么，两相要结合。比如浙师大在民俗学上的优势，传媒学院在影视专业上的优势，艺术职业学院在表演艺术上的优势，美院在民间美术、手工技艺上的优势等，要体现学校特色优势，培育特色优势学科。还有，研究课题不在多，在于抓住重点，拿出上乘之作，拿出高质量的成果。浙大综合实力强，也不可能包打天下，要集中优势力量，凝聚主攻方向。浙师大在金华、衢州，有区域地理优势，可以就近对接挂钩；杭师大与杭州、嘉兴，艺术职业学院与景宁、遂昌，已建立工作伙伴关系，要进一步加强沟通发挥作用。各高校基地都要找根据地，要落地，要扬长避短，取长补短，要尽力而为与量力而行结合。要强化服务一线的意识，做精做强的意识。一项事业也好，一项工作也好，要么不搞，要搞就要尽可能出精品，打品牌，树形象。

（四）与增长效益结合

一是科研成果的转化。各高校基地要有些形式，有些载体，比如通过年报、学报、简报、网站等，摘要刊发非遗科研成果，反映前沿前瞻思考，为决策提供参考依据，为基层保护工作提供智力支持。二是宣传效应的拓展。要运用文化遗产日、讲坛、非遗展示馆等形式，拓展平台，延伸渠道，扩大受众面，体现经常性，提升影响力。三是经济利益的体现。高校参与非遗保护进程，首先要讲公益性、公共性，但也可以考虑体现一点经济效益。一个机构要长期运行，要可持续，就要研究投入与产出问题。参与非遗工作，眼前没经济效益，不代表今后就没经济效益。有些高校参与地方国遗省遗项目申报，参与世遗申报，帮助做申报文本、做录像片，是有经济成效的。再如非遗知识产权保护问题，如果这个题目能够破题，可以做出很大的场面，可以有很大的效益。高校基地也可以为地方非遗项目的生产性保护，为非遗资源的开发利用,提些建议,献计献策,让非遗项目转化为生产力,转化为新的经济增长点。高校基地的工作既要讲学术,又不能太学术,要走出象牙塔,要服务社会,要融入生活,服务人民。

(五)与基地可持续发展结合

基地建设与发展不可能一蹴而就,如何建设,如何管理,如何巩固和发展,要深入研究和在实践中进一步探索。非遗保护是个永远的工程,非遗基地建设也要有长期建设和可持续发展的系统思想。一个是基地的管理,高校要履行对基地运行管理的职责,探索组织创新,逐步走上规范化道路。二是要协调和整合力量,重视科研团队培育,建立协作攻关机制。三是不断推出具有标志性的研究成果,形成学术高地,提升平台层次,提升浙江非遗研究学科的影响力。省文化厅也将加强与基地的经常性联系,加强服务和指导,共同为基地的发展创造良好条件。

在 2007 年文化遗产日期间,我厅召开了第一次高校非遗研究基地工作会议,当时我对高校基地建设提出了两句话:一是对上回答问题,二是对下解决问题。随着我省非遗工作的不断深入深化和延伸拓展,我再补充四句话:一是站得高一点,要深刻领会赵书记的批示精神,要有战略思维,要主动思考一些带有全局性、战略性、前瞻性的重大问题,运筹帷幄,谋划未来。二是要靠得紧一点,要紧密联系非遗保护推进中的生动实践,围绕重点、难点和热点做文章,把问题想在前面,把研究做在前面。三是要看得宽一点,要具有宽阔的视野和眼光,要注意广泛搜集省内外、国内外的一些新做法、新经验,借他山之石来攻玉,为非遗工程推进开拓领域,为非遗工作推进出谋划策。四是想得深一点,勤于思考,善于对实际问题进行理论探索,善于从纷繁复杂的头绪中,发现带有根本性和倾向性的苗头性的问题,揭示本质,探寻规律,释疑解惑,指点迷津。

浙师大非遗研究基地的工作成效,为我们提供了示范;各高校基地的工作,不断丰富和积累了经验。希望我们共同努力,最大限度地发掘高校的潜在作用,最大限度地发挥高校人才集聚高地的作用,最大程度地发挥理论联系实际的作用,最大程度地发挥科研对非遗保护事业支撑和引领的作用,为我省非遗保护工作继续走在全国前列,为营造我们民族共有的精神家园,做出努力,做出不懈的努力!

在继承传统基础上创新
把艺术精品奉献给人民

今年的第五届浙江省非物质文化遗产节,我们重点做传统表演艺术文章。今年"文化遗产日"期间,我厅举行传统表演艺术系列活动,开幕式交给杭州承办,传统音乐展演交给省群艺馆承办,传统舞蹈展演交给杭州承办,传统戏曲展演交给绍兴承办,传统绝技绝艺展演交给永康承办,传统表演艺术各门类的精品,精彩亮相,各逞风采。还有,传统表演艺术系列讲座交给省图书馆承办;全省传统表演艺术精品培育工作会议暨传统表演艺术保护传承论坛,由温州承办。这次系列活动,通体构思,整体设计,成龙配套。同时调动各地的积极性共同举办,化整为零,化零为整,形成系列,形成气候。

这次全省传统表演艺术精品培育工作会议,以及配套举行的专题论坛,得到了领导的高度重视,专家的大力支持,各方面的积极响应。文化部非遗司马盛德副司长专程莅临作重要指导讲话,陈瑶副厅长作了主题报告;东道主温州市文化局介绍了宝贵的经验,各地交流了近年来在传统表演艺术精品培育方面所取得的成绩和有效做法;张卫东、黄大同、吴露生、周冠均、马来法、徐金尧等 6 位传统表演艺术领域的专家作了专业指导讲座,会议还特邀了杭州剧院经理柯朝平从舞台表演艺术市场推广的角度提出了建议;浙江艺术职业学院沈勇老师等艺术科研人员和实际工作者,从不同角度阐述了传统表演艺术保护传承的方法途径。这两天的会议及论坛,时间不长,内容很丰富,效果很好。大家普遍反映启发很大,受益匪浅。

我们这次会议,既是传统表演艺术系列活动的小结,是近几年来全省传统表演艺术项目保护传承的总结,同时也是传统表演艺术项目保护传承的一次再动员。当前,我们面临大好的形势,面临大好的机遇。7 月 23 号,中央政治局就"深化文化体制改革问题"进行了第 22 次集体学习,胡锦涛总书记亲自主持会议,并做重要

讲话。他强调指出：要加强对文化产品创作生产的引导，真正从群众需要出发，继承和发扬中华文化优良传统，吸收借鉴世界有益文化成果，推出更多深受群众喜爱、思想性艺术性观赏性相统一的精品力作。总书记的这个讲话很长，对文化改革发展做了全面系统的论述，当前各地正在组织学习，认真领会精神。在不久前的第五个"文化遗产日"，中央政治局常委李长春在《人民日报》上发表文章，题目为《保护发展文化遗产，建设共有精神家园》。胡锦涛的重要讲话，李长春的重要文章，高屋建瓴、立意深远、内涵丰富，思想深刻。这两个重要文件，与党的十七大精神是一脉相承，一如既往，一以贯之的，体现了党和国家对文化改革发展和文化遗产事业的高度重视。这两个文件，是我们当前和今后一个时期工作的指针，具有很强的针对性和重要的现实指导意义。我们要认清形势，理清思路，顺势而为，乘势而上，凝心聚力，鼓足干劲，争取有更大的作为。

借这个机会，我想讲几点：一，什么是精品；二，为什么要抓精品；三，精品抓什么；四，精品怎么抓；五，要抓到什么程度。这既有听了专家学者的讲课及各地经验交流后的启发，也是这多年来我一直思考的问题的提炼和概括。

一、什么是精品

关于什么是艺术精品，我概括和提炼，有这么几种表述：一是"三性"，思想性、艺术性、观赏性；二是"三精"，思想精深、艺术精湛、制作精良；三是"三度"，有思想高度、有历史厚度、有市场热度；四是"三上"，内容健康向上，艺术质量上乘，剧场上座率高；五是"三力"，有思想穿透力，有艺术感染力，有强烈的吸引力；六是"三叫"，领导叫好，专家叫绝，百姓叫座。虽然有各种表述，各种提法，但大同小异，基本精神是一致的。实际上就是三个方面的取向：一个是政府的取向，一个是专家的取向，一个是观众的取向，这三者应该是和谐统一的。从党委政府的取向来讲，要讲政治，讲主旋律，讲教育意义，要讲社会效益，要以优秀的作品鼓舞人，以高尚的精神塑造人。专家的取向，主要讲作品的内容要有含金量，讲作品的构思、作品的艺术感染力，作品要经得起历史的检验，成为传世之作。人民大众，讲好看，百看不厌，或是感人肺腑、催人泪下，或是能够表达心声，表达心愿，或是看了以后身心愉悦，身心开泰。我认为，政府、专家、大众，这三者从根本上讲是相一致的，不矛盾的，这是一种水乳交融、互相渗透的关系。

我个人觉得，三者的基本精神，要遵循和把握好之外，应当更加注重群众是否喜爱。金杯、银杯不如老百姓的口碑，金奖、银奖不如老百姓的夸奖。如果一场演出,或者一个节目演出中,喝彩声、叫好声、掌声不断,那肯定是好节目,那肯定是精品。所谓精品,就是老百姓经常叫好的作品。所谓精品,就是老百姓和市场经常点播的作品。群众的喜爱才是最重要的。精品的生命,在于人民群众的承认和选择,离开了这个基本点,就不是真正的精品。精品要不为评奖,要为人民而生。古往今来,一切艺术经典和传世之作,都是因为得到人民群众的承认和喜爱,才最终获得自己的历史地位。这是历史唯物主义的基本道理,也是文艺发展的根本规律。

二、为什么要抓精品

我用四个"必然要求"来概括抓好精品工作的意义。

(一)抓精品,是弘扬民族文化的必然要求

我们的非遗工作,当下应该说是喜忧参半。一方面,党委政府和社会各方对此项工作越来越重视,越来越关注,这是个好现象;另一方面,也要看到,在非遗领域,特别是传统表演艺术的市场还是在萎缩。城市化、现代化、工业化、经济全球化,我们的非遗特别是传统表演艺术依然岌岌可危,在夹缝中求生存。这也是两分法,看问题要一分为二。

刚才,马来法老师、吴露生老师说,传统表演艺术,也曾经辉煌、曾经有激情燃烧的岁月。遥想当年徽班进京的时候,那时候相当红火,那时候人的讲话不是现在这种语言,说的还是《红楼梦》、《水浒传》中的语言,做事慢条斯理,再加上那时候没有电视、电影等文化活动,就算皇孙贵族寂寞了、孤单了,没有《杜拉拉升职记》可以看,没有《潜伏》可以看,别无选择,也只能看看戏,没有其他的文化生活。当时如果有一个名角,有好的戏,想不红都难。

现在不一样了,文化生活多样化了,可选择的太多了,看电视频道很多,特别是连续剧,每天晚上把你套牢,还有《非诚勿扰》、《相约星期六》等相亲娱乐节目,看看蛮开心。看电影有电影超市,里面总有七八个新的电影随你挑。作为传统的表演艺术,市场空间就这么一点,该怎么办?另一方面,戏曲所表现的内容,与现代生活距离太遥远,反差太大,观众很难有共鸣;再加上传统戏曲的内容大同小异,几乎大同小异的悲欢离合的故事情节,几乎差不多慢条斯理的唱腔,差不多的鼓板等乐器,差不多的脸谱,再好的名角,再好的演出,看多也会有审美疲劳,也会有不要看的时候。还有,在剧场看戏看演出,循规蹈矩,不能嗑瓜子,又不能喝茶,太累,还不如在家里看电视消遣。这就是说,时代在变。所以我觉得我们必须实事求是,一个方面作为非遗保护工作者,应当责无旁贷地做好保护传承工作,要原原本本、认认

真真地做好记录整理,把本来面目留给历史,在百年千年以后,要让子孙后代知道历史上的经典艺术是怎么回事。我们不能要求数百年、上千年流传下来的传统表演艺术,也让它随着时代的巨变而发生巨大变化,这是不对的。

但另一方面,也要和时代相适应,和当代文明相协调。我们社会在变化,非遗项目也会有变化。变是绝对的,不变是相对的。我们要考虑到日常生活包括语言在内都在变,所以传统表演艺术在表现手段表演形式上也要与时代相适应。特别是要让青少年喜欢,我们传承的关键是青少年。看戏看演出的总是白头发多,黑头发少,这样还有生命力吗?传统表演艺术,包括传统音乐、传统舞蹈、传统戏剧、曲艺等,在经历了漫长的发展之后,在当今突飞猛进的时代,吐故纳新,推陈出新,古为今用,与时俱进,也是一种必然。传统表演艺术虽然是文化娱乐的"老大",是老前辈,但在市场区分越来越细,越来越多元的环境里和背景下,如果不抓精品,如果不适应时代,我认为那只有死路一条。抓精品,将使传统表演艺术在夹缝中求生存,在新的时代得以更新和复兴。

(二)抓精品,是以优秀作品鼓舞人的必然要求

抓精品,是文化部门的主要任务。从社会来讲,人是需要精神鼓舞、需要精神灯塔、需要理想主义、需要革命浪漫主义,需要有星空仰望的。优秀的文艺作品,具有时代精神、思想力度、民族特色和艺术光彩的文艺作品,将起到催人奋进、催人向上的作用,起到鼓舞人、激励人的作用。

今年去广州,怀着崇敬的心情,拜望了冼星海的故居。冼星海1945年在莫斯科去世,英年早逝,一生只活了四十年。生命虽短暂,但人生很壮丽。冼星海在十多年的创作生涯中,改编和创作了250多首歌曲、器乐曲。其中的《黄河大合唱》《九一八大合唱》等作品,影响最大,也家喻户晓。

当年,在延安一座简陋的土窑里,冼星海抱病连续写作六天,完成了具有历史意义的大型作品《黄河大合唱》。在延安首演的时候,乐队只有几把小提琴,几把二胡,还有煤油桶、脸盆、铁茶杯都用上了。这支原始的乐队,铿锵有力的诗句,40多位热血青年放声高唱,汇成强烈的冲击波,震撼人心。毛主席看了演出后,特别高兴,特别激动。周总理为冼星海题词:"为抗战发出怒吼,为大众谱出心声!"《黄河大合唱》传遍了延安,传遍了整个中国,成为抗日救亡的精神号角,激发了中华民族誓死保卫家园的昂扬斗志。

民族救亡时期,需要优秀的作品鼓舞人,和平建设时期、和谐社会,也需要优秀的作品鼓舞人,需要激昂的号角,需要铿锵的鼓点,需要催人奋进的力量。文化部

门担负着以优秀作品鼓舞人的崇高使命，我们的传统表演艺术，也要弘扬主旋律，提倡多样化，也要具有时代的精神，要有思想的力度，要有民族的特色，要有艺术的光彩，起到鼓舞人、振奋人、引导人的作用，起到催人奋进、催人向上的作用。我们要以崇高的使命感和责任感，抓好精品创作，抓好传统表演艺术精品培育工作，为生活增添光彩，为发展扬帆鼓劲，为人民加油喝彩。

（三）抓精品，是提升人民群众生活品质的必然要求

胡锦涛在中央政治局第 22 次学习会上强调，要"坚决抵制庸俗、低俗、媚俗之风"。文化部长蔡武接受记者采访时说："近年来，文艺创作存在一些问题，特别是低俗化、娱乐化倾向严重。有的艺术家公开表示，他的创作目的主要是娱乐，不追求深刻的思想内涵，不追求深层次的心理需要和人文关怀。还有一些是急功近利、金钱至上、追逐成名不择手段，在炒作和包装上寻找出路，用低级的噱头和耸人听闻、甚至丧失道德底线的所谓'卖点'吸引眼球。一些作品通过暴力色情、陈腐迷信、八卦奇闻来促销谋利。各级文化行政部门对这种不良风气不能视而不见、听之任之，要积极发挥引导作用，善于发现、提倡反映主流价值、弘扬主旋律的作品，加以扶持、推广"。

中央领导和文化部长的讲话，不是无的放矢，是有针对性的。当下的社会，快餐文化、泡沫文化、垃圾文化盛行，这些低俗文化的危害，不能等闲视之。美国《新闻周刊》最近刊登文章，点名小沈阳是"最低俗的中国人"。并指出：小沈阳受到大众欢迎，反映出当下中国社会的低俗化现象。小沈阳的低俗也不能全怪小沈阳。小沈阳的师傅赵本山，每年的春晚少不了他，不少人看春晚就是为了看赵本山，小品类几乎非赵本山莫属。赵本山的拿手好戏是拿残疾人开涮。从《卖拐》到《卖车》还是卖别的什么东西，赵本山哪一次不是把快乐建立在残疾人的痛苦之上？从形式上是以学残疾人的滑稽动作来吸引观众眼球，从内容上是以讽刺挖苦一些弱智人士并且鼓励坑蒙拐骗为噱头，引起观众哈哈大笑。这种明显拿残疾人开涮，并教人学坏的小品，居然屡获央视春晚最受观众喜爱的小品。我不知道这是小品的悲哀，还是观众的悲哀？当一部分人的开怀大笑是建立在另一部分人的痛苦之上时，当生理健康者可以无情的以各种夸张的动作丑化残疾人而不受谴责而反受热烈追捧时，这个社会还算是正常的吗？赵本山是国家级非遗项目"二人转"的国家级代表性传承人，我不知道小沈阳是不是沈阳市"二人转"的传承人，也许是的。小沈阳不过是"青出于蓝而胜于蓝"。

各种文艺形式本身没有高下之分，但其内容和表现形式、表达方式是有高下之

分的。我们不否认，传统表演艺术的内容，有精华也有糟粕，对精华要继承，对糟粕要扬弃，我们应该为整个社会形成健康向上的文化风气而努力。通过持续不断地提供更多健康向上、轻松活泼、引人入胜的文化产品和文化精品，满足人民群众多方面、多层次、多样性的精神文化需求，提升人民群众的精神文化生活品质。

（四）抓精品，是树立地方文化形象的必然要求

以前有"经营城市"的提法，后来有"营销城市"的提法，各地对宣传和推广地方文化形象越来越重视。江西宜春打出了城市的广告语："一个叫春的城市"，很雷人。我把"叫春"查了一下，现代汉语词典里面，"叫春"指猫春天发情的叫声，也寓意着春天的到来。一般概念上"叫春"有一点暗示性的味道，大家脑子里容易想歪。还有一个西门庆故里之争，这也成为现在一个大热点。山东省阳谷县、临清县和安徽黄山市三地都举起了"西门庆故里"的招牌。《金瓶梅》我没看过，但西门庆是个王八蛋，全中国人都知道。但是，为了推动当地的经济发展，这三个地方都"毫不犹豫"地打西门庆这个"大名人"的招牌，有点滑稽。新闻媒体上说，《金瓶梅》中的西门庆是一个大淫贼，大恶霸，大奸商，现在华丽转身为当地政府追捧的地方形象代言人。包括一些子虚乌有的神话人物，现在都有地方让他落地生根，连孙悟空的故里都有了，据说在山西的某个县。浙江打名人牌也蛮多的，但我们都是正面的，比如诸暨打西施牌，遂昌打汤显祖牌，文成、青田打刘伯温牌，兰溪打诸葛亮牌，富阳打孙权牌，上虞打曹娥牌，临安打钱王牌等等。开个玩笑，我觉得嘉兴可以打范蠡这个牌子，嘉兴有范蠡湖，我认为范蠡是全中国古往今来最成功的男人，泡妞泡了四大美女之首的西施，当官当到宰相，后来经商发财成为一个大富豪。还有诸暨除了打西施牌，也可以打造中国最成功的男人这个牌子。地方要有主题文化、标志文化，使形象更加鲜明，我觉得打民族英雄牌、打文化名人牌，打对历史有贡献的人物牌子，是无可争议的，是无可厚非的。这些先人，应该值得我们后人铭记，值得宣传。

但是我觉得一个地方打名人牌，还不如打非遗项目的牌子。名人只代表历史上曾经出现过一个优秀的人物，不代表现在你这个地方的人依然优秀依旧杰出。我觉得一个地方打非遗精品牌，这才是明智的选择。一首歌唱红一个地方的例子比比皆是，比如《达坂城的姑娘》、《阿里山的姑娘》。再比如一条百叶龙，让长兴在全中国闻名；一个滚灯，让余杭名声大振。黄梅戏和黄山松成了安徽的象征，黄山松倒了，但黄梅戏将永恒。再如越剧成了浙江的文化符号。所以文化有标志性意义。一方水土养育一方人，一方水土孕育一方文化，你可以通过一个人的歌声、舞姿、唱腔，判断他的民族、判断他的区域。非物质文化遗产既是文化表现形式，也是

生活方式。所以,抓非遗精品,关乎一个地方历史文化的传承,也涉及一个地方今天的形象。像长兴百叶龙、余杭滚灯,体现当地人民的审美,体现一个地方人民群众文化性格和精神风貌,也体现一个地方今天的形象。我觉得应该打这个牌子。

浙江陆地面积不大,在全国"金鸡"版图上倒数第二,只有 10.18 万平方公里,大概是全国的百分之一。但地理风貌多样,有山区、海岛、水乡平原、丘陵,每个区域都有独特的文化呈现。比如传统音乐方面,有田歌、山歌、渔歌、畲族民歌等;民间器乐也很丰富,江南丝竹、浙派古琴、舟山锣鼓、嵊州吹打乐、慈溪瓯乐、安吉竹乐等等,都是大有文章可以做的。浙江省已公布三批省级非遗名录,总共上榜 586 个,其中传统表演艺术大概占四分之一,大概 150 多项,这些传统表演艺术项目,都可以发掘整理、发扬光大。当然,传统表演艺术之外的众多门类的非物质文化遗产,也都可以发掘整理、发扬光大。所以,抓非遗的精品项目,对于政府来讲,既是一张文化名片,也是一个地方文化形象,既是一项政绩,也是为人民办实事办好事。我概括一下,地方文化形象要靠文化精品来塑造,地方的知名度要靠文化精品来传播,地方的影响力要靠文化精品来推广。

关于抓精品的意义,我用这四个"必然"来体现。词典里关于"必然"词条的解释:表示事情一定是这样的,也指不以人们的意志为转移的客观世界的发展规律。所以,我们要遵循规律、顺应规律、推波助澜、推陈出新、开拓创新、开拓进取。

三、抓精品的途径

精品怎么抓? 我们要不断创新内容、形式和手段,争取达到社会效果的最大化。

(一)开办大讲堂

我们这次会议也是以会代训,我们配备了很强的专家阵容。我们今天讲课的老师都是传统表演艺术各门类中最顶尖、最权威的专家,只是时间太匆忙,各位专家没有畅所欲言。以后,我们办班还要继续。我们所有的非遗干部都应该做到一专多能,先把一个门类搞懂搞通搞透,如果一个门类搞明白了搞透了,就可以举一反三、触类旁通。隔行如隔山,但是隔行不隔理。要了解和掌握非遗的基本形态,要掌握非遗保护工作的基本规律,不能说外行话,管这个工作要说出道道,才有地位。我希望我们的局长、处长、非遗中心主任,都要成为某一门类的专家,都要成为非物质文化遗产保护的行家里手。我们既要懂全局,又要管本行,成为一专多能的干部。这样,我们才能领导这个工作,才能全方位地提高非遗项目保护传承的质量和水平。我们要加大培训工作,争取做到全员培训,逐步提高系统内干部的专业素质素养。专题培训、以会代训和自我学习提高要相结合,适当的时候把浙江文澜讲坛上每年的非遗系列讲座。以及各级各类培训班的专家讲座讲课,都放到浙江非遗网上,以共享。

(二)进行大采风

我们省里的非遗资源丰富多彩,关键是我们的干部怎么去发掘、去提炼、去加工、去深化。

首先,要进一步深入重点调查。要花功夫,把地道的民间音乐舞蹈、民间戏剧曲艺,忠实地记录下来。不少项目,普查的时候只是文本式的记录,缺乏系统的音像记录,这项工作还有强化的必要。对于传统表演艺术,做好原汁原味的原生态的原始记录,特别是用形象的直观的立体的音像的手段记录,很重要,很珍贵,这是我们今后做好开发利用的基础。

其次,要重视传统表演艺术原生态的表达。专家的许多意见,我觉得很宝贵。如果原生态的表现形态本身已经很精彩了,要尊重劳动人民创造的表现形式,不要轻易去随意去改变它、改造它,包装它,就让它原汁原味地、原原本本地呈现和表达,让它原生态地闪亮登场、精彩亮相。那些原汁原味、原生态的东西,今后将越来越难见到,我们要尽可能让它真实地、完整地留给后人、留给未来。对此,我们还是要高度重视。

再是,要注重运用传统素材或者传统表现形式,进行改编创作。我们很多非遗项目,都是很好的题材,可以变得更好看,适当加工改编就是好东西。还有许多门类和项目,包括民间文学、手工技艺、民俗等等,都可以进行艺术呈现变成舞台的精品。我们中国人最体现精神的是远古时代的那些神话传说,盘古开天、女娲补天、大禹治水、精卫填海、嫦娥奔月等等,多少浪漫,多少理想主义的色彩。这些神话传说,就是很好的题材,我们能不能把它改编成舞蹈、改变成戏曲?再比如龙泉准备把民间传说"高机与吴三春"搞成越剧或其他,我觉得这个想法很好。宁波的"十里红妆",既是传说,既是手工技艺,又是民俗事象,现在宁波推出了一台歌舞剧《十里红妆女儿梦》,现场反响很热烈,掌声很热烈。所以,非遗资源大有文章好做,可以综合利用。

现在的人大多比较浮躁,对深入采风缺乏那么一种热情、那么一种向往,那么一种发自内心和出于内在需要的渴求,很难像老一代艺术家一样全身心地投入,全方位地吸收,全力度地体验。丰厚地非遗资源,是文艺创作的源头活水,是我们获得题材素材，获得激情和灵感，获得诗情画意的源头。有大采风才有大积累，有大采风才有大飞跃。特别是歌舞团、群艺馆、文化馆的同志，只有沉下去、深入下去，吸收营养，积累素材，激发灵感，才有可能创作出雅俗共赏，为群众喜闻乐见，富有感染力的好作品。

（三）着力大锻造

好作品是改出来的，精品也是锤炼出来的。老艺术家是"面壁十年磨一戏"，比如经典剧目《十五贯》《胭脂》《五女拜寿》《孙悟空三打白骨精》，一字都不能改，编、导、演，还有音乐、舞美等各方面形成合力，千锤百炼。好作品是靠打磨出来的，靠多改、多演，千锤百炼才会成功。

我觉得大锻造主要抓两个方面：一个是抓代表作。一个曲目、一个剧种、一个舞蹈、一个歌曲，都一样，一定要抓代表作，人们也只会记住代表作。《天仙配》，就是黄梅戏的代表作，"树上的鸟儿成双对"，全国人民都会唱；《梁山伯与祝英台》，就是越剧的代表作，"我家有个小九妹"，全国人民都会唱。包括名角名家，也不见得每一个节目都很擅长，总是有一些拿手的绝活绝招，"一招鲜吃遍天"，一鸣天下。多少歌手一首歌唱红了也就出名了，也就成名成家了。那一年的"春晚"，推出了"千手观音"，全国人民都叫好，这个舞蹈节目，不仅给人视觉上和精神上的双重享受，而且给人以心灵上的强烈震撼。周总理说，"一出戏救活了一个剧种"，昆曲就是因为推出了一个《十五贯》，拯救了一个剧种。中国昆曲还上了"人类非遗代表作"，成为世界级的非遗项目，成为全人类的文化瑰宝。我们要推出一些真正意义上的保留剧目，推出有个性、能出彩的代表作，推出一些精品力作，推出一批传世之作。

第二，我觉得应该抓一些大题材。我们不能满足于小打小闹，要有雄心壮志，下决心推出一批有分量、有重量、有深度的作品。希望我们的每个门类，都能推出一两个甚至多个有一定高度、有一定厚度、有一定市场热度的作品，能够推出一批反映重大题材的作品，推出一批与我们这个时代相称，与我们文化大省软实力相称的，与我们非遗工作在全国所处的地位相称的精品力作，这应该是我们的历史使命和责任所系。

（四）搭建大舞台

非遗展示推出精品，需要载体，需要平台。社会事业领域，各有抓手。我概括为：教育靠考试、卫生靠检查，科技靠咨询，体育靠比赛，新闻靠评奖，文化靠活动，还有计划生育靠"罚款"。这一概括不一定对,但有一定道理。活动是文化的生命力所在。

推出精品,要搭建舞台,要有一个活动的平台。每年的"文化遗产日",是非遗展示的平台,全省上下甚至全国上下,形成一个体系,是一个集中展示很好的机会,普及非遗知识、增强人民群众的抢救保护意识,凝聚社会共识。像今年"文化遗产日"期间,我省整体性全方位地展示展演传统表演艺术项目,形成一个系列,形成一个气候。另外,要通过像杭州的"风雅颂"民族民间艺术展演、临安的"华夏一绝"全国民间艺术展演这样一种活动平台,促进传统表演艺术项目的交流和展示。还有一个活动的平台,可以像金华的《仙山婺水金华人》、景宁的《千年山哈》、云和《童话云和》一样,搞一台能够集中反映当地历史文化内涵、体现浓郁地域风情的歌舞,集中搬上舞台。

我们还要通过搭建舞台搭建平台,推出那些有绝技绝艺绝招的民间艺人,推出那些有表现力冲击力的草根艺人。比如前两年湖南卫视搞的《超级女声》评选,"想唱就唱"、"要唱就唱得响亮",这一平台搭得好,推出了一批有潜力、有实力的青春歌手。我们是否也可以考虑也可以策划搭建这样的平台? 比如山西的阿宝,参加了中央电视台的原生态歌手选拔赛,一鸣惊人,不用包装,不用声乐指导,平时怎么唱上台就怎么唱! 阿宝的名字叫"红"了,知名度和影响力很大,市场价值不断升高。前些年,仙居承办了全国原生态歌曲选拔赛,阿宝最早在仙居这次比赛中脱颖而出的。我们浙江这样的原生态歌手有没有? 今年"文化遗产日"在绍兴举办的浙江传统戏剧展演上,浦江乱弹剧团因为去上海世博会演出,时间刚好撞车,县里就"随便"在乡下叫了几个会唱乱弹的老人来绍兴演出,结果,有位老人一出场,扯着嗓子一声唱,就把全场震住了,满堂彩! 我们就应该把这样的民间艺人挖掘出来,推向舞台。民间有高人,乡野有奇士。广大民众中应该有许多这样的浦江老人,有许多这样的阿宝,有许多这样的超男超女。这世界上不是缺少美,而是缺少发现美的眼睛。我们每一位非遗干部都应该成为"寻宝人"。前两天,《钱江晚报》在头版头条以"世界上最纯洁的人"为题,宣传台州市群艺馆聘用的一位声乐老教师,这位老人已八十多岁,已病危。报上还配了一篇评论,说:"这样的老人,我们到今天才发现,才宣传她,是媒体的失职。"那些有潜力的原生态的歌手,我们没有发现,没有把他推出来,也是我们的失职。

(五)开出大篷车

当下的文艺创作,有一种现象,用一个顺口溜表达,就是:领导是基本观众,政府是投资主体，得奖是主要目标，仓库是最终归宿。

我们抓精品不是目的，抓精品是为了更好地服务人民。列宁有句名言：真正自由的写作，不是为饱食终日的贵妇人服务，不是为百无聊赖、胖得发愁的"一万个上层份子"服务，而是为千千万万的劳动人民服务。人民群众是文化的创造者，也应该是文化保护成果的享有者。人民需要艺术，艺术更需要人民。省文化厅艺术处组织的"钱江浪花"艺术团，经常性为基层提供订单服务，下乡巡演，已打响品牌；省群艺馆组织的"唱响文明赞歌"文化下乡艺术团，反响很好。我们厅里批准台州市文化局成立了"浙江东方民间艺术团"，设想整合全省优秀的传统表演艺术资源，经常性演出，深入基层深入群众，宣传和展示非遗保护成果。各地是否有条件有可能也组织各种类型的民间艺术展演团，下乡巡回演出。省文化厅为各地配置了文化下乡大篷车，要充分利用。我们的传统表演艺术节目，要回归群众，也要交流演出，也要上山下乡下海岛，为人民大众演出，为人民大众服务。

（六）争取大订单

艺术精品是一种特殊的商品，它的社会效益当然是放在首位的，但是，社会效益的最佳实现，离不开市场。上个月，杭州体育馆搞了三天周立波的"海派清口"专场演出，体育馆四五千个座位，就听周立波一个人侃大山，场场爆满。周立波的脱口秀表演，值得借鉴。

一是要培养明星，要打明星牌。我们要发掘培养一些民间艺术家，要注重对民间艺术家的宣传包装和宣传报道，这是带动市场的基本手段。目前，无论从发掘培养，到包装宣传，无论从推出的草根艺术家数量还是从推广力度来看，都很薄弱，都远远不够。

第二，要培育市场，争取订单。订单，是传统表演艺术发展的原始驱动力。解放以前的戏班戏院，都是私人所有，戏班在戏院唱过以后，按票房分成，没订单没票房，就没有活路。以前的民间戏班，称为草台班子，他们游走江湖演出，也就是今天说的由市场调控，由经济规律制约和推动。今天的民间剧团，如果没有订单，如果无利可图，也将是死路一条，也将没有演员愿意登台演出。即使演员在台上演的是帝王将相、演的是才子佳人，他也要有有米之炊，也要有柴米油盐，也要有生活的保障，单是靠他的精神和对戏剧对舞台的热爱是不够的，这不是长久之计。非遗项目要薪火相传，弘扬光大，一定要有市场的意识，要让演员有利可图，才能够发展。所谓精品，就是人民群众经常点播的作品。只要获奖不要市场的节目，不是精品。我们的追求应该是既要获奖，又要有市场票房。精品也只有拥有市场才能实现价值，否则不是精品，只能成为"贡品"或者是"废品"。

第三，我们要培养经纪人，培养市场经营推广人才。要有一些既有品位又有趣味，既精通大众气场又熟悉艺术市场，既会包装又会营销的市场推广人才。我们这方面工作很薄弱，甚至还没有意识到，还没有这方面的概念。我们既要自我培养一批经纪人，也要注重与演出公司、文化策划公司的合作，借船出海，借梯登高，借力发展。

四、抓精品的措施

（一）摆上位置，纳入盘子

推进文化艺术的繁荣，以优秀的作品鼓舞人，是文化工作的根本任务之一。各地要重视非遗精品培育工作，摆上更加突出的位置，纳入重要议事日程，纳入非遗保护的"十二五"规划，争取纳入文化事业发展规划，纳入公共文化服务体系，纳入文化市场、文化产业的发展规划。要规划先行，研究制定专门的非遗精品培育和打造计划。抓住当年，策划明年，构想后年，实施一批、酝酿一批、准备一批，长计划、短安排，有计划、有步骤，有重点、有序地推进和实施，一张蓝图干到底。在"十二五"期间，力求一年打基础，三年见成效，五年大变样。

（二）搭建班子，落实票子

非遗精品的培育和打造，也要项目化、工程化，要建立强有力的班子去抓好去加强。譬如长兴抓百叶龙，县委县政府建立了百叶龙艺术基地建设的领导小组，由县委副书记担任组长，由宣传部长和分管县长担任副组长，12个部门和单位为成员，在全县建立了12个百叶龙基地，1条龙变成为12条龙。后来邀请百叶龙演出的地方越来越多，供不应求，现在搞百龙计划。长兴抓百叶龙，不是部门行为，已上升为党委政府行为，形成为全社会行为。抓精品项目，要协调整合各方力量，资源共享，优势互补，互促互进，共同提高。各部门工作一起做，成绩各自报。

许多非遗项目，素材非常好，就是缺钱。精品之窑独缺一把火。资金紧张是个普遍的问题。政策支持和资金投入是必要的，特别要发挥政府公共财政的引导作用。一方面要把蛋糕做大，"十二五"的非遗专项资金要做增量，要有预算，要有安排。另一方面，好钢要用在刀刃上，集中资金支持推出几个精品。再是四两拨千斤，借鸡生蛋，依托和带动相关部门和社会力量共同参与打造精品。政府主导、社会参与，这是个原则。政府扶持的应该是具有导向意义和示范效应的优秀项目。

单靠政府投入，难以独立支撑。最近省里新建立两个非遗保护社团，一个是省非遗保护协会，一个是浙江省企业家振兴民族文化促进会，如果有好的项目，可以动员有识见、有实力的企业参与投资。

（三）尊重才子，编好本子

非遗精品的推陈出新，要吸引各方面的艺术名家参加。专家既要懂传统，又要有现代意识；不但能善于传达，还要精于表达；不但要具有品位，还要富有趣味；不但要能推出精品，也要会包装；不但要精通大众气场，还要深谙艺术市场。我们要尊重本土的艺术人才，也要有更广的胸怀，打开篱笆门，广交朋友，找上海、北京的高人指点。没有人才，我们去请，不求所有，但求所用。或者帮助我们把脉非物质文化遗产发展方向，或者直接帮助我们培育和打造精品。

非遗精品的培育和打造，要做到两个尊重：一个要尊重原创，尊重民间艺人。音舞戏曲杂等表演艺术，是先民的创造，也经过历代艺术家的不断丰富和加工提高，我们要有所敬畏，有所遵循。我们的作品要保留基因，要传承文脉，要继承传统，还要尊重风俗习惯。不能非驴非马，不能搞成土豆不像土豆，芋艿不像芋艿，不能搞成四不像。第二个是要尊重时代的发展变化。前几年，由台湾作家白先勇主持改编，由两岸艺术家共同携手打造的"青春版"昆曲《牡丹亭》，很火爆，很成功。《牡丹亭》的青春版，给昆曲这门古老的艺术以青春的喜悦和生命，这是有文脉的改良，这是继承传统基础上的创造。眼下看戏的人，白头发的多，黑头发的少。戏曲如果要振兴，传统文化要复兴，必须有可以面向青少年的作品，因为非物质文化遗产的命运最终决定于青少年是否接受，是否热爱。

（四）定好尺子，颁发牌子

文艺精品到底好在哪里，也很难有衡量的标尺。把文艺当做事业的人，群众观众就是他的标尺；把文艺当做赚钱手段的人，市场就是他的标尺；把奖牌当做升官阶梯的人，获奖就是他的标尺。

这里重点讲一下评奖问题。省里、市里甚至县里，为推动文艺繁荣，分别设置了一些奖项。总体上讲，各级通过正确的评奖，引导文艺方向、促进文艺繁荣，许多脍炙人口的精品力作在评奖过程中脱颖而出，为广大人民群众所欣赏。但也不能否认，评奖决定了利益。通过评奖，专家学者的"权威性"得以体现；获奖作品与奖金与评职称挂钩，参与人员加薪晋级；作品获高奖，对于地方文化行政部门来说，也算政绩。如此一来，各个方面，都为获奖而趋之若鹜。而实际的结果，以舞台艺术为例,不少获奖节目凯旋归来后,外请的主创人员和明星走了,舞美道具耗资巨大,获奖之后想要持续演出很难。更重要的是,奖项的认定者主要是专家学者,为艺术而艺术,专家口味第一,讲小圈子而不讲大市场,要少数人的高雅而不要大众的共鸣。这样的作品,虽然顶着大奖、高奖的光环,但并不是真正的精品。实践反复证明,以评奖为目的的创作,很难给文艺带来真正意义上的繁荣。为评奖而创作"精品",既违背评奖的初衷,更违背文艺为人民服务的宗旨。

这里要重点强调的是,评奖是手段,不是目的。我们必须认真总结经验教训,转变思想观念,端正创作目的,打破小圈子的利益链条,以人民大众的需要为出发点和落脚点。只有为群众所叫好,又能经受市场检验的,才是精品。对于真正的精品,应该重奖,不但是精神鼓励,也应该物质奖励。

五、精品要抓到什么程度

我提出六个愿景:

(一)精品迭出,精彩纷呈

要培育打造"五个一批":一是培育一批能够体现浙江特色,在全国具有一定影响力的精品;二是培育一批具有传统文化元素,又体现时代精神,反映社会生活的精品;三是培育一批既具有良好社会效应,又有市场效益的精品;四是培育一批不断涌现传统表演艺术精品项目的基地;五是培育一批不断推出精品力作的活动品牌。我们希望"音、舞、戏、曲、杂"五大件齐头并进,各个门类各呈风采,形成风格各异,形式多样,琳琅满目,赏心悦目的景象。

(二)唱响全国,走向世界

近年来,我省传统表演艺术项目,为浙江争了光,为浙江树立了形象,树立了品牌。新中国成立50周年的时候,余杭滚灯、海宁花灯、青田鱼灯这三个灯彩舞蹈在天安门展示;60周年的时候,我们浙江有更多的作品在天安门展示。2008北京奥运会,我们又有一批精品力作闪亮登场。世博会浙江周,我省举办系列的民间艺术展示活动,民间艺术广场表演绚丽多彩,民间艺术的巡游表演反响热烈,越窑青瓷瓯乐专场演出座无虚席,浙江传统手工艺展览作品供不应求。这些精品项目的展演展示,在黄浦江畔掀起了一阵狂热的浙江风。

我们也有很多节目到海外交流,长兴百叶龙在我国对外重大文化交流活动中多次精彩亮相;临安就有十多个民间艺术节目赴海外交流演出;青田鱼灯已经种文化到国外，已经在法国、意大利落地生根、开花结果。非遗项目才是地方的，地方的才是民族的，民族的才是世界的。我们要打特色牌，打造品牌，打响品牌。展示中华文化的风采、展示中华文化的魅力，展示中国人的精气神。

（三）明星闪烁，人才辈出

我们要营造一种尊重劳动、尊重知识、尊重人才、尊重创造的良好氛围，要营造一种人才辈出的环境。特别要加强领军人物，和各类高层次专门人才的培养，推出一批像景宁的蓝大妈、莲花落翁仁康等著名乡土艺人，推出一批像顾锡东、钱法成、顾颂恩等具有代表性的编剧人才，推出一批像京剧的盖叫天、昆曲的汪世渝、越剧的茅威涛等表演艺术大师，推出一批像邵小眉、张莉、崔巍这样的名编导，推出一批像昆曲《十五贯》、绍剧《三打白骨精》、婺剧《许仙与白娘子》，越剧《五女拜寿》等数十年常演不衰、百看不厌的精品力作，推出一批像景宁的严慧荣、余杭的章桂娣、象山的吴健等大活动的策划组织人才，也要推出一批像周立波、赵本山等市场策划经营人，鼓励和支持更多的优秀人才拔尖人才脱颖而出，形成一个人才的高地。

（四）票房火爆，一票难求

传统表演艺术的市场前景，还是看好的。但是要积极开拓演出市场。有一种理论说，80％的消费品实际上卖给了20％的消费者。传统表演艺术项目也一样，有特定的消费群，如果按20％算，中国人就是2.6亿，20％的浙江人差不多一千万，所以一千万人买单的表演艺术，也不是曲高和寡。二人转的火热和海派清口的火爆也说明了一些问题。实际上，像我们的绍兴莲花落、温州鼓词、金华婺剧，在当地也很火。去年，我们搞浙江传统曲艺展演，温州鼓词有一个40多岁的女传承人，自己敲锣、自己打鼓、自说自唱，现场很火爆，我了解了一下还不是省级传承人。马来法老师说，这样的传承人，温州鼓词中还有很多。应该说不少传统表演艺术项目还是很有市场潜力的。我们的小热昏、唱新闻能不能像海派清口一样发展？我们的传统舞蹈能不能改编和创作出像《千手观音》一样的精品？《仙山婺水金华人》、《千年山哈》能否弄成《宋城千古情》一样的旅游模式，常年演出，成为卖点，成为旅游卖点？有些地方传统表演艺术项目和旅游结合，参加演出的乡土艺人，忙时务农，闲时演出，半农半艺，有旅游团来了，马上演给你看，很受欢迎。所以我们的精品培育，既要叫好也要叫座，要在市场上有回报。对于演出队伍来讲，有利益才有内在的动力。这次提到文化体制改革，我觉得很重要的方面就是文化市场的培育和文化产业的发展。

(五)古为今用,推陈出新

十七大报告里强调,要与时代相适应,与现代社会相协调。党的要求,也是群众的意愿。非遗项目要永葆青春,永葆生命活力,就一定要推陈出新、吐故纳新,古为今用,与时俱进。

北京搞的女子十二乐坊,和浙江歌舞团的彩蝶女乐,都是对传统器乐演奏方式的一种颠覆,但是大受欢迎。以前的民族器乐表演,都是坐着弹奏,循规蹈矩,甚至可以说有点呆板有点枯燥。女子十二乐坊、彩蝶女乐的表演,让人耳目一新、焕然一新,一群清新亮丽的女子,身着旗袍,站成一排,很灵动很活泼的演奏,配上电声乐器,让传统变得很时尚,将音乐情绪表现得淋漓尽致。这种新潮的表演表达方式,年轻人很喜欢,老年人也不见得不喜欢。所以,对于传统文化元素的再度创作,对于继承传统基础上的新的创造,对于传统文化的当代表达,是顺势而为,是趁势而上,也是时代发展的必然。当然,对于推陈出新,也要加强文艺评论,加强文艺批评,以遵循艺术发展本来的规律,以更好地呈现传统文化经久不衰的魅力。

(六)百花齐放,万紫千红

一花独放不是春,万花齐放春满园,这个才是我们的目的。文艺本来就是个百花园,文艺的体现就是多样性和多元化。我希望"十二五"期间,全省上百个市县,上千个乡镇,都有些作为,在全省形成一地一品或一地多品的非遗精品格局,形成一个丰富多彩、形式多样、斑斓多姿、繁花似锦的新的面貌,形成百花齐放,万紫千红的繁荣兴旺景象。

胡锦涛总书记在7月份的中央政治局第22次集体学习会上强调:"要精心打造中华民族的文化品牌。"时代需要精品、人民需要精品。让我们共同努力,为推进非遗事业繁荣做出贡献,为宣传浙江、发展浙江做出贡献,为营造中华民族共有的精神家园做出贡献。

借鉴安吉模式　加快乡村非遗馆建设

安吉县打造美丽乡村,打造中国最美丽的乡村,使农村面貌发生了巨大变化。安吉每一个村都像一幅风景画,如诗如画。全县187个村,就像187幅风景画,连点成片,打造成一个环境优美、生活甜美、社会和美的美丽大乡村。安吉县美丽乡村建设,不求最大,但求最有特色,不求最富,但求最和谐。安吉经验、安吉模式、安吉现象,各新闻媒体给予重彩浓墨宣传,大张旗鼓宣传,《人民日报》在头版头条以"中国最美丽的乡村"为题,隆重推出,重点宣传报道。安吉的美丽乡村建设,打出了品牌,成为典范,成为示范。

昨天上午,与会代表参观考察了上张、中张、郎村三个村,我们看到了安吉新农村新的发展、新的气象、新的进步。美丽乡村什么样,安吉就是样本。安吉结合美丽乡村建设,一村建一个乡村非遗馆,可以说,各有特色、各有亮点、各有成效。乡村非遗馆怎么建,安吉就是示范。安吉县金凯副县长的介绍,使我们很受鼓舞,很受感动。县文化局董才宝局长的介绍,充满热情、充满感情、充满激情。安吉的经验很丰富、很丰厚、很丰满,安吉的成绩、成效、成果很突出。安吉探索建设没有围墙的非遗馆,其经验弥足珍贵,其精神难能可贵。这两天的会议,通过参观考察,看了建设成果展览,听了经验介绍,我想,大家与我一样,感受很多,体会很多,收获也很多。这次,我们虽然重点看的是乡村非遗馆建设,重点看的是乡村非遗保护,但这对我们非遗保护工作的全局具有重要的意义。

我们这次会议,既是一个现场观摩会,也是一个工作推进会。陈瑶副厅长昨天下午对推进非遗展示馆建设的重要性和紧迫性作了阐述和强调,对各地非遗馆建设的实践、方法途径和基本经验作了概括提炼和总结,对"十二五"期间加快推进我省非遗展示馆建设作了强调和要求。陈厅长提出,对此项工作要摆上位置、摆上议程,要多

2010年10月30日在浙江省非物质文化遗产展示馆建设现场会上的讲话

种类型、多种形式办馆,要因地制宜、因势利导办馆,要创新思路、创新机制办馆,要充分发挥非遗展示馆在传承传播民族文化中的独特作用,在服务社会服务人民中的重要作用。陈厅长的讲话,是下一阶段推进非遗展示馆建设的重要指针,各地要认真研究和加以落实。

我就学习和推广安吉建立乡村非遗展示馆的经验模式,讲三点意见。

一、安吉模式的特点

安吉乡村非遗馆建设,它的根本特点,体现在它办馆的科学理念上。我概括为六个理念,这是安吉乡村非遗馆建设的指针,也是基本特点。

(一)与"美丽乡村"结合的理念

党的十六届五中全会提出了建设"生产发展、生活宽裕、乡风文明、村容整洁、管理民主"的社会主义新农村的目标。围绕这一目标,安吉提出建设"中国美丽乡村"概念,尊重自然美、侧重现代美、注重个性美、构建整体美,"四美"构成"美丽乡村"的概念。《人民日报》曾头版头条给予报道和宣传。安吉"美丽乡村",是对新农村建设的生动实践,成为利民惠民的德政工程,成为浙江新农村建设的品牌。

安吉县文化部门主动有为,围绕新农村和美丽乡村建设这一中心工作,抓住机遇,乘势而上,积极会同各乡镇,从当地实际出发,布局乡村非遗馆建设,保护开发历史人文资源,展现古镇古村风貌,丰富美丽乡村创建的内涵,体现当地美丽乡村创建的特色,促进乡风文明建设,丰富群众精神文化生活。我们的工作,只有围绕中心,服务大局,借鸡生蛋,借题发挥,借梯登高,才更有作为,才有地位!

(二)亲近自然的理念

孔子说:"仁者乐山,智者乐水。"实际上,不单是仁者、智者,只要是地球人,都有亲近山水的天性,亲近自然的天性。随着城市化、现代化、工业化的推进,高楼大厦、车水马龙、人潮如海、川流不息、浑浊的空气、快节奏的生活,我们总是活得很焦虑,活得那样匆忙,顾不上看看天空和土地。我们改革开放30年的历程,跨越式发展,走过了"人家"二三百年的历程。我们走得太快了,灵魂跟不上了,魂不附体,需要找回心灵的归宿,精神的家园,需要回归大自然。人离开了自然,又需要返回自然,在这个地球村上"诗意地栖居",感悟身心的统一。

安吉乡村非遗馆建设,是一种将民族传统文化与其所在的自然生态资源进行统一保护的新型文化遗产保护模式。把非遗馆办在大自然,让非遗馆融入大自然。

安吉的多数乡村非遗馆，以特定自然环境下的"活态"文化为展示内容，让群众和游客"走进天然氧吧"，感受"原生的自然生态、原貌的历史遗存、原味的民族文化"。安吉的乡村非遗馆，是没有围墙的开放式的生态型的非遗馆。

（三）办在家门口的理念

公共文化服务设施建设，强调"四性"，"公益性、基本性、均等性和便利性"的原则；强调"三贴近"，贴近基层、贴近群众、贴近生活；强调"就近、经常和有选择"。近年来，我省大力推进乡镇综合文化站建设，突出抓好公共文化服务进村入户工程，大力推进广播电视村村通、文化信息资源共享工程建设，大力推进农家书屋和农村电影放映等文化惠民工程建设。让人民群众在家门口就能看电视、听广播，读书看报，参加公共文化活动。

"十一五"期间，我们在继续大力推进"文化先进县"、"东海明珠乡镇"建设的基础上，着力推进村级文化中心建设，提出村级文化场所基本全覆盖的目标。所谓"基本全覆盖"，就是85％以上。"十二五"期间，应该将乡村非遗馆建设纳入公共文化服务体系。乡镇非遗馆建设，应当因地制宜、因势利导，不拘一格、不拘形式，放低门槛、拉近距离，建在田间地头、办在家门口。争取"十二五"期间，有三分之一的乡村建起非遗展示场所，争取通过乡村非遗馆，让更多的老百姓亲近传统文化，提高文明素养。使非遗馆成为当地中小学生的第二课堂，成为村民家门口的社科学堂，成为外来游客农家乐体验馆。

（四）"一村一品"的理念

"一村一品"的概念，是对以村为基本单元的农业和农村经济专业化、规模化发展模式的一种表述。就是选准"一村一品"的主导产品，培育"一村一品"的主导产业，打造"一村一品"的产业集群。不同的地域风貌，不同的历史条件，不同的发展水平，造就各乡各村各有特点，各具风情。要认清自身的优势，发挥自己的比较优势，要把"优势"变为"特色"，变成品牌。

安吉县大力推进"一村一品"，原则上每村建一个乡村非遗馆。目前，全县已建成乡村非遗馆18个，今年在建的17个。竹文化、茶文化、书画文化、皮影文化、扇子文化、龙文化、孝文化、桥文化、畲族文化、山民文化、中医文化等，借题发挥，小题大做，在"做特"上做文章，在"做巧"上动脑筋，在"做精"上下功夫。各非遗馆各具风情，个性鲜明。安吉乡村非遗馆，错位发展，差异竞争，五花八门，眼花缭乱，已经形成星罗棋布的态势，形成规模效应，形成品牌效应。

(五)活态展示的理念

非遗馆的展示，要动静结合。静态展示，是常态性，是日常性的。动态的含义，是不断要有活动，要有声响，要有亮点。非遗馆的展示，要见物，更要见人，还要见精神。这是非遗的特性所决定的，这也是非遗馆与文物馆的本质区别。比如，溪龙乡白茶文化展示馆，除了实物展、图片展，还有炒茶表演，还有茶艺表演，还有当地的民间艺术表演。比如，郎村畲族文化展示，除了恢复了廊桥，恢复了古街，还有畲歌对唱，有婚俗表演，有祭祀仪式，还有传统饮食，等等。这是一个没有围墙的畲族文化展示馆，或者说畲族文化生态园。比如，上张村山民文化展示馆，有磨豆腐，有夯年糕，有酿酒，群众和游客可以互动参与，可以休闲体验。通过非物质文化遗产馆的活态传承、活态展示，推动非物质文化遗产融入社会、融入群众、融入生活。

(六)与旅游融合发展的理念

文化是旅游的灵魂，旅游是文化的载体。文化与旅游融合，1＋1＞2。安吉从实际出发，把乡村非遗展示馆串联起来，并重点开发"江南第一驿站"、鄣郡风情历史园、"昌硕故里"等历史文化旅游项目，打造非遗旅游精品线路。围绕线路推精品，围绕线路树品牌，围绕线路抓宣传，围绕线路强服务。安吉县各个乡镇都有文化节庆活动，与当地的人文特色结合，有主题的开展。"白茶节"、"手工造纸文化节"、"畲乡丰收节"、"龙舞文化节"等等，"一地一节"与"一村一韵"呼应，提高了美丽乡村的知名度和美誉度。同时，安吉注重传统手工技艺的发掘，开拓旅游产品。比如竹文化产业现在发展的势头很好，市场也很好。安吉将乡村非遗展示馆与旅游景区实行一票制联营，让游客欣赏优美的风景后，再品味地方特色文化，达到双赢的效果。

二、安吉模式的基本经验

(一)坚持重在建设不动摇

非物质文化也需要物质来支撑，无形文化也需要有形文化来依托。大量的非物质文化遗产实物资料，需要有物质载体也就是非物质文化遗产馆作为载体。丰富多彩、形式多样的非物质文化遗产形态，需要有平台来展示。非物质文化遗产馆建设，也是非物质文化遗产事业发展的重要标志。非遗保护是一项长期性的工作，要加强基础设施建设，也要重在建设，全面建设，全社会建设。虚功要实做，软件要硬抓。设施，是事业的主架，不管东西南北风，要抓好设施不放松。通过搭建一个平台，塑造一个载体，开辟一处场所，让群众享有参与文化活动的空间。通过营造良好的文化环境,让群众参与和体验,共享非遗保护成果,这是当前非物质文化遗产工作的一项重要任务。

(二)坚持试点先行不失误

安吉县在实施乡村非遗馆建设布局中,首先着力抓试点,抓示范村。各试点村从实际出发,找准各自的工作着力点,突出文化主题,发掘文化内涵,发挥优势,彰显特色,创新载体,创新方式方法,力求实效。在此基础上,及时总结好经验、好做法,以点带面、典型示范。做给农民看、带着农民干、帮助农民建。力争建设一个,成功一个,带动一批,辐射一片。农民是讲实际、看实效的,榜样的力量是无穷的。通过抓示范点,和发挥典型的表率作用,形成四处点火,四面开花的发展态势。以点带面、推动全盘,推动工作整体提升,这是实践证明行之有效的工作方法。这种工作方法值得提倡。

(三)坚持真抓实干不作秀

为政之道,贵在实干。空谈误国,实干兴邦。真抓实干,就是真心实意地抓,实实在在地干。浙江非遗工作走在全国前列,是靠干出来的。安吉美丽乡村建设走在浙江前列,走在全国前列,同样是靠干出来的。有些地方是做事讲在嘴上,写在纸上,贴在墙上,就是没有落实在行动上。有些地方,做事先热后冷,雷声大、雨点小,紧一阵、松一阵。而我们的安吉县抓乡村非遗馆建设,长计划短安排,有计划有步骤,有重点有序地推进。安吉非遗馆建设的突出成效,我们看到的这些成绩,我们看到的这些变化,充分体现了安吉县文化部门高度的责任心、事业心和端正的指导思想,体现安吉同志们的实干精神和过硬的作风,体现了持之以恒的工作态度。

有位伟人说,一打纲领不如一个实际行动。说一百句话,不如干成一两件实事有说服力。不干事业一点马列主义也没有。

(四)坚持齐抓共管不放手

安吉采取了一系列行之有效的办法和措施,多渠道筹措经费,解决了乡村非遗馆建设资金不足这一最大的难题。一是争取本级政府加大对非遗馆建设的投入力度。2009 年,对通过县级验收的新建的 12 个乡村非遗展示馆,县财政安排专项资金 200 万元,最低的补助 5 万,多的补助 15 万。二是相关规费尽可能减免。乡村非遗馆建设,是公共事业、公益事业。县级政府有权限减免的税费,一律给予最大程度的减免。三是积极争取省、市有关部门的扶持。譬如,章村畲族文化展示馆,就争取了省民宗委、湖州市统战部的经费支持。四是落实县有关部门帮扶责任。2009 年,全县共有 51 家有关部门与乡镇、行政村完成结对共建工作,共投入对口补助资金 1000 万元。五是积极吸引民营企业参与地域文化展示馆建设。据介绍，天荒坪竹海影视文化区、迁迢书画文化村、根艺展示馆、白茶会馆等项目建设中，引进社会资本超过一个亿。六是在确保非遗馆公益性职能充分发挥的前提下，发展非遗产业项目，既弥补了政府投入的不足，又增添了非遗馆的发展活力。

（五）坚持督导检查不含糊

安吉乡村非遗馆建设推进速度迅猛，很重要的一条经验，就是将此项工作纳入当地党委政府年度"美丽乡村"工作考核的总盘子，列入党政主要领导政绩考核的重要内容。创建非遗展示馆，关键是领导、核心在落实。由于强化了政绩考核"指挥棒"的正确导向，全县各乡镇、各部门在认识上、行动上、要求上，与县委、县政府的部署保持高度统一，切实按照"美丽乡村"的总体规划和非遗展示馆的建设计划，目标任务层层分解，一级抓一级，一级促一级，确保各项措施的落实，确保如期完成乡村非遗馆建设各项创建指标。在乡村非遗馆建设项目检查验收上，坚持进度服从质量，以质量优为前提，规定要求达标准，自选动作有特色。不符合要求的，提出改进指导意见，确保取得实效。

（六）坚持农民主体不走调

安吉乡村非遗馆建设，既体现了政府主导和引导，更体现了民众的主体作用。安吉县在"美丽乡村"建设和推进非物质文化遗产馆建设的始终，切实转变政府包揽包办和群众"等、靠、要"的观念，正确引导群众处理好外部扶持与自力更生的关系，充分尊重乡村两级的主体地位，充分尊重群众的首创精神，使广大农民群众真正认识到自己是乡村非遗馆建设的决策者、参与者、监督者和受益者，增强了建设乡村非遗馆的积极性和主动性，各乡各村克服依赖思想，在"美丽乡村"建设进程中，倡导自己的事情自己干，自己的家业自己建，用自己的双手建设美丽家园，掀起了加快非物质文化遗产馆建设的热潮。我们干任何事情，只要尊重了群众意愿，只要群众拥护，我们就能把事情办成，可以说，这是一条真理。

三、关于安吉模式的推广

（一）调查研究，分析形势

当前，非物质文化遗产工作，一方面形势大好，一方面形势依然很严峻。不少地方的党委政府对非物质文化遗产保护重要性的认知认识越来越高，采取有力和有效的措施，大力推进和促进非遗工作，增强文化软实力，增添文化魅力，增强文化生机活力,提高地方文化影响力。但同时,也有不少地方,片面强调经济发展,强调GDP 的增长,片面理解新农村建设,依然在大拆大建,破旧立新,把具有重要价值的文化遗迹、遗存,摧枯拉朽一扫光。非物质文化遗产所依附的文化生态受到严重破坏,大量具有历史文化价值的实物资料不断流失,不少非物质文化遗产项目岌岌可危。一定意义上说,我们要与推土机抢地盘,要与时间赛跑,要与有些不具有科学发展观理念的领导作斗争。

非物质文化遗产工作在我国起步不久,乡村非遗馆建设更是一个新生事物,面临许多新情况、新问题。这需要我们深入实际,有针对性地开展调查研究,认真研究本地资源和区域特色,摸清真实情况,广泛听取基层和农民群众的意见和建议,掌握发展形势、趋势和态势,与当地城乡建设规划相衔接,梳理思路,明确目标,明晰步骤。文化部门脑子要清醒,要积极当好参谋,要变被动为主动,要积极主动有作为。

(二)统筹规划,分步实施

规划是纲,纲举目张。"十一五"期间,我省非遗工作为什么取得这么大成绩,很重要的一条,就在于我们制订了"十一五"非遗保护规划。各地要结合"十二五"文化事业发展规划和非物质文化遗产事业发展规划的制订,抓紧专题编制乡村非物质文化遗产馆建设规划。我们这个规划,一要体现前瞻性,要考虑长远,要对接文化遗产保护形势,对接文化发展趋势,要融入新农村建设整体格局。二要体现整体性,通体构思,系统设计,有条件的地方要尽量做到全域、全程、全覆盖。三要体现操作性,要明确分阶段的发展重点和目标,以重点区域、重点工作的突破,推动面上工作的开展,带动整体水平的提升。四要体现科学性,不能搞强迫命令,不能任务观点,不能搞形式主义,而是要尊重历史文脉,要尊重群众的意愿,要经得起历史的检验,经得起民众的检验。

(三)因地制宜,分类指导

在新形势下推进乡村非遗馆建设,有很多问题需要在实践中寻找解决办法。要及时总结推广基层的好经验、好做法,把握政策导向,不断增强工作指导的针对性和实效性。

各地地域不同,自然条件、资源禀赋各不相同,经济发展条件不同,乡村之间发展的差异也较大。各地在乡村非遗馆建设中,要坚持以宣传引导为主、以政策激励为主、以典型带动为主的"三为主"原则,一切从实际出发,充分尊重农民的自主权和选择权,尊重农民意愿。非遗馆建设的内涵、模式、特点,可各不相同。要从实际出发,要体现地域特色和文化特色,充分发挥自身优势,扬长避短,宜大则大,宜小则小,实行差别化发展。要针对不同地区、不同情况、不同条件,提出不同的要求,形成各具特色的发展模式。不搞一刀切,不强求一律,不急于求成,不以行政指令强行推进。

(四)强化责任,分工合作

各地要在党委政府的领导下,把推进乡村非遗馆建设纳入当地新农村建设和美丽乡村建设的重要内容。要进一步整合文化部门各种要素和资源,加大对乡村非遗馆建设的支持力度。作为非遗保护的主管部门,推进乡镇非遗馆建设,我们责无旁贷。

但乡村非遗馆建设的责任主体,我认为应该是乡镇和行政村。责任主体一定要明确,要一事一主体,落实到实施主体。一个"和尚"挑水吃,两个"和尚"抬水吃,三个"和尚"没水吃,板子要打在一个"和尚"身上才能打得准。要积极争取相关部门的大力支持。安吉县级机关挂钩联系各相关乡镇,按照分工,充分发挥职能作用,加强具体业务指导,给予必要的技术、财力、物力支持,营造了各界各方共同参与创建的良好氛围。乡村非遗馆建设,要体现齐抓共管,社会事业社会办,各个部门工作一起做,成绩各自报。安吉建设乡村非遗馆的一条重要经验,就是从部门行为转化为党委政府的行为,转化为全社会的行为。

(五)创新机制,分别探索

创新是不变的主题。我们不断面临新的领域,我们的工作不断深入深化,由于走在前列,我们遇到了许多发展中的问题,遇到了许多兄弟省份还没有遇到的问题。我们必须继续解放思想,大胆探索,努力创新,勇于实践。解放思想,黄金万两!观念一变,柳暗花明!思路一新,海阔天空!脑筋急转弯,豁然开朗!如果我们没有好的观念、没有好的思路,没有好的举措,我们就可能原地踏步,就可能是山河依旧,我们将依然演绎"昨天的故事"。无论是推进乡村非遗馆建设,还是推进整个非遗事业发展,都需要创新机制,不断探索。只要思想不滑坡,办法总比困难多。各地既要相互学习借鉴好的经验,更要独立自主创造性地开展工作,切实做到少花钱,办实事、办好事、办大事。

(六)发挥作用,分享成果

保护为了人民,保护依靠人民,保护成果让人民共享。这是非遗保护工作的一项重要原则。推进非遗展示馆建设不是一种时尚,不是一种新闻炒作,而是非遗事业可持续发展模式的一种具体实践,是一项与群众利益息息相关、与百姓生活密切相连的民心工程。我们要以非遗展示馆建设的新成效,使更多的创建成果惠及于民、造福百姓。

安吉县从自身实际出发,在新农村建设中,率先走出了一条传统文化保护与现代文明相结合,美丽乡村建设和生态文明建设互利共赢的新路子,这是一条蕴含了可持续发展理念的好路子。安吉的宝贵经验,值得我们认真学习和借鉴,值得大力宣传和推广。在全省乡村非遗馆建设的推进中,在全省非遗保护事业的深入推进中,也有待于各地继续作出探索和创造,有待于大家解放思想、创新实践。我们已经做了大量的工作,还有大量的工作等待着我们。让我们继续努力,再接再厉,再立新功,再创佳绩!

新时期民俗文化的复兴与繁荣

　　这次会议叫座谈会，不是叫工作会议，在于当前民俗文化的保护，既是个实践问题，更是个理论问题。民俗文化包容性比较大，保护什么，怎么保护，如何甄别优秀传统文化与封建迷信糟粕，这项工作如何推进，保护与开发的关系等问题，需要在理论上进一步探讨和明晰，需要多方听取意见，需要探索和探寻规律。我们要以科学理性的态度认识和认知民俗文化，善待和珍视民俗文化。

　　这次会议，依照近年来我们"老"的套路，经验交流、理论研讨、专家讲座、实地考察、工作部署"五合一"。这次会议，会期两天，时间不长，但内容丰富，形式多样。东道主缙云县非遗工作扎扎实实，民俗活动红红火火，传承传播有声有色，给我们留下了美好和深刻的印象。各地坚持保护传承与合理利用并举，促进民俗文化恢复和弘扬的做法，值得相互借鉴。大家结合保护工作的实践，特别是针对一些疑难和热点问题进行的研究和探讨，十分有益。陈瑶厅长在会上作专题讲话，对推进民俗文化保护传承的意义作了强调，对各地大力恢复民俗传统的经验作了总结，对存在的问题作了分析，做加强工作措施，发挥传统节日的积极作用，提出了重要指导意见。重建传统节日文化和民俗文化，既是当务之急，更是需要我们做长期的探索和努力。

　　这次会议，我们还特意安排了四位很有分量的专家作指导讲座。我的概括：祁庆富教授是"高人"，他是国家非遗保护专家委员会民俗组的组长，站得高、看得远，针对浙江民俗文化保护传承发表了高见，传授了高招。童芍素教授是"真人"，她是真性情、真学问，提出的真知灼见让我们深受启发。陈华文教授是"学人"，他是学院派，从学术层面为民俗文化保护进一步梳理思路，提出指导。吴露生研究员是"达人"，声情并茂，生动演绎，在讲演中还秀了一下表演，典型的达人秀！这四位老

2011 年 8 月 5 日在浙江省民俗文化保护传承工作座谈会上的讲话

师的讲课,对于我们提升理论素养、增加知识积累、推进科学保护很有启发,很有帮助,为我们指点迷津,指明了方向。那么,我王某人呢?是"非人",非遗人。我从实际工作者的角度,对于民俗文化的保护传承,特别是传统节日的保护传承,谈几点意见。

一、为什么保护

(一)传统节日是民族精神的播种机

传统节日,包括清明、端午、重阳等传统节日,往往都有朝圣和祭祀的对象。我省清明节,绍兴有祭大禹,杭州有祭岳飞、钱王;端午节,嘉兴祭伍子胥,上虞祭曹娥;重阳节,缙云祭轩辕氏,永康祭胡公。我们历朝历代、列祖列宗所推崇所敬仰所祭奠的传说人物、历史人物、英雄人物,或者是中华民族的先祖,或者是抵御外族侵略的英雄,或者是救民于苦难的圣人,或者是舍生取义的壮士,这些先辈都是民族的脊梁。鲁迅先生曾说过:"我们从古以来,就有埋头苦干的人,有拼命硬干的人,有为民请命的人,有舍身求法的人……这就是中国的脊梁。"民族传统节日,以及各种祭祀、庙会等活动,都具有教育教化的意义和作用。

今年元宵节,我参加了杭州钱王祭祀典礼,场面很隆重,其中还有专门宣诵《钱王祖训》的程序。钱王对钱氏家族有训诫,要求钱氏家族后人:做人要有道德,对于家庭要有责任,对于社会要有贡献,对于国家要有担当。钱氏家族不得了,了不得,人才辈出,层出不穷。科学家"三钱",钱学森、钱三强、钱伟长,如雷贯耳;文学家"三钱",钱钟书、钱玄同、钱穆,鼎鼎大名;还有副总理兼外交部长钱其琛,诺贝尔奖得主钱永健等等。这一家族对国家、民族的贡献何其大焉!钱氏家族的家国情怀,是与家族祖训的规范和熏陶、教化分不开的。钱王祭祀活动,不但是对钱王后裔后辈后人的教育和训诫,也是对参加祭典活动的所有人的感染熏陶和影响。

传统节日,凝结着民族精神和民族情感,承载着民族的文化血脉和思想精华,体现着民族精神和民族气节。节日的作用常常是一种提醒,让我们在无谓的忙碌中不要忘了生命中还有一些更重要的东西。倘若忘却了这些节日,就是忘记了民族的荣辱和尊严,忘记了老祖宗的优良传统,忘记了生命的"根"和"本"。传统节日,它的核心价值,需要大力弘扬,它的核心意义,需要特别强调。

(二)传统节日是伦理道德的奠基石

有两个老太说的话令人深思。

有个丽江老太说,人生的终点都是一样的,都是走向死亡,你走得这么快干什么?中国发展得太快了,人在前面快步走,灵魂还落在后面跟不上,这叫做魂不附体。半个月前,温州7.23动车事故发生后,我在报上看到有首诗歌:"中国,请停下你飞奔的脚步,等一等你的人民,等一等你的灵魂,等一等你的道德,等一等你的良知!不要让列车脱轨,不要让桥梁坍塌,不要让道路成陷阱,不要让房屋成危楼。慢点走,让每一个生命都有自由和尊严,每一个人都能够顺利平安地抵达终点。"现在大的工程项目建设,都叫喊,大干多少天,向什么什么献礼。结果大坝、大桥、大楼,成了豆腐渣工程。施工单位不顾工程质量,既有好大喜功、急功近利的成分,也是不顾人民群众生命财产安全的表现。归根结底,是道德良知缺失的问题。

还有个萧山老太说,杭州人身体真不错,这么毒的菜吃下去,一点事情都没有!中国的食品安全出了大问题。前段时间有个段子,说中国人早上喝着三聚氰胺的牛奶,中午涮着苏丹红的火锅,晚饭吃着地沟油烹饪的大餐,进了医院,再喝用硫黄熏蒸的中药。以前有人说,一杯牛奶强壮一个民族。结果,外国人喝牛奶长得更结实了,而中国人喝牛奶生了结石了。食品安全,关系到国家的长治久安,关系到民族的生死存亡。归根结底,食品安全的问题,也是个道德良知缺失的问题。

在传统中国,往往在传统节庆,要演上几台戏,虽然演的是帝王将相、才子佳人,"三五步走遍天下、六七人百万雄兵","才子佳人后花园、落难公子考状元",但是,"舞台小天地,天地大舞台",其中蕴含的忠孝节义、礼义廉耻等价值观,对于人民的道德规范和塑造教化意义很大。还有乡规民约的力量,生活习惯习俗的影响,都对人民伦理道德的塑造和坚守,起着潜移默化、润物无声的教化作用。

(三)传统节日是非遗项目的蓄水池

专家说,物质遗产是鱼干,非物质遗产是活鱼。如果以养鱼为比喻,最初级的是玻璃缸养鱼,只让它在一个狭小空间里生存和活动,供人观赏;中等境界是池塘养鱼,鱼儿有一个相对自由的活动范围,而且鱼的种类相对比较丰富;最高境界是江河湖海养鱼,千姿百态,任其自生自长,海阔天空,任其畅游。我觉得,传统节日相当于池塘养鱼,给非遗项目搭建了一个集中呈现和充分展示的舞台。当然,最好的形态是建立文化生态保护区,生态区是江河湖海养鱼,具有文化形态的包容性,具有文化形态的多样性。天高任鸟飞,海阔凭鱼跃。

(四)传统节日是旅游体验的快活林

蔡武部长说:以文化提升旅游,以旅游传播文化。文化是旅游的灵魂,旅游是文化的载体,一个是魂,一个是体,旅游离开文化,文化离开旅游,那就是魂不附体。有人说,旅游就是从自己过腻的地方到人家过腻的地方去体验。游客不单要游览自然山水山河形胜山川河流,也要考察人文古迹历史遗迹,更想要体验风土人情风俗事象。所谓入乡问俗入乡随俗。这次会议专门安排考察缙云的"张山寨七七会",附近村庄的表演队伍云集,献上绝活绝技,竞相献艺,场面很热烈,真正称得上丰富多彩,形式多样,斑斓多姿,姹紫嫣红。据当地村民说,每年的"张山寨七七会",一般长达三天三夜,七夕当天更是高潮迭起。传统节日,是当地人民的狂欢,也是游客体验民俗文化的窗口。通过旅游,让更多的人了解传统文化、认同传统文化、感受传统文化,热爱传统文化。

(五)传统节日是商品交易的黄金周

每逢传统节日,城市商场大做文章,买一送一,买五百送两百五,限时抢购,把人家忽悠得钱包掏空,商场赚得千金万银。农村的传统节日,赶庙会赶集市,商贾小贩云集,四邻八乡云集。譬如,清明期间的南浔轧蚕花、桐乡蚕花水会、德清的扫蚕花地,人潮如海,水泄不通,川流不息,万人空巷。摆摊的叫卖的、杂耍的变戏法的,五彩缤纷,争奇斗艳。吃喝穿戴,应有尽有;日杂百货,一应俱全;瓜果蔬菜,品种繁多;手工产品,任你挑选。叫卖声、吆喝声,此起彼伏,热闹非凡。传统节日,促进了商品流通,促进了市场繁荣,关乎民生,关系重大。

(六)传统节日是社会和谐的调节器

中国人依照自然节律生产劳动和居家生活,春种夏锄,秋收冬藏。一年四季,春夏秋冬,十二个月,廿四个节气。中国人季季有节日,月月有节日。这是"天人合一"世界观的具体体现,是国人人际沟通的有效平台,是民族情感的支撑载体,也是增强民族凝聚力、向心力的根本途径。

昨天是七月七,七夕夜是牛郎织女的鹊桥会,是中国的情人节。我们在缙云观摩了张山寨七七会。上个星期,我在云南参加全国会议,听说云南一年有三个情人节,有两个是面向未婚青年的,譬如每年农历 4 月 15 日的"蝴蝶会",阿鹏、金花赶往"蝴蝶泉"相会,对歌相亲约会,寻找意中人。白族青年男女不讲门第,不讲财富,只讲一见钟情,只讲歌声动听。汉民族男女找对象,没有少数民族单纯,有些女孩"宁愿坐在宝马车上哭,不愿坐在自行车上笑"。在《非诚勿扰》、《相亲才会赢》、《爱情连连看》上找对象,更多的是看人家的条件,真有爱情么?云南白族还有一个情人节叫"绕三灵",是面向已婚男女的。这个"绕三灵"有点意思,有着别样的浪漫。农历四月的某三天,已婚的男女可以找情人,这是被当地白族风俗所允许的。白族人民很和谐。

我们讲的和谐社会,包括人与人的和谐,人与社会的和谐,还有人与自然的和谐。传统节日是人的精神生活的需要,是人全面发展的需要,也是社会和谐的需要。中国人历来讲家国天下,传统节日关乎血缘姻缘,也关乎地缘人缘。春节团聚,中秋团圆,不仅是中国人的节日和欢聚,关乎两岸同胞,也关乎五湖四海的海外侨胞。中国的传统节日,特别是春节,甚至可能为推动和谐世界发挥积极的重要的作用。

综合上述六个方面,民俗文化的保护传承,有着重要的意义。

二、保护什么

(一)精神图腾

重建传统节庆,不能仅仅是热闹,不能仅仅热衷于表面形式,不能仅仅为了制造卖点,也不能一味为了追求政绩。而是要挖掘传统节日的文化内涵和精神内核,注重优秀传统文化思想价值的阐发,要体现核心价值观,体现积极向上的伦理道德观。让人民群众通过参加和体验传统节庆活动,使思想灵魂升华,使内心世界更加充实和丰盈,使精神面貌更加昂扬向上。

许多传统节庆,经久不衰,历久弥新,在于有一种精髓精神在里边。大禹治水"三过家门而不入";孔子的"三军可夺帅,匹夫不可夺其志也";诸葛亮的"鞠躬尽瘁、死而后已";岳飞的"文官不爱财,武官不惜死"等等,都闪耀着民族精神的光芒。大禹祭典、南宗祭孔、兰溪武侯祭典、岳庙祭祀,都体现了人民对民族英雄对历代圣贤的缅怀和追忆。追终慎远,缅怀先人,参加民俗节庆或祭祀活动,是对先人的精神敬仰,是对共同价值观的认同。

一个哲学家说的好:一个没有英雄的民族是悲哀的,一个有英雄不知道珍惜的民族是愚蠢的。忘记历史意味着背叛。我们保护民俗文化,应该注重挖掘传统节庆的精神本质,并大力发扬和弘扬。

(二)民族基因

国学大师冯友兰说,"并世列强,虽新而无古;希腊罗马,有古而无今……惟我国家,亘古亘今"。冯友兰的意思很明白,在世界几大古文明中,唯有中华文明没有中断。中华五千年文明,甚至可以追溯到上万年、十万年。但是我们回过头来看看,中华历史的遗存遗迹遗址,今天还能看到多少? 中华历史文脉,传承到今天依然兴旺的还有多少? 有一个说法,到日本看盛唐,到韩国看大明,而在中国连大清都已经看不到了。民族文化基因的修复，应该摆上重要位置。

温家宝总理有三句话很经典，他说：非物质文化遗产是民族文化的精华，民族智慧的象征，民族精神的结晶。我狗续貂尾，补充三句话：非物质文化遗产是民族基因的宝库，是民族身份的标志，是民族历史的见证。印第安人说上帝造人，中国人说女娲造人，这都说的是种族基因、生命基因，还有一个精神文化层面的基因，各民族有各民族的文化基因。所谓一方水土养一方人。也有人说，现在的不少年轻人，其实是个香蕉，外面是黄的，里面是白的。这个问题，关系到国家文化安全，关系到国家和民族的未来。

有人说，一个国家没有经济实力、军事实力，一打就垮；没有文化实力，不打自垮！也有人说，当一个民族的文化存在，这个民族就存在着。文化活着，一个国家就活着。我们期待人类文明在多元共生中平等对话，但拒绝被文化霸权同化。保护我们的传统节日，保护非物质文化遗产，一定意义上说，是打一场中华民族文化基因的保卫战。

（三）节俗特征

每个传统节日，都有特定的主题文化。譬如春节，要突出辞旧迎新、团圆团聚的主题，突出阖家平安、欢乐祥和的氛围。清明节，既有悲伤，又有欢乐，既是祭祀性的节日，又是娱乐化的节日，既要突出追终慎远的主题，也可以体现踏青郊游的欢乐。端午节，要突出怀念先贤和人与自然和谐的主题。中秋节，要突出月圆中秋，和谐中华的主题。重阳节，要突出敬老孝亲和登高望远的主题。传统节日的保护传承，要围绕节日的主题，突出传统节日的文化内涵，充分展现民族优秀传统文化。

（四）地域特色

民俗是一个地域性的文化现象。浙江地理风貌丰富，有山区、有海岛、有水乡平原、有丘陵。所谓十里不同风，百里不同俗，所谓一方水土一方文化。同样是七夕，各地各有体现：缙云张山寨七七会、洞头七夕节、萧山祭星乞巧、武义接仙女、东阳东白山七月七，还有温岭小人节，各式各样，各呈风采。民俗节庆的发掘和弘扬，要注意保持和保护地域的个性特点，发挥独特优势，彰显人文魅力，打造特色品牌。区域区位不一样，地理地貌不一样，民俗风情的表达和演绎不一样。

（五）多样形态

传统节日，是文化多样性的鲜明体现，是文明多样性特征的生动体现。所谓民俗是个筐，什么都可以往里面装。传统节日，往往是非物质文化遗产集中展示的平台。传统节日中,有故事有传说,有传统表演艺术,有传统工艺品销售,有传统饮食叫卖,有生活习俗等等。有核心的,也有延伸拓展。有本土的,也有外来的。有文化表现形式,也有传统生产生活方式。既要唱响主旋律,也要提倡多样化。传统节日抓好了,非遗就活了。保护传统节日,就是保护各地绚丽多姿的传统文化,也是维护世界文化多样性的体现。

(六)历史文脉

传统节日是历经数百年、上千年,一个民族不断积累,约定俗成的生活的高潮。毫无疑问,我们今天的生活和两千年前大不一样了。但是,节日却维系着我们和祖先之间的某种联系:两千年前人们已经在某一天放鞭炮了,我们今天也放;两千年前人们在某一天吃粽子,我们今天还吃。有一种东西叫"传统",有一种精神叫"传承"。从这个意义上说,节日就像是时间隧道,联通着古今,联通着过去、现在和未来。

但是我们要清醒地看到,随着城市化、现代化、工业化的推进,许多非遗项目或被过度开发,或被铲除了文化土壤,或随着传人的离去人亡艺绝。有专家说,每一分钟都有一个民间艺人去世,每一分钟都有一个民间艺术品种消亡。有专家说,半个世纪以来,已经有上百个传统地方戏剧品种消亡了,有半数的传统手工艺濒危或消失了。我们要与时间赛跑,要以强烈的使命感和紧迫感,大力促进历史文脉的保护传承发展。

(七)物质载体

老祖宗留下来的,一部分是物质遗产,一部分是非物质遗产。两者是有区别的,物质遗产是东西,非物质遗产不是东西。物质遗产是遗址遗迹遗存遗物,是古董古玩古物,非物质遗产是技艺技能技术,是传统文化表现形式,是传统生产生活方式。但物质遗产与非物质遗产,不是相互割裂的,而是一个事物的两个方面,物质遗产里面有非物质形态,非物质遗产也要有物质依托。民俗文化的保护传承,要注重属于非物质文化遗产组成部分的相关实物和场所的保护,要注重非物质文化遗产所依托和依附的名镇古村和老街古巷的保护,要注重对于非物质文化遗产相关联的文化空间的保护,要注重对于相关区域自然和社会环境的整体性保护。

(八)自然生态

非物质文化遗产是农耕文化的产物,也是人与自然和谐相处的产物,如果自然生态彻底改变了,皮之不存,毛将焉附。要保护好民俗文化,当然还要注重保护文化生态环境,还要保护好自然生态环境。譬如沿海地区的妈祖信仰,离不开大海,离不开海岛,也离不开妈祖神庙。湖州南浔的轧蚕花,桐乡的蚕花水会,离不开运河,也离不开种桑养蚕的田园。缙云的张山寨七七会,云和的开犁节,离不开大山,离不开梯田。只有重视自然生态的维护,才能使民俗文化生态得到有效的保护。

三、怎么保护

(一)强化依法推动

今年 6 月 1 日起正式施行的国家《非物质文化遗产法》,第四条强调,保护非物质文化遗产,要注重三个"有利于":有利于增强中华民族的文化认同,有利于维护国家统一和民族团结,有利于促进社会和谐和可持续发展。要注重"三个性":真实性、整体性和传承性。第五条强调:使用非物质文化遗产,应当尊重其形式和内涵,禁止以歪曲、贬损等方式使用非物质文化遗产。2007 年 6 月 1 日施行的地方法规《浙江省非物质文化遗产保护条例》,也有类似的要求。包括传统节日在内的非物质文化遗产保护传承工作,有法可依了,要依法保护。

近年来,我国高度重视传统节日的保护传承,采取了一系列措施予以促进和加强。中宣部文化部下发了"关于加强传统节日保护的指导意见"。国务院将春节、清明、端午、中秋四大传统节日确定为法定节日。春节等一系列重要传统节日列入了国家级非物质文化遗产名录。我省还公布了 20 个传统节日保护示范基地。嘉兴端午,杭州中秋等一大批传统节日全面恢复和弘扬光大。政府办节,老百姓过节。各类传统节日,向着科学健康文明的方向发展。

(二)激发民众自觉

"非遗法"第九条指出:国家鼓励和支持公民、法人和其他组织参与非物质文化遗产保护工作。省政协周国富主席和省人大教科文卫委员会童芍素主任等领导,联合发起建立了浙江省民俗文化促进会。省民促会成立两年来,先后指导或参与策划了嘉兴端午民俗文化节、萧山坎山七夕祭星乞巧、开化中秋草龙会、永康重阳方岩庙会、桐乡清明蚕花水会等传统节庆活动。在推动传统节日复兴和振兴方面,发挥了重要作用。

传统节庆具有民间性,体现草根性。传统节庆,往往是人民群众自觉自发自愿的行动,自己组织,自愿参加,自娱自乐。譬如嘉兴秀洲网船会,每年吸引了江浙沪皖四省近百个渔业班社和数万民众参与。自古以来,天子有天子高兴的方式,百姓有百姓的玩法。我们要尊重群众的文化创造,尊重民俗文化传承的规律,要有群众观点,鼓励更多的民间社团自主办节,自主管理,这也是创新社会管理方式的内在要求和必然趋势。

(三)注重上下呼应

中央文明办每年部署开展"我们的节日"主题活动,引导人民群众认知传统、尊重传统、弘扬传统。文化部每年部署开展"文化遗产日"系列活动,全国各地上下呼应上下协同,形成规模形成声势。我省今年的非物质文化遗产节,以民俗文化保护传承为主题,有系列安排,推进传统节日的全面恢复和弘扬。我省各地注重借题发挥,借梯登高。文化部、浙江省政府联合举办嘉兴端午民俗文化节,和绍兴大禹祭典;杭州市会同中央文明办举办中华中秋文化节。各地也注重与省厅联合举办传统节日活动或传统文化节庆活动,借以提升规格,提高档次,扩大影响,扩大辐射。

(四)促进优势互补

上下呼应是纵向的,优势互补是横向的。对于同一个传统节日,可以跨区域相互呼应,相互响应,相互烘托。譬如杭州中华中秋文化节,以杭州为核心,全省各地互动,形成态势声势。杭州西湖赏月及三潭印月、平湖秋月、满陇赏桂,萧山钱江观潮,拱墅区拱宸望月,富春江春江花月,千岛湖乘船追月,平湖中秋西瓜灯会,海宁祭潮神,开化中秋草龙会,衢州中秋麻饼文化节等等。今年的中秋节,全省各地各有侧重,各呈特色,将呈现全面开花,众星捧月之势。相互之间,资源共享,优势互补,互促互进,做大做强。

(五)自觉抵制三俗

每个传统节日都有它的主题,要讲主旋律,要讲主基调。传统节日或者说传统习俗,有它的主题和本来的意义,要有所敬畏,不能把严肃的场面搞成嘻嘻哈哈的场面。譬如有些地方把民俗项目开发为旅游项目,对此专家见仁见智。在旅游景区,搞搞传统婚礼,游客来了,抛个绣球,坐个花轿之类的,我觉得蛮喜庆热闹的,蛮好。但是,有些地方把祭祀活动常态化,一有游客来了,就敲个锣鼓鸣个喇叭,就装神弄鬼一下,就点上香蜡烛,"老祖宗"一天要被请出来好几趟,这就太不严肃了,这就是"三俗":庸俗、低俗、媚俗。民俗,不等同于俗不可耐。民俗,也可以也应当是积极的健康向上的。所谓大俗就是大雅。

(六)推动多元共生

现在有些地方把民俗活动搞成了官俗,很生硬地搞一个隆重的开幕式,东拼西凑调些节目,而且这些节目跟这个民俗事象丝毫不搭,请一些领导上主席台,或者在台下排排坐。把这个民俗活动当做政绩工程、形象工程、标志工程来抓，而且，好像有一种趋向性。把多姿多彩的民俗活动，搞成了统一模式。我们要警惕政府的过度作为。民俗文化多元共生，民俗风情斑斓多姿，它应该是各种各类非遗项目集中展示的窗口，应该是地域文化交流交融的平台。应该体现文化表现形式的多样性，体现民间风俗的独特性和多样性。各地的民俗活动应该各具风情，应该百花齐放。一个地方的民俗活动也应该是当地非遗项目的百花齐放。通过传统节日的全面恢复和弘扬，促进优秀传统文化的复兴，推动中华民族的伟大复兴。

（七）加快文旅融合

旅游靠文化丰富内涵，文化靠旅游来传播。浙江是个文化节庆大省，传统的节庆、现代的节庆、民间的节庆、政府办的节庆，星罗棋布、五花八门。可以打响一句口号：到浙江来过节。大生意靠广告，小生意靠吆喝，酒香也怕巷子深，非遗也要借助旅游推介出去。我厅公布了一批传统节日保护示范地，会同省旅游局公布了一批非遗旅游景区，名单公布后，还有许多配套工作，还要跟旅游部门以及旅行社具体谋划和策划，有些可以打造成旅游目的地，有些可以连点成线，连线成面，连面成网。有些地方已经在积极实践和探索，要总结好的做法予以推广。非遗与旅游的结合融合，既要立足本土立足实际，又要放开思路，放开视野。过节是体验、是享受、是开心，我们要让浙江人民和来浙江的游客，感受非遗经久不衰的魅力，感受传统节庆的欢乐。

（八）引导商贸流通

"非遗法"第三十七条指出：国家鼓励和支持发挥非物质文化遗产资源的特殊优势，在有效保护的基础上，合理利用非物质文化遗产代表性项目，开发具有地方、民族特色和市场潜力的文化产品和文化服务。

传统节日本身也是一个商品交易会。所谓眼球经济，注意力就是生产力。每逢传统节庆，对于小商贩来说，是做生意的好机会。吃喝玩乐一条龙，各类市场主体参与，拉动内需促发展。泰顺百家宴，一次摆五六千桌，五六万人同时就餐，这个场面有点壮观，对于旅游消费和商品消费的带动作用不可小觑。多数传统节日都有象征符号或者说标志物，元宵吃汤圆，端午吃粽子，中秋吃月饼等等，促进了相关产业蓬勃发展。据说嘉兴五芳斋粽子一年销售三四亿只，一个粽子四五块钱，一年产值上十个亿，利润大概也有一个亿吧。除了相关的食物食品，还应该注重开发节日文化礼品，开发非遗产品，开发城市礼品。在传统节庆中，商家大有可为，有利可图,而且有暴利可图。

(九)营造舆论氛围

"非遗法"第八条指出：县级以上人民政府应当加强对非物质文化遗产保护工作的宣传,提高全社会保护非物质文化遗产的意识。第三十四条指出：新闻媒体应当开展非物质文化遗产代表性项目的宣传,普及非物质文化遗产知识。我省非遗保护运动风起云涌,如火如荼,与媒体的推波助澜和大张旗鼓、浓墨重彩的宣传分不开的。我厅公布了一批传统节日保护示范地之后,浙江电视台"1818黄金眼"对18个传统节日保护地的节庆活动进行现场直播。我省浙报、钱江晚报、浙江在线等媒体对非遗高度关注,经常性组织开展相关报道,而且在版面安排上篇幅上分量很重。近年来,在恢复和发扬节日文化方面,媒体以强烈的文化责任感做了大量舆论引导工作,应继续坚持和加大力度。

(十)鼓励推陈出新

传统节日能否创新?传统节日的创新是不是一个伪命题?专家见仁见智。我觉得根本的东西不能变,但可以延伸拓展,传统文化也可以现代表达,也可以在继承传统基础上有新的创造。譬如象山开渔节,理念不变、内核不变,但内容上有了新的丰富,形式上有了不少变化。今天的开渔节,增加了祭海、放海(放鱼苗入海)、开船仪式等,引导广大渔民热爱海洋,保护和合理开发海洋资源。当然,使用非物质文化遗产,应当尊重本来的内涵和形式,要维护传统文化基因和文化元素,所谓万变不离其宗,不能游离主题,不能搞得不三不四,不伦不类;不能搞成土豆不像土豆,芋艿不像芋艿。传统节日的表现表达,也可以创新,关键在于在什么地方创新,怎么创新。我认为,这个创新不是拔苗助长,不能一蹴而就,而是应当顺应自然培育和成长的规律,顺应事物发展的趋势。

包括传统节庆在内的民俗文化保护传承工作,对于弘扬民族优秀文化传统,对于守护精神家园,对于促进社会文明进步,以及拉动内需促发展,都有着极为重要的意义和作用。在民俗文化保护传承工作上,我省各地有着生动的实践,但还有许多问题,值得深入探讨和研究。这次会议,进一步澄清了认识,交流了经验,增强了责任意识。希望大家认真领会和消化各位领导和专家学者的科学指导意见,在今后的保护实践中,进一步推进民俗文化健康和可持续发展,为增进人民群众的福祉作出贡献。

规划指引未来　规划指导行动

《浙江省非物质文化遗产保护发展"十二五"规划》解读

上午的会议上,杨厅长做了重要讲话,古今中外,广征博引,深刻阐述了非遗保护要正确处理好的八个关系,使我们开阔了视野,进一步澄清了思想认识,把握正确的发展方向,科学做好保护工作。我认为,不懂得宏观的事,做不好微观的事;不懂得未来的事,做不好眼前的事;不懂得国外的事,做不好国内的事。我们应当立足浙江,着眼全国,放眼世界;应当立足当前,着眼未来;应当立足本职,着眼大局。这样才能找准定位,找准发展方向。陈瑶副厅长对今后一个阶段的非遗工作重点,作了深入阐述,作了强调。要求解放思想与实事求是结合,对上负责与对下负责结合,突出重点,兼顾全面,着力做好保护工作。两位厅长的讲话精神,各位要认真领会,装在脑子里,记在心里,体现在工作部署中,落实在行动中。

我重点讲一下非遗事业"十二五"规划的编制工作。这是本次会议的重要议题之一。事业发展规划的编制,是当前重中之重的工作。今年是"十二五"的起始年,"十二五"的事业发展要有规划指引。"十一五"时期,我省非遗事业蓬勃发展,非遗工作走在全国前列,关键之一在于有规划指引。2005 年 9 月,两办(省委办公厅、省政府办公厅)印发了《浙江省文化保护工程实施方案》,作为文化大省建设八大工程之一。这一实施方案,通体构思,整体设计,对"十一五"非遗事业发展作了谋篇布局,这是全国各省份中唯一出台的"十一五"非遗事业发展规划。我们依照这一规划,有计划有步骤,有重点有序地推进事业发展。回过头来看,对"十一五"的非遗事业进行终期评估,除了省非遗馆建设项目,我省"十一五"规划的非遗事业发展目标任务全面完成。在"十二五"的起始年,做好新的五年计划,至关重要。

我处编制了《浙江省非物质文化遗产事业发展"十二五"规划》(草案),这次会上再听听意见。这个规划,是与《浙江省文化发展"十二五"规划》相配套的专项规

2011 年 5 月 18 日在浙江省非物质文化遗产保护重点工作推进会上的讲话

划。是既往五年非遗工作的深入深化和延伸拓展,也是未来五年我省非遗事业发展的总体部署和全面安排。老话说,谋定而动,谋先则事昌,规划是个纲,纲举目张。规划是个大口袋,什么都可以往里边装。规划是灵魂是统帅,抓住了规划,就是抓住了事业发展的龙头。关于"十二五"非遗事业规划的编制和实施,我着重讲四点:

一、背景条件

(一)发展机遇

把握十大机遇:

一是中央和省委省政府高度重视非遗保护。十七大报告明确提出加强文物和非物质文化遗产保护工作,营造中华民族共有精神家园。省委赵洪祝书记多次对非遗工作作出重要批示,给予勉励,并提出进一步工作要求。各级党委政府对非遗工作的重视,为非遗事业发展创造了良好条件。二是浙江人类非遗项目位居全国各省份榜首,国家级非遗项目蝉联三连冠。浙江非遗工作成绩,引起了社会各界对非遗工作的进一步关注,这为非遗事业的发展优化了社会环境。三是随着城市化、现代化、工业化的推进和经济的快速发展,人民群众寻找心灵的归属和精神的家园,对非遗保护有着广泛共识,真切拥护,这为非遗事业发展奠定了群众基础。四是随着非遗思想价值的阐发和功能作用的发挥,非遗对社会文明进步的促进作用日益突出,对经济结构调整的作用日益明显,为非遗事业拓宽了发展空间。五是地方政府把非遗项目作为打造城市文化名片、区域文化品牌的重要途径,作为新农村建设和美丽乡村建设中彰显特色、张扬优势的重要渠道,为非遗保护赢得了更多的财政支持。六是各地加强非遗工作机构建设,为非遗事业可持续发展提供了组织保障。七是信息技术的发展,催生非遗保护方式的深刻变革,为非遗保护事业的发展提供了良好的技术支撑。八是各地争先率先领先能力不断增强,创业创新创优活力迸发涌流,为非遗事业跨越发展提供了精神动力。九是新闻媒体重彩浓墨、大张旗鼓的宣传,为非遗保护营造了良好的舆论氛围。十是省外甚至国外在非遗保护方面积累的经验教训,也为我省非遗保护工作提供了有益借鉴。

(二)面临挑战

迎接十大挑战:

一是一些地方的政府领导,缺少文化自觉,对非遗保护的认知相对迟滞,对非遗工作往往是说起来重要,做起来次要,忙起来不要。二是城市化进程和新农村建设步伐加快,自然、社会和人文环境发生很大变化,非物质文化遗产受到越来越大的冲击,大量有历史、文化价值的珍贵实物与资料遭到毁弃或流失。三是浙江上榜人类非遗项目和国遗项目多,我们保护的责任更大更重。四是不少传承人年事已高,非遗传承后继乏人,不少非遗项目濒临消亡或正在消失。五是非遗保护是个新生事物,目前对非遗保护的规律认识不清,经验不足,保护质量不高。六是在非遗资源的开发利用上,开发与保护的矛盾日益突出,呈现缺位、错位的现象。七是非遗保护工作区域发展不平衡。八是非遗保护绩效评估机制尚未形成,分工协作机制和问责制还没有形成,相关规则制度尚未健全。九是非遗保护体系建设的资金需求越来越大,缺少可持续发展的财政支持,财力保障不足。十是非遗保护工作力量不足,事多人少,顾此失彼,制约了事业发展。加强我省非物质文化遗产的保护依然刻不容缓。

（三）基本判断

三个基本结论：

一是非遗工作形势大好,不是小好。当前是非遗事业转型发展的关键时期,我们要把握发展大势,趁势而上,更要在保护热潮中保持清醒的头脑,注重理论对实践的指导,促进非遗事业的科学发展。二是成绩很大,问题也不少。当前是非遗事业深入深化的攻坚时期,我们要坚定信心,振奋精神,要破难攻坚,开拓进取,促进非遗事业的持续发展。三是机遇与挑战同在,机遇大于挑战。当前是非遗事业的重要发展机遇期,我们要依托机遇叠加的优势,抓住机遇,迎接挑战,化挑战为机遇,化挑战为动力,将挑战化小,将机遇做大,促进非遗事业的跨越发展。

二、总体构想

（一）发展目标

确定三大目标：

一是从非遗保护向非遗融入社会各领域跨越。通过五年努力,非遗保护工作向深度融合,非遗传承传播向广度拓展,融入社会、融入群众、融入生活,逐步形成比较成熟的非遗有效保护传承的多种方式和途径,建立起非遗资源合理利用与弘扬的有效体系。

二是从非遗大省向非遗强省跨越。通过五年努力,浙江非遗事业取得新的全面进步,非遗项目普遍焕发生机活力,民众深切感受到非遗项目的悠久魅力。全省各地积极推进优秀传统文化传承,建设浙江人民共有的精神家园,全社会形成文化自觉、文化自信、文化自强的意识和氛围。

三是从全国非遗保护重要地区向非遗保护示范地区跨越。通过五年努力，各项非遗保护传承的基础建设更加扎实，区域优秀非遗项目得到充分展示，非遗保护水平整体提高，非遗保护成果全面呈现，非遗保护典型不断涌现，非遗保护制度基本健全，非遗保护工作继续走在全国前列，成为我国非遗保护示范区域。

（二）主要任务

健全五大体系：

一是健全非物质文化遗产生态保护体系。进一步重视和突出文化生态保护，维护文化生态多样性。着力开展沿海海洋渔俗文化生态、山区民俗文化生态、水乡民俗文化生态的保护，着力开展传统表演艺术与传统手工生产方式生态的保护，着力开展城市历史文化街区、古镇古村落文化生态的保护。对非物质文化遗产代表性项目集中、特色鲜明、形式和内涵保护完整的特定区域，实行区域性整体保护。探索并形成文化生态整体性保护模式和保护方式，初步建立起科学有效的非物质文化遗产生态保护体系。

二是健全非物质文化遗产传承发展体系。始终抓住非物质文化遗产活态传承的特性，在传承中求发展，在发展中促传承。进一步加强新老传承人队伍建设，完善非物质文化遗产代表性传承人保护制度和保护机制，使传承人保护制度化、规范化。通过命名非物质文化遗产代表性项目传承基地、传承教学基地、传统节日保护基地、非遗生产性保护基地等途径，拓展多种传承载体，促进优秀非物质文化遗产的有效传承和发展。

三是健全非物质文化遗产展示共享体系。以建设省、市、县三级各类非物质文化遗产馆为重点，以开展多种形式的展示展演活动为平台，以积极培育非物质文化遗产精品项目为抓手，以推进非物质文化遗产旅游景区建设为途径，形成多方位、多层次的非物质文化遗产宣传展示体系，大力展示和传播优秀非物质文化遗产，让更多的人民群众走近非物质文化遗产，让全社会共享非物质文化遗产保护成果，让广大群众接受优秀传统文化教育。

四是健全非物质文化遗产典型示范体系。鼓励非物质文化遗产保护工作探索创新，先行先试，创造经验。深入开展调查研究，及时发现和培育先进典型，在全省树立一批倾心事业、勇于担当、乐于奉献、成绩突出的非物质文化遗产先进人物，树立一批项目保护、传承发展、生态保护、生产性保护和整体性保护等先进典型，树立一批非物质文化遗产事业全面推进、保障有力、保护成效突出的示范地区，形成各级各类非物质文化遗产保护典型示范体系。

五是健全非物质文化遗产保护制度体系。以实践为基础，以科学保护为目标，建立起比较完善的非物质文化遗产保护制度，形成一系列推进非物质文化遗产保护的规范性指导意见，健全省、市、县三级责任明确、运转协调的保护工作机制，创造有利于非物质文化遗产保护的良好制度环境，实现非物质文化遗产保护科学化、规范化。

（三）重点工作

实施八大计划：

围绕"十二五"时期确定的三大目标，和健全五大体系的任务，全省非物质文化遗产保护重点实施八大计划：

一是实施非物质文化遗产抢救保护计划。

抓名录项目的增量扩张。在科学认定的基础上，继续推进省、市、县三级非物质文化遗产名录体系建设，进一步健全以市县级名录为基础，以省级名录为骨干，以国家级名录为重点的梯次结构名录体系，使一大批优秀非物质文化遗产得到有效抢救保护。积极做好国家级非物质文化遗产名录项目推荐申报工作，进一步扩充我省国家级名录项目数量。积极推荐申报"人类非物质文化遗产代表作名录"和"急需保护的非物质文化遗产名录"，争取有新项目上榜。积极推进优秀保护成果申报联合国教科文组织"非物质文化遗产保护优秀实践名册"项目，进一步提升浙江非物质文化遗产的影响力。

抓名录项目的存量优化。以推进科学保护为重点，进一步抓好我省列入"人类非物质文化遗产代表作名录"、"急需保护的非物质文化遗产名录"项目和国家级非物质文化遗产项目的抢救保护。对人类非遗项目和国家级、省级非遗项目，实施"八个一"保护措施，"一项一策"，逐项制订项目保护规划，根据项目不同特点，分类指导，分项保护，强化措施，创新机制，有重点有序地做好保护工作。对生存状况濒危的各级名录项目予以重点抢救保护，进一步促进优秀非物质文化遗产得到有效抢救保护。积极探索和推广有针对性有实效性的保护方法，建立动态性的名录项目保护监督检查机制，促进项目抢救保护工作取得扎实成效。继续推进传统表演艺术精品项目培育工作，推陈出新，加强交流，提升效益。

二是实施非物质文化遗产活态传承计划。

以人为本促传承。坚持非遗保护以人为本的理念，扎实推进传承人保护与传习工作，促进活态传承与保护。继续开展省、市、县三级非物质文化遗产名录项目代表性传承人认定工作，做到每个名录项目至少有一名代表性传承人，开展传授活动。推行师徒传承协议制度、传承基地责任制度等，有效推进师徒传承、群体传承等多种形式的传承活动。健全省、市、县三级代表性传承人传习活动资助制度，鼓励带徒传艺,促进活态传承。大力举办各类传习班、传承培训班,不断培养新的传承人。继续开展"服务传承人月"活动,努力维护传承人在传承非物质文化遗产过程中的合法权益,保障相关非物质文化遗产项目得到传承和延续。探索代表性传承人有效管理办法,逐步形成代表性传承人认定和退出机制,开展优秀传承人评选活动,促进传承工作的深入开展。

基地为根促传承。继续开展省、市、县三级非物质文化遗产传承基地、传承教学基地、传统节日保护基地等命名工作,扩大活态传承的有效载体。加强对传承基地、传承教学基地、传统节日保护基地建设的调研,总结经验,形成一批有显著成效、有影响力的示范性基地。

三是实施非物质文化遗产生态区建设计划。

文化生态区概念。文化生态保护区是指以保护非物质文化遗产为核心,对历史文化积淀丰厚、存续状态良好,具有重要价值和鲜明特色的文化形态以及自然生态进行整体性保护。

文化生态区试点。推进国家级海洋渔文化(象山)文化生态保护实验区建设,积极编制专项保护规划,进一步明确保护重点和保护区域,落实各项保护措施,有效组织实施,努力出成效、出经验。继续推进省级文化生态保护区建设,指导相关地科学编制文化生态保护区规划和实施方案。有计划地进行整体性保护,使之成为充满活力的文化空间。

文化生态保护途径。确定对非物质文化遗产实行区域性整体保护,应当尊重当地居民的意愿,并保护属于非物质文化遗产组成部分的实物和场所,避免遭受破坏。积极探索自然生态和文化生态整体性保护的有效途径。积极推进文化生态保护与当地经济社会全面协调和可持续发展。

文化生态保护责任。对于党政来讲,发展是硬道理,保护是硬任务。对于文化部门来讲,宣传生态文化,保护文化生态。对于社会各界来讲,齐抓共管,形成合力。对于人民群众来讲,人人保护,人人有责。

四是实施非物质文化遗产展示共享计划。

展示阵地。加强非物质文化遗产基础设施建设,构建和健全省、市、县、乡、村五级多种类别、多种形式、多种主体的非遗展示馆网络,加大相关实物资料收集整理力度,创新展示手段,放大宣传展示效应。

展示活动。积极运用"文化遗产日"、传统节日、文化节庆等平台,组织开展具有民族传统和地域特色的非遗宣传展示活动。继续举办浙江省非物质文化遗产节系列活动和中国浙江非遗博览会,充分展示优秀非物质文化遗产资源,促进文化交流与发展。积极支持杭州市重点打造中华中秋文化节、支持嘉兴市举办中国端午民俗文化节等传统节庆活动,充分展示地域民俗文化,进一步打响浙江特色文化品牌。

走出去展示。积极组织优秀非物质文化遗产项目和传承人,参与国内外文化展示和重要文化交流活动,让浙江优秀非物质文化遗产走向全国、走向世界。

五是实施非物质文化遗产生产实践计划。

促进生产性保护。在有效保护的前提下,通过挖掘非物质文化遗产资源的独特技艺和经济价值,用生产性方式促进活态传承和保护。以传统手工技艺项目为重点,以"项目＋作坊"、"项目＋企业"等多种方式,在继承传统的基础上,进行合理开发和利用,扩大生产经营规模,提高传承人的地位与收入,扩大就业岗位,实现保护传承与经济效益的双赢。

促进相关产业发展。与发展文化产业相结合,以传承为核心,以产业为纽带,培育和发展具有市场潜力的传统手工艺产业。与各地大型文化博览会和商贸展览活动相结合,聚集和展销优秀非物质文化遗产。加强对非遗生产性保护的调查研究,总结实践经验,评选和命名省级非遗生产性保护示范基地。与旅游业相结合,培育和发展非遗旅游景区,开展古镇游、民俗游、生态游等旅游项目,形成各具特色的非遗旅游区块或线路。大力开发系列非遗旅游产品,增加旅游产品的文化附加值。为促进经济结构调整,促进经济生产方式的转变,作出贡献。

非遗生产实践的核心是保护,前提是保护。在保护中开发,在开发中保护。开发服从保护,开发促进保护。

六是实施非物质文化遗产研究利用计划。

推进非遗数字化建设。运用数字化手段,促进非遗科学保护。在总结各地非遗数据库建设试点有效做法的基础上,探索建立综合性的浙江省非遗数字化平台,逐步实现全省"一网式"运行与管理。形成具有普查资源保存系统、名录项目和传承人管理系统、保护载体管理系统、非遗图书馆系统、非遗视听馆系统等非遗数字化网络,使之成为资料充实、结构合理、操作方便、运转高效的数字化系统,基本实现全省非遗保护数字化工作体系。

推进非遗集成志书编纂。继续编纂出版《浙江省非物质文化遗产代表作丛书》,编撰出版《中国非物质文化遗产普查报告·浙江卷》和《浙江省非物质文化遗产资源分布地图集》。各市、县(市、区)以普查成果为基础,完成当地《非物质文化遗产大观》等普及型读物的编纂出版工作。

推进非遗理论研究工作。充分发挥省非遗保护专家委员会委员的专业优势，和高校省非遗研究基地科研优势，开展非遗重点课题研究。各地积极组织相关专家学者和非遗保护工作者，分层次分门类开展重点调查和学术研究，形成一批突破性的研究成果。继续举办每年一届的浙江省非物质文化遗产论坛，总结实践经验，探索保护规律，科学指导工作。

七是实施非物质文化遗产制度建设计划。

建章立制，健全完善制度，是在新的起点上促进非遗保护工作有序有效开展的迫切需要，是非遗保护事业科学发展的有力保障。进一步完善全省非物质文化遗产保护各项制度，形成系列，形成系统。逐步制定出台浙江省非物质文化遗产传承基地、传承教学基地、传统节日保护基地、生产性保护基地等各类保护载体管理办法；研究出台非物质文化遗产精品项目培育指导意见；研究出台非物质文化遗产馆建设指导意见；研究出台非物质文化遗产项目代表性传承人管理办法；研究出台文化生态保护区建设管理办法。逐步建立非物质文化遗产保护成效检查督导制度、非物质文化遗产保护专项资金使用绩效评估检查制度，形成非物质文化遗产保护跟踪评价体系，使非遗保护发展有章可循、有据可依，推动保护工作深入有效地开展，使非遗保护事业发展步入良性发展轨道。

八是实施非物质文化遗产持续发展计划。

非遗保护不是阶段性、突击性的工作，是一项长期的具有战略意义的任务。推进非遗持续性保护发展，是巩固保护成果、彰显非遗价值的必然选择。努力做到"七个着力，七个可持续"：着力维护文化生态环境，促进文化多样化的可持续；着力发掘重要非遗资源，保持我省入选国家级名录项目前列优势的可持续；着力保护优秀非遗基因，促进非遗资源合理利用的可持续；着力加强人财物建设，促进非遗事业发展的可持续；着力发展壮大非遗保护志愿者队伍，促进公众参与社会协同的可持续；着力推进依法保护，促进非遗事业发展繁荣的可持续；着力创新体制机制，促进浙江非遗工作在全国领先地位的可持续。

三、编制特色

（一）体现系统性

省非遗事业发展"十二五"规划，谋篇布局，确定三大目标，健全五大体系，实施八大计划，形成整体构架，形成一个系统。这一规划，发展目标和重点任务比较明确，项目定位比较准确，内容比较齐备，体例安排比较合理，体现了整体、系统的原则。

(二)体现公共性

编制这个规划的出发点,就是体现政府部门的职能,即公共性,或者说是服务性。因此,不论是非遗保护事业还是非遗产业发展,都体现了非遗强民、非遗惠民、非遗富民的理念,体现了保障群众的基本文化权益,满足人民群众的精神文化需求这个主线,体现了政府主导的原则。

(三)体现前瞻性

不谋长远者,不足以谋一时。思想有多远,就能走多远。只有想不到,没有做不到。这一规划的编制,规划目标和战略重点的设置,是在深入分析当前形势,科学分析未来发展趋势,科学判断发展环境的基础上进行的。这是具有前沿性和前瞻性的战略构想,是做好当前和今后一个时期非遗工作的行动指南。

(四)体现指导性

理论与实践相结合,是我党的优良作风。非遗事业的创新实践,离不开理论的形成、总结和运用。新时期,对于非遗的价值、作用,对于非遗工作的方法途径,对于非遗事业的发展规律等,要与时俱进,要重新认识、提炼和定位,逐步形成相应的理论体系,指导工作实践,推进科学保护。

(五)体现操作性

这个规划,论述性的语言相对较少,基本上是讲任务,用了一些表格进行说明。也就是把各项工作用抓工程,抓项目的办法进行阐述。比如八大计划,都对应提出了一系列重点实施的项目,规划目标相对量化,能量化的目标基本都量化了,力求全面具体,更加符合实际,虽然任务比较多,但是明了,具有可操作性。

(六)体现约束性

尤其在保障性措施中,提出了一些约束性刚性指标。比如,要把非遗保护工作成效纳入科学发展考核评价体系,形成科学的绩效评估和考核制度。全省各市县全面设立非遗保护中心,落实人员编制、工作场所、工作经费和工作任务。非遗经费投入方面,要将非遗项目保护经费、各类传承基地经费、组织工作经费、展示活动经费和宣传经费等,纳入政府的财政预算,建立稳定增长机制,保证公共财政对非遗事业投入的增长幅度高于财政经常性收入增长幅度等等。

四、贯彻实施

蓝图已绘就,关键在落实。我厅即将印发《浙江省非遗事业发展"十二五"规划》,各地要从对民族和历史负责的高度,从全局和战略的高度,充分认识推进非遗事业发展的重要意义,进一步增强历史使命感和责任意识,认真抓好贯彻实施。具体为实现八个转化。

(一)变愿景为共识

将规划愿景转化为非遗工作系统的共识。要注重学习,认真领会精神,深刻领会"十二五"时期非遗事业发展的指导思想、工作原则和发展目标,准确把握规划的精神实质和丰富内涵,全面把握各项任务和重点工作要求,为做好规划的贯彻实施工作打牢基础。要注重规划内容的宣传,激发非遗干部的使命感和责任感,激发非遗干部的创造性和主观能动性。激发广大人民群众参与非遗保护的热情,共同推进非遗保护事业发展。

(二)变指南为任务

将省规划目标转化为各地非遗事业发展思路和任务。省规划是今后一个时期非遗工作的指南。各地要以省规划为指导,广泛开展调研,结合实际,结合现实基础,结合发展优势,结合非遗保护工作趋势,制定当地的非遗事业发展规划。做到上下对应,相互呼应,形成省、市、县三级非遗事业发展规划体系。确保省规划提出的目标任务落到实处。

(三)变部门行为为党政决策

争取将非遗规划转化为党委政府的行为,转化为党委政府的决策部署,转化为当地党政领导任期目标考核内容。争取将非遗事业纳入当地经济社会发展规划、城乡建设规划,纳入地方财政预算。切实加强非遗事业规划实施的组织领导,充分发挥各级政府在非遗保护工作中的主导地位与主导作用,有效协调各方力量,提供有力保障,为规划的顺利实施创造良好条件。

(四)变目标为计划

将规划总体目标转化为年度工作计划。做好规划的贯彻实施工作,是一项长期而艰巨的任务,要着眼长远,分步实施,点面结合,统筹安排,把握好年度计划与整体规划、阶段目标与总体目标的衔接,明确任务分工、工作要求、完成时限和具体责任,有计划、有步骤地抓好任务落实。

（五）变部署为保障

将规划内容转化为各地可操作的政策性措施。非遗事业的发展，需要集聚大量的人力、财力、物力。要建立健全非遗保护政策措施，加大对保护传承的政策扶持力度，特别是要加强人财物保障。事业以人为本，要有机构办差，有人干事，强化职能，充实力量。要普遍建立非遗保护专项资金，要有真金白银的投入。要有场地办公，要有场地展示，要有场地传承，切实加强非遗基础设施建设。

（六）变监督管理为考核措施

将规划目标任务转化为考核推进措施。要建立责任明确的非遗保护工作考核机制，进一步明确谁来抓，抓什么，怎么抓，抓不好怎么办？尽可能量化细化具体化。坚持定期检查与随机抽查、综合检查与专项检查相结合，明确考核内容，严格考核标准，规范考核程序，加强绩效评估和行政问责，确保规划的贯彻实施，可考评、可核查、可验证。

（七）变理念为实践

将规划的理念转化为率先发展的新鲜经验。要突出重点，聚焦难点，针对本地区存在的困难和突出问题，提出真正管用、切实可行的改进措施，努力以重点难点工作的突破带动整体工作的跃升。要尊重基层首创精神，鼓励先行先试，率先发展。解放思想，实事求是，与时俱进，开拓进取。善于把握发展机遇，善于创造新鲜经验，善于总结保护规律，敢做先行者，敢做排头兵，不断以新的举措和成果，为全国非遗保护提供示范。

（八）变蓝图为现实

将规划愿景转化为实实在在的服务社会的成果。随着时代的发展，非遗工作服务经济社会发展的空间越来越广，舞台越来越大，途径也越来越多。要充分运用多种载体和多种渠道，展示非遗保护成果。鼓励和支持发挥非遗资源的特殊优势，在有效保护的基础上合理开发利用，让更多的非遗回归民间。通过艰苦奋斗和不懈努力，把规划蓝图变为美好现实。

国家文化部王文章副部长指出：中国的非遗保护，已由以往单项的选择性的项目保护，逐步走向全国整体性、系统性的全面保护。我们浙江应当有责任也有信心继续在整体性、系统性、全面性保护方面领跑全国。

我们责任重大，使命光荣，不容懈怠。

构建非遗数字化平台　引领非遗跨越式发展

　　我们这次会议,既是一个全省非遗数字化建设正式启动、全面启动的动员会,也是一个从混沌探索到成熟构架再到部署实施的推进会。这是我省非遗工作转型升级的战略性会议。杨厅长强调,这是一个具有里程碑意义的会议。杨建新厅长出席会议并做重要讲话,对贯彻中央十七届六中全会精神和省委十二届十次全会精神,对推进非遗数字化建设的重要意义作了深入阐述;对保持非遗发展的强劲势头,对通过数字化实现非遗事业跨越发展,提出了明确要求;对加强非遗数字化工作的措施和保障,做了强调。陈瑶副厅长对科学把握非遗数字化建设的基本思路和强化具体工作措施,提出了进一步要求。杭州、绍兴、余杭、磐安、泰顺等五个试点单位分别介绍了各自的积极探索和实践,这些单位为非遗数据库的建设积累了宝贵经验。昨天下午,浙江在线章建栋总监、新浪网张苗苗主管、浙江非遗网曾和主编,分别从各自的业务角度,给我们上了生动的系列课程,为我们开阔了视野,开阔了思路,打开了非遗与科技嫁接的新领域。今天,省非遗数字化建设首席专家林敏研究馆员从省非遗数字化建设的概念和原理,给我们指导和理清思路,省信息化促进会叶惠波秘书长作为省非遗数字平台建设的技术总监,对省非遗数字平台的整体框架以及层次结构,从技术层面进行了综合立体呈现。马来法老师、吴露生老师是省非遗保护专家委员会的资深专家权威专家,他们对我们非遗数字化建设提出了指导和期望。来自全省各地一线的非遗同仁怀着强烈的工作责任感和浓厚的兴趣,认真听取报告,听取专家指导,潜心吸收营养,当然也一定大有收获。大家说这次培训班办得好不好?(很好! 很好!)收获大不大?(那是! 那是!)

　　结合领导讲话精神,和专家指导意见,我对非遗数字平台及六大数据库建设,谈点理解;对非遗数字化建设今后的发展前景,谈点想法;对数字平台建设的功能

2011 年 12 月 20 日在浙江省非物质文化遗产数字化建设推进会上的讲话

作用,谈点认识;对抓好数字平台以及数据库建设,再强调几点要求。我讲四点:

一、非遗数字化建设,是非遗事业的基本体系构架

我认为,非遗数字平台,就是一个工作平台,就是这几年来我省非遗整体工作的数字表达和立体呈现。关于六大基础数据库构架,叶惠波老师已作了讲解,他从技术层面演绎得很清晰,讲解得也很到位。我从非遗工作层面再做点补充:

(一)关于普查资源数据库

今天在座的不少同仁是非遗普查的亲历者,见证者,践行者。回顾我省非遗普查的历程,至今我的心情都有点激动。全省纵向到底,横向到边,地毯式、拉网式地进行大普查,从当时界定的非遗十八个门类为基础,按照真实性、完整性、全面性的要求,全面普查、重点调查。全省23万人投入,普查出线索270多万条,重点调查了15万多个项目,以乡镇为单位汇编普查成果,全省总量达4000多卷。这些海量的普查信息都要全面导入,工作量也许很大,同志们也许会有畏难情绪。我告诉同志们,不要怕!我们既给基层压担子,也历来为你们挑担子。我告诉你们,这个普查资源数据库的导入,与当初的普查表式设计一样,我们的定位是:一定要"傻瓜、可操作"。我们已经初步找到了"傻瓜式"操作的工具,原始数据批量导入的瓶颈已打开。打开阿里巴巴的宝藏,关键在于找到钥匙。我们已经找到了这把钥匙。我们在泰顺做了试点实验,泰顺3.4万条普查线索,2470个项目,诸多的一览表、项目调查表,所有原始普查调查资料,一键式批量导入,1个小时内全部搞定。金钥匙、银钥匙,就掌握在我们的技术总监和泰顺非遗中心季海波主任手里,你们去讨教。目前,非遗普查的影像资料,傻瓜式输入的办法或者说模块或者说工具,还在研发之中。希望你们希望同志们共同来发现或者说打造这把金钥匙。谁找到这把金钥匙,大大的有奖。

(二)关于项目管理数据库

这个数据库,包括名录管理、传人管理、服务管理、基地管理四个板块。这几年,我省建立并健全了非遗名录体系,并且在国家级名录项目中蝉联三连冠,在人类非遗名录项目中名列全国各省份之首。杨厅长昨天在会上指出,从地域面积来看,从人口幅度来看,从民族成分来看,从现代化程度来看,浙江的非遗资源不具优势。我们能有这么多的项目上榜人类非遗名录和国遗名录,取得这么突出的成绩,不简单不容易,甚至说了不起!浙江名录项目总量很大,但一分解到各市各县,各位输入的工作量并不大。无非是将申报书和申报录像以及辅助材料批量导入。这一部分的难点在于"动态管理"部

分,包括项目的动态管理,传承人的动态管理,各类保护传承基地的动态管理。这动态管理,包括展演展示活动、带徒传艺、经费补助、考核评估等情况。今年 9 月,我厅下发了实施国遗项目"八个一"保护措施,要求落实到每个国遗项目,要求一项一策,要求保护好传承好利用好。各地各国遗项目实施"八个一"情况,要在这一数据库里完整体现。活态保护,动态管理,这是非遗项目保护的灵魂和关键。

(三)关于事业管理数据库

这一个基础数据库,是我省数字化平台六大基础数据库中的重点和亮点。包括人力资源管理、申报立项管理、事业管理、制度管理、经费管理五个模块。每一个模块的设置,都是浙江非遗保护工作实践经验的总结和数字化体现。譬如人力资源管理,包括工作机构、传承人、专家库、社团、媒体,这几个方面力量都是非遗保护的重要构成。浙江非遗工作走在前列,在于党委政府的高度重视,也在于主管部门的主动有为,在于传承人的自觉担当,在于专家学者的倾心投入,在于媒体的推波助澜,在于社会各界的大力支持。我们要团结一切可以团结的力量,要凝聚一切有生力量,要将各方面的有识之士统筹和团结到我们的队伍中来,要将他们都登记在册记录在案。再如申报立项管理模块,包括申报文件、名录项目申报、代表性传承人申报、基地申报、表彰申报,和其他业务申报。今后,将逐步过渡到以在线申报为主。申报流程的电子化,有利于申报评审的便利,更有利于工作效率的大大提高。当然,在线申报与纸质文件申报还是要双轨制,纸质文件省里存档,也作为申报国家级项目的原始凭证和依据。再如事业管理模块,包括文件、会议、活动、调研、督导、奖惩,这些体现了推进事业发展的工作流程和主要手段,对各项重要的工作部署和安排,都要认真完整地做好记录和保存。还有制度管理、经费管理模块,这里我不展开了。

(四)关于集成志书数据库

包括丛书、大观、读本、课题、图集(典)、论文集、报告集、专著等出版物,把集成志书的方方面面基本上考虑到了。为集成志书专门建一个数据库,很有必要。上世纪八十年代,文化部会同全国文联等开展了十大文艺集成志书编撰工作,编了三十年,刚刚全面完成。这项"马拉松"工程,为抢救保护民族文化遗产作出了不可磨灭的贡献。十大文艺集成志书的省卷以及市县卷,应该逐步纳入我们的集成志书数据库。在新世纪非遗普查完成后,各市县都在编非遗大观之类的集成或丛书。宁波市而且延伸到乡镇,149 个乡镇,每个乡镇 1 卷,149 卷已全部正式出版。还有,我们厅里编撰出版浙江省非遗代表作丛书,每个国遗项目单独一册,先后三批的 187 个国遗项目,187册,这套丛书也是洋洋大观。还有包括其他各种各类的文集、图典等。全省汇集起来,可谓蔚为大观、洋洋大观,这个数据库的内容,将是极为丰富的。

(五)关于影像资料数据库

这一数据库,包括照片、录音录像等。新世纪以来的非遗普查,有个重要特点,就是除了文字的记录,而且摄影、摄像、录音全面配套,充分运用了数字化手段,全方位、多角度、立体化地采集数据,为我们留下了生动的直观的形象的真切的普查资源的原貌。非遗是以人为传承主体,以口传心授、言传身教为传承方式,以文化表现形式和生产生活方式为表现特征,只有用影像记录,才能做到真实、完整、全面的保存和呈现。我省非遗大普查中形成的影像资料,和名录项目的申报影像、传承人申报影像、各类基地申报影像,以及各类活动、培训、会议、论坛、调查、督导等影像资料,都是非遗保护工作历程的形象和直观记录,都很珍贵。为历史作证,为未来建档。这些大量的海量的影像数据,专门建库,很有必要,而且对于建立网上非遗馆非常重要。

(六)关于管理平台数据库

概括来讲,在管理上,我们需要建立一个整体的管理应用系统,我们称之为管理平台。这个平台,指的不仅仅是管理软件平台,而是一个管理体系。这个平台,应该有着高度的协同性,让我们各基础数据库系统的管理应用,成为一个有机的整体,而不是分散零乱的整体。这个基础数据库,是技术维护部门的管理平台,但在这个平台上,应该能够充分体现我们的管理思想、管理理念、管理方法。这个平台,最主要的作用,就是要充分的发挥这一管理系统的功能,促进非遗资源的全面存储,促进非遗信息的开发利用,促进非遗工作的高效运行,促进非遗事业的科学管理,促进非遗事业发展目标、任务和结果的实现。这也是我对技术开发部门的要求。

数据库是单一性的,数字平台是综合性的;数据库是相对封闭的,数字平台是开放性的。我们设想,通过六大基础数据库,构建起覆盖全省的、上下联动的、功能齐全的非遗数字化保护体系。

二、数字化建设,是非遗资源开发利用的共享平台

我认为,我省非遗数字化平台今后的发展方向或者说愿景,应该发挥六大平台的作用。这是就数字平台的功能运用来讲。

(一)成为数据存储平台

我们的六大基础数据库,除了第六个数据库是后台管理,其他五个数据库都有

数据存储的功能。普查资源、名录项目（包括传承人）、各类基地、集成志书、影像资料，统统都要搞进去。

如果从一个国遗项目或者省遗项目来讲，到底应该调查和存储哪些数据？我举一个例子，譬如永嘉乱弹。永嘉有个村，一个村里有七个剧团，其中六个是乱弹剧团，一个是木偶乱弹，这个地方是个戏窝子，连公鸡打鸣都有乱弹味。关于这个项目，我觉得相关信息的输入，要包括这么几个方面：首先是七个剧团的分别调查，以及这个村乱弹情况的总体调查报告。第二是演出的戏本，包括现在在演的也包括历史上演过的，据说能演上百个戏，这些剧本戏本都应该记录和整理出版。第三是传承人，生旦净末丑各行当角色传承人的艺术表现，以及传承人的艺术追求，都要记录。除了代表性传承人，除了主角，还有配角，只要有一定的艺术造诣的，都应该记录。第四是敲鼓板的拉二胡的吹喇叭的等乐队班子以及各种曲谱。第五是戏服及各类道具实物。第六是演出的经典剧目演出录像和照片。第七是各类宣传资料及宣传报道。第八是各类相关历史资料和研究资料。为什么这个地方是个戏窝子，值得研究。还有关于永嘉乱弹演出的各类的研究资料，关于永嘉乱弹的研讨会。第九是相关民俗的记录和影像。第十譬如永嘉乱弹专题展示馆。第十一是当地演出戏台或祠堂等演出场所。第十二是申报省级名录项目的申报书、录像片及辅助资料。第十三是关于这个村的自然与历史，村志、族谱等。其他的非物质文化遗产项目的输入，大家可以举一反三，触类旁通，以此类推。至于这些方面的内容，在我们数据库中的哪个模块体现进去，怎么体现进去，请我们技术专家研究。

当然，我的考虑和要求是比较全面的，是一种理想状态的要求，大家也许认为要求太高。我只是强调要考虑这个项目以及与这个项目相关的方方面面。大家要注意与日常经常性工作的结合，要靠日积月累，循序渐进，不断充实丰富。还要做个有心人，要依靠项目单位和项目所在地的领导和民众的支持。

（二）成为应用管理平台

应用管理，这是我们建库的主要目的，也是建库的核心。藏是为了用，建是为了用。

我的感觉，数字平台或者说数据库的应用管理，主要要从以下几个方面去研究和体现：一是项目的申报管理。我们的各项申报工作，都可以通过这个平台进行。譬如省级名录项目的申报和认定，有关的工作步骤和过程，包括项目申报的通知，填报申报书和制作申报影像等，地方文化主管部门意见，地方政府意见，省文化厅主管处室预审，专家预读，门类专家小组初审，评委会复审，省文化厅复核，社会公示,公示反馈意见处理,报省政府,省政府批准公布等十多个程序。其中不少环节可以在网上进行。省级项目的申报和立项之后,也为今后的申报国家级项目乃至申报联合国教科文组织人类非遗项目做好基础材料积累。二是项目动态管理。申报是为了更好地保护。譬如对于一个国家级项目,要依照国家级项目保护管理办法精神,要明确保护责任单位,要实施国遗项目八个一保护措施,要督促各地抓好具体落实,要对保护情况进行督查,要有后继奖惩措施。做的不好的黄牌警告要求整改,做得好的总结典型经验加以推广。三是促进各地相互借鉴。这一平台的建立,有益于各地相互交流和经验借鉴。同一个项目不同保护地,或者是同类型项目,要资源共享,优势互补,互促互进,共同提高。四是为政府以及主管部门的决策提供科学依据。通过数字平台,可以实时掌握工作动态和项目保护动态,可以及时了解非遗事业的推进进程。主管部门可以依此进行综合分析,提出或调整决策思路。五是提高效率。六是节约成本。通过这一平台,实时掌握动态,提高工作效率,实现科学管理,协同完成任务。

(三)成为服务共享平台

我们的服务对象,首先是我们工作系统的同志,当然也包括传承人、专家,也包括新闻媒体、社会公众,还包括特殊对象的特殊要求,譬如为领导层提供决策咨询。这个服务是因人而异,是分类设置的,各个服务对象层面,各有权限设定。这关系到数据安全,关系到知识产权保护。

这里我列举一下对于传承人的服务。一是应该为传承人提供有关的政策措施信息。及时发布和更新依法应主动公开的政务信息,包括服务传承人月,三必报五必访,有关代表性传承人申报与认定的办法,有关传承人权益与义务的文件,政府津贴补助办法,对于传承人动态管理包括退出机制等规定。二是提供传承人档案查询服务。如该传承人档案(立体的,包括申报文本、录像、图片等资料),以及其他传承人基本情况。三是提供活动预告。文化遗产日、传统节日、文化节庆、博览会等活动预告。四是提供网上传习平台。五是在线服务。对传承人相关申请和咨询给予答复,对传承人的投诉及时解答处理。服务共享平台的建设理念,是以人为本,以需求为导向。

(四)成为宣传展示平台

宣传展示平台,应该是一个立体的综合的概念,包括非遗数字化平台,也包括网站和微博等新媒体宣传展示窗口。要多元化展示,要运用多种手段展示,要多种途径展示。譬如西施传说这个项目，可以是书场讲故事，可以是西施文化展示馆，可以是西施文化节，也可以是西施故里遗迹遗址遗存以及导游。还有西施传说的衍生产品：关于西施的戏剧，关于西施的电影、电视剧，关于西施的出版物，关于西施的工艺品、美术作品，还有西施豆腐、香榧等土特产品。还有与西施相关的名人故事，比如范蠡、越王勾践、吴王夫差，以及东施效颦的郑旦。

我们要通过这个平台，宣传非遗工作成就，展示非遗项目风貌，展示传承人风采，也展示非遗工作者的风采，展示地域乡土风俗风情。非物质文化遗产丰富多彩，形式多样，斑斓多姿，充满着生机，充满着活力。要通过这个平台，形象地、真切地、生动地、直观地展示它的魅力它的风采，达到最好的宣传展示效果。通过这个平台，普及非遗知识，增强人民群众的抢救保护意识，凝聚社会共识。

（五）成为文化惠民平台

孟老夫子提出"民为重，社稷次之，君为轻"。《尚书·五子之歌》指出，"民惟邦本，本固邦宁。"胡锦涛总书记指出，"权为民所用，情为民所系，利为民所谋"。文化惠民，是我党"执政为民"理念在文化上的具体反映。省委省政府对公共文化服务体系的构建，对文化惠民工程的实施和落实，高度重视。非遗数字化平台，也应该成为文化惠民的平台。一是服务民众。可以设置办事指南、在线申报、在线查询、在线咨询、在线投诉、在线报料、问卷调查等栏目，对公众的咨询投诉及时解答处理。加强在线服务，拓宽公众参与渠道，增强互动功能。提高办事透明度，接受社会监督。二是惠及民众。可以开辟在线展示窗口，如在线展厅（虚拟展馆）、在线音频视频点播、在线讲座。还可以逐步创造条件，搞非遗资源分布图，结合 GPS 导航系统增加非遗旅游线路功能。三是与有关文化惠民工程结合。譬如，与文化信息资源共享工程联动。

（六）成为电子商务平台

目前，主要电子商务平台有阿里巴巴、淘宝等。我们的数字平台，今后是否可以有一个功能，承担起电子商务平台的职能。这从理论上讲是可行的，是可能的，也是必要的。

我们的许多非遗小吃，也可以通过在线营销在线订餐的方式，拓宽营销渠道。许多手工技艺项目，有市场需求和效应的，也可以通过这个平台，拓宽营销渠道。譬如衢州邵永丰麻饼，可以网上网下营销结合。当然非遗项目在营销中要体现非遗的特征，如代表性传承人传统麻饼制作技艺和烘烤技艺的演示，各类各式麻饼，食品安全(芝麻等原材料来源),食品卫生(制作工坊环境),还有非遗标识与省遗标牌的亮牌,企业文化的宣传等等。表演艺术项目,也可以通过这一平台,通过在线视频展演、提供演出菜单等方式,为演出公司和邀请单位提供选择。明年是龙年,长兴百叶龙、奉化布龙,估计邀请单位很多,忙不过来。民俗项目,可以通过在线介绍,吸引驴友摄友以及游客来观摩体验和旅游。还有,非遗电子书、演出碟片的在线销售。瑞安鼓词的演出光盘,据说一年的销量上百万张。有围墙的门面店与没围墙的网店,影响力肯定不一样,网店的辐射面要大得多。电子商务,不只是开个网店。理论上网络的受众无限大,无穷大。

上述六大平台,是一个分步建设、逐步递进的过程。我们设想,通过六大平台,构建全面覆盖、以人为本、服务先行的非遗数字化综合平台体系。

三、数字化建设,是非遗事业管理工作的重大变革

(一)信息化时代的必然选择

在人类历史上有三次重大的科技革命。第一次工业革命开始于 18 世纪 60 年代,发源于英国,以蒸汽机的发明和应用为标志。大概十年前,我在英国格拉斯哥参加国际图联会议,格拉斯哥是蒸汽机之父瓦特的家乡,我参观了格拉斯哥大学和交通博物馆。蒸汽机的广泛应用,确立了英国"世界工厂"的地位,使英国成为日不落国家。也促使欧美诸国由农业国变成了工业国,把人类社会推向了机械化。第二次工业革命开始于 19 世纪 70 年代,以电力的发明和使用作为标志,使人类社会进入了"电气时代",使美国和德国成为了世界强国。第三次科技革命开始于 20 世纪 40 年代,也就是二战时期,以电子计算机的发明和广泛应用为标志,使人类社会进入"信息时代或计算机时代"。20 世纪 60 年代末产生的互联网,使人类社会进入了信息化社会,推动了社会生活的现代化。这两年兴起的微博,是信息化进程中的一朵奇葩。昨天,新浪微博年轻专家的专题讲解,给我们带来了一场头脑风暴。微博是传播媒介的革命,是一种传播方式的革命。微博时代,每个人都可以是办报的人,每个人都是自媒体,每个人都是新闻发言人。信息化为人类社会提供了更多机遇,也为非遗事业的蓬勃发展提供了更多机遇。

(二)管理方式升级换代的必然选择

现代技术手段对我们管理方式的影响和作用,我们已经充分领略,或者更准确地讲已经初步领略。譬如 2008 年,我们启动了非遗 QQ 工作群,有文件可以直接

在线传递，有问题可以直接在线答疑。申报第三批国遗项目的时候，我们在群内在线答疑，效果很好。再如，2007年我们开通了浙江非遗网，2009年又对非遗网进行了升级改版。的确如曾老师说的，非遗网发挥了宣传展示窗口的作用，发挥了简易数据库的作用，发挥了思想观点相互交流的作用。浙江非遗网的访问量每月在2万人次以上，网民分布不仅覆盖国内各省份，而且还有相当一部分点击率来自于美国、日本等国家。再如，还有视频会议、在线讲座等应用，使距离不再成为沟通的障碍，使你在几百里之外却犹如亲临现场。数字平台的构架和构建，肯定将带来非遗工作决策系统和管理方式的升级换代。这一数字平台的充分应用，以及系统智能化数据的挖掘分析，肯定将在非遗资源更好的"三贴近"更好地"三服务"中，更好地让社会共享中，发挥重要的功能作用。

政府信息化，不仅代表着先进的技术，而且也代表着一种新思想新思维。政府信息化将会大大促进管理方式的创新，不仅是技术创新，而且带来的是管理思维管理方式的全面创新。

(三)大幅度提高工作效率的必然选择

数字化可以大幅度提高工作效率，这一点大家都充分感受到，都有切身体验。我们还要进一步掌握数字化工具的应用。这两天，各位专家的讲课，都很实用，都很有效果。譬如，曾老师讲到的批量的文字、图片资料一键式导入。还有，数字化工具对于海量资料检索的作用，譬如在统计方面的作用，再如今后系统内的在线交流，在线讲座、在线咨询、在线访谈等。毫无疑问，数字化手段将大大提高政务事务的处理效率，提高政府的服务水平。

非遗事业不断向前开展开拓，摊子铺开了，收不拢了，上马了下不来了，工作量无穷大，怎么办？以前，我们想到的是向领导要人，但事实上我们就这么几个编制，现在，我们要向数字化要人。工具先进了，技能技术技巧掌握了，一人可以顶仨，一人甚至可以顶30人。以前宁波普查资料的输入，招募了上百个大学生志愿者，搞了半年多。上个月，我们省数据库专家到泰顺进行数字平台数据录入的测试，泰顺的3万多条普查线索导入只用了不到2天时间。数字化手段的充分运用，将大大地解放生产力，我们的办事效率也将大大提高。数字化使上传下达更直接，可以一竿子到底，大大减少中间环节，使信息收集、处理、传递和沟通更为快捷，更为经济，更为有效。

(四)扩大宣传效应的必然选择

通过数字化，大大扩大宣传的效应，这是显而易见的。譬如浙江非遗网，滚动信息,每天更新在五六十条以上。如果对活动进行网上直播,传播速度快、影响面广、受众多。我们搞个演出活动或者是博览会,现场观众不多,行政成本很高,社会效应也就不能充分体现。以往我们搞活动,往往注重邀请传统媒体,在这个网络时代,也许网络媒体比传统媒体的影响更大。地方报纸,只有当地人看,而且当地人也不一定看,外地人更不会看。如果通过网络,通过微博,主动向受众输送,你不看也不行。这些道理,昨天的新浪网张苗苗讲得很透彻。今后,我们搞活动要重视邀请网络媒体参与联办,譬如我们打算搞非遗主题歌大赛,可以跟浙江在线、新浪网等联办,还有我们系统内的网站联办。微博,是一个新生事物,微博,是一个超级媒体,我们是否可以通过微博这个平台搞一些与非遗结合的微口号评选,还有微故事、微电影、微活动、微直播,创出微非遗的品牌。搞微博,我主张搞集群,搞联动,我历来反对零打碎敲、鸡零狗碎、小打小闹,要搞系列,形成一个系统。个人微博往往成为个人情绪的宣泄,成为一种秀,只有搞成集群,才更有宣传效应,才更有正面效应,才更有主动效应。小活动要大宣传,搞了活动没宣传,等于只搞了一半,等于没搞没做到位。我们丰富多彩的非遗资源,需要有一个或者说多个广泛的通畅的有效的传播渠道来更好的宣传,扩大非遗的知名度,扩大影响力。眼球就是经济,眼球就是注意力,注意力就是生产力。通过数字化营销,是我们顺势而为的选择。

(五)资源综合开发利用的必然选择

藏是为了用,建是为了用。建数字化平台,绝对不是仅仅把各种资源资料束之高阁,不是船到码头车到站了,不是刀枪入库马放南山了。资源要盘活,要再利用,要增值开发。我们海量的资源庞大的资源,要更好地服务社会,服务群众。

这种开发利用,一种是公共性的公益性的。譬如网上欣赏,包括开设网上书场、网上营业吧、网上戏院、网上虚拟展馆等。建非遗馆,将是今后一个阶段非遗工作的重点,建网上虚拟展馆,也应该与之相呼应。还有,能否开办网上传习所?

另一种也可以是增值的,可以有经济效益的。我们的许多食品方面的项目,许多手工技艺项目,许多生产性保护基地,能否开设网上小吃店、网上超市、网络营销基地,进行网上营销推销促销?前面讲到开设电子商务平台,就是为了在供需之间搭起桥梁,为非遗项目的传承发展开拓市场。但是强调一点,这种电子商务或网络营销,只能由企业或个人来做,而不是由政府主管部门来做。我们是引导和推动,传承人和企业是主体。

昨天张苗苗介绍的四川会理县的例子很典型,会理县"领导悬浮照"危机公关很成功,化危机为机遇,而且借鸡生蛋借题发挥借梯登高借船出海,结果一个危机事件华丽转身为成功的城市营销,顺便还推销了一下美丽的会理风光,高明！张苗苗还介绍到旅游系统微博做得很好,提出了非遗与旅游结合的建议。六中全会对于促进非遗与旅游的结合,有专门的强调。我们能否搞个网上非遗旅游节,能否搞个网上传统节日旅游导读？非遗旅游导读,这也是非遗分布图的一个功能。

(六)非遗事业跨越式发展的必然选择

在非遗事业快速发展的进程中,数字化将成为非遗事业跨越发展的重要支撑,成为非遗事业腾飞的"加速器",要让非遗插上科技的翅膀腾飞。一是数字化对于非遗决策的意义。没有数字化系统,就可能淹没在海量的信息中,没有办法做系统分析,没办法进行智能化的管理。二是数字化建设有利于实时的动态的进行资源管理。文化部已部署在明年第一季度进行国遗项目保护情况督查,我省对实施国遗项目八个一保护措施作了部署,但是今天我们来不及运用项目管理数据库进行项目保护情况的监测,也许我们在明年下半年就可以用上这一系统了,就可以主动地及时地把握和掌握各地各个国遗项目的保护传承情况。三是为公众参政议政表达意见创造机会,为政府主管部门与公众的良性互动创造机会。四是创造无纸化办公环境。我的办公室像个资料库,各种资料材料层层叠叠,我开玩笑说,我的办公室是三个通不过,消防通不过,形象通不过,卫生通不过。也许,数字化技术的应用,这些海量资料,一个U盘一个硬盘就能搞定。五是建立无印政府,推进电子政务建设,增强行政管理的透明度,这将是政府职能改变和管理方式转变的重大创新。非遗数字化建设,不仅是简单地将行政职能和业务流程电子化和网络化,而是非遗管理职能的转变,是我省非遗转型升级的现实选择,是我省非遗事业跨越式发展的必然途径。

从总体上看,虽然我们的文化工作包括非遗保护工作对数字化工具有所应用,但是在数字化进程中,我们是滞后的,我们已经落后了。我们必须顺势而为乘势而上,跟上信息化时代的步伐,跟上潮流。这次培训班,对我来说也是一次洗脑,也是一次观念革命。解放思想、黄金万两,观念一变天地宽,脑筋急转弯、豁然开朗。路通百业通,思路决定出路。"十二五"还有四年,我们能否提出非遗数字化建设的四年目标:一年打基础,两年见成效,三年大变样,第四年形成非遗数字化浙江样板?！通过非遗数字化建设,促进数字非遗、智慧非遗建设,促进浙江非遗事业蓬勃发展。

四、数字化建设,是推进我省非遗事业发展的重大战役

浙江在非遗保护工作上,一直走在全国前列。非遗普查浙江模式,名录项目浙江现象,保护传承浙江经验,为全国所瞩目。非遗数字化建设,是非遗事业推进的

第四大战役。要打好这一战役。我送五句话给大家作为寄语：

第一句话：精神决定一切

毛主席曾经说过，"人总是要有点精神的。如果没有精神的支撑，人就和动物没什么区别"。人活在这个世界上，就要有一种精神，一种积极向上勇于进取的精神。有时这种精神可改变你的一生，有时开端是出人意料的，但经过拼搏，有一种不服输的精神，往往结局就在情理之中。我总觉得精神是万能的，这有点唯心主义，但只要有一种精神，有一种信仰，去追求，去努力，目标就能实现。我们官方的浙江精神十六个字：自强不息、坚韧不拔、勇于创新、讲求实效。我们民间的浙江精神就是"四个千"：千山万水、千言万语、千辛万苦、千方百计，最后赚得千金万银。实际上，这也是浙江的普查精神。这个金银就是富有含金量的普查成果。杨厅长曾经评价非遗工作者，特别能吃苦、特别能战斗、特别能攻关、特别能奉献。我们浙江非遗人，始终有着超常的思维、超常的举措、超常的干劲，超常的效率，超常的奉献，才赢得了浙江非遗事业的超常发展。我们浙江非遗人，就是用这种特别的精神，用这种超常的精神，才赢得了今天的成就。刚才给大家上课的省专家林敏馆长，每天像打了鸡血一样，热情高涨，激情迸发，精力充沛、精神抖擞干事业。他就是典型的浙江非遗人的代表。在非遗数字化建设中，我们要保持和弘扬这么一种精神！

第二句话：思路决定出路

非遗数字化建设，没有多少经验可以借鉴，没有多少模式可以参照，没有多少样板可以遵循。我们必须解放思想、实事求是、与时俱进、开拓创新。大家要发挥主人翁精神，发挥主观能动性，发挥创造热情，共同参与数字平台建设，参与数字平台的完善。目前我省非遗数字平台总体有了框架，但许多问题上还要再深入思考，各地在操作实践中也必然会遇到诸多的问题，这些问题有待于我们群策群力去解决。省非遗数字平台通体构思，整体设计，但有统也有分，各地规定动作要做好，自选动作要创新，共同完善和建设好数字平台。浙江非遗进程中，始终体现着自觉的自主的创新意识。宁波普查"三级联动"模式，打开了普查的瓶颈。宁波在非遗保护上探索"三位一体"模式，为名录项目的保护创造了经验。宁波是浙江非遗工作创新的窗口，也是各地非遗工作创新实践的榜样。浙江非遗工作始终走在全国前列，就在于我们始终创新思路创新实践，就在于我们勇于探索勇于开拓。我们在非遗数字化建设的进程中，仍然需要大胆设想大胆设计，仍然需要不断创新不断创造。

第三句话：能力决定水平

上世纪八十年代初，我在基层文化站工作，那时候对文化站长的知识能力要求是：上面千条线，下面一根针；上面各系统，下面大总统；要样样能、件件会；要当万金油。要兵来将挡，水来土掩。我们的非遗干部要向基层的文化站长学习，要成为非遗工作的多面手，要成为非遗工作的百晓百搭。如果你到基层去做普查做调查，到基层指导抢救保护工作，人家问你问题，你一问三不知，人家请你指导，你说这方面我没研究，也不能胡说八道，那你就不是称职的非遗干部。非遗工作涉及面很广，我们必须对所涉及的方方面面知识都有所涉览，必须向书本学，向实践学，向专家学，向传承人学习。要好读书学新知，要博览众书，要不断丰富非遗知识面，要一专多能，要逐步成为行家里手。我们既要成为非遗事业的开拓者，也要注重在理论素养上提升自己，用科学的理论指导实践。

同时，在数字化时代，增强数字化知识，强化非遗数字化建设的意识是当务之急。当一个时代势不可挡的来临之时，我们只有顺应它，跟上时代的脚步，才能在其中谋得更多的生存空间和发展机会。非遗数字化是一项重大创新，我们也面临着信息技术能力建设的重大考验。当下，我们非遗工作系统的人员对数字化重要性的认识不足，与数字化接轨的意识不强，数字化应用水平也不高，各地要加快培养数字化技术人员，要加强全员培训和培养。省厅也将大力加强对工作系统各位同仁数字化技能的培训，加强非遗数字平台运营能力的培养。这两天，各位专家老师给大家进行非遗数字化的启蒙教育，相信大家深有启发，深受启迪。特别是曾和老师，曾老师已退休多年，但是他活到老学到老，成了一位计算机专家，大家要向曾老师学习，向曾老师看齐。在座的许多是年轻人，年纪轻嘛，八小时内要拼命干，八小时外要多奉献，还要多学习。人跟人的差别不在八小时以内，差距就在八小时以外。要想多学一点，要想出成绩出成果，没有什么捷径，唯一的办法就是多贡献一些业余时间。学习好才能工作好。

第四句话：细节决定成败

有句话，战略决定成败，也有句话，细节决定成败。秦始皇的军师李斯曾经说过："泰山不拒细壤，故能成其高；江海不择细流，故能就其深。"如果百度一下，有不少类似的表达：聚沙成塔、集腋成裘、滴水成川、积水成流，还有千里之行始于足下，等等。在中国，想做大事的人很多，但愿意把小事做好的人很少。我们不缺少雄韬伟略的战略家，缺少的是精益求精的执行者；我们不缺少各类管理规章制度的制定者，缺少的是规章条款不折不扣的执行者。非遗数字平台以及数据库的建设，大量原始材料的输入和基础数据的导入，是一项很繁琐的工作，是一项很枯燥的工作，但是又是极为重要的基础工作，是构架非遗数字平台的基石。省非遗数字平台，通体构思，整体设计，自我感觉应该是比较科学和合理的，但实践是检验真理的唯一标准，必须通过基层一线来测试和检验。我处在泰顺进行试点，得到了泰顺方面的大力支持，特别是县非遗中心季海波主任，实践经验丰富，计算机应用水平也高，他会同我们数字平台的技术总监等技术人员，以认真负责的态度，精益求精的精神，在输入导入的过程中及时发现和解决了一系列问题。这些问题好像是小问题，但都关系到大问题。细节决定成败，我认为细节更在于态度，更在于认真。季海波说，注重细节变成工作习惯了，习惯成自然了。大事是从小事累积起来的，把每一件简单的事做好就是不简单，把每一件平凡的事做好就是不平凡。

第五句话：作风决定效率

作风，指的是一个人在学习、工作和生活等方面表现出来的态度和行为，是一贯的做法和做派。我这里讲的是工作作风，是指贯穿于工作过程中的一贯风格。浙江非遗事业大步推进，又好又快发展，这一喜人的景象，生动的景象，不是从天上掉下来的，而是浙江非遗人包括志愿者废寝忘食、呕心沥血、殚精竭虑干出来的。新世纪以来，这近十年来，我们的各位同仁舍小家、顾大家，"5＋2"、"白＋黑"，星期六不休息，星期天也不一定休息，勤勤恳恳、兢兢业业、乐于奉献、勇于牺牲，干出了一片新天地，干出了一片新景象。各位同仁以对历史、对民族高度负责的精神，以维护国家文化安全，维护国家文化主权的使命感和责任感，以只争朝夕、不进则退的危机感和紧迫感，自作多情、自加压力、自寻烦恼、自讨苦吃，共同创造了令人惊羡的"浙江经验"。我总是说，浙江非遗工作取得今天的成绩，在于领导的高度重视，在于传承人的自觉担当，在于专家学者的倾心指导，在于媒体的推波助澜，在于社会各界的大力支持，在于人民群众的真切拥护。同时，也在于我们非遗人的一腔情怀、满腔热血，在于我们非遗人不辱使命不负重托，在于浙江非遗人有一种精神，有一种作风。没有这种良好的精神和作风，再好的机遇，都将会失之交臂。党的作风是党的生命线，非遗人的作风也关系到非遗事业的兴衰成败。

今天参加会议的多数是年轻人，非遗数字化建设需要老一辈的指导，更需要年轻人的担当。毛主席说，你们年轻人，好像早晨八九点钟的太阳，希望寄托在你们身上。青春就应该精彩，因为投身于壮丽的事业，因为事业的壮丽和精彩而精彩。非遗事业的希望属于你们，非遗事业的未来属于你们！

智慧创新　破解难题　增强实效　服务人民

　　唐县长很详尽地给大家介绍了海盐悠久的历史,灿烂的文化,丰厚的非遗,和人民生活的幸福。大家都可以感受到,唐县长对这片土地爱得深沉,爱之深,情之切。我觉得,要做好一项工作,要开拓一项事业,关键在于充满热爱,有饱满的热情,有认真的态度,有真挚的情怀。这是做好工作的前提,也是我们做好非遗数字化工作的根本保证。谢谢唐县长。

　　我们这次会议很重要。重要在哪里? 大家手头有一份材料,这是去年 12 月 19、20 号在杭州召开的浙江省非物质文化遗产数字化工作推进会议的材料汇编。其中印发了杨厅长和陈瑶厅长的讲话。两位厅长的讲话,对非遗数字化建设的重要意义作了充分强调,对目标任务提出了明确的要求,对推进非遗数字化的方式方法提出了基本方向和思路。非遗数字化建设,是我们面临的新形势、新任务和新要求,是我省继非遗普查创造模式,非遗名录浙江现象,非遗保护浙江经验之后的新的起点,是我们要打响的第四个战役。我们要让非遗插上科技的翅膀腾飞,要让非遗步入信息化的高速公路前进,要让非遗事业进入科学化管理的轨道跨越。我们今天的会议,是去年年底会议的延续,是去年底会议的进一步抓落实,是去年底会议的贯彻和实施。在杭州会议之后,我们紧接着召开这次非遗数字化试点工作会议,希望在非遗数字化工作上有实质性的突破,有关键性的进展,在具体实施和操作上取得和积累宝贵的经验。我们在座的 12 个试点县的工作非常重要。怎么样把这个好事办实,把这个实事做好,发挥好试点的示范带动作用,期待着各位和各地的共同努力。抓点不是目的,是为了以点带面。这次会议,我们希望取得成果和成效,然后延伸拓展到全省,推动全省非遗数字化建设取得全面进展。

　　这次会上,我省非遗数字化建设的专家进行了系统的非遗数字化平台构架的讲

2012 年 3 月 27 日在浙江省非物质文化遗产数字化平台试点工作会议上的讲话

解,进行了非遗普查和名录项目以及各类基地数据信息采集和输入的范例介绍,进行了计算机技术具体操作的辅导,并针对大家提出的疑难杂症问题进行了现场解答。相信大家进一步理清了思路,澄清了模糊认识,找准了方向,明确了任务,也掌握了具体的操作技术。整个非遗数字化平台体系很复杂,但是要把复杂的事情简单化。我一向要求要傻瓜可操作,要实用可行。简单不是一味的减少,不是偷工减料,是为了向更可行、更具操作性、更加实用,也更加高效的方向迈进。把复杂的事情简单化,是一种本事,是一种做事的更高境界。应该说,我们省里的非遗数字化建设的团队做到了这一点,体现了这么一种理想效果。

这里,我也按照简单简约的要求,用几句话或者说几个字来概括和提炼下一步我们的工作任务。

一、对试点县的要求

这里我用五个字来概括:

(一)人

人是根本。这里主要指系统的管理员、操作员。每个县一个管理员,若干操作员。要求全员操作,每一个非遗人都要能操作会操作。人是生产力中最活跃的因素,只要有了人,什么人间奇迹都能创造出来。只要有了好用的人,熟练掌握技能技术技巧的人,非遗数字化指日可待。采集录入要有专人负责,技术操作要有人服务,平台终端要有人管理。人要选好,选准,要有责任感,要热爱,要倾心投入,还有基本的计算机技能要熟练掌握。

(二)学

学是前提。学什么?杭州会议上,两位厅长的讲话,关于非遗数字化建设的指导思想、基本原则、目标任务,要认真学习,要深刻领会。专家提出的非遗数字化建设的基本原理,基本概念,总体框架和思路,以及技术操作方面专题的专门的专业的要求,都要认真琢磨,要反复领会。另外,我在省数字化推进会上提出的建什么,怎么建,谁来建,为谁建,建到什么程度,都要搞清、弄懂。这次会议也是以会代训。试点单位要先学一步,学深一点,胸有成竹。这次会议既是对试点单位的培训,也是面向11个设区市面上的培训。要分批培训,上岗培训。所有人都要培训。

(三)建

建是基础。建什么?一是基础设施设备建设。各市县都要有相应的基本设施设备的配置,譬如高性能电脑、专业照相机、数字摄像机、录音笔、投影仪等设备。性能太差的,要置换。这是基本投入,该花钱的要花钱。二是服务平台建设。省里的平台起到总体构架和技术支撑的作用,但是考虑到存储容量有限,各市要建存储中心,各县也可以根据各地的实际情况创造条件搞平台建设。三是资源建设,也就是内容建设。普查、名录、传承人、各类基地的各种各类资料,要立体的、动态的、经常性的导入。四是网站建设。每个市都要有一个网站,县里有条件也要搞。省市县三级形成网站集群,形成规模效应。

(四)管

管是关键。管字体现在:权限管理,授权管理,内容管理,安全管理,服务管理,还有知识产权管理等。这些讲的是管什么,至于怎么管,我们目前也说不清。抓试点,就是希望通过点上的探索和突破,来研究解决面上存在的共性问题的途径和办法。要有问题意识,试点县市要善于发现问题,对待问题不回避,既要不等不靠不拖延,主动作为,及时解决问题,也要及时将矛盾上交,遇到的问题及时向省非遗信息办反映,便于省里了解各地的真实情况,开展有针对性的指导,及时研究解决问题的思路和办法。省里平台要起到统筹管理的作用,要直面基层的问题,研究和提出管和用的对策,不断提高管理水平。

(五)用

用是目的。用,体现在使用、运用、利用。一是要实用,二是要管用。这是检验成效的最重要的标准,这也是数字化最大的优势。譬如检索,譬如在线申报,譬如信息发布传播。允许发布的东西要尽可能地发布传播,扩大社会效果。这里有个跟相关部门的协作和相关资源共享的问题,我认为只要有利于非遗保护,只要不违背有关知识产权和保密的原则,都要支持。一是纵向的工作系统内使用,另一个是横向的跨部门的使用,还有立体的面向社会的应用。有些是公益性的用,有些是商业性的用,当然要内外有别,要区别对待。要十分注重利用数字化成果,运用数字化手段,对非遗资源进行二度开发,可以开发的东西很多。要建一个管一个用一个,边建边用。如果搞数字化搞了一年,闭门造车,自娱自乐,社会看不见摸不着,建设成果没有让社会共享,肯定不行。要放大效应。

二、对各市的要求

也是五个字。

（一）点

我对整个试点县工作的建设，要求做到两句话：规定动作做好做到位，自选动作创新创特色。争取试点县输入任务 3 个月内基本完成。各市要加强对试点县的关注和指导，不能事不关己高高挂起，不能上等下靠，要积极主动会同试点县破解难题增强实效。

（二）线

这里指纵向的关系。省市县三级，要上下对接，上下协同。省里是总站，市一级要成为存储中心，成为枢纽，县是节点。省里统筹，市里要配合和会同省里做好对所辖县市区的协调协作协管，要做好指导工作。市一级，要起到承上启下作用。对于市一级，也是两句话：对上回答问题，对下解决问题。

（三）块

整个数字化平台，六大数据库的构架，是块状结构，相对独立，相互联系。首先是前三个：普查资源数据库、项目管理数据库和事业管理数据库，然后是集成志书、影像资料和管理平台三个数据库。系统的实施，分步推进，依次递进。各市也是分步推进，依次递进。对于六大数据库的实施，也是两句话：量力而行，尽力而为。当然希望大家尽力而为。取法于上，得乎其中。

（四）片

考虑到各地技术力量不均衡，有的搞得很明白了，有的还摸不着头脑。所以，我们设想设立分片区联系制度，相关的市和试点县，建立片区协作组。依托协作组这个平台，取长补短，相互交流经验，彼此学习借鉴，共同研讨问题，探索解决问题的办法。要使好经验好办法变成大家的共同的财富。对片区也是两句话：立足自力更生，坚持共同提高。省里对应每个片区安排一个专家，掌握动态，解决困难，分片指导辅导督导。

（五）面

也是两句话，就是四处点火，全面开花。各地试点工作基本完成后，要做好总结，然后加速加力加强，把握时机，全面铺开。我们争取试点县 3 个月内基本完成数据输入任务，6 个月内基本完成面上的数据输入任务，然后利用 3 个月时间查漏补缺，拾缺补遗。总体上用 1 年时间，基本完成全省非遗数字化平台构建，然后总结和表彰。

三、对省非遗信息办的要求

对非遗信息办的要求，一定意义上讲，也就是对省非遗办自身的要求。也是五个字。

（一）教

指技术上知识上的教学、教授，也指精神上的教育、教化。教，体现在专家的言传身教，也体现在专家的以身垂范。这次会议，系统安排了非遗专家和信息化专家的讲课，包括信息化知识、计算机技能基本知识，平台应用与管理的讲解，也包括通过平台的应用对非遗事业管理的系统要求。我想，更值得学习的是，省里专家贯穿于始终的在工作中所体现出来的责任意识，强烈的自主创新意识，走在前列的意识。专家言传身教的不仅是知识，更是精神。我们要学知识，更要学精神。

（二）化

指的是工作的深入深化，也是保护成果的转化，管理方式的优化，也包括把非遗工作繁复的事象抽象化简单化，使我们的非遗事业的管理更加规范化，科学化。另外，还要认真总结提炼破解难题的好做法好经验，及时转化为制度成果，给予固化和制度化。

（三）传

包括数据传输，包括成果网络传播，也包括下一步的网上传承传习。还有在指导试点县工作和指导各市面上工作的过程中，省非遗信息办要做好上传下达，下情上传，及时掌握各地动态，传递信息，传授经验，推动工作落实，推动非遗数字化取得预期效果。

（四）帮

指的是帮助帮忙帮扶，要为基层解惑答疑。包括数字化平台推进实施过程中的技术问题，包括非遗数据资源的二度开发，也包括帮助做好非遗数字资源利用工作的策划和宣传。要想基层所想、急基层所急，不断研究和解决新问题，帮助基层解决各种具体困难和问题。当然，这个帮字，还体现在分析问题，查找不足，加强工作的督察督导督办，促进问题的解决，推动数字化工作的深入开展。

（五）带

要带出一支队伍，带出一支高素质的队伍，带出一种求真务实的作风，带出一片新气象。浙江的工作有今天的成就，很重要的一点，就是令行禁止，步调一致，雷厉风行,真抓实干。非遗事业要薪火相传,我们的队伍也要后继有人。省信息办要带头和带领大家把非遗数字化任务完成好,并希望通过一年的艰苦努力,带出一批熟练的非遗数字化应用的实用人才。通过上下一致,同心协力,圆满完成这份光荣的任务,交出一份满意的答卷。

四、对所有非遗干部的要求

还是五个字。

(一)天

要接天线。十七届六中全会提出了建立优秀传统文化传承体系的战略目标。作为文化工作者,要强化使命感、责任感,要勇于担当,敢于实践,要不辱使命,不负重托。省政府决定将对一批非遗保护的有功之臣进行记功表彰,体现了省委省政府对我们这项事业的高度重视,体现了对我们既往成绩的充分肯定和高度评价,体现了对我们这支队伍的亲切关怀和殷勤期待。我们躬逢其盛,我们肩负重任,我们应该不辜负这份荣誉,不辜负期待。

(二)地

要接地气。非遗是农耕文化的产物,是大地的文化。我们拥有丰厚的丰富的非遗资源。在非遗大普查中,全省普查出了270多万条线索,重点调查了15万多个项目。我省有人类非遗项目9个,国遗项目187个,省遗项目586个,还有一大批的市县两级名录项目。我们还有覆盖全省的星罗棋布的这么多的各种各类的非遗基地。我们浙江非遗保护工作有丰富的生动的实践。这些为我们非遗数字化平台的构建奠定了坚实的基础。非遗数字化,说白了就是非遗工作实践的体现,就是非遗工作成果的转化。

(三)人

事业以人为本。在座的或者不在座的各位同仁,有些是老同志,经验很丰富,要继续发挥重要作用;年富力强的,要成为主力军,成为骨干;年轻的,要奋发向上,奋发有为。组织上也要对年轻人加紧培养,推上前台,有的时候做一些拔苗助长的事情也是可以的。中央对领导干部有要求,要求有一种文化自觉和文化担当。作为文化人非遗人,我们更应该有文化自觉和文化担当。我们要培养和造就一支想干事、能干事、干实事、干大事的队伍,培养和造就一支说了算、定了干、干就干好的队伍。

(四)法

要探索和掌握方式方法。非遗数字化平台的建设和完善,省里要琢磨、要思考、要研究,各地也要去探索、去总结、去提炼。单靠省里是不够的。实践出真知,历练长才干。各地要在不断解决问题中,积累经验,探寻规律。从实践到理论,再到实践,循环往复,不断提升。实践的成果,要及时转化为制度成果。我们不但要出台一整套的技术方案,也要争取出台一系列的技术标准,构建科学的实用的非遗数字化体系。

(五)道

我们要走出一条自主创新,自主研发、拥有自主知识产权的道路,走出一条具有浙江特色的非遗数字化道路。我们有成功的非遗保护实践,有比较成熟的技术准备,有切合非遗工作实际的数字化平台构架,我相信,我们有条件也有能力搞出一个体现时代特征,体现浙江特色,体现非遗特性,体现信息化时代特点的新模式。

我提出这 20 个字,是将我们的工作化繁为简,是提出一些基本思路基本想法,供大家参考。希望我们的非遗数字化平台建设,基层欢迎,社会满意,能够以实实在在的效果服务人民。希望试点县都成为省里的示范点,希望大家走在全省前面。我也希望全省任务完成之后,我们能够在非遗数字化建设上走在全国前列,为全国做出贡献。最后两句话:全省一盘棋,全社会共享。

鼓足干劲求突破　激情干事争上游

借浙江省民俗文化保护工作座谈会在缙云召开之际,各市文广新局分管局长和非遗处长都参加了会议,我们开个套会,交流和研究今年下半年工作,以及今后一个阶段工作。下一步我省非遗工作,总体上按照"一二三四五六"的思路来推进。具体是:

一个引领

就是规划引领。今年是"十二五"规划实施的第一年,从中央到地方,各行各业,都得编制事业发展规划,明确发展思路。思路清,方向明。思路决定出路。规划是个纲,纲举目张。"十一五"期间,浙江非遗工作之所以大踏步前进,很重要的一点,就在于我省由两办(省委办公厅,省政府办公厅)颁布出台了浙江省文化保护工程实施方案,通体构思,整体设计,谋篇布局,明确提出了构建五大体系,明确提出了抓好八个重点,提出了保障措施。长计划短安排,有计划有步骤地推进非遗事业发展。"十二五"期间,我们的工作要深入深化,要延伸拓展,要转型升级,要提升水平,更需要有科学的规划来指引,更需要科学规划发展思路。我处已拟定了"十二五"浙江省非遗事业发展规划草案,将抓紧组织讨论和修改,争取尽早提交厅里审核和颁布实施,使我们的工作有规可依,使我们的事业有章可循。规划的意义在于实施在于落实,在于把规划的蓝图变为生动的工作实践,在于把规划所确定的各项目标任务化为现实。如果不抓好落实,规划就成了鬼话,就成为一纸空文,就成为无果之花。

两个精神

"非遗法"精神和六中全会精神。今年2月25日,全国人大常委会第十九次会议表决通过了《中华人民共和国非物质文化遗产法》。"非遗法"于今年6月1日起

2011年8月5日在各市文化广电新闻出版局分管局长、非遗处长会议上的讲话

正式施行。非遗保护有了国家大法,非遗保护有法可依了。虽然"非遗法"在刚性上强度上保障上还有欠缺还有遗憾,但对于非遗保护的意义,依然十分重大,非常重要。我厅在今年文化遗产日前夕,在全省启动了非遗法普法活动月八个百系列活动,各地积极响应和呼应,形成规模形成声势,形成热潮。我们要继续抓好非遗法的学习宣传,抓好非遗法精神的领会和贯彻,依法行政,依法保护。7月22日,中央政治局召开会议,决定今年10月召开第十七届六中全会,主要议题是:研究深化文化体制改革、推动社会主义文化大发展大繁荣问题。中央全会将专题研究文化的发展繁荣,意义很深远。相信对于非遗保护工作也会有专门的强调和要求。我们要积极迎接六中全会的召开,要未雨绸缪,届时要及时做好六中全会精神的学习宣传和贯彻落实。非遗法精神和六中全会精神,是方针是指针,是灵魂是统帅,是依据是根据,是思想武器和理论武装,也将是行动纲领和行动指南。

三个层面

省、县、村三个层面。省里,统揽全局,协调各方,通体构思,整体设计。县级区域,包括各县市区,是枢纽,是关键。老话说,郡县治则天下安。从我省行政层级来看,县市区处于承上启下的正中间,县级层面承上启下,上情下达,下情上传,对于上级精神的贯彻和落实,至关重要。县级区域规定动作要做好,自选动作要创新,要有特色。县级层面工作做好了,我们的事业就有了基石保障了。县级层面工作做活了,我们的事业就生动丰富了。县级区域做强了做大了,全省非遗事业的发展繁荣指日可待。村一级,是非遗事业的根基根脉根本。非遗是乡土文化,草根文化,民间文化,是百姓文化,生活文化。大量的非遗蕴藏在广袤的乡村大地,要在新农村建设和美丽乡村建设中,注重和加强非遗保护,加强文化生态的保护。传承文脉,彰显特色,张扬个性,发挥优势,呈现美丽。省、县、村三个层面盘活了,抓好了,全省必将呈现出百舸争流、千帆竞发、万家灯火的兴旺景象。各市既要吃透上情,又要摸清下情;既要对上回答问题,又要对下解决问题;既要做好上下衔接对接,又要做好实施实践。

四个重点

一是名录项目保护。今年6月,国务院公布了第三批国遗项目,我省58项上榜,再居榜首,蝉联三连冠。赵洪祝书记批示:可喜可贺,希望倍加珍惜,采取措施,保护好,传承好,利用好。重申报,更要重保护。国遗项目,浙江总量最多,保护工作也要走在前列,领先一步。要切实按照赵书记"三好"的指示要求,履行保护义务,承担保护责任。我厅本月上旬已下发文件,部署在全省实施国遗项目八个一保护措施,要求一项一策,一抓到底,务求实效。二是传承基地建设。这里讲的传承基地,包括非遗传承基地、非遗传承教学基地、非遗生产性保护基地、传统节日保护基地等各类基地。省级以上的非遗项目都要落地,都要明确保护责任单位,都要建立推进保护传承的机制,都要有相应的保障措施。各市要协同把省级基地抓好,也要创新实践,创新举措,从当地的实际出发,因地制宜,开展各类非遗传承基地创建活动。三是非遗馆建设。设施是事业的主架,加强非遗馆建设,是非遗事业发展的必然选择,是非遗成果展示的有效途径,也是文化惠民的迫切需求。怎么建,目前不强求一律,各地可以八仙过海,各显神通,既要量力而行,也要尽力而为。有条件上,没有条件也要创造条件上。四是文化生态区建设。生态兴则文明兴,生态衰则文明衰。以非物质文化遗产为核心的文化生态区建设,是落实科学发展观理念的内在要求,是非物质文化遗产保护转型升级的客观要求,也是非物质文化遗产终极保护的必然要求。文化生态区建设,要统筹规划、因地制宜,要条块结合、注重协调,要保护优先、持续发展,要以人为本、民生为本,要有所作为、有所不为。各地要既大胆又谨慎地实践,积累经验,探索规律。

五个平台

一是活动展示平台。要做好每年的文化遗产日系列活动的策划筹划,做好一年四季的各地传统节日的发扬弘扬,做好各类文化节庆活动的展演展示。二是人才培养平台。经文化部同意,国家非遗中心在我省设立了中国非遗保护浙江培训基地,这一基地的作用还有待发挥。总体上设想,这个基地要立足非遗工作者,兼顾传承者、志愿者;要立足浙江,放眼全国;要立足当前,着眼未来。三是志愿者平台。社会上有许多有识之士,满腔情怀,乐于参与非遗保护,我们要把他们组织起来,凝聚起来,要建立非遗志愿者协会,要给他们定目标,给任务,压担子,也要给他们创造条件,给予大力支持。四是数字化平台。我处正在组织技术力量进行技术攻关,正在研究和构架非遗数字化平台,有望在年内提出较为完整的全面的科学的实施方案。这一平台建设,不仅是海量资料的存储,更是管理理念的提升,也是工作方式的转型,是宣传传播途径的更新。我厅将在年底就数字化平台建设进行专门部署。五是媒体宣传平台。我厅已经开展了两届浙江省非遗宣传报道奖评选活动,推进新闻媒体开辟专栏专题,进一步推波助澜,做好非遗宣传工作,营造非遗保护的良好氛围和社会环境。浙江非遗网今年年初改版后,反响很好。我们还将抓紧开辟浙江非遗微博群。各地要充分运用各类媒体,加强合作和协作,扩大非遗宣传传播力度。

六个要求

一是绘蓝图。编制好规划,事关非遗事业发展大局。规划要有前瞻性,要根据党委政府对文化建设对非遗保护的新的定位,适度超前,预留发展空间。规划要有指导性。做到有目标、有思路、有任务、有布局、有项目、有政策、有措施,使规划成为推进非遗事业可持续发展的规划,成为解决问题的规划,成为办实事的规划。规划要有可行性。我们面临的任务十分繁重和艰巨,需要解决的问题很多,但在有限的规划期内,可动用的资源和力量还是有限的,解决这些问题不可能毕其功于一役。要坚持有所为,有所不为。规划要有可约束性。要做到规划提出的发展目标能够量化,具体任务可以考核。二是强基础。这里特别强调人财物建设,特别是非遗工作机构的建设。各市文化局要结合"三定"方案,将建立非遗处统筹进去,争取单设,也可加挂牌子,争取增设编制。各市县要进一步推进非遗保护中心建设,争取市县两级全覆盖。要有机构办差,要有人办事。三是求突破。要围绕重点任务、重点领域、重点区域、重点项目和重点工程,破难攻坚,排难奋进,创新举措,创新经验。四是定措施。要逐步建立健全和完善各类工作责任制。譬如,建立考核指标体系和评价办法,建立项目评审规则和退出机制,建立重要事项专家论证和公示制度,建立工作失误责任追究制度、督查落实制度,建立激励奖励表彰制度等,进一步规范工作运行机制和运作程序,使非遗工作逐步进入依法、有序、规范的轨道。五是聚人心。非遗事业是一项社会系统工程,需要全社会的共同关心和参与。要凝聚人心、汇聚力量,积极推进非遗行业协会和非遗志愿者社团建设,积极整合和调动社会各方面的资源和力量。要树立先进典型,推广先进经验,营造全社会积极参与非遗保护事业的良好氛围。六是上水平。没有过硬的本领,就谈不上"贡献"二字。每一个非遗工作者要加强学习,不断提高自身综合素质素养,不断增强履行职责的能力能量,要善于在勤奋学习中开展工作,善于在破解难题中推进事业发展,善于在服务社会中营造良好作风。要努力造就一支德才兼备的队伍,造就一支高素质高水平的队伍,造就一支让党放心,让人民满意的队伍。

希望同志们忠于职守,勇于负责,敢于担当,勤于开拓,以更高的热情,更新的办法,更实的作风,实现更大的作为!

应势而动　　顺势而为　　乘势而上

今天,借召开非遗数字化平台试点工作会议,开个套会,请各市非遗处长介绍和交流今年工作安排。从总体上看,各地非遗工作势头很好,欣欣向荣,景象喜人。各地各有创造,各有亮点,各呈风采。通过交流,相互启发,相互促进。听了各地的介绍,我也深受鼓舞,倍感振奋。我结合今年我厅非遗工作安排,也结合各地的工作安排,对今年非遗工作作个强调和要求。我概括为"十个抓":

一、抓发展机遇

党的十七届六中全会提出了文化强国的战略目标,提出了建设优秀传统文化传承体系的要求,具有丰富的思想内涵和重要的现实指导意义。六中全会的精神,既有普遍指导性,对于我们的工作也有很强的针对性。六中全会精神,既是科学理论,更是实践的创新。对于六中全会决定,我们不能简单地看一遍,翻一翻,也不能满足于把有些话的内容都记住了,而是要认真学习、深刻领会,要反复学习,吃透精神,要深入学习,融会贯通,而是要结合实际,结合以往的工作经验,结合非遗工作的重要进展,结合当前遇到的问题和挑战,认真地思考一些问题,认真地谋划新思路,使六中全会精神转化为我们干事创业的精神力量,转化为推进非遗事业更好更快发展的自觉行动。按照六中全会提出的建立优秀传统文化传承体系的要求,我厅编制了浙江省非遗事业发展"十二五"规划,提出构建五大体系,实施八大行动计划。各地要增强抢抓机遇意识,机遇之鸟站在肩膀上了,不要还愣在那里发呆。"快半步"的人可能就把机遇抓住了,"慢半拍"的人可能就丧失了历史机遇。嘉兴市政府、湖州市政府已经出台了非遗事业发展"十二五"规划,温州市政府将出台非遗保护管理办法,舟山市政府将出台加强非遗保护的意见。这几个地方顺势而为,

---

2012 年 3 月 26 日在各市文化广电新闻出版局非遗处长会议上的讲话

因势而动,趁势而上,值得高度评价。其他设区市也要进一步增强使命感,责任感,紧迫感,抓紧研究和及时提请地方政府或者编制出台发展规划,或者出台政府规章,或者出台政策措施。以更加自觉更加主动的姿态,抢抓机遇,善抓机遇。为非遗事业发展创造良好条件。

二、抓基本保障

这里主要强调人财物的问题。

文化部有新精神:未经编制部门批准的非遗保护中心,不能作为国遗项目保护责任单位。换句话说,没有正式的非遗保护工作机构,就不能作为名录项目保护单位,也不能申请名录项目的保护资金。我认为,这是"利好"消息。我们可以运用这一倒逼机制,加快推进非遗保护中心的建立。我省90个县市区,已经有76个县市区经当地编制部门批准,建立了非遗中心,还未正式建立非遗工作机构的,要加快进度加快步伐。否则,国遗省遗项目经费将与你无缘。有机构还得有编制,有些地方在文化馆加挂牌子,没有专门编制,有些地方虽然非遗中心单列,但只有一个编制。龙游县委书记徐旭书记说得好:一个编制,只能叫非遗工作岗位,而不是非遗中心,既然称之为中心,总有几个编制,才能撑起这块牌子,才能撑得起一方事业。嘉兴市非遗中心,最近新招进两个硕士,有5个人干活。开化有5个编制,桐庐有10个编制。非遗事业越来越红火,要争取非遗机构全覆盖,要培养专门的职业化的队伍,要打造一支正规军。全省11个设区市,已经有6个市经编制部门批准,在市文化局设立了非遗处,或加挂牌子。杭州、嘉兴、台州、衢州、丽水市文化局要抓紧和积极争取尽快设立职能处室。"非遗法"颁布已一年多了,要依法行政、依法保护,必须加强行政层面的非遗职能处室建设,和事业性质的非遗中心建设。

还有,兵马未动,粮草先行。非遗事业的推进,需要非遗专项资金的支撑和保障。要按照"分级负责,以县为主"的精神,加强非遗专项资金投入,把蛋糕做大,把蛋糕分好,提高专项资金的使用绩效。

各地积极推进非遗馆建设,态势很好。有的单独建立,杭州非遗馆3.5万平米,投资四个多亿;温州非遗馆近8000平米,今年布展经费安排了1200万。有的依托博物馆设立非遗展厅,如宁波、嘉兴、舟山市。有的依托文化馆建立非遗展馆,如绍兴市、绍兴县、上虞市,借鸡生蛋,相辅相成。同时,各地抓紧非遗相关实物资料的征集工作,杭州、嘉兴都安排了专门的征集经费,嘉兴将在今年文化遗产日期间专门举办非遗实物资料征集成果展。非遗馆建设是事业的主架,有条件上,没有条件也要创造条件上,官办的民办的,综合性的专题性的,物质为主的或非物质为主的,有围墙的没围墙的,目前不强求一律,各地可以从实际出发,因地制宜,各显神通。

三、抓专项活动

今年省里重点抓非遗进校园系列活动,去年(2011年)重点抓民俗文化的保护传承,前年(2010年)重点抓传统表演艺术系列展示展演。每年一个切入点,做深做透,做大做好,形成系列,形成规模。今年的非遗进校园活动季,由我厅会同省教育厅、团省委、浙江日报、浙江广电集团联合举办,主题为"传统的青春,青春的传统"。这一主题口号,是在非遗QQ工作群里征集来的,很切题,很响亮,也很有感染力。整个活动季,在杭省属高校作为主体,同时全省大中小学联动,全省上下呼应。我们将在浙江大学举行开幕式,还有大学生龙舟赛、大学生非遗保护辩论赛、大学生走访传承人大型主题访问活动等。还将举办非遗校本教材(读本)评选活动,举办浙江省非遗传承教学基地建设经验交流会,浙江省高校非遗学科建设研讨会,将会同省委党校举办非遗干部培训班等活动。各地非遗进校园活动,要搞得新颖一点,形象直观生动一点。大力推进非遗演出进校园、展览进校园、讲座进校园、传承人进校园。今年非遗进校园活动季,是重心是重点是重头戏。省主办单位将在活动结束后,联合表彰一批优秀传统文化教育普及活动先进集体和个人。各地要注重与新闻媒体的协作和联动,扩大宣传声势,扩大社会效应。其他的活动,这里我就不讲了。各地根据省里的文件通知,根据各地的工作安排,要有声有色把它抓好。

四、抓项目推进

要多措并举,多管齐下,推进非遗项目的保护传承。第四批省遗名录推荐项目,即将上报省政府审核审批并公布授牌。全省还有28个县市区还没有国遗项目,我厅将召开国遗项目申报工作推进会,争取尽早扫盲点。我厅部署实施国遗项目"八个一"保护措施,要求一项一策,一抓到底。适当时候,将召开浙江省入选国遗项目保护工作经验交流会,推广有效做法,推广保护工作经验。各地要会同省里提前做好第四批国遗项目和人类非遗项目的申报准备,建立预备清单。要认真按照文化部的统一部署,做好我省187个国遗项目保护传承情况的自查、复查和核查工作,迎接文化部的抽查督查。我厅考虑,将开展浙江省非遗项目保护成果奖评选工作。今天的会上,各地介绍的非遗项目保护工作措施,很有想法,很有章法。譬如,嘉兴市和舟山市都即将公布第五批市级名录,使名录体系建设进一步健全和完善,也为今后申报国遗项目省遗项目工作打下坚实基础。杭州将评选十大非遗传承基地,十大非遗经典项目,十佳非遗师徒传人。宁波将所有的市级以上非遗项目全部推向校园,全市120多个中小学参与公益项目招标,进行双向选择。温州市开展百项非遗守望行动。这些举措,很给力,很赞,关乎非遗项目保护传承是否能否取得实效,也关乎非遗事业发展大局。

五、抓特色品牌

特色品牌,就得有特色,就得叫得响。要把保持特色、突出特色,彰显特色、强化特色、创新特色,作为区域非遗保护工作和文化建设的突破口,把"特"字做大做强。浙江的江南水乡,海岛风情,秀山丽水,这是地理意义上的区域特色。浙江的服务传承人月,国遗项目"八个一"保护措施,星罗棋布的各式各类保护传承基地,这是非遗事业推进上的品牌特色。这几年来,我省各地着力着重特色品牌建设,发掘文化资源,发展特色文化,发扬优良传统,成效凸显,成绩突出。杭州介绍,今年主推"吴越遗风"民间工艺大展,"武林遗韵"八个城区古戏台原生态演出,"风雅颂"民间艺术展演等四大品牌活动。绍兴介绍,以绍兴师爷讲故事,水乡社戏展演,越文化生态保护区为重点品牌。特别是以水乡社戏为载体,五大剧种和五大曲种将全面登场亮相。衢州介绍,今年重点抓好三个节,祭孔大典、中秋民俗文化节、四省边界艺术节。嘉兴介绍,重点打造中国端午民俗文化节,邀请全国端午10大保护地以及日本、韩国的友城,共同搭建原生态演出平台;并重点打造蚕桑丝织文化生态保护品牌,举办中国蚕桑丝织文化生态保护研讨会。各地依托资源优势,张扬主题文化,出特色、出亮点、出标杆、出品牌。一个地方所拥有的特色品牌,是反映当地文化资源和文化特色的重要指标,是提高区域知名度和扩大区域社会影响力的重要因素,是文化软实力和竞争力的重要体现。从某种意义上讲,没有特色品牌,就没有城市的特色,就没有核心竞争力,就没有辐射力和影响力。

六、抓试点引路

一个是数字化平台试点。我们设想,用一年的时间,基本完成数字化平台建设和正常使用运行。第一个季度,完成试点单位数据录入;第二个季度,基本完成所有市县数据录入;第三个季度,查漏补缺,拾阙补遗;第四个季度,规范完善,正常运行,总结表彰。各地要按照省里的实施方案要求,要按照省里要求的时间节点,积极会同,上下协力,把这项工作做好。二是非遗保护综合试点县。我厅公布了17

个试点县,各地报来的全部上了。大家有这种劲头,有这种干事业的热情,地方政府又重视和支持,我们何乐不为,当然给予支持。我厅将在4月中旬在开化召开浙江省县级区域非遗保护工作现场会,各市和试点县参加。开化作经验介绍,各地交流和探讨县级区域非遗保护的途径和办法,或者经验总结,或者理论文章,不求面面俱到,有点思想、有点观点就行。三是文化生态区试点。文化生态区建设,涉及自然生态、人文古迹、民俗风情,是一个成片区和原生态保护的概念。这是从一个个项目保护向整体性保护的转型和转换,是非遗保护理念的提升,是非遗保护的理想境界,也是科学发展观和可持续发展观在非遗领域的体现。到时候开个经验交流和理论研讨会,探寻和摸索文化生态区建设的规律。各地要积极配合和会同省里抓好当地的各相关试点工作,也要从当地实际出发,发挥主观能动性,发挥创造热情,找问题,解难题,求实效,求长效。试点要成为示范点,以点带面,示范引导。

七、抓对外交流

今年2月,联合国教科文组织在北京举行"保护非物质文化遗产国际信息交流会",我厅陈瑶副厅长代表我国在会上作专题主旨讲演。我处对近年来各地非遗对外交流情况作了了解,据不完全统计,仅2011年我省组织了15个非遗交流团赴外展示,有35个非遗项目随团赴12个国家出访展演。可以说,去年一年我省非遗对外交流工作硕果累累,亮点纷呈。通过一系列对外交流活动,展示了我省我国非物质文化遗产的丰富多彩和斑斓多姿,展示了我省我国非遗保护的突出成效和成果。今天会上,各地也交流了非遗对外交流活动安排,范围进一步扩大,渠道进一步拓展,组织安排上也进一步成熟。譬如丽水今年组织赴我国台湾以及韩国、东南亚交流。特别是今年世博会在韩国丽水市举行,丽水借题发挥,可以大做文章。温州与侨办合作,组织非遗项目赴欧洲展演展示等等。虾有虾路,蟹有蟹路,一方面要积极争取上级有关部门的对外交流机会,一方面要横向协调和协作,积极主动创造对外交流机会。一方面要巩固并推广已有对外交流品牌,一方面要着力打造一批新品牌。一方面要积极走出去,开展非遗对外宣传推介活动,一方面要积极构想和创造条件引进来,争取将我省培育和打造成国际性的或者地区性的非遗交流平台。我厅今年将安排部分分管局长和非遗处长赴希腊培训。古希腊文化是人类文化遗产的重要组成部分,对全世界尤其对欧洲文化的发展有重大影响。我们既要感受希腊历史悠久的古迹和灿烂的文明,更要学习和借鉴先行国家非遗保护的理念和经验。

八、抓宣传鼓劲

我省人类非遗项目居全国各省份之首，国遗项目蝉联三连冠，省政府将对有贡献的单位和有功之臣给予表彰和记功嘉奖。省人保厅和省文化厅的申报推荐通知已下达，各地推荐名单已陆续上报，省评选表彰领导小组审核后将进行公示，并呈报省政府审核审批。省政府将召开专门的表彰大会。这件事，在文化系统是破天荒的，史无前例的，在各地可能也是绝无仅有的，体现了省委省政府对非遗工作的高度重视，体现了对我们非遗工作成效的高度评价，体现了对我们非遗工作者的亲切关怀。我想，更体现了对我们进一步做好非遗工作的殷切期待。这一次，将有一批非遗同仁受到记功表彰。而且，在文件中还留了口子：各地可以配套表彰。这样滚雪球，将有一大批投身于非遗事业并做出突出贡献的同志受到表彰。今年，打算开展第二届浙江省非遗保护十大新闻人物评选活动。还将继续评选年度非遗保护十件大事。将开展非遗主题歌征集和评选活动，非遗人要唱自己的歌，要唱响非遗保护主旋律，要扩大非遗工作的影响力、传播力。宁波着手筹建非遗保护联合会，设想参照文联体系，各门类建立分会，吸收和吸纳有识之士有志之士参与非遗保护。宁波还投 300 万与电视台长期合作，强化非遗宣传声势和力度。温州每年投 30 万与电视台合作，开辟"守望行动"专题专栏，计划连续三年，扩大宣传声势和影响。我省非遗工作如火如荼，与新闻媒体的推波助澜和重彩浓墨大张旗鼓宣传分不开的。省里的浙江日报、钱江晚报、今日浙江、浙江电视台、浙江在线等主流媒体，对于非遗工作非常重视和支持。各地除了运用当地的媒体做好宣传之外，还要积极向中央媒体和省级媒体做好报道和宣传；除了运用传统媒体，还要充分运用新媒体做好报道和宣传；除了一般性工作和活动的新闻报道，更要注重深入深化的、系列系统的和有一定厚度分量的宣传报道，为非遗事业的发展繁荣营造广泛的舆论氛围。

九、抓制度规范

省政府将出台政府规章"浙江省历史文化名城名镇名村保护条例"，里边对非遗保护传承、对文化生态的维护保护，都有专门的表述和要求。另外，省两办（省委办公厅，省政府办公厅）将出台"关于加强历史文化村落保护的意见"，其中，分为自然生态村落、传统建筑村落、民俗风情村落三种村落类型。民俗风情村落，也就是非遗保护传承做得好的具有独特风情风貌风韵的村落。我厅准备在今年第三季度在桐庐召开美丽乡村建设中非遗保护工作现场会，研讨和推广怎么样让美丽乡村呈现美丽，让各地乡村能够彰显特色,张扬个性,凸显优势,展示魅力。我厅也将在非遗保护生动实践和丰富创造的基础上,加强非遗保护规章制度和政策措施的研究和制订工作。各地对于非遗工作制度建设逐步加强。宁波在非遗保护传承"三位一体"实践的基础上,结合省里的要求,创新举措,对名录项目、传承人、传承基地分别实施"八个一"措施,将实行100分考评标准,考核结果60分以下的将予摘牌。舟山进行非遗生产性保护调研,争取出台生产性保护优惠政策;将组织进行民间艺人专项普查,争取出台代表性传承人动态管理办法;并将争取出台海洋文化生态保护实验区建设与管理暂行办法。这些探索对于非遗事业的科学化规范化具有现实意义和长远意义。我历来强调"先发展,再规范",但到了今天这个工作阶段和事业兴旺的景象下,应该调整指导思想,应该强调"坚持发展,狠抓规范",在发展中规范,在规范中发展。

十、抓科研编纂

新世纪兴起的非遗保护运动至今不过十年,但成果丰硕,成绩累累,成效突出。全省非遗工作将面临全面的转型升级,当前各地要加强和加快非遗普查成果和抢救保护成果的编纂出版工作。一是中国非遗普查报告浙江省卷,文化部非遗司将浙江作为试点。二是浙江通史非物质文化遗产卷,与文物卷花开两朵,各表一枝。三是浙江非遗代表作丛书,第一批44本已于2010年出版,第二批85本,今明两年分期出版,第三批58个国遗项目书目编纂工作,各地也要抓紧资料搜集整理和落实人员着手撰写工作。四是非遗科研工作。着重从专门史论和实证研究两个方面确定课题,省里将给予入选课题经费补助。五是我处准备办个浙江非遗图书馆,各地编纂出版的海量的集成志书和影像资料,我们将把它集聚起来,不能束之高阁,要开放展示,既为系统内服务,也为专家学者和社会各界服务。各地在非遗成果的编纂出版方面,从零打碎敲转向系统化系列化。譬如宁波,149个乡镇,每个乡镇一本,149本已出齐,统一出版。在去年底的全国非遗保护工作会议上,引起很大反响。今年,宁波再投入200万,每个县出一本非遗大观,统一编纂出版。各地要继续重视成果编纂和科研工作,推进非遗资源价值的开发利用,推进非遗科研成果的转化,为非遗事业发展提供决策咨询,为非遗保护科学化提供学术依据,更是为了非遗保护成果让人民群众共享。

中央和省委省政府高度重视非遗工作,文化部对浙江深切关怀和殷切期待,兄弟省市眼里浙江地位又这么高,人民群众对非遗保护真切拥护,我们要不用扬鞭自奋蹄,响鼓不用重敲,不辱使命,不负重托,把工作做得更好。

第四讲

市县讲评

凝心聚力求发展　争先创优谱新篇

　　首先,请允许我借此机会代表省非遗办,对杭州市的各位同仁兢兢业业、勤勤恳恳、勇于进取、乐于奉献,为非物质文化遗产保护所作出的贡献,表示由衷的感谢和崇高的敬意!

　　当前,党和政府对非物质文化遗产保护工作高度重视。胡锦涛总书记在党的十七大上强调,要"加强对各民族文化的挖掘和保护,重视文物和非物质文化遗产保护";强调要"弘扬中华文化、建设中华民族共有精神家园";强调要推动社会主义文化大发展大繁荣,要兴起社会主义文化建设新高潮。温家宝总理在去年的文化遗产日指出:"我对非物质文化遗产有三句话的理解:第一,它是民族文化的精华;第二,它是民族智慧的象征;第三,它是民族精神的结晶。"中央主要领导对非物质文化遗产的理解深刻,认识很高,要求很明确。2006 年,浙江省委召开全会,专题研究加快文化大省建设问题,出台了《关于加快建设文化大省的决定》;在今年 6 月,浙江省委召开省委工作会议,专门研究部署推动文化的大发展大繁荣,做出了《关于推进浙江文化大繁荣大发展的决定》。省委两个"决定",都对非物质文化遗产保护工作作了充分强调。许多同志都知道,习近平书记在浙江工作期间,曾经在不到一个月的时间里,五次对非遗保护工作作出重要批示。在 2006 年的文化遗产日前夕,习书记亲自召开了一个座谈会。会上,杨建新厅长提到习书记的批示。习书记说,这么短的时间,这么高的频率,为一个专项工作,连续作出批示,好像还没有过。今年年初,赵洪祝书记在省政协的一个材料上作了重要批示,其中有一句是:要把我省的非遗保护工作继续推进一步。可见,从中央到省委省政府对非物质文化遗产保护工作都是极为重视,也为我们指明了方向,明确了目标,提供了保障。

　　我们浙江为什么如此重视非物质文化遗产保护工作? 这是有深刻的历史和现

2008 年 7 月 4 日在杭州市非物质文化遗产保护工作交流会上的讲话

实意义的。一方面,我们浙江的经济发展到这个阶段,这个程度,有理由也有必要把文化建设提升到一个新的高度,成为全国的典范;另一方面,随着城市化、现代化和工业化的不断推进,非物质文化遗产的生存空间受到严重威胁,形势严峻。人民群众时刻关注这个问题,人民群众也在呼唤文化遗产的保护。还有一方面,也是丰富人民精神文化生活、提升人民福祉的需要。

加强非遗的保护,在我省已经形成共识,形成态势。非遗保护工作在文化大省建设中的位置越来越突出,在现代化进程中的地位越来越高。我省非遗保护形势大好,不是小好,可以说是风起云涌、如火如荼。

刚才,杭州市非遗保护中心和余杭、临安等县市区介绍了近年非遗保护工作和经验,市县两级的工作热情、工作干劲、工作成效,令人感慨,令人感怀,令人感动。我边听边记,边紧张思考。我把感受概括为两点:

一、认识到位是关键

我将杭州的工作态势,概括为"六个意识":

一是文化自觉意识

这个文化自觉,体现在三个方面:一是党政领导的文化自觉,二是文化主管部门的文化自觉,三是社会各界的文化自觉。杭州市委、市政府对非物质文化保护遗产很重视,市委书记王国平多次对非物质文化遗产保护作出重要批示。蔡奇市长亲自主持会议专题研究"杭州市非物质文化遗产保护三年行动计划"。近年来,杭州市政府先后出台了多个涉及非物质文化遗产的重要文件,出台了加强非遗保护的意见、加强老字号保护的意见、加强传统工艺美术保护的意见,加强杭剧保护的意见,这一系列文件起到了工作导向和政策保障的作用。经编制部门批准,杭州市本级及临安、余杭、富阳、萧山、桐庐等五个县(市、区)已经建立了非遗保护中心,切实解决有机构办事的问题。同时,杭州市市、县两级文化主管部门对非遗保护工作很主动、很自觉,担当责任,不辱使命,赢得地位、赢得尊重。目前,社会各界的参与已经形成态势。余杭区建立了非遗保护志愿者队伍,首批56位志愿者宣誓上岗。刚才,临安的局长介绍,临安有个村建立了一支30多人的非遗保护志愿者队伍,而且统一服装,在运动衫上印了一句口号"非遗保护,人人有责";这个村还建立了一个牌子很大的非遗展示馆,号称"浙西非物质文化遗产馆",抢救、发掘和搜集了大批的民俗实物,令人感慨,令人感动。这充分体现了人民群众对"非遗"保护的拥护和热情。这是我的第一点感受。

二是奋勇争先意识

杭州作为省会城市,作为副省级城市,地位特殊,做什么事情都要抢第一,都要争红旗,当仁不让。在第一批和第二批国家级非物质文化遗产名录中,杭州市上榜项目,是全国省会城市第一,副省级城市第一。余杭滚灯入围了北京奥运会开幕式的前奏演出,全国有130多个节目参与竞争,结果入选20个,余杭滚灯脱颖而出,有一席之地,不简单不容易。这是我省唯一入选的节目,为我们争得了荣誉。还有,临安的非物质文化遗产对外交流,成为一种文化现象。近年来,临安年年有节目出访,已经有13个节目出访国外演出,到法国、捷克等多个国家演出。一个县级市成批次、成规模的非遗节目出访国外,在全省肯定是第一。杭州市率先建立了市级非遗中心,率先建立了非遗专项资金,每年500万元。这些都走在全省的前列,在全国也产生了一定的影响。

三是博采众长的意识

要高起点开展工作,不能闭门造车,要有开放意识,要有海纳百川的胸怀,要善于借鉴学界成果和外地的先进经验。杭州市走在前列,既体现在创业创新上,也体现在善于学习借鉴上。2005年,杭州承办了世界文化多样性论坛,26个国家的文化官员和驻华使节以及专家学者出席论坛,影响很大;2006年,杭州余杭区承办了中国非遗保护论坛,国内著名的非遗保护专家几乎都来了,许多理念和思路给我们启发很大;2007年,杭州淳安县承办了长三角非遗保护论坛,学者真知灼见,很有指导性。我们要重视运用学界、智库的研究成果,科学指导非遗保护实践。杭州市也善于借鉴吸收他人的经验,不是说我是"老大",我就什么都靠自己创造。比如说,非遗数据库建设,怎么搞,没经验,就跑到文化部的试点湖北宜昌去取经。比如,临安市借鉴上虞的做法,发动全市中小学学生参与非遗普查,收集了非遗线索5万余条。这些线索,也许并不一定价值很高,但通过小手拉大手,动员成千上万个家庭参加,普及了非遗知识,增强了群众的抢救保护意识。杭州市与杭师大合作,准备搞七个卷本的《杭州市非物质文化遗产大观》。借脑借力,少走弯路。这些,体现了杭州市包容并蓄,博采众长的气度。

四是创新创造意识

杭州的非遗工作有许多突破,有许多创新。记得2004年,全省民族民间艺术资源普查工作现场会就在临安召开,临安为全省制作了首个民间艺术资源普查范本,提供了科学依照,为全省普查的顺利推开作出了重要贡献。2006年的首个"文化遗产日",余杭区创造性地将之延伸扩展为"非物质文化遗产月"。王国平书记在杭州日报的报道上批示:"这个做法很好!"六个字,一个感叹号,话不多,分量很重。杭州市已连续五年举办西博会狂欢节,每届狂欢节分别邀请十余支国外民间艺术团队和省外民间艺术团队来杭演出,成为杭州市民领略国外民俗风情的重要窗口,成为展示国内非遗表演节目的重要平台。今年,杭州市在全省率先出台了非遗传承人职称评审制度,对社会上的民间艺人评定职称,体现了对传承人的重视,对他们社会价值的认定,对他们社会地位的肯定。这是一个很好的创举,是一个重要突破。再比如,余杭非遗成果的编纂工作,除了编纂综合性的《余杭非物质文化遗产大观》外,余杭还聘请了中国美院教授,把列入省名录的 17 个项目,每个单独成册编制连环画,公开出版发行。用连环画的形式,群众喜闻乐见,看看能够增长见识,有点情趣,还有较高的收藏价值。省里将列入第一批国遗的 44 个项目,每个项目编一本书,省里的工作应该有点深度。县里的编纂工作,可以更加重视通俗性。我们工作要出成绩出经验,必须结合本地实际,找出适合自己的独特的创新思路和方法。对于省里来说,要善于发现基层的最新创造,集思广益。

五是服务群众意识

服务群众,主要体现在两个方面:一个是满足群众的文化需求,一个是提升群众的生活品质。比如说,临安大力培育民间艺术团队,全市涌现出了 300 多个业余团队,形式多样,多姿多彩。临安打造两个活动品牌,一个是两年一届的"华夏一绝"全国非遗邀请赛,一个是每年一届的"吴越风"民间艺术展演,一个是全国性的,一个是临安地方性的,相互呼应,相互烘托。杭州市每年一届的西博会狂欢节,影响很大;杭州两年一届的"风雅颂"非物质文化遗产展示活动,不断推出民间文艺精品。杭州作为历史文化名城,大力培育国办和民办的博物馆,全市有 50 多个博物馆,门类众多,特色鲜明,免费开放,服务群众。星罗棋布的博物馆,成为杭州历史文化积淀的一个见证,成为人民群众接受文化熏陶、提升文化品位的重要场所。非遗保护人人参与,保护成果人人共享,这应该是我们工作的目标。

六是求真务实意识

今天会上,临安展示的非遗普查资料,层层叠叠,每个乡镇线索表厚厚一本,项目表也是厚厚一本,希望在座的每个同志,都去翻翻看看,这其中多少人多少精力的付出!多少心血多少汗水倾注其间!临安的褚局长统揽全局、领导有方,方局长呕心沥血、亲力亲为,临安广大基层的同志们、同仁们,认真尽职,勤奋努力,才有累累成果，才有精彩呈现。听了临安的典型介绍，让我深为感动，临安市不愧为全省的老典型！杭州有一批这样的先进典型！翻阅这次会议材料，我看余杭、建德、桐庐、富阳、拱墅等地一个个都做得很好，让我深有感触。这说明杭州市整个面上工作基本上齐头并进，认真扎实，说明杭州市文广新局统筹有方，指导到位，也说明了杭州市、县（市、区）两级党委政府认识充分，保障有力。

归根结底，总而言之，一言以蔽之：杭州市在非物质文化保护方面很有成绩，卓有成效，走在全省的前列。

二、坚持不懈是根本

非遗保护是一项系统工程，是一项民心工程，是一项长期的艰巨的工程。要做好这一项工作，关键在于坚持不懈、深入持久，长期的奋斗和努力。对下一步杭州市非遗工作，提几点建议。我概括为五个坚持：

第一，坚持解放思想，转换观念

今年是改革开放30周年。30年前，安徽的小岗村老百姓包产到户，所谓"辛辛苦苦30年，一回回到解放前"，但是他们因此解决了自己的吃饭问题、温饱问题。我们的义乌人"鸡毛换糖"，发展到小商品市场、小商品城、小商品之都。我们的温州，从所谓的"资本主义"泛滥的场所，变成了社会主义商品经济的前哨阵地。从曾经的"两个凡是"到"实践是检验真理的唯一标准"到提出"解放思想，改革开放"。这30年来，我们国家发生了翻天覆地的变化，现在年经济增长连续26年都是10%以上。在改革开放30周年之际，我们要继续坚持解放思想，与时俱进。我们浙江现在自我感觉太好，在全国各省份中经济总量排行老四，人均收入居全国第一，包括文化工作走在全国前列，非遗工作也是走在全国前列。我们作为全国非遗保护的综合试点省，大胆探索，勇于实践，为全国非遗保护作出了努力，作出了贡献，特别是两批国遗项目中，我省都是名列全国第一。我们不少同志因此盲目乐观，自我陶醉，而我们的工作，依然存在许多薄弱环节，依然存在许多不足，存在许多发展的瓶颈。我们仍然需要增强开拓创新、解放思想的意识。比如知识产权的保护问题，到底用什么保护，商标保护、专利保护、版权保护呢，还是原产地保护？非遗普查即将完成，成果编纂怎么编，资源分布图怎么编，数据库怎么建？怎么解决重申报轻保护问题？文化生态保护区怎么建设？怎么处理好非遗保护与发展产业的关系？这些都是保护工作中需要深化和解决的问题，我们面临许多兄弟省市还没有涉及的问题。这些都需要我们开动脑筋、开动机器。现在全国看浙江，我们的压力很大，先进不好当，响鼓要重敲，快马要加鞭。我要强调一下，我省是全国的试点，杭州及临安、余杭是省里的试点，正因为是试点，没有多少经验可以借鉴，没有多少模式可以参照，没有多少样板可以遵循，需要我们继续破难攻坚，需要我们继续开拓创新。

第二，坚持统筹兼顾，突出重点

工作千头万绪，不可能齐头并进，必须学会弹钢琴。下半年，主要的几项工作：一是迎奥运。奥运是体育的盛会，也是人文的盛会，我们相关的事情也很多。余杭的滚灯参加奥运会开幕式的前奏演出；在北京奥运公园，给每个省安排了一个"祥云小屋"，我省准备重点展示蚕桑丝绸文化，体现浙江文化的魅力，体现中华文化的影响力；在天安门广场，我们要组织七八个非遗展示队伍参加演出；还要组织参加在奥运赛区进行的"北京奥运"城市文化广场活动。文化部还将邀请我省传统戏剧到民族文化宫展演，还将选调全国"群星奖"优秀节目进京展演；另外在中华世纪坛，我们还将组织一个大型主题展览，用玻璃雕刻演绎"一个人的奥运到 32 块金牌"，见证中国的奥运历程。同时，省厅会同杭州市局还将搞一个"为奥运喝彩"广场演出。奥运是全国人民的奥运，我们要积极响应。二是我们把非遗普查工作当作今年的大事要事急事来抓，既要抓数量，更要抓质量，要抓到底抓彻底，抓出成效抓出成果。三是启动非遗资源地图编制、数据库建设、成果编纂工作。四是加强保护载体建设，省里公布了首批非遗传承基地、传统节日保护基地、文化生态保护区试点，要加大保护力度，加大宣传。任务很重，工作很多，要统筹兼顾，张弛有度，做到长远目标与阶段工作结合，整体规划与具体安排结合。

第三，坚持政府主导，社会参与

非遗保护有一个重要的特点，就是拓展了文化工作的领域。原先我们许多工作，都是系统内的，非遗工作延伸到了各个领域各个层面。我们非遗工作，从上往下层层推动，社会各界都很支持，人民群众很拥护。我们要充分运用各方参与保护的热情。去年文化遗产日，省文化厅在浙大、浙师大、杭师大建立了三个非遗研究基地，今年又在中国美院、浙江传媒学院、浙江艺术职业学院建立了三个非遗研究基地。高校参与非遗保护和研究的热情很高，在许多方面发挥了积极作用。现在新闻媒体对非遗保护很关注，很投入，开设专题、专栏、专版，重彩浓墨、大张旗鼓宣传，为非遗保护推波助澜，锦上添花。社会团体参与非遗保护热情高涨：宁波市140 多个团体参与非遗普查；余杭、开化、洞头等不少地方建立了非遗志愿者协会；

省民间艺术研究会、省老字号协会、省婺剧促进会等团体成为非遗保护的重要力量。省委宣传部正在筹备省民俗文化研究会，我厅已着手筹备省非遗保护协会，进一步动员社会力量，发动社会各界人士参与非遗保护工作。德清有个小老板搞了个非遗奖励基金，每年评选奖励当地非遗保护传承典型人物，钱不多，意义蛮大。新昌调腔搞了个基金会，绍兴市政府、新昌县政府，各拨款100万元；同时，动员了10个企业，每个企业每年20万元，每年200万，将连续5年给予支持。有了财力支持，新昌调腔一年排三个戏，一年演了200多场。调腔去年晋京表演，获文化部"文化遗产日奖"，去年年底参加第十届省戏剧节，获剧目大奖。"宋城"也是社会力量，那台《宋城千古情》，看了演出的人都说好，宋城还有手工技艺的展示，民俗的表演，成为一个经典的非物质文化遗产旅游景区。刚刚落成通行的杭州湾跨海大桥，据称是世界第一长桥，我认为它更大的意义在于完全靠社会资金投入建造，投入120个亿，都是企业资金、民间资金。我们强调政府主导与社会参与相结合，政府要重视，文化主管部门要责无旁贷承担起主管责任，当仁不让做好保护工作，还要注重动员社会力量。《浙江省非物质文化遗产保护条例》指出：任何单位和个人都有保护非物质文化遗产的义务。所以我们应该拓宽社会力量参与的渠道，创造条件，创新机制，发动群众、动员群众，搞"群众运动"。

第四，坚持强化服务，深化成效

我们的服务，主要体现在三个方面。一是服务传承人。非遗的传承，通过口传心授，言传身教，人去世了，一门技艺也许就带走了。有识之士呼吁，每一分钟都有老艺人去世，每一分钟都有一门技艺消亡。说明了抢救保护工作刻不容缓，时不我待，迫在眉睫。所以，省里和杭州市为老艺人颁发政府津贴；杭州市给老艺人评职称；今年春节、元宵节期间，我省在全省部署开展"服务传承人月"活动；另外，还搞传承基地建设，搞非遗展示活动等等。今年文化遗产日，我厅在省人民大会堂举行隆重的仪式，省委省政府领导为国家级和省级传承人颁发奖章、证书、奖杯，给传承人披上大红绶带。这项工作还要进一步深化，通过多种措施，肯定这些传承人对社会的贡献，肯定他们的价值，承认他们的社会地位。二是服务基层。某种意义上说，机关的本质就是服务，管理就是服务，领导就是服务。省为市服务，市为县服务，县为乡镇服务，乡镇为村里服务，一级服务一级，一级支持一级，一级帮助一级。我们工作要落实，必须重心下移，阵地前置，靠前指挥，为基层出谋划策，排忧解难。服务的另外一个含义就是服务大局。服务大局与我们做好本职工作应该是一致的。比如临安市做好非遗保护工作，为打造吴越文化名城服务；杭州市创"文化遗产之都"，为建设文化名城服务，为打造生活品质之城服务；省里实施文化保护工程，为文化大省和生态浙江建设服务。服务是理念，服务是宗旨，服务是责任。

第五，坚持夯实基础，落实保障

这主要讲机构和投入的问题，领导重视的问题。杭州有 13 个县市区，已经有 5 个建立了非遗保护中心，还有 8 个县市区没有建立保护中心，这些县市区要回去积极争取。现在国家也建了，省里也建了，杭州市也建了，而且有 5 个县市区也建了，没有建的完全有理由回去争取。因为这项工作不是阶段性的，不是短期的，非遗保护工作是长期性的永久性的工作。周和平部长说，只要人类存在，这项工作都将继续延续下去。因此，一定要有一个正式的机构、正式的队伍来从事这项工作。另外，没有建立非遗保护专项资金的，不能再拖了。非遗保护要有一定的设施设备，要落实相应的人员经费，要落实项目保护经费，还有成果编纂需要经费，展示活动需要经费，没有钱办不好事，办不了事。省非遗保护条例强调，各级政府都要将非遗保护纳入财政预算。各级政府也包括了乡镇政府。"条例"并强调，县级以上政府应当设立非遗保护专项资金。各地要向政府积极争取。省非遗保护条例还强调，各级政府要将非遗保护纳入重要议事日程，纳入经济社会发展规划，纳入城乡建设规划。各地有法可依，有章可循，要贯彻执行，要把法规落实好，要把政策用足用好。

新一轮思想解放的号角已吹响，新一轮文化发展的春潮已经涌动。加快非遗普查，加强非遗保护，是时代的召唤，是人民的期待。作为文化主管部门，我们应该更加自觉更加主动地投身于这项事业。在此，也殷切地期望杭州市的非遗保护工作继续成为全省的排头兵，继续发挥榜样和示范作用，为全省创造经验。同志们，我们已经做了大量的工作，还有大量的工作要做，革命尚未成功，同志尚需努力！

奋斗的历程令人难忘　前进的道路风光无限

宁波非遗工作在全省很有地位。我今天参加宁波的会议,一是学习,二是取经,三是进一步提些要求。你们出成绩,出经验,我来帮助概括提炼总结,来学习宣传推广。

我讲三点:

一、宁波经验的主要特点

我认为,宁波经验的主要特点就是探索创新。中央领导说:创新是一个民族进步的灵魂,是一个国家兴旺发达的不竭动力。我认为,创新是原动力,创新是成功的关键,创新是真正优势,创新才是硬道理。宁波市在非遗保护的历程中,可以说全过程体现了创新意识,体现着创新实践。

(一)非遗普查创新方法

2008年11月,文化部在宁波的象山召开全国非遗普查现场会,这次会议真正确立了浙江非遗工作在全国的地位。《中国文化报》头版头条以"非遗普查看浙江"为题,报道浙江普查经验。非遗普查看浙江,浙江普查看宁波。宁波市作为省里唯一的设区市普查试点,在实践中大胆对国家普查表式作了简化,并创造了"村报普查线索、乡查重点项目、县做申报文本"的普查工作流程和普查方法,使普查工作从提供简单的线索做起,从最基层的村落和社区做起,从动员广大群众参与做起,打开了普查难于操作难于深入的瓶颈。我厅在宁波普查表式和项目调查表式的基础上,组织力量进一步梳理和规范,制定了一套涵盖18个门类的分门别类的非遗资源调查表。在此基础上,我厅在宁波召开现场会,总结推广了"宁波试点模式"。然后,文化部在我省召开全国非遗普查工作现场会。宁波的模式成为浙江的经验,形成为全国的行动。在新世纪初掀起的风起云涌的非遗普查中,宁波的历史贡献不可忘记! 宁波的贡献何其大焉!

2010 年 12 月 6 日在宁波市非物质文化遗产工作会议上的讲话

(二)非遗传承创新思维

2009年1月，我厅下发通知，要求在第三批国遗项目申报中，把"已列入省级非遗名录，已确定省级代表性传承人，已明确该项目保护传承责任单位"三者作为申报基本条件。宁波依照我厅的申报原则，明确提出只有具备"三位一体"的项目，才有资格申报第三批国家级非遗名录。

特别可贵的是，宁波市把"三位一体"运用到保护传承中，对保护模式进行深层次探索。在保护门槛设置上，允许一个项目有多个传承基地，基地分生产型、专业型和普及型三种模式，兼顾多种功能。在代表性传承人认定方式上，要求只有在传承基地中承担了传承义务的传承人才有资格成为代表性传承人。在补助方式上，采用以奖代补的办法，将补助资金委托传承基地管理，传承基地根据传承人传习授徒情况，以授课费等形式发放给传承人。宁波市文化主管部门提出的"三位一体"保护模式，上升为政府的决策。2010年6月，市政府公布了非物质文化遗产"三位一体"项目及运行管理办法，同时要求县市区配套建立本级的"三位一体"体系。

宁波市的"三位一体"保护模式，促进了项目、传承人、传承基地三方有机结合，使一批非遗项目焕发了新的生机活力，实现了非遗项目的可持续发展。宁波市提出的"三位一体"保护模式，具有科学性、针对性和实效性。这一措施，是宁波继非遗普查模式之后的又一重要创新，意义很大。

(三)非遗馆建设创新举措

宁波的非遗馆建设起步早、思路宽、类型多、政策实。在2008年11月召开的全国非遗普查现场会上，宁波市非遗展示馆正式开放，这是我省第一个面向公众的、具有相当规模的整体展示非遗形态的场馆，在全省甚至全国起到了很好的示范引导作用。

宁波市大力推进非遗展示馆建设，引人瞩目。在非遗馆建设上，官办民办并举，综合性专题性并重；有形无形结合，有围墙的没围墙的并进。特别是政策措施到位，扶持支持的力度很大，调动了传承人和收藏家的积极性，调动了社会各界的积极性。2008年，鄞州区率先出台了鼓励促进民办博物馆发展的扶持政策，对于鼓励和促进区域内民办博物馆的发展壮大具有很强的指导性和推动力。今年年初，宁波市政府出台《关于促进民办博物馆发展的若干意见》，决定在"十二五"期间，市级财政每年拨付1000万元用于扶持民办博物馆建设，从场馆建设、用地保障、资金补助、规费减免、人员配备、从业人员职称评定、运行管理、服务配套等方面提出了详尽有力的扶持措施。同时,该文件明确要求在非物质文化遗产传承基地的基础上发展一批非遗展示馆,享受同样政策。民办馆也享受国有展示馆同等待遇。

经过几年来的努力,宁波市涌现出了一大批非遗展示馆,目前已发展到40多家。宁海的"十里红妆"民俗馆、象山的根雕艺术馆、鄞州的朱金漆木雕馆、红帮裁缝技艺展示馆、甬式家具博物馆等,在区域内外、行业内外都有相当的影响力。特别是鄞州区已形成由20余家非遗馆构成的"非遗"展示馆群,形成了鄞州非遗馆建设现象。

非物质文化遗产是无形资产,但也要有物质来依托,有实体来支撑。博物馆与非遗馆有共性,也有不同的表现特征。文物部门和非遗部门是同盟军,工作一起做,成绩各自报。

(四)非遗生态区建设创新路径

非物质文化遗产的产生和发展,与当地的自然环境、社会环境和人文环境休戚相关。对于文化生态保持较完整并具有特殊价值的特定区域,进行整体性保护。这体现了非遗保护的科学理念,体现了文化生态保护的理想境界。象山县海洋渔文化生态的保护,成为我省文化生态区建设的示范样本。象山已经连续举办了13届中国开渔节,由祭海典礼、开船仪式、妈祖巡安等活动组成,着力展现已延续千百年的丰富的渔文化内涵。渔村、渔港、海岛、海洋,构成整体的文化生态空间,保护好这样的生态环境不容易。象山对于文化生态环境的重视,体现了保护海洋、敬畏自然、人海共融的生态理念。2010年6月,象山海洋渔文化生态保护实验区列入国家级文化生态保护实验区。成为"十一五"时期全国10个国家级文化生态保护实验区之一。象山为我省赢得了荣誉,更为各地文化生态保护提供了经验和借鉴。

宁波在文化生态保护区建设上,不仅有象山经验,而且另辟蹊径,提出在中心城区的历史文化街区,建立衍生态文化保护示范区。将海曙区的南塘河历史街区,改造成为融传统戏曲曲艺展演、传统手工技艺展示、百年老店风貌和民俗风情一体的历史文化特色街区。这一街区,将为非物质文化遗产的动态保护、活态展示,营造新的生存空间和良好的人文环境。

原生态保护是重点,是根本;衍生态保护是非遗重回生活的有效方法和途径。衍生态保护"虽由人力,却似原生",既有利于非遗项目集聚展示,整体呈现,也有利于人民群众集中体验、生动感受;既有利于承传历史文脉,也有利于凸显城市魅力。

(五)非遗成果展示创新载体

非遗普查成果也好,非遗保护成果也好,都应该融入生活、融入群众、融入社会。

宁波市着力推进非遗成果的展示,打响了"天天演"、"月月教"、"年年办"三个品牌。民乐剧场"天天"有演出,为宁波评话、宁波走书、四明南词等濒临灭绝的民间曲艺保留了一个常态演出的舞台,以公益演出吸引人气,也培养了一批风雨无阻的观众群。市非遗中心的"群星课堂","月月"定期请来民间艺人,免费教市民扎彩灯、做香包、剪纸等各种传统技艺,为非遗展示宣传和保护传承提供了平台。传统节庆活动"年年"办。节庆是一种文化载体,既是一种传统的生活方式,也是一种新潮的娱乐休闲形式。宁波市在传承传统文化中打造节庆品牌,中国开渔节、梁祝爱情节、"三月三,踏沙滩"旅游节、奉化弥勒文化节、东钱湖龙舟节等节庆活动,丰富了群众的文化生活,推动了地方经济的发展,也大大提升了宁波城市形象。

宁波的非遗展示,做到"平时不断线,节日掀高潮",体现了珍视传统文化元素,固守民族精神家园的责任意识和主动作为,也体现了非物质文化遗产保护的意义和功能作用。

(六)调动社会力量创新途径

在非遗大普查中,宁波动员了 374 个民间社团参与普查,成为非遗普查的一支重要力量。宁波成立了节庆联合会,意味着传统节庆活动发展进入到一个新的阶段。最近,宁波着手筹备非物质文化遗产保护工作者联合会,将广泛吸纳有志于非物质文化遗产保护研究和开发利用的企事业单位、民间组织和个人,自愿结成专业性、公益性的社会团体,这是非遗保护深入人心的一个标志。这种社团化的有组织的公众参与,改变了文化部门孤军奋战的局面,使宁波的非遗工作凝聚了合力、增添了活力、扩大了影响力。

在宁波,创新已成为一种常态;在宁波,创新绝不仅仅是一句口号,它已经成为一种精神。宁波创造出了多项享誉全国的成果和经验,对于全省乃至对于全国具有示范引领作用。

二、宁波经验的精髓

宁波非遗工作为什么能够亮点纷呈,领跑全省? 总结提炼宁波非遗工作的轨迹,我认为,宁波经验的精髓,就体现在一个"善"字,长袖善舞,多谋善断。

(一)善抓机遇

什么是机遇? 机遇就是契机、时机或机会,通常被理解为有利的条件和环境。机遇具有三大特征:一是过了这村就没了这个店,稍纵即逝;二是当大家都知道这是一个机遇的时候，这个机遇不再是机遇；三是意识到自己抓住机遇后，就应当把机遇发挥到最大值。

宁波人善抓机遇。改革开放初，宁波有位老市长说，宁波的发展，一靠机遇，二靠政策。宁波的文化人善抓机遇，汪老处长就是善抓机遇的高人。当年宁波的非遗普查试点，是市文化局汪老处长争取来的。原先省里布局普查试点，只考虑县一级层面的，宁波主动请缨，要求列入试点。宁波也非常珍惜成为唯一的设区市普查试点的机遇，视试点为抢占先机、赢得主动的有利条件，不负重托，不辱使命，创造了宁波普查模式，打开了非遗普查的瓶颈，也确立了宁波在全省和全国非遗同行中的地位。在非遗项目保护的实践中，宁波继续以"摸着石头过河"的精神，边探索边实践，在实践中解决问题，创造了非遗项目保护传承"三位一体"的经验。宁波一步领先，步步领先，不断赢得工作的主动权、主导权。

善抓机遇，就是毛遂自荐，抢占先机，吃头口水；善抓机遇，就是乘势而上，迎接挑战，主动作为；善抓机遇，就是强化走在前列的意识，不断追求更高的发展目标。有些人，机遇之鸟已经站在肩膀上，还在那里发呆，等机遇之鸟飞走了，一去不复返了，又后悔莫及追悔莫及！

（二）善动脑筋

善动脑筋就是解放思想，敢于突破，勇于创新。思路决定出路，思路一变天地宽，脑筋急转弯豁然开朗。宁波市敢于直面矛盾，走近矛盾。碰到问题不回避，有的放矢解决问题；碰到矛盾不上交，立足自身化解矛盾；碰到困难不低头，迎难而上破难攻坚。因为敢于突破，突破本本、突破权威，创造了非遗普查模式；因为敢于突破，突破传统、突破常规，创造了项目保护传承"三位一体"的经验；因为敢于突破，突破观念、突破思维定势，创造了民办非遗展馆蓬勃兴起的态势。

当前的非物质文化遗产保护工作，固定可循的模式不多；如果不去研究新情况、创造新做法，不注意与时俱进、开拓创新，工作就将缺乏生气，缺乏活力。宁波强化创新促保护，创新求发展的意识，紧紧抓住影响非遗事业发展的关键环节，做出了一系列有益的探索和尝试。多项举措的实施，开全省先河。

（三）善于务实

陈云有句名言：不唯上，不唯书，只唯实。宁波经验的一个主要特点，就是实事求是，求真务实，求实务实抓落实。

在理念上，注重一切从实际出发，注重与具体工作实践结合，与发展趋势结合。

并把正确理念体现在工作指导思想上，贯彻在各个方面的实际工作中，落实在具体的行动上。把思想转化为具体行为，把思考转化为实践。

在措施上，因地制宜、分类指导，项目化、具体化。以项目建设作为落实任务的主要载体，作为推进工作的主要抓手，作为检验成效的重要尺度。重实际、重实干、重实效，把发展目标变成现实。

在作风上，脚踏实地，真抓实干，把心思用在抓落实上，创造出了实实在在的工作成绩。

（四）善于借力

宁波人历来具有开放的意识。宁波在非遗保护上同样具有开放的思维。非遗工作起步不久，工作力量有限，必须凝聚和团聚更多的有识之士来共同参与。非遗工作涉及面广，涉及社会生活的方方面面，必须有方方面面的力量参与。宁波市积极争取各行业协会的支持，积极发挥社会团体的优势，积极调动"乡土专家"的力量，积极唤起民众的文化自觉，才营造了今天这样生气蓬勃的景象，营造了生动活泼的局面。

人民群众既是非物质文化遗产的创造者，也是非物质文化遗产的保护者、传承者和传播者。只有让非物质文化遗产这项工作广为人知，动员广大人民群众关心参与，保护工作才能事半功倍，才能卓有成效。

（五）善于造势

造势，就是要形成强大的声势，发动群众广泛参与。宁波在营造声势方面，很有一套。在工作安排上，有组织、有方案、有计划、有步骤；在宣传形式上，有节庆、有展馆、有基地、有网站；在活动开展上，有领导、有分工、有协作、有实效。宁波的非遗宣传展示，采取灵活多样的形式和群众喜闻乐见的方式，并把宣传活动贯穿于非遗工作的每个阶段，渗透于各项工作中。宁波的非遗宣传展示，方法新、范围广、影响久、效果好。大张旗鼓、重彩浓墨的宣传，使非遗保护真正做到了家喻户晓，深入人心。宁波的非遗宣传展示，最大限度地把传承人的积极性调动出来，最大限度地把群众的热情激发出来。人民群众和有关单位积极参与，高度关注，热烈响应，真心拥护，形成了推动非遗保护的巨大社会力量。

上述五个"善"，是宁波非遗保护实践中积累的宝贵财富，是非遗工作者智慧和心血的凝聚。希望宁波的非遗工作者对之倍加珍惜，使这五个"善"继续成为推动非遗事业发展的不竭动力。

三、几点要求

我省非遗工作面临转型升级，宁波的非遗工作也期待新的突破，期待有新的思维引领。我认为，当前要特别注重五个方面的转型。

（一）从感性认识到理性认识

从实践论的观点来讲，对事物现象的认识属于感性认识；对事物本质的认识属于理性认识。由感性认识上升到理性认识，是认识过程的质变和飞跃。非遗保护的实践，也有个知和行的关系问题，从实践到理论，再从理论到实践的过程。

宁波非遗保护的实践，有许多创造，有许多成功的实践。下一步，我认为要着重思考三个"能不能"的问题：一是能不能把以往成功的做法，及时给予归纳和总结，找准并提炼出具有推广价值的普遍性规律，以进一步把握规律、遵循规律；二是能不能针对当前非遗保护实践中面临的瓶颈和难点，进一步深入调研和探索实践，进一步加强理论研究，在科学理论指导下，开出解决疑难杂症的药方，突破发展瓶颈、突破难点；三是能不能在"十二五"新一轮的发展中把握发展趋势，理出新的思路，特别是要编制好"十二五"规划，引领宁波非遗事业的未来发展。要把三个"能不能"作为我们工作的兴奋点和重点，把三个"能不能"作为我们的工作任务和责任。做到了三个"能不能"，就是为全省作表率。

（二）从杂牌军到正规军

在非遗工作机构建设上，宁波很滞后。宁波11个县市区，经编制部门批准建立非遗保护工作机构的，还不足一半。有正式编制的，只有宁海和余姚，而且这两个县市都仅有一个编制。宁波市本级非遗保护中心，挂靠市群艺馆，也没有正式的编制。

非遗事业是一项长远的事业，必须有机构办差，有人办事，必须重视非遗保护工作机构正常化、规范化建设。宁波市在动员社会力量参与方面做得很好，但在文化部门非遗职能机构建设上还相当薄弱。为此，虽然宁波的非遗工作很出色，但能否可持续发展，我是还有点疑虑，还有点担心。

希望宁波市县两级文化行政部门，把非遗保护管理机构建设摆上重要议事日程，积极依据有关法规政策，依据中央和省委省政府的要求，依据当地非遗保护的实际，积极与编制部门做好汇报和沟通，取得共识，取得支持。在抓紧推进非遗保护事业机构建设的同时，各地也要逐步推进文化行政部门职能处科建设。我们的非遗工作机构要逐步从"杂牌军"向"正规军"转化，逐步实现职业化、专业化、规范化的要求。

(三)从盆景到风景

胸中有全局,手中有典型,是我们做好工作的一个重要的基本方法。我们要从全局着眼,从实际出发,及时发现和精心培育适应全局需要、体现时代精神的非遗保护工作典型。从根本上说,就是要做到典型有全局意义,全局要运用典型加以指导。一花独放不是春,百花齐放春满园。我们不能满足于有几个盆景,更不能以抓盆景代替面上工作,要充分发挥盆景的典型示范作用,加强典型经验的宣传推广工作,以逐步形成连点成线、连线成片、连片成面的态势和格局。

非遗保护需要有出墙的红杏,但更重要的或者说真正的目的,是要培育五彩缤纷的大花园,使全社会处处都有精神的家园。

(四)从社会共识到社会共享

每年的文化遗产日,都有一个主题。譬如"文化遗产保护,让生活更美好",譬如"人人保护,人人共享"。"非物质文化遗产"这几年已成为社会的热门词,非遗保护已逐渐形成为社会共识。非物质文化遗产源于生活,应该回归生活。要发掘一批有着鲜明特色、丰富内涵和多维表达方式的项目,要打造一系列贴近实际、贴近生活、贴近社会的文化品牌,要构建一批具有生命力、具有核心竞争力、具有影响力的活动载体。要适应时代发展,注重传统文化的现代表达,将时尚元素、公益元素、娱乐元素、道德教育元素等有机融入,为丰富人民群众精神文化生活,提升人民群众的幸福指数,发挥积极的和重要的作用。

以民生为本,让人民群众享受非遗保护成果,这是我们保护工作的终极目的。

(五)从前列到最前列

宁波得开放之先,顺发展之势,兴保护之业,求务实之风,取得的成绩可圈可点,可喜可贺,可感可叹!宁波非遗工作成为了全省的典范,也令全国所瞩目,不简单,不容易,了不起!

今年,是实施"十二五"规划的开局之年。特别是国家《非物质文化遗产法》的颁布实施,标志着非遗事业进入了新的发展阶段。宁波能否不断在新的起点上实现新的跨越,再创佳绩,再立新功,再上台阶,能否继续巩固第一方阵的地位,继续领跑全省,领先全国,我拭目以待,全省拭目以待。

有句话说得好:"既然选择了远方,便只顾风雨兼程;既然目标是地平线,留给世界的只能是背影"。奋斗的历程令人难忘,前进的道路无限精彩。高处不胜寒,同样,无限风光在险峰,我们期待着宁波勇立潮头,勇攀高峰!

发扬优良传统　争取更大光荣

　　在全面实施"十一五"规划、谋划"十二五"规划之际，在第五个文化遗产日前夕，嘉兴市政府今天隆重召开全市文化遗产保护工作会议，规格高、规模大，很及时、很重要，意义重大。特别是刚才李卫宁市长的重要报告，系统阐述了文化遗产保护的重要思想和观点。他强调：发展是政绩，保护也是政绩，甚至是功绩；他提出：当经济发展与文化遗产保护发生矛盾怎么办？经济应该无条件地让步，因为GDP可以通过其他途径通过多种途径实现，而文化遗产无论是物质遗产还是非物质遗产若损毁或消亡，则对不起列祖列宗，对不起子孙后代。他指出：千百年风霜雨雪，文化遗产保留和传承到今天，本身就是奇迹，我们要做历史的功臣，不能做历史的罪人。李市长的讲话，体现了嘉兴市委市政府对文化遗产保护真正意义上的重视，体现了对文化遗产保护的正确认知和认识，体现了科学发展观的精神和理念。他的讲话，既是嘉兴市政府对文化遗产保护工作的前瞻性思考，也是对"十二五"文化遗产保护工作的全面部署，更可以看成是嘉兴市政府对文化遗产保护的一份宣言，体现了政府的文化自觉和历史担当！我认为，今天这个会议，既是回顾总结，更是谋划未来，是一次承前启后、继往开来的重要会议。听了李市长的重要报告，听了各县市区的经验交流，我深受教益，也深深为之感动。等一下鲍厅长将代表省文化厅和省文物局作重要讲话，提出重要指导意见，根据议程安排，这里我先就嘉兴市非物质文化遗产保护工作讲点意见。

一、嘉兴非遗工作出成绩出经验

　　当下，嘉兴市非遗保护工作热度很高，势头很猛，亮点频现，精彩不断。我初步概括，其基本经验有五条：

2010年5月14日在嘉兴市文化遗产保护工作会议上的讲话

（一）抓认识，强自觉

中央领导、省领导对非物质文化遗产工作的认识很高，有许多精彩论述，有许多重要批示。认识属于意识形态，但是灵魂，是统帅。嘉兴市委市政府的领导对文化遗产保护工作认识到位，态度鲜明。嘉兴端午习俗申报第三批国遗工作，市委陈德荣书记、市政府李卫宁市长亲自关心关注；嘉兴举办全国性的端午节，市委书记亲自到文化部争取；嘉兴端午节预算1300万元，市长如数签批。关于嘉兴蚕桑丝织文化保护工作，市委书记、市长专门作出重要批示。这些都体现了市委、市政府对非物质文化遗产工作的高度重视。嘉兴市文化局反映，市委市政府领导三天两头说非遗，高度重视。"老大难，老大重视就不难。"只有认识到位，才有行动上的自觉。只有党政领导有了文化的自觉，才有全市形成保护文化遗产的态势。

以前在科教文卫体里边，文化是小儿科。不抓科技要求人，核心技术在人家那里，没有自主知识产权，挺不起腰板；不抓教育要误人，误一代人，甚至误几代人；不抓卫生要死人，人命关天，耽误不起；不抓体育要丢人，没金牌不好交代；不抓文化不烦人，文化事业发展，历史欠债太多，一天到晚要钱，有点烦。以前，各行各业各系统中，除了文化，什么都重要；现在，文化是软实力，是核心竞争力。以前是不抓经济没地位，不抓文化没品位；现在是不抓经济没地位，不抓文化既没地位更没品位。从五位一体，从全面小康，从和谐社会，从科学发展观，从文化大省目标来讲，文化工作，文化遗产保护工作，都应该摆上党委政府的重要议事日程。

（二）抓规划，明方向

今年是"十二五"规划编制年。嘉兴市抓紧和逐步完善文化遗产保护规划体系，通体构思，整体设计，系统思考，谋篇布局。《嘉兴市历史文化名城保护规划》颁布实施，为保护嘉兴独特的江南水乡文化名城提供了依据。随后，《嘉兴市非物质文化遗产保护规划（2010年—2015年）》应运而生，对新形势下嘉兴新一轮非物质文化遗产保护目标任务作出了部署和安排。嘉兴市政府已经草拟并即将出台《嘉兴市蚕桑丝织文化生态区保护规划（2010年—2015年）》，对履行联合国教科文组织《保护非物质文化遗产公约》的承诺，对今后的保护工作，作了总体规划和构想。这三个规划，相互衔接，成龙配套，思路清晰，重点突出，项目具体，可操作性强。规划是个纲，纲举目张。规划是个大口袋，什么都往里面装。规划不是纸上写写，墙上挂挂，规划是理清思路，明确方向。我们要做好工作，就是要干今年、看明年、想后年，就是要长计划、短安排，就是要富有前瞻性、预见性，有计划、有步骤、有重点、有序地推进事业的发展。

(三)抓基地,促传承

第三批国遗项目已公示,嘉兴市上榜 6 个(端午习俗、五芳斋粽子制作技艺、灶头画艺术、掼牛、网船会、高杆船技)。嘉兴市在国遗和省遗项目的申报中,成绩突出,走在全省前列。同时,嘉兴市重申报更重保护。嘉兴的非遗传承基地工作做得好。市本级公布了一批传承基地,各县市区也因地制宜公布了一批传承基地。据了解,秀洲农民画建了 6 个创作基地,26 个后备基地,并建起了一个农民画村,建立了 4 个农民画家工作室。海宁市建立了 15 个不同项目不同类型的传承基地,市文化局与传承基地和代表性传承人,分别签订协议,明确权利和义务,明确以奖代补的措施。特别是对签约的学徒,每年补助每个学徒 6000 元,一定 5 年。这一政策,对于有志于非遗传承的学徒,很有鼓舞性。省非遗办转发了海宁的协议书,推广这一做法。各地分别依样画葫芦,海宁经验已在全省开花。平湖建立了一批非遗传承教学基地,让非遗传承保护工作延伸到中小学,滋养孩子的心灵,促进学生心智的开发。嘉善县对传承基地和传承人补贴力度很大,国家级传承人,除国家、省、市三级政府津贴外,县里每人每年补助 5000 元。这些举措针对性、操作性、实效性很强,进一步激发和调动了传承人的带徒传艺热情和艺术创造热情。随着非遗项目传承人整体迈入高龄时代、银发时代,非遗保护传承已到了刻不容缓的地步。嘉兴市竭尽全力采取各项抢救性保护措施,推动重要非遗项目落地传承,推动非遗项目整体传承,取得了突出的成效。

(四)抓节庆,打品牌

嘉兴端午搞大了,去年中央文明办参与联办中国嘉兴端午文化节,今年文化部、省政府联合举办第二届中国嘉兴端午文化节。"过端午,到嘉兴",买嘉兴粽子,体验嘉兴端午习俗,已经成为杭嘉湖地区人民群众和江浙沪人民群众的共识。嘉兴每个县(市、区)都有一两个特色文化节庆活动。中国秀洲农民画艺术节、秀洲王江泾网船会、海宁硖石灯会、海宁观潮节、平湖西瓜灯节、海盐滚灯大赛、嘉善田歌节、桐乡洲泉蚕花水会等,五花八门,争奇斗艳。这说明了嘉兴各地都十分注重发挥优势,十分注重凸显特色,十分注重打出品牌。这些节庆,对于提高当地知名度、扩大影响力,发挥了重要作用。特别是嘉兴市领导提出了"政府办节,老百姓过节"的理念,这体现了嘉兴市领导的群众观点和一腔情怀。民俗文化就是百姓文化,就是生活文化,所以要让老百姓成为民俗节庆的主体,让老百姓来享受文化遗产保护成果,这是我们的宗旨,也是我们的目的所在,这是我们的出发点,也是我们的落脚点。

(五)抓政策,重保障

今年元旦,《嘉兴市文化遗产保护办法》这部行政性规章正式施行,作为整合文物保护、非物质文化遗产保护及历史文化名城、名镇、名村、历史文化街区保护等多方面内容的综合性保护办法,使嘉兴历史文化资本保护有"法"可依,有章可循,有据可查。与此同时,《关于对大运河遗产提前介入保护工作的通知》、《嘉兴市加强历史建筑保护工作的意见》等政策性文件陆续出台,强调了政府责任,明确了各相关部门的职责,强化了具体保护措施。嘉兴各县市区纷纷出台政府规章和政策性文件,强化文化遗产工作目标任务的实施,强化文化遗产工作的保障。特别是海宁市政府 2008 年出台的《关于加强非物质文化遗产保护工作的意见》,有实货,有含金量,具有刚性和力度。省文化厅专门转发了海宁市这个政策性文件,供各地参照,推动各地政策性措施的出台。省文化厅文件指出:海宁市政府的这个意见,突出目标引导,突出政府责任,突出政策扶持,突出工作重点,突出品牌优势,突出实践特色,支持力度很大,含金量很高,为全省县域非遗保护政策的制订,提供了一个"标准"样本,提供了重要的经验和参考。今年 1 月,海宁市政府办公室出台了《关于做好浙江省传统节日保护示范基地硖石元宵灯会建设工作的实施意见》,这个"意见",目标明确,任务明确,责任明确,措施明确,相信对于硖石灯会的传承发展将起到重要的政策引导作用。海宁市政府设立了非物质文化遗产保护专项资金,对非物质文化遗产工作加大投入、持续投入,按人均 1.5 元,每年安排 100 万,并另外专项安排元宵灯会经费,每年 40 万。海宁市不少有效做法和经验,在全省引起连锁反应,墙内开花墙外也红。《浙江省非物质文化遗产保护条例》要求,要将非遗工作纳入政府重要议事日程,纳入地方经济和社会发展规划,纳入城乡建设规划,纳入财政预算,纳入政绩考核目标。应该说,嘉兴市在依法行政、依法保护上已取得明显的成效,取得了突出成果。

嘉兴市这几年非遗工作发展势头很猛,进入了快车道,走在了全省的前列。这体现了一种抢滩意识,体现了一种责任担当,体现了求真务实、讲真干实的工作态度,也体现了为维护文化生态、维护文化多样化的成功实践。我们这两年来经常来嘉兴,不是因为杭州跟嘉兴比较近,而是因为嘉兴出成绩出经验,我们来学习、宣传和推广。

二、期待嘉兴非遗工作再创佳绩再立新功

即将举行的上海世博会的口号是"城市,让生活更美好",城市真的能让生活更美好吗? 回答也许是也许不是。我认为如果把世博会的口号改为:城市,如何让生活更美好? 也许更为妥切和更有现实针对性。一个城市的现代化,并不是简单地体现在有多少摩天大楼。一个真正有文化自觉和美学自觉的城市,才是真正具有现代意义的城市,才能让市民的生活更美好。嘉兴应该塑造什么样的城市文化形象,应该如何发展和建设,这既是一个现实问题,也是一个理论问题。借此机会,提出几点建议:

(一)把握两个优势,塑造城市主题文化

嘉兴的优势,实际上在座的都比我清楚:一个是地理优势,或者说区位优势。嘉兴位于江浙沪的交汇处,而且位于江河湖海的交汇之处,嘉兴东临大海、南倚钱塘江、北附太湖,大运河贯穿全境,所以自然条件、社会环境非常优越。特别是进入高铁时代,沪杭同城之后嘉兴某种程度上融入了上海和杭州,可以辐射长三角。嘉兴的区位,决定了它是一个包容、开放的城市,这对文化的交流和交融提供了很好的空间,而且对今后文化的发展创造了很大的空间。

二是人文优势。这个人文,重点体现在农耕和稻作的文化。比如公元前5000年新石器时代的马家浜文化,用嘉兴的话讲,有着"江南文化主根"的历史地位。我们都说嘉兴是吴根越角,有着吴风越韵,是吴越文化的发祥地,是有历史依据的。我们嘉兴称为"禾城",也称"嘉禾",什么意思? 禾就是禾苗,就是稻作,就是稻作文化,包括我们这里的五芳斋粽子、端午的习俗等等。众所周知,嘉兴的历史名人资源很丰富,民俗文化资源也极为丰富。我在海宁调研时了解到,单是海宁的民间庙会就有30多个,星罗棋布,形态各异。丰厚的历史人文资源,增添了嘉兴城市文化的积累,也为嘉兴城市文化的发展奠定了雄厚基础,为嘉兴人民提供了无限的自信。

什么是优势? 优势就是特长、特色和特点的综合体现。嘉兴不同于那些放大了的村落型城市,也不同于繁华的商业城市、工业城市,它是一座有着悠久历史文化,又具有现代特征、现代功能的城市,它的建设和发展必然具有独特性。嘉兴城市主题文化的塑造,城市文化发展的重点选择,要以现代城市发展的总体要求和历史文化名城所具备的潜在优势为依据,寻找优势,保持优势,发展优势,这应该成为嘉兴城市文化发展的着眼点和战略重点。

嘉兴城市文化的主题应该抓什么？我与市文化局的同志们也一起共同思考和讨论过。我觉得，应该依托地理和人文这两个优势，应该把民俗文化作为重点，包括各个传统节庆。嘉兴端午节抓对了！一个城市一定要有主题，要有凝聚点。比如我们讲到时装，国外的马上想到法国巴黎，国内的马上想到我们浙江宁波；如果讲到音乐，国外就是维也纳，我们国内可能想到厦门；讲到童话，就想到丹麦哥本哈根的美人鱼，我省云和也在打造"童话云和"；我们讲到休闲，就会想到成都，还有我们的杭州。杭州打造生活品质之城，打造东方休闲之都。嘉兴抓民俗文化，把端午节搞大了，但同时能否将端午之外的其他有关传统节日，也逐步加以恢复和大力弘扬？要过端午到嘉兴来，这已成为共识；要过传统节日就到嘉兴来，这还有待努力。嘉兴还在打"歌城画乡"的品牌，南湖区的合唱，秀洲区的农民画。如果围绕嘉禾文化和民俗文化做文章，我觉得这个歌城的"歌"不应该是合唱，而应该是田歌、山歌；"画乡"的立意很好，从传统的绘画"灶画"到现代的民间绘画"农民画"，这都是对民俗主题的一个烘托。和农耕有关的要做好做大，其他的可以放一放，这是一个建议。

综观全国各地，明确提出将民俗文化作为城市主题文化的，好像还没有。将民俗文化作为城市主题文化，嘉兴有历史渊源，有潜在的优势，更有先发优势。嘉兴能否担负起振兴民俗文化的历史使命，并以这种功能定位去努力完成这种使命？我们拭目以待，也充满着期待。

（二）突出两个重点，惠及百姓生活

这两个重点，一个是生态，一个是生产。

关于文化生态的保护，刚才李市长做了重要阐述，我觉得在嘉兴市"两新"工程里面，就是在新市镇、新社区工程里面要避免偏差，要依照李市长刚才重要讲话精神去领会和理解。有些地方政府提出"城乡一体化"的概念，提出要将农村建设得跟城市一样。我觉得城乡就是两元结构，搞一体化干什么？城市人想到农村去，为了返璞归真，回归自然，搞得和城市一样就没有意义了。所谓城乡一体化，我的理解，是社会保障的一体化，是公共服务的一体化，而不是城市变成农村、农村变成城市，也不是文化形态的一体化，不是文化样式的一体化。历史文化遗产特别是非物质文化遗产依附于农耕文化，皮没了，毛就没有办法依附。李市长讲了生态要保护好，否则千城一面、千篇一律，个性没有了，城市特色没有了，城市的厚重感也没了。我们鲍厅长曾经提出一个重要思想，他提出作为文化部门有两大任务，一个是宣传生态文化，还有一个是保护文化生态。这是文化部门的责任。

　　还有一个就是非遗的生产性保护或生产性开发。非物质文化遗产不但要保护好，还要利用好。当然，这种利用前提是合理地开发利用。我们的非物质遗产也可以成为脱贫致富奔小康的有效途径，成为拉动内需促发展的有效途径，成为新的经济增长点，可以让人民群众得到实惠。我们的蚕桑丝织，我们的农民画、蓝印花布等等，可以运用生产性保护甚至生产性开发的方式，进一步做大，更好地服务社会，服务人民。历史文化资源优势可以转化为文化产业和产品优势。前些天，我们到桐乡的洲泉，我们非遗办和桐乡市政府联合举办杭嘉湖蚕桑丝织文化保护论坛。洲泉一个镇，搞了蚕花水会，搞了一个中国江南蚕桑文化博物馆，然后还搞了蚕桑丝织丝棉被一条街开街仪式，另外洲泉还承办了杭嘉湖蚕桑丝织保护论坛，一个乡镇搞四个项目，一个套装，这个事情就把品牌做大了。所以我觉得非物质遗产的产业开发大有文章可以做，大有潜力可以挖，让人民群众得实惠，取得更大的效益，不单是社会效益，也有经济效益。

（三）提升两个节会，打造文化品牌

　　两个节会，其中一个当然是端午。李市长提出要以每年一度的中国嘉兴端午民俗文化节为平台，把嘉兴打造成"全国端午传统习俗集大成之地"。现在打端午品牌的有多个城市，湖北宜昌汨罗江是屈原的殉难地，江苏苏州在端午祭春秋时期的伍子胥，上虞、余姚在端午祭东汉的孝女曹娥。我们嘉兴应该祭哪位先人？我们端午到底搞什么？嘉兴与宜昌、苏州等地过端午的共性是什么，个性又体现在哪里？是大同小异，还是错位竞争、差异化发展？打造节会品牌，提升节会层次，首先要确立理念、理清思路，思路清，才能方向明。

　　作为一种民俗，端午节自产生以来的两千多年间已经在国人心目中定格成一种文化符号，因为与屈原结缘，人们习惯上就将其称为诗人节。人们在端午节这天纪念屈原，不仅是为了缅怀屈原的爱国情怀，也是在表达对他为中国文化作出的杰出贡献的追思念想，追怀他高尚的人格，不愿与世俗同流合污的高洁情怀，对百姓怀抱的深切同情，对理想的不懈追寻。"路漫漫其修远兮，吾将上下而求索"。这是中华民族的精神导引和精神象征。有专家认为，端午姓"伍"姓"屈"不是关键，中国民俗的"文化共享"才是最重要的。我觉得端午姓"伍"姓"屈"不是关键的专家论点是站不住脚的。端午节是诗人节，也就是文化节，只有屈原这样的文化巨人堪当此任——享有万民纪念。嘉兴的端午节，应该有一个祭祀活动，而且我觉得应该祭屈原，而不是祭伍子胥。一个民俗活动，一个传统节庆，祭祀是一个灵魂。

　　中国传统端午，有赛龙舟，有吃五黄、吃粽子，有挂香袋，有赛诗会等等，嘉兴都

有文章可做，都大有文章可做。非物质文化，也要有物质文化来呈现，嘉兴的月河历史街区，要做足端午的文章，端午民俗馆、五芳斋粽子馆、灶头画展示馆等，要进一步充实丰富，要活态呈现。同时，嘉兴的目标是集全国端午传统习俗之大成，如何聚众广纳，如何融会贯通，这个还要进一步理清头绪，还可以进一步做文章。

第二个节会，我觉得嘉兴可以做灯会的文章。实际上嘉兴的每个县市区都有灯。海宁曾经提出"打造江南第一灯市"，这一目标定位，我觉得很好。我把海宁的灯，概括为五个灯：一个是灯彩，这个从产品来讲。第二个是灯舞，海宁花灯舞，新中国50周年去北京天安门广场演出，这次世博会又去上海演出，海宁花灯舞很美，世博会浙江周一开幕就是海宁花灯。第三个是灯会，海宁硖石元宵灯会，列为浙江省传统节日保护示范基地。第四个是灯影，也就是皮影戏，海宁的皮影戏已列为国家级非物质文化遗产，皮影戏也可以说是电影的前身。第五个是彩车，我们上次到海宁看彩车巡游，彩车也是灯组成的。海宁的灯文化，五彩缤纷，斑斓多姿，其丰富其精彩也许在全国都是少有的。另外，我们海盐有滚灯，平湖有西瓜灯，桐乡有剔墨纱灯，南湖有荷花灯会，秀洲还有火凉伞，也是灯，还有鳌山灯会等，可以进一步发掘和推出来。我在网上查看了一下，秀洲还有具有一定规模的灯具制造业，南湖还有船舶灯具制造业等等。这些灯，相互呼应，成龙配套，将更具规模，更具影响。所以，我觉得，可以考虑由嘉兴市政府出面举办"江南第一灯市"活动，统筹嘉兴灯文化资源，甚至统筹杭嘉湖、江浙沪灯文化资源，打造"江南第一灯市"的品牌，和嘉兴端午节一样做大做强。四川自贡灯会影响很大，灯彩产业做得很大，它是西南的第一灯会，我们是江南的第一灯会，加以开发，前景广阔。

（四）打好两个基础，促进可持续发展

一个是组织基础，指机构队伍的建设。现在嘉兴市本级非遗保护中心还没有建立，市领导已经列入议事日程，有望近期批准建立；各县市区可能还有个别还没有建立，希望在座的政府领导给予重视，给予支持。现在全省市、县两级多数已经建立了非遗保护中心。有机构还要有编制，要有人办差办事。非物质文化遗产，上至天文地理，下至鸡毛蒜皮，顶天立地，铺天盖地，无所不包，包罗万象。非遗保护的工作量很大，而且要做的事情越来越多，而且这个工作不是阶段性的、突击性的、临时的，是长期性的、永久性的工作。有记者采访文化部周部长，这项工作要进行多少年？周部长说，只要人类存在，这项工作都将继续。所以非遗保护作为一项工程是突击性的阶段性的，但作为一项工作，作为一项事业，是永远的，是长期的。非遗保护关乎着长远利益。现在全省非遗保护这条线上，基本上还是兼职比较多，专职比较少，工作力量还比

较薄弱,工作力量亟待加强。李市长刚才提出了这么多重要意见,要落实,规划任务要部署实施,工作要延伸拓展,要有个机构办事,要有人办差,要有执行机构。

第二个是基础设施建设。基础设施很重要,现在非遗展示馆建设,在全省形成热点,到处都在建,或正在筹建。到底怎么建,大家都在探索,我们也希望嘉兴开一个好头。现在嘉兴计划在新建的市博物馆,留出 1200 平米区块为非遗展示馆,我希望有可能做扩量,扩大面积。杭州已经正式批文筹建市非物质文化遗产馆,面积3.5 万平米,投资 4.3 个亿。当然和杭州不好比,城市规模、经济总量、非遗存量等距离远了一点。另外,杭州建了一批专题非遗展示馆,刀剪剑馆、绸伞馆和扇子馆,三个馆投资四五个亿。所以,嘉兴人文资源这么丰厚,这么多的非遗项目要集中展示,1200 平米,好像远远不够。所以,作为文化部门要和有关部门多宣传多协调,特别是刚才建设部门有这样的意识太重要了,包括和财政部门、规划部门、土地部门都要多沟通。我们要有这样的意识:不管东西南北风,抓好设施不放松。设施是事业的主架、是主体,螺蛳壳里做道场是做不出来的。我想这两个基础很重要。

(五)发挥两个作用,形成工作合力

一个是发挥政府主导的作用。嘉兴正在创建和申报国家级历史文化名城。历史文化名城,是文物古迹和风景名胜的集中之地,是传统文化和传统产业的荟萃之地,是丰富的历史信息和民俗风情的载体。历史文化名城的价值,不仅在于它是古城,更重要的是,因为它是历史风貌、文化艺术、文物古迹、风土人情、建筑风格等各种价值的综合体。嘉兴市以大思路大气魄,抓好文化遗产保护,使嘉兴的传统文化焕发生机,使嘉兴的特色文化独放异彩,也促进了旅游和文化产业的强劲发展。我觉得嘉兴市政府的历史功勋不可忘记,后人对这一届的党委政府会有非常高的评价。

第二个发挥民间组织的作用。李市长刚才讲到要发挥社会的力量、市场的力量去促进文化遗产的传承。这里我有一点建议,省民俗文化促进会是在嘉兴召开成立大会的,又在嘉兴举行了中国民俗文化的当代传承论坛,这个星星之火要燎原,是否嘉兴市率先成立市本级民俗文化促进会,有条件的县市区也要争取建立起来。我们要通过这种机构吸引有识之士参与,汇聚各方的力量来参与。李市长讲到市政府已经酝酿准备出台"关于促进全市民办博物馆发展的意见",要加大对民办博物馆的扶持力度。我觉得这个民办博物馆,应该也包括民办的非物质文化遗产展示馆。老祖宗留下的传承下的遗产,包括物质遗产和非物质遗产。文物和非物质遗产,是一个事物的两个方面,不要割裂开来。嘉兴市本级,也包括各县市区,已经建立了一批民办文化遗产馆，譬如灯彩展示馆、皮影戏展示馆、蓝印花布展示馆、船文化博物馆、粽子文化博物馆等等，这些馆既是博物馆也是非物质文化遗产展示馆。文物系统和非遗工作系统，拆墙是一家，不拆墙也是一家，可以工作一起做，成绩各自报。现在社会力量参与文化遗产保护的积极性很高，人民群众中蕴藏着巨大的热情，已经在萌芽，已经形成态势，要进一步推进和强化。《浙江省非物质文化遗产保护条例》总则中有句话，"任何单位和个人都有保护非物质文化遗产的义务"。这当然包括在座的和不在座的，包括你我他，包括机关事业单位和社会各界，人人参与、人人保护、人人共享。

文化是城市的名片，文化是城市的灵魂，文化是城市的生命，文化是城市文明程度的标志，文化是照在城市上空的光芒。用李市长的话讲，我们要以"更加自觉、更加务实"的姿态，推进文化遗产保护工作，把嘉兴建设成为具有历史纵深感、具有浓郁的区域文化特色，具有开放兼容的时代精神，具有充沛活力的城市。加强文物和非物质文化遗产保护，守护中华民族共有的精神家园，这是党的十七大的要求，也是我们这一代人的历史责任。我们已经做了大量的工作，但还有大量的工作等待着我们。我们希望，也殷切期待着嘉兴市发扬优良的传统，争取更大的光荣！

自觉奋发有为　砥砺奋进发展

今年 6 月 1 日，是国家《非物质文化遗产法》正式施行的日子，本来应该专门讲讲"非遗法"的贯彻实施。考虑到 4 月份在义乌举行的全省非遗保护培训班上，我就学习宣传和贯彻实施"非遗法"精神作过一个专门的讲座，今天参加会议的市、县两级文化局分管局长已经听过这个讲座，我想没必要再重复一遍。前一阶段，省文化厅会同省编办到金华专题调研非遗机构队伍建设，三天时间跑了六个县，东阳、磐安、永康、浦江、兰溪、义乌。虽然走马观花，蜻蜓点水，但对金华面上非遗工作情况，相对有了更为全面的了解。借这个机会，对金华市非遗工作做一下分析，也提点建议。

一、金华非遗工作的基本特点

对于金华的工作，我用八点来概括和肯定。

（一）非遗资源存量多

我们在金华调研，各县市都自诩"历史悠久，人文荟萃，资源丰富"，都毫不谦虚。的确，老祖宗对金华很厚爱。记得 2007 年浦江结合中国书画节搞非遗广场展演，场面很宏伟、很壮观，广场很大，气势很大，好像展演了近三个小时。人家搞展演都是一个一个节目推出亮相，而浦江是一批一批节目同时登场，有个成语叫"目不暇接"，在浦江得到了印证，给我留下了非常深刻的印象。前些年的非遗大普查，金华各县市整体态势都很好，反映出家底很丰厚，有价值的项目很多。2008 年，我厅在武义召开了全省非遗普查工作现场交流会，则是对武义甚至金华普查成效和普查成果的肯定和褒扬。

2011 年 6 月 3 日在金华市非物质文化遗产保护工作座谈会上的讲话

(二)区域文化特色亮

金华各县市历来区域特色鲜明。我记得早年金华有个顺口溜:兰溪大中型(企业),义乌小商品,永康小五金,武义红五星(扑克牌),磐安靠扶贫,浦江书画乡,东阳泥水匠。今天的金华,区域文化更为鲜明和多彩,大做婺文化文章,做系列文章,特别是婺剧风生水起,在浙中大地大放光彩。浦江板凳龙、麦秆贴,永康九狮图、十八蝴蝶,东阳木雕、竹编,磐安炼火、树大旗,武义俞源、郭洞文化名村,兰溪诸葛文化、义乌文博会等,各县市奇葩绽放,异彩纷呈。

(三)保护工作起步早

金华市非遗中心,是全省设区市中最早经编办批准设立的,定编定岗,专门编制4人,为全省开了好头。金华市文化局早在2007年2月编排了一台大型民俗风情歌舞《仙山婺水·金华人》,将非遗普查成果整体搬上舞台,全面展示。这台演出很成功,很震撼,也为全省非遗资源的艺术呈现起到了很重要的先导作用。还有非遗展示阵地的建设,金华也是率先领先全省,武义县非遗保护中心专门建立了非遗展示厅,在参加武义现场会的全省与会代表中引起好评和共鸣。东阳专门建立工艺美术馆已经许多年了,成为展示东阳手工技艺之乡的重要窗口。义乌在城区闹市古民居中设立定点的曲艺演出场所,东阳开辟了百姓茶坊,都是每天演出,传统曲艺品种和草根艺人轮番上场,由政府买单,市民免费观看,每天爆满。开辟专门的经常性演出场所,这一理念和实践也是领先的。还有,金华市财政相对不是很富裕,但是对于重点非遗项目的保护意识比较强,多年来,一直对市本级非遗传承基地建设量力和尽力给予补助,2+1,批准建立基地后补助2万元,然后每年以奖代补补助1万元。钱不是很多,但这是制度性补助,每年给,体现了财政的姿态。

(四)落实要求措施实

金华人很朴实,工作很务实,这是我对金华文化干部的印象和评价。金华对上级指示,对上级的各项工作部署,贯彻很坚决,执行很有力。在非遗大普查中,武义、浦江、东阳、兰溪、义乌等县市的普查工作被省文化厅评为优秀,7个县市有5个优秀,这一比例是绝对的高,足以说明金华工作的踏实扎实和务实。规定工作认真做好,自选动作大胆创新,创造性贯彻上级要求,这也是金华人的特点。譬如,义乌市开展系列评选活动,搞了十大名人、十大名居、十大名点(传统点心)、十大民俗等系列十大评选活动,每年评选一项,连续开展,搞成系列,搞出声势,搞出影响。

（五）领导层面认识高

金华市的市一级领导对非遗保护很有情怀。市人大常委会阎寿根主任对非遗工作尤其重视，浙江省非遗保护条例出台后，市人大专门举行法制报告会，市人大各位主任和县市区人大主任，以及市本级各部门负责人都莅临会议听取讲座。2008年年底，金华市人大常委会在全省率先作出了《关于加强非物质文化遗产保护工作的决定》，为全省各地提供了重要参照。阎寿根主任还身体力行，亲自深入乡村田野，拍摄了大量的乡土建筑、民俗风情、民间艺术照片，分类出版，为金华留下了宝贵的历史文化影像资料，也为领导阶层守护精神家园起到了率先垂范的榜样作用。时任金华市长陈昆忠对非遗工作给予特别的支持，对于市非遗保护中心的设立和定编，对于《仙山婺水金华人》的排演经费等方面，都大开绿灯，倾力支持。这两年，省政协交办我厅的提案中，多次有金华市副市长黄小杭关于非遗保护的提案。今天我才知道，黄小杭市长是分管商贸的。不是分管文化的市长，如此关注关心非遗事业，令人意料之外，也令人感动和感怀。这里特别要提一下刚刚卸任的市文化局杨鸽声局长。朱江龙局长谈起杨局长，充满感情，朱局说，杨局长是真正懂文化、有文化、有情怀的文化局长。这几年金华非遗工作始终有着良好的势头、很好的态势，与杨局长作为一把手的亲力亲为主抓，是密不可分的。非遗事业的发展有今天，有这么一个蓬勃的形势态势和趋势，各方面的领导，他们的历史贡献，我们不可忘记。

（六）奋发有为干劲足

"方针政策确定以后，干部是决定的因素。"人是生产力中最活跃最根本的因素。金华的非遗工作颇有成效，或者说卓有成效，在于有一批想干事、能干事、干实事的干部。金华的普查工作做得好，非遗名录项目上榜多，各县非遗品牌叫得响等等，都是一个说明和证明。在我的印象中，金华各县市区都有一两位认真负责、踏实肯干的干部。非遗任务很重，工作压力很大，但金华各地的非遗干部精神都很饱满，领任务做事情都是乐呵呵的，没有牢骚，看样子吃"鸭梨"的能力都蛮强。

（七）走在前列贡献大

浙江入选国家级非遗名录项目，实现三连冠，其中金华功不可没，劳苦功高。想当年，第二批国家级非遗名录公布，全省85项上榜，金华市有21项上榜，占全省的四分之一。在前几天公布的第三批国家级非遗名录中，永康有醒感戏、方岩庙会、鼓词3项上榜，金华其他县市区全军覆没，这里要表扬永康，但对其他县市区没有批评的意思。谋事在人,成事在天。我们要注重结果,也要注重过程,有些时候可以"只问耕耘,不问收获"。目前,金华市共有国家级非遗项目 28 项,全省国家级项目总量是 187 项,金华占全省的 15%,这一比例依然是很高的,依然保持前列优势。应该说,金华为我省走在全国前列立下了汗马功劳。

(八)后续发展势头强

金华有良好的基础和条件,金华有着强劲的后发优势。一方面体现在各县市政府高度重视非遗产业发展,东阳木雕城、永康五金城、义乌文博会,都是在全省甚至在全国叫得响的牌子。把政府的这份热情引导得好,当然是大有益于推进非遗事业的发展。另一方面,金华可以做文章的项目很多,譬如这么多的国遗项目,譬如婺文化,拓展延伸的余地和空间很大。再有一点,我注意到金华有个比较独特的现象,就是每个县热情都很高,但既没有特别拔尖的,也没有特别落后的,换句话说,就是各县市都有机会在全省冒尖。套用一个比喻,金华是一头睡狮,但好像已经醒过来了,正在积蓄力量,正在崛起,曙光在前头。

二、存在的几个问题

对于金华非遗工作存在的不足,或者说薄弱环节,我概括为六个方面,有点尖锐。朱局长鼓励我实话实说,敲敲警钟。

(一)甘居中游

金华位于浙江中部,这个地理位置、盆地意识,是否也制约了金华人的思维观念?总体上看,金华好像有点"甘居中游"的味道,换句话说,争先创优意识不够。金华老是跟衢州比,而且往往跟历史上的衢州比。孔老夫子有句话,"取法于上,方得其中;取法于中,故为其下"。金华的工作可以力争上游,但目前总体水平只处于中游偏上,某种意义上讲,在于参照物没有找对。你为什么不跟嘉兴比,不跟绍兴比?找准参照目标,这是个关键。金华纵向比大有进步,横向比还有差距。不进则退,小进也是退!因为,大家都在奋勇争先。衢州的整体实力不如金华,但衢州也在奋勇前进。

(二)缺少清晰的非遗保护路线图

杭嘉湖做水乡文章,舟山做海岛海洋文章,丽水做山乡农耕文章,绍兴做越文化文章,金华做什么文章?自然,金华做婺文化文章。但婺文化包括哪些方面,或者说由哪些方面构成?婺文化该怎么做?县市区怎么形成一盘棋?怎样有分有合？还有,每个县市区的目标定位是什么？干什么、怎么干？为什么要这么干？干到什么程度？不能开无轨电车,不能脚踏西瓜皮,不能到什么山上唱什么歌,要有路线图,有时间表,有任务书。

(三)每个县都有特色,但品牌没有做出

一是金华没有全国性的、全省性的节庆品牌,一个都没有。有的可以做大的项目,没有深入挖掘,没有做好宣传推介。譬如武义七夕接仙女,譬如东阳东白山七月七,譬如兰溪的诸葛亮文化,譬如黄大仙文化。二是有些项目文章没有连续去做,持续去做,把它做大做强。譬如兰溪彩船会,搞了一届,反响很好,但没有继续做下去。譬如永康十八蝴蝶,十多年前走南闯北演出,影响很大,但这几年难得见到了。三是在非遗工作上,还找不出哪一方面或哪一领域的工作特别突出,在全省特别有影响,在全省可以推广。有句歌,"想唱就唱,要唱就唱得响亮",金华不少项目的品牌还不够响亮,应该大唱特唱,响亮地唱。

(四)重申报,轻保护

这是个普遍性问题,是全省性甚至全国性问题。应该说,重申报也是一种保护。但申报成功之后,有众多的国遗省遗项目之后,要从重申报转向重保护,要从重数量转向重质量,要从单纯的保护转向合理利用。这一问题在金华尤有特别重要性。金华的国遗省遗项目多,比人家要多,所以应该承担的责任也比人家要重。

(五)人财物保障有待大力加强

金华各县市区,或者有机构没编制,或者连专门的非遗保护机构都没有。这方面整体落后于全省其他的地方。还有,各县市区都没有建立非遗专项资金,给不给钱,给多少钱,随意性很大。还有,非遗的基础设施建设薄弱,虽然永康有五金城,东阳有木雕城,但总体上还是商贸城的概念,这与非遗馆的概念和形态是有根本的区别。没有人财物保障,或者说没有强有力的人财物保障,金华的非遗事业不可能可持续、健康地发展。

(六)宣传不够

金华人实在,埋头工作,宣传意识不强。到了金华,邵芙春处长跟我介绍,刚刚搞了个大活动,反响很好。她说,6月1日,是非遗法正式施行的日子,也是儿童节,金华将两相结合,专门组织举行了第六届文化遗产日系列活动启动仪式暨"我是小小传承人"专场展演。这一创意很好,这个做法很有意义。但金华事先没有上报信息。本来我们可以结合省里的宣传计划纳入其中,及时请省里的媒体给予宣传,扩大影响。金

华各县市区也不注重宣传报道，两个区更是没声息没声响。工作做了没宣传，等于工作只做了一半。

三、下一步建议

我概括了一下，罗列了十点。用"注重"两个字贯穿。

（一）注重依法行政

"非遗法"正式颁布实施，这是非遗领域的大事。依法行政，主要要把握四点：一是学法。要原原本本、认认真真地学，学习好才能工作好。二是普法。我厅将今年6月确定为非遗法宣传月，在全省部署开展"八个百"系列活动，百场演出、百场展览、百个讲座、百题竞赛、百篇学法体会、百册普及读物、百位典型宣传、百万群众签名，当然，百万群众签名要延续一个阶段。三是用法。首先是要依靠法律支撑，强化非遗工作保障，要强化人财物保障，要有机构办差，有人办事，有场所办公。当然，更要运用法律推进非遗事业的科学化、制度化、规范化建设，推进非遗事业的发展繁荣。四是执法。依法行政，依法保护，有法可依，有法必依。要学会运用法律精神指导工作，运用法律手段维护权益，运用法律武器推进事业发展。

（二）注重规划引领

规划是个纲，纲举目张。今年是"十二五"的开局之年，希望金华市和各县市区强化规划意识，积极编制"十二五"非遗事业发展规划，推进非遗事业转型升级，推进非遗事业深入深化，推进非遗事业健康发展。编制规划，要注重全面与重点的结合，前瞻与可行的结合，刚性与弹性的结合。要长计划短安排，有计划有步骤地推进非遗事业的发展，把规划蓝图变成美好现实。非遗规划的主要内容，要纳入当地文化事业发展规划，纳入地方国民经济与社会发展规划，争取列入党政任期目标和年度工作目标考核指标，加强刚性。

（三）注重项目推进

我省国遗项目蝉联三连冠，金华市国遗项目总量也在全省居于前列。国遗项目多，保护传承的责任也更重。我厅计划在全省实施国遗项目"八个一"保护措施。要求每一个国遗项目，都要有"一个保护方案、一个专家指导组、一个工作班子、一个传承基地、一个展示平台、一套完备档案、一册普及读本、一项配套政策"。通过创新机制，强化措施，加强国遗项目保护工作。要一项一策，一抓到底。要分类指导，整体推进。要多措并举，务求实效。不达目的绝不罢休。不见成效绝不收兵。

（四）注重搭建平台

非遗资源的合理利用，非遗社会功能的充分发挥，非遗活动的蓬勃开展，都需要依托平台和载体进行，需要依托平台和载体有效地开展起来。平台有很多种，一是基地平台，包括各种类型、各种功能的基地。譬如非遗传承基地、传承教学基地、宣传展示基地、生产性保护基地、传统节日保护基地等，体现分类指导和区别对待，体现因地制宜和务求实效。二是服务平台，这主要讲服务传承人。我省每年元旦至元宵的"服务传承人月"，不是搞形式，要实实在在，重在实效。还有，非遗保护中心要成为"传承人之家"，密切与传承人的经常性联系，为传承人履行职责创造良好的条件。三是宣传平台，要开展生动活泼、形式多样、富有创新的宣传展示活动，要利用和借助于媒体扩大活动的影响力。四是技术平台，要运用现代科学技术手段，保存非遗资料，优化资源配置，展示非遗成果，促进社会共享。平台是一个概念，但平台也是一个舞台，使工作成效充分发挥和体现，使工作效益最大化。

（五）注重凸显特色

文化特色是一个城市形象和品位的重要体现，也是城市竞争力的重要因素。金华重点推"婺文化"，推什么？一是婺剧，要保护好传承好弘扬好。还有在金华大批量留存的古戏台，要保护好，也要成为经常性演出婺剧的舞台。二是古建筑以及营造技艺，要保护和传承好。金华的俞源、郭洞、诸葛村、卢宅，是国遗项目，还有在金华大批量留存的古村落，要传承历史文脉，也要维护好文化生态以及自然生态。三是婺州窑。浙江龙泉青瓷烧制技艺，已成为人类非物质文化遗产代表作，浙江包括婺州窑在内的陶瓷艺术，是一个系列，是一个整体版块，都很具有典型性和代表性，要保护传承和发扬光大。四是道教文化。金华的道教文化资源极为丰富，影响力很大，譬如葛洪、黄大仙、黄帝、真君大帝以及浦江仙华山，都属于道教文化范畴，但金华以及相关县市发掘得不够，有些还鲜为人知，要进一步发掘和梳理，要进一步塑造形象和打造品牌。五是民俗资源。金华的民俗资源特别丰富，像磐安炼火、树大旗、赶茶会等等，每个县市区都能够屈指数出好几个，都能够做大做出影响。婺文化是个系列，是个系统，要连点成线，连线成面，要通体构思做好保护传承和弘扬传播工作。

各县市区要与市里呼应，做好婺文化文章，大做婺文化文章。同时，也要结合本地的资源特点，做好特色文章，彰显地域特色。所谓"人无我有、人有我特、人特我好"。

（六）注重做大做强

许多事情是事在人为，在于人的主观能动性，在于人的创造性思维，在于人的持之以恒和坚持不懈的追求。5月底，我厅在诸暨召开浙江省非遗重点工作推进会，这次会议不求面面俱到，在全省各地选择了各种类型的工作典型，在会上做经验介绍。一个项目可以做大做强，一个活动可以做大做强，一项工作也可以做大做强。金华要有做大做强的意识，要有做大做强的措施和办法，要有做大做强的思路，思路一变天地宽，脑筋急转弯，豁然开朗。我希望金华以及各县市区各有一项工作，或者是一个活动，或者是一个项目，在全省领先，在全省数一数二，在全省独占鳌头，能够出成绩出经验。当然，这里特别要提醒的是，做大做强不是拔苗助长，不是违反规律，而是顺势而为，乘势而上。我们的做大做强，要能够经得起后人评说，经得起历史的检验。

（七）注重合作交流

一是跟谁合作？可以当地跨系统合作，可以横向的跨区域合作，可以高校与地方的跨越式合作。第二，怎么合作？可以借鸡生蛋，譬如借助义乌文博会配套举办非遗博览会；可以借梯登高，争取举办全国性全省性的活动，提升层次；可以借题发挥，譬如与旅游的结合，与文化产业的结合；可以借船出海，譬如以"黄大仙"的名义，与港澳台、东南亚加强对外文化交流。第三，干嘛合作？通过合作能起到什么效果？通过合作，拓宽领域，提升层次，资源共享，优势互补；通过合作，借鉴经验，创新经验，借力发展，合力发展。

（八）注重典型带动

一是要发掘典型。在非遗保护运动中，涌现了许多可歌可泣、可感可叹、可敬可佩的人物和事迹，涌现了不同类型的典型人物，要树立典型，表彰先进。我厅会同有关媒体开展了浙江省非遗保护十大新闻人物、浙江省精神家园守护者评选活动，对于非遗保护的有功之臣，予以表彰和褒扬。二是要宣传典型。要大张旗鼓、重彩浓墨地宣传，让先进人物广播里有声，报纸上有名，电视中有影，要让一枝红杏出墙来，墙内开花墙外红，要营造尊重知识、尊重人才、尊重劳动、尊重创造的社会氛围。三是要学习典型。火车跑得快，全靠车头带。榜样的力量是无穷的。一花独放不是春，万花齐放春满园。要以先进人物和先进事迹感召更多的人参与非遗保护。

（九）注重融入大局

各行各业都在加快转型升级，转变发展方式。譬如金融系统，"农行进城了，工行下乡了，中行上岸了，建行破墙了"。要做好非遗工作，也不能为抓非遗而抓非遗，要强化服务中心、服务大局的意识，要进一步拓展领域，拓展非遗的功能作用。一是要融入"小大局"，融入公共文化服务体系和文化产业，促进共享，促进共同的发展和繁荣。二是要融入经济社会发展大局，与生态文明、旅游经济、文化创意产业、社会事业发展相结合，促进经济增长方式转变，促进社会文明进步。

（十）注重争先创优

当前，全党全社会都在争先创优，非遗工作也要争先创优。一是找准争先创优的目标。瞄准一个争先的目标，锁定一家超越的对象，学有榜样，赶有目标。二是找准争先创优的重点。金华哪些工作有条件创优，应当创优？在项目保护、基地建设、县域工作、文化生态建设，哪些工作可以出成绩出经验？三是落实争先创优的措施。不仅要有争先的勇气和创优的激情，还要有创优的行动，落实一套创优的措施，保持这种态势，巩固这种态势，扩大这种态势。四是要增强争先创优的干劲。金华有基础有条件出成绩出经验，但是目前还没有哪一方面的工作引领全省。希望有所突破，争当先进、争当第一、争创唯一。要跳一跳摘果子，给全省作贡献。不仅要争当先进单位，还要争当先进个人。

我们已经做了大量的工作，但还有大量的工作等待我们去做。希望金华市以及各县市区，再接再厉，再创佳绩，再立新功，再上台阶。大家有没有信心？声音在哪里？能不能再响亮点？！

"大桥时代"舟山城市文化建设的战略选择

　　浙江是地域小省,但有辽阔的海疆,漫长的海岸线,众多的岛屿,是海洋大省。海洋是浙江发展的优势所在、潜力所在、希望所在。这已成为共识。海洋城市的发展是综合性的、多功能的。舟山提出了建设海洋文化名城、海洋经济强市、海上花园城市、海岛和谐社会"四海"建设目标,融合共进发展,这体现了科学发展观的理念。

　　2009 年 12 月 25 日,舟山连岛大桥的开通,标示着舟山进入了"大桥时代",从岛屿走向口岸,从边缘走向前沿,从投资洼地走向创业乐园。舟山将以前所未有的崭新姿态向前迈进。在这新的时代,舟山城市发展要有新的大的战略。在跨海大桥开通不久,在 2010 年新年伊始,舟山市政府会同浙江海洋学院等单位举行 2010 舟山论坛,并以"渔港城市文化的生态保护"为主题,从经济社会发展战略的高度,用系统、综合的观点来分析探讨城市文化的生态保护,这是一个具有前瞻眼光的举措。刚才,舟山市周国辉市长亲自在论坛上作主题报告,体现了政府在谋划新的一轮发展中,在制定城市的发展战略中的文化自觉,体现了高瞻远瞩和深谋远虑,这对于统一本市各部门的思想和步调非常必要。听了周市长的报告,很受鼓舞,很受启发。

　　借此机会,对于"大桥时代"舟山城市文化的生态保护,对于舟山城市文化的战略选择,提出几点意见。

一、换脑筋

　　有句话叫作"路通百业通",大路大发,小路小发,无路不发。大桥一通,将带来人流、物流、信息流、资金流。可能老百姓更多层面想到的是大桥对于脱贫致富奔

小康的意义，对于拉动内需促发展的作用。更多想到的是财源滚滚，黄金万两。大桥无疑将带来经济大发展、大开放，但对于文化生态的保护也将带来挑战。作为政府层面，应该将文化摆在更加重要的位置，对文化生态的认识要提升和升华。这次论坛很重要，也很及时。文化生态，不仅仅属于一个时代，而且属于过去、今天和未来。文化生态，不仅属于这座城市，它是祖先留给我们的珍贵财富，这个财富而且属于整个中华民族，甚至属于整个人类。文化生态，是城市今后发展的资源和优势，对于塑造鲜明的城市特质和形象，对于提升城市的生活品质，对于扩大城市的辐射力、影响力，都有重要意义。文化生态的保护与现代化建设并不矛盾，只要现代化，不要古城风貌，或者不要现代化，而只要古城风貌，都是偏颇的。文化生态保护和现代化城市的建设，可以进行优化组合，可以相辅相成、相得益彰。我们既要民族化，又要现代化，两者缺一不可。城市文化的发展，进入了一个新的时期。将从个别文化遗产保护转入到整个历史文化遗产的群体保护、从项目保护转入文化生态的整体性保护，从自然资源保护、人文资源利用、经济资源开发各个方面各自为政，转向融合共进发展。文化是明天的经济，经济也是明天的文化。以前讲"不抓经济没地位，不抓文化没品位"，今天，在科学发展观、全面小康建设的理念下，不抓经济没地位，不抓文化那是既没地位更没品位。大桥时代，对舟山的经济社会发展应该有更高的要求，更前瞻的理念，经济、社会、文化、生态要统筹协调，要统筹兼顾。

二、理思路

思路清，才能方向明。大桥时代，舟山的发展，应该有全新的发展思路，应当在转换脑筋中找准定位，在理清思路中找准优势，在系统建设中整体跃升。

首先要找准定位。舟山提出了"四海"建设目标，这四个目标应该理解为是舟山市的发展目标定位。但是，我感觉这个"四海"目标，有点就舟山论舟山，是否还可以再进一步提升？是否可以提出一个站得更高看得更远的目标？在新的历史条件下，在这大桥时代，舟山应当立足舟山，面向浙江，甚至胸怀全国、放眼世界。要站在全国的、全球的高度，以全球化的视野、世界性的眼光谋划城市未来的发展。在这一目标定位下，舟山市的未来发展，要在全国的文化名城建设中起到先导作用，在全国的海洋经济强市建设中起到示范作用，在全国的海上花园城市建设中起到窗口作用，并在众多的海岛城市和谐社会建设中起到样板作用。舟山市政府和人民应该自觉地、豪迈地把这一光荣的责任担当起来。

再是制定好规划。规划是个纲,纲举目张。今年是全面实施和完成"十一五"规划的最后一年,也是为"十二五"打基础和承上启下的一年,更是谋划和制定"十二五"规划的关键一年。特别对于大桥时代的舟山,编制好新的发展规划,举足轻重,至关重要。今天的论坛很重要。我们要探讨和研究一些关键问题,进一步梳理好发展思路。譬如,要探索海岛城市建设不同于内陆城市建设的一般规律;要探索大桥时代的舟山不同于渡船时期的舟山发展的一般规律;要在探索渔港城市发展共同规律的基础上,再深入地研究舟山渔港城市的特殊性和特殊规律;要深入探索作为省级历史文化名城的定海、作为国家级重点风景名胜区的普陀山、作为推进国家级生态县建设的嵊泗县,区别于一般城市的特殊的发展规律。有比较才有鉴别,有鉴别才有正确选择。为了使我们城市进行各项建设有一个共同的纲领和依据,一定要将文化生态保护和建设的战略构想,落实到城市的整体发展规划里。发展战略研究所确定的城市性质,发展的原则,都需要在规划中体现。

第三,要加强措施。要切实通过行政手段、经济手段实现城市的文化生态保护,实现城市主题文化的构建,实现城市的名牌化发展目标。

一座城市,只有抢占了制高点,同时有与众不同的城市主题文化,塑造出鲜明的城市特色和城市个性,才能从众多城市的竞争中脱颖而出。也因此这座城市就有了一把打开名牌城市之门的金钥匙,就有了进入世界名牌城市的通行证。

三、挖潜力

城市潜力是指可以为一座城市发展提供动力的一切有形和无形资源的总称。城市的发展过程,就是一个城市潜力的发掘过程,就是一个城市资源的聚合过程。舟山渔港景资源丰富、特色鲜明,地位重要,体现了祖国宝岛的美丽富饶。我将舟山的资源和潜力,概括为"五个多":

一是历史悠久,遗产多。早在新石器时代,就有人类在此樵山渔海,生息繁衍。千年古城定海,城内保存有明清时期的多条历史街区。而且历来是一个军事要塞,除著名的鸦片战争外,定海还有抗倭、抗清一批历史遗存。近两年进行的文化遗产大普查,成果丰硕。报纸上报道,舟山在文物普查和水下考古中,新发现沉船(群)遗址 9 处,港口遗址 6 处,涉水临港型古文化遗址 7 处。并调查和复查文物点 1818 处,新发现 571 处。在非物质文化遗产保护方面,舟山已列入国家级非遗名录项目 5 个(舟山锣鼓、观音传说、舟山渔民号子、木船制造技艺、岱山祭海),新申报第三批国家级名录项目 5 个,列入省级名录项目 29 个。这说明了舟山市文化遗产资源极为丰富,抢救保护工作卓有成效。

二是风光秀丽,名胜多。"海天佛国"普陀山、"十里渔港"沈家门、"碧海金沙"朱家尖、"武侠传奇"桃花岛、"列岛风光"嵊泗、"蓬莱仙岛"岱山、"东海之光"东极、"东方大港"港桥新区,可谓"处处皆景"。

三是人文荟萃,名流多。历史上的和近现代的名人不少。仅以当代政界名人为例,就有乔石委员长和三位全国政协副主席安子介、丁光训、董建华。还有台湾作家三毛,也是定海人。

四是资源丰富,海产多。舟山素有"东海鱼仓"和"祖国渔都"之美称,是全国最大的渔场,海鱼产销量为全国之最。舟山的海鲜大排档更是当地一绝,海鲜美味倾倒中外游客。

五是开放较早,交往多。秦朝为始皇帝求仙的徐福方士、唐朝应邀去日本的鉴真和尚,皆为"对外开放"的使者和先驱。舟山为旅游休闲胜地,海岛风貌、渔家风情吸引了各方来宾。舟山还是我省著名侨乡,有10多万舟山人侨居海外,分布在世界38个国家和地区,也是全国在台湾人员最多的地区之一。连岛大桥的开通,更使舟山成为对外开放的前沿。

舟山底蕴深厚的海洋佛教文化,历史悠久的海洋渔文化,浓郁粗犷的海洋民俗文化,瑰丽奇秀的海洋景观文化,闯荡四海的海洋商贸文化,都是舟山市进一步发展极为有利的条件和潜力所在。要进一步摸清家底、盘活资源、加强保护,合理开发利用。

四、打品牌

在市场经济条件下,眼球就是经济,注意力就是生产力。品牌就是市场,品牌就是力量。品牌就是知名度,就是影响力。对于舟山城市文化品牌的打造,有几点建议:

首先是要提炼城市主题文化。综观国内外名牌城市的发展,一个城市从默默无闻到小有名气,从小有名气到成为名牌城市,都有其规律可循,都有一个独一无二的城市特质,都有一个鲜明的主题坐标,都有一个区别于其他城市的城市主题文化贯穿其中,并统领这个城市的发展。以国外为例,维也纳用音乐迷住了世界人民,佛罗伦萨用绘画与雕塑让世界为之赞叹,罗马的建筑让世界为之震撼,洛杉矶用电影创造一方新世界,巴黎用时装把世界装扮得五彩缤纷。以国内为例,博鳌用论坛推动发展,哈尔滨用冰雪吸引游客,大连用城市花园吸引眼光,成都用茶馆体现民俗文化,杭州用生活品质之城打响品牌,义乌用小商品和会展开拓国际市场,龙泉用青瓷走向世界,长兴用百叶龙扩大知名度。从这些名牌城市的发展过程、发展道路中,我们可以发现,一个城市没有城市主题文化,这个城市只能成为一个城市,而不能成为一个闻名国内外的名牌城市。这就是为什么许多城市在自然环境、社会环境、人文环境等差异不大的情况下,有的光彩耀目,有的却一直默默无闻,被淹没在那些名牌城市的光芒之中。

第二,要讲述舟山的故事。观音传说,鉴真传说,徐福东渡传说,葛云飞等三总兵传说,东海龙王传说,都是舟山可以大做文章的资源。举世闻名的鉴真和尚,在1200多年前从舟山应日本僧人的邀请,立志到日本传道,六次东渡,五次失败,以致双目失明,但他毫不动摇,终于成功。他和他的弟子们,带去了中国盛唐时代的文学、艺术、医药、建筑、雕塑、绘画、书法等知识,对日本文化作出了杰出的贡献,被日本人尊为"日本文化的大恩人"。鉴真和尚为弘扬中华文化和传播人类优秀文化而献身的精神,这是值得我们后人崇敬、继承和加以发扬光大的。观音菩萨、鉴真和尚、徐福方士等等都是舟山的形象代言人。

第三,要传播属于舟山的声音。一首歌可以唱红一个地方,哈尔滨《太阳岛上》、江苏《太湖美》,令人向往;《阿里山的姑娘》、《达坂城的姑娘》,更是令人向往。王洛宾的一首歌,使一个穷乡僻壤随着歌声扬名四海,"达坂城的西瓜大又甜,那里的姑娘两只眼睛真漂亮","假如你要嫁人,一定要嫁给我,带着你的妹妹,带着你的嫁妆",这几句歌词不知使多少男人魂牵梦绕。其实,"达坂城"只是一个小村庄,是新疆的四大风口之一,从春刮到冬。达坂城有三怪——黑脸姑娘、斜肩男人、歪脖子树,皆因风大所致。王老先生和全国人民开了个玩笑,带来了一批批慕名而来的游客,甚至连舟山老乡三毛都千里迢迢赶来朝拜她心中圣洁的达坂城女神!舟山的东极岛曾经诞生了一首歌《战士第二故乡》:"云雾满山飘,海水绕海礁,人都说咱岛儿小,远离大陆在前哨……"这首军旅歌曲被人们传唱了40年。它是当年海防战士守岛生活的真实写照,抒发了一代海防战士热爱祖国的心声。这首老歌要继续传唱,而且要唱得响亮。东极岛可以搞个"寻找第二故乡"的活动,扩大影响力。舟山市文化局开展海洋歌曲征集活动,产生了不少好歌,要唱响。舟山的渔歌号子,也是最能代表浙江的声音,可以老词老调,也可以老瓶装新酒,编些新词,唱响舟山、唱响浙江、走出浙江。

第四,要举办特色文化节庆活动。舟山有五大文化节庆:舟山群岛·中国海洋文化节、普陀山南海观音文化节、岱山谢洋节、朱家尖国际沙雕艺术节、舟山海鲜美食文化节。这些节庆，要错落有致，要丰富内涵、丰富形式。人民群众喜欢过节。伴随着节庆活动出现的节庆经济，成为社会和经济生活中的一个重要现象，也是消费领域的一个亮点。节庆对于整合文化资源以及拉升区域经济和区域影响力的作用不容忽视。

第五，体验渔俗、渔家风情。这种体验有两种方式，一种是直接感受渔家人的生活状态、文化生态。这方面舟山的资源得天独厚。另一种是通过参观博物馆感受和体验海洋渔俗文化。岱山县打造海洋系列博物馆的举措，令人振奋。中国台风博物馆、中国海洋渔业博物馆、中国徐福博物馆、中国盐业博物馆、中国渔村博物馆、中国灯塔博物馆、中国海防博物馆、中国海岛博物馆、中国海鲜博物馆、中国海洋生命博物馆，有的已落成开放，有的正在规划和建设之中。考察岱山系列博物馆，感受到一个明显特点，就是它与周围的自然环境十分吻合，体现了自然生态与人文生态的有机结合，互为补充。十个主题博物馆，演绎了岱山而又不仅是岱山的万种风情。

第六，设计渔港文化礼品。最近，杭州正在征集城市文化礼品，宁波举办港口文化节，也正在征集地方特色文化礼品，广发英雄帖，而且重金征集。最能代表舟山渔港城市特色的文化礼品是什么？是海鲜？不管是新鲜的还是干的，海鲜吃过了就没了。代表城市的文化礼品，应该体现主题文化，有新颖的创意，有丰富的文化内涵，有鲜明的地方特色，有特定的纪念意义。

我们舟山，要继承和弘扬既有的文化品牌，创建新的充满魅力的知名文化品牌，这应该是我们不懈追求的目标。

五、解难题

大桥时代，现代化、城市化、工业化程度在加快，城市文化生态的保护将面临更加严峻的形势。我们要未雨绸缪，要有清醒的认识和对策。

首先，要研究我们这座城市优先发展的领域是什么，是以自然生态与文化生态的保护为主导，延伸发展相关产业，带动海岛整个经济社会的发展？还是以发展经济为主，以发达的或比较发达的经济为主要追求，在赢得经济发展以后再来维护自然与文化生态的保护？这关系到城市产业结构的构成和调整，也关系到发展的理念有没有转型升级。

其次，保护文化生态和现代化建设，怎样协调发展？当年，定海城在经济恢复和发展过程中，由于决策层对历史文化名城认识上的偏差，决策上的失误，在旧城改造中，大拆大建，破旧立新，这一开发性破坏，破坏了城市本身的文化环境，造成了城市文化脉络的断层，留下了十分沉重的历史教训。这种追求城市的短期利益、牺牲城市长期利益的行为,不符合科学发展观,也将导致城市无法进入更高级的形态。在现代渔港城市建设中,怎么样处理好开发与保护,经济建设与文化保护的关系,怎样做好自然生态环境,文化生态风貌的整体性保护,这方面要有科学理论和规划指引。

再如,资金的短缺,也是一个普遍现象。要求上面如数拨钱,这是不现实的。主要靠的是地方政府的政策引导,通过政策筹集资金,通过政策产生新的资金,通过政策提高资金的使用效益,通过政策形成良性循环。这方面是大有文章可做的。如岱山十大博物馆建设,通过民办公助,通过以奖代补,通过土地划拨等政策支持,调动民间力量、民间资本建设博物馆的积极性。还有,是否可以在旅游门票收入中以一定的比例转移到文化遗产保护上。

第四,专事文化遗产保护的工作机构问题。舟山市文化局提出建立文化遗产局的建议,这一设想破常规,有新思路,也是值得尝试的。文化遗产保护的任务越来越重,这项工作不是阶段性的、突击性的,是个长期的工作、长远的事业,要有机构办差,要有人办事。

六、抓协调

现代化建设中的文化生态保护是个系统工程,单靠文化部门的力量是不够的,要从部门行为上升到政府行为,形成为全社会的行为。要在当地党委政府的领导下,文化行政部门切实担负起主管文化遗产保护工作的职责,协调各方、形成合力。城市文化生态的保护,必须做到规划共绘、生态共保、资源共享、设施共建、节庆共办、产品共推、市场共拓,实现互利共赢。把城市文化生态资源保护的理念和实践,融入到城市的每一处,融入到城市建设和发展的全过程。

2010年上海世博会的主题是"城市,让生活更美好"。在人民生活基本好转的今天,文化生活比物质生活更重要。舟山市抓住机遇,把文化生态保护作为一个大战略来思考和经营,凸显文化,维护生态,打好桥牌,打造品牌,将使舟山这座城市主题更突出,形象更鲜明,更有品位,更具地位,更有竞争力,也更具影响力。与之同时,舟山人民的生活将更幸福,舟山人民的未来将更美好。

争当排头兵　敢做弄潮儿

今天,萧山区委区政府举办第二届萧山区非物质文化遗产展示会暨研讨会,展示了萧山非遗资源的丰富多彩和丰硕的保护成果。国家级传人楼正寿老师介绍了做好楼塔细十番保护传承工作的经验,临浦镇文化站长介绍了发挥千年古镇优势,挖掘非遗资源,弘扬优秀传统文化的经验。省市有关专家对萧山非遗保护发展提出了很好的意见和建议。我很受教育,也深受启发。借此机会,对于萧山非遗保护发展也谈几点意见:

一、认清形势

对于当前的形势,我有三个基本认识:一是从宏观来讲,非遗事业的发展处于重要的战略机遇期,处于深入深化的攻坚期,也处于发展繁荣的关键时期。二是总体上讲,非遗事业发展,形势大好,不是小好,形势大好,但也问题不少。要在发展中解决问题,在解决问题中推进事业发展。三是对于萧山来讲,前有标兵,后有追兵。标兵跑得很快,追兵追得很紧。可以说,处于不进则退、慢进也是退的形势。我们应该审时度势,乘势而上,迎难而上,大干而上。

二、找准定位

萧山非遗工作的定位,有三个参照:一是杭州有七个城区,萧山应该成为杭州非遗保护发展的核心区域。萧山有条件有能力也应该有这样的志向。二是萧山要创造条件成为全省非遗保护的示范区域。凭萧山的综合实力,凭萧山的区位优势,凭萧山的资源优势,萧山完全可以跳一跳摘果子。宁波有个鄞州区,这几年非遗事业突飞猛进,萧山有没有信心有没有自信与鄞州比翼齐飞,或者超越鄞州。三是萧山应当成为全国非遗保护发展的先行区域。浙江走在全国前列,如果萧山走在了全省前列,那就是走在了全国前列。萧山是一个富有创新精神,集聚文化创意园区

2011 年 10 月 3 日在第二届杭州市萧山区非物质文化遗产研讨会上的讲话

的区域,能不能在非遗保护发展上创新体制和机制,创造经验?萧山非遗工作的定位或者说非遗事业发展的定位,要与萧山的经济地位、特定区位、城市品位相适应。

三、理清思路

希望萧山抓紧编制"十二五"非遗保护发展规划。规划是个纲,纲举目张。规划引领未来,规划指导行动。我认为要着重三个方面:一是抓总量,促质量。萧山有国遗项目2个,省遗项目10个,在全省县域的比例来看,不多也不少,潜力很大。萧山公布了系列非遗保护传承基地,也有若干列入了省级基地。今后,既要抓增量,也要盘活存量,更要提高质量。我们要按照省委赵洪祝书记的批示要求,倍加珍惜,采取措施,把非物质文化遗产保护好、传承好、利用好。二是抓官办,促民办。萧山要将区非遗馆建设列入规划内容,与公共图书馆、文化馆、博物馆建设成龙配套,形成系列。同时,区文化局积极借助民间力量筹划非遗博览园建设,值得充分肯定。宁波鄞州区运用政策杠杆作用,扶持建立了20多个民办非遗馆,湖州安吉县与美丽乡村建设结合,抓一村一品,已经建立了35个村级非遗展示馆。这两个地方的做法值得参照。三是抓发展,促融入。非物质文化遗产是传统文化表现形式,是传统生活方式,是传统生产模式。要在保护中发展,在发展中保护,促进融入社会,融入生活,融入群众。

四、加快转型

进入"十二五",整个非遗工作呈现新的发展态势,要加快转型升级步伐。着重三个转向:一是由申报转向保护。申报是手段,保护是目的,要认真贯彻实施我厅部署的国遗项目"八个一"保护措施。一项一策,一抓到底,抓紧抓好,务求成效。二是由务虚转向务实。非遗是无形文化,但无形文化要有形抓,要虚功实做,软件硬抓,要工程化管理、项目化推进、实体化运作。三是由点转向面。继续抓好试点、示范点,总结经验、探索规律,巩固成果,拓展领域,由局部到整体,向深度和广度发展,形成竞相发展的良好态势,形成大面积扩张的态势。

五、凸显特色

萧山非遗资源很丰富,抢救保护也很有成效。怎么样凸显特色,彰显魅力,打出品牌,扩大影响?我认为,重点着力三个方面:一是传统手工艺做强。萧山有南宋官窑、越窑青瓷,有萧山花边,金雕银刻,有手工造纸、古籍印刷等等。不少项目可以加强生产性保护,或者推进非遗产业开发,成为新的经济增长点,促进经济结构调整,促进经济生产方式转变。二是传统表演艺术做优。楼塔细十番、浦阳翻九楼,还有莲花落、绍剧,还有龙舞等等。可以考虑在继承传统基础上有新的发展,在传承历史文脉基础上有新的发展。还要推出来,上省里展示,上全国展示。三是传统民俗节庆做大。坎山七夕节、河上龙灯胜会,还有党山雷公庙会、临浦荷灯节,还有临浦年俗节、楼塔半年节等等。这些传统节庆都很有特色,要借题发挥,成为杭州人民体验民俗风情的乐园。

六、强化举措

非遗事业的推进,要营造氛围,要营造环境。我认为,萧山要三措并举:一是抓政策。政策是保障,政策是支撑。嘉兴的海宁市出台了一系列推进非遗事业发展的政策性文件,宁波的象山县出台了一系列推进文化生态区建设的政策性文件,可以参照。萧山也应当出台一系列文件,保障和支撑非遗事业发展。二是抓载体。义乌市开展系列十大评选活动,譬如十大文化名人,十大传统建筑,十大风味美食,十大民间风俗,十大草根新闻,可以参照。要通过各类展演展示活动,扩大非遗的知名度、影响力。三是抓大事。我省各地国字号的活动,全省性的活动,层出不穷,此起彼伏,但是好像难得看到萧山搞有大影响的活动。萧山有条件有能力,也应该有责任有激情承担和承办高规格的活动,承接和承办大规模的非遗活动,为萧山的美誉度做贡献,为杭州增光添彩,为浙江锦上添花。

七、形成合力

非遗保护政府主导,社会主体。非遗保护应当三驾马车齐驱。一是加强非遗保护工作机构建设,非遗保护中心要定编定人,要争取成为独立法人,要有机构办差,要有人办事。二是加强非遗保护志愿者队伍建设,建立非遗保护协会等各类社团,团结一切可以团结的力量,凝聚一切可以凝聚的力量。三是加强与新闻媒体的合作。省里大的活动大的评选,都与新闻媒体合作。我省非遗事业有这么大的态势,有这么大的影响,与新闻媒体大张旗鼓、重彩浓墨的宣传是分不开的。要注重与媒体经常性的联系和互动,包括运用各类新媒体的力量,为非遗事业推波助澜,为非遗事业鼓与呼。

我认为,萧山的精神,就是吃萝卜干也要把事情办好的精神!今天,我们衣食无忧了,要有情怀,要有责任担当,要继承和弘扬萧山精神,要有勇立潮头的精神,大干一番事业,干一番大事业,为守护民族精神家园作出贡献。

争取领跑地位　实现领先崛起

　　很高兴参加鄞州区的这么一个会议，这个会议总共只有半天，时间很短，但是内容很多，效果也很好。我想，在岁末年初开这么一个会议很有必要，也很重要。既是非遗工作者、传承者、志愿者的聚会，又是一个表彰先进，交流经验，促进工作的盛会，也是全面完成"十一五"工作任务的再动员、再部署、再落实。刚才夏区长做了一个很重要的讲话，既有高度，又很有深度；既有力度，而且还有温度、热度，相信大家听了感觉很温暖，也很振奋。借此机会，我代表省非遗保护办公室对鄞州区非物质文化遗产保护中心的挂牌表示祝贺，对在非遗战线上兢兢业业、勤勤恳恳，做出奉献和贡献的同志们和受到表彰的同志们，表示崇高的敬意！也对鄞州区委区政府和各街道的党政领导关心和重视非遗保护事业，表示由衷的感谢！

　　刚才，听了夏区长的重要讲话，我很有感触很有感慨。周局长在会上把鄞州的工作简明扼要地作了总结和介绍，我也深有启发深受启迪。借此机会，谈两点感受。

一、鄞州经验极其宝贵，弥足珍贵

　　我把鄞州的非遗工作经验，用五句话来概括和提炼：

　　（一）重主导，促主体

　　这个主导就是政府主导，主体就是社会主体。我们既要提政府主导，又要强调社会主体的自觉参与。鄞州区在这两方面的工作或者说在两方面的结合上已经做得很好了。对于非遗工作，鄞州的党政领导很重视，人民群众也很拥护。应该讲，我们的文化工作中，还没有任何一项工作像非物质文化遗产工作一样形成了一种广泛的认识和共识，形成了一种自觉的意识。特别是在我们鄞州区，城市化程度这

2009年12月28日在宁波市鄞州区非物质文化遗产保护工作会议上的讲话

么高的一个地区,非物质文化遗产从某种程度上来说就是人民群众心灵的归宿,精神的家园。城市化、现代化、工业化、城乡一体化、新农村建设,摧枯拉枯的,把城乡搞成了千城一面,千村一面,千篇一律。中国大地上,浙江的县城跟新疆的县城都变得差不多了,没有明显的个性特色。所以,越是现代化程度高的地方,大家越觉得要把老祖宗留下来的珍贵的非物质文化遗产,抓紧抢救下来,把这个文脉传下去,让子孙后代能够了解和感受我们祖先留下的这一瑰宝。所以,非遗工作做到了人民群众心坎上了。我们鄞州非遗工作做得很好。一个是加大政府的投入力度,刚才区长讲了,每年150万,这个钱已经不少了,但是也不是很多,还可以再继续加大点幅度;另外一个是鼓励民营资本的投入,鼓励民间力量的投资。政府要主导,但不能也不可能包打天下,要调动社会各界的积极性,要调动方方面面的热情。

(二)建基地,夯基础

刚才周局长介绍,鄞州区建立了45个非遗基地,其中27个是非遗传承基地,这是务实的,是讲真干实的,要真正承担起非遗传承责任的基地;还有18个是非遗传承教学基地,这是进校园、进课堂、进课本,让孩子们能够感受感知我们优秀传统文化的魅力,能够激发起爱国爱乡热情,进一步提高人文素质素养的基地。还有一个就是我们鄞州已经建立了22个非遗展示馆,这也是非遗展示传播的基地。非物质文化遗产,虽然是无形的,是非物质的,但是依然要虚功实做,软件硬抓。非物质文化遗产也需要有形的载体来依托、来呈现和展示。刚才夏区长讲了,当下非物质文化遗产相关的实物资料流失很严重。我在报上看到,冯骥才先生曾经有一句话,他问与会的听众,你们家里还有20年前的东西吗?借此我也问问大家,改革开放已经30年了,你们家里有没有30年前的东西啊?新房置换,升级换代,改革开放前的东西肯定是很少了,何况是解放前的民国前的。非物质文化遗产的实物资料的确流失太严重了。宁波有一个慈溪,有好几家仿古家具厂,这里面真真假假,虚虚实实,真里有假,假里有真。有人举报说这几家厂倒卖古旧家具,偷运出境。海关把出境的集装箱打开抽检,截获了一批古旧家具。但防不胜防,依然大量古旧家具偷运出口岸。我们鄞州有这个意识,鼓励民间收藏家抢救了一批珍贵的历史实物和资料,鼓励社会力量建立了一批博物馆和非遗展示馆,并把这些优秀的文化遗产保护起来展示出来。这是地域文化的见证,也是民族历史的见证。鄞州非遗馆群的建设很有意义,也是很有成效的。鄞州区通过建基地和建立展示馆这种形式,使我们的非物质文化遗产能够很好的得到保护,得以传承和弘扬。

（三）增活力，强实力

非遗保护重在激发非遗项目的生机活力。要搭建活动平台，让非遗项目展示魅力。夏区长分管的科教文卫体工作，每一项工作都有独特的招数，都有自己的套路。我把它概括为：科技靠咨询，教育靠考试，卫生靠检查，体育靠比赛，文化靠活动。活动是文化的生命力所在。非物质文化遗产只有通过活动通过展示宣传，才有知名度和影响力。我们厅里公布了18个重点培育和支持的文化节庆活动，其中有我们鄞州的中国梁祝文化节。据说，梁山伯东晋时期在鄞州当过两年半县令，鄞州借题发挥，借梯登高，打响了品牌。还有你们宁波的象山，每年一度举办中国象山开渔节，我觉得很值得一看。白天，开渔节气势恢宏，红旗招展，锣鼓喧天，鞭炮齐鸣，千帆竞发，千艘万吨钢轮迎面而来，很有气势，很壮观，很震撼。晚上是妈祖海上巡游，木舟轻泛，灯火阑珊，海上烟花绽放，很有一种温馨浪漫的气息，很有一种意境。这些文化节庆活动，体现了地方文化形象，体现了一个城市的生机活力。

再一个就是做强非遗产业品牌。要彰显活力，还要增强实力。刚才介绍的宁波朱金漆木雕和骨木镶嵌这两样东西，鄞州是保护责任地，要做好保护传承，还要弘扬光大。同样是木雕，东阳木雕、乐清的黄杨木雕做得那么大，相比较朱金漆木雕的影响力好像差多了。紫林坊艺术馆的藏品也是以紫檀木、沉香木雕刻作品为主，应该加大骨木镶嵌作品展示的分量、规模。我觉得鄞州还有好几个传统手工技艺的项目，品牌还做得不够大。非遗的传承发展，光是靠政府一张"大团结"、靠政府的投入是不够的，我们还需要强化自身的造血功能，才能良性循环，良好发展。我厅要求各地进一步做好国家级非遗名录项目五年保护计划的修订工作，希望鄞州做好国遗项目保护计划的编制，也做好省遗项目保护计划的编制，一个项目一个方案的搞，然后通过这个规划的实施，做大我们鄞州区域非遗的品牌。

（四）保权益，促效益

非物质文化遗产的特性是以人为本，是以人为保护主体，是口传心授的，是言传身教的，是父子相承的，是师徒相承的。所以，我们如果不抓紧抢救，不抓紧传承，老人一去世这东西就没有了。有专家说，每一分钟都有一个老艺人去世，每一分钟都有一个民间艺术品种在消亡。这不是危言耸听。对于我们全省来讲全国来讲，的确是这种情况，的确要有危机感紧迫感。许多老人去世了，把这份绝技绝活就带走了，所以说是人亡艺绝，所以我们的工作就是要把传承人作为主体。我们各级通过认定非遗名录项目之后，认定代表性传承人，颁发政府津贴等，应该讲提高了我们传承人的地位。日本、韩国把传承人叫做"人间国宝",体现了对传承人的高度尊重。我们要营造尊重知识尊重劳动尊重人才尊重创造的氛围,非遗项目的代表性传承人是掌握特殊知识特别技能的人,是最富有创新创造精神的人,是对民族和国家有贡献的人,我们应该对他们给予特别的关心关爱。这是讲的保权益。

促效益,这个效益,一个是社会效益,一个是经济效益。比如说鄞州区公布了18个非遗传承教学基地建设,非遗进校园进课堂,这主要体现在社会效益上;刚才传承人介绍的传承基地建设,除了社会效益,也体现在经济效益上。我们非物质文化遗产实际上不但有社会效益,也可以有较好的经济效益,也可以成为一个新的经济增长点,也可以为拉动内需促发展,为促进经济增长方式的转变发挥作用。

(五)抢先机,走前列

宁波市的非遗工作起步比较早,这个工作是一步一步在做的,很踏实、很有成效。非物质文化遗产大普查,全国的瓶颈就是在宁波突破的。文化部在 2008 年的年底,在宁波象山召开了全国非遗普查工作现场经验交流会。在会议上,我们杨建新厅长的讲话用数字来说话,一系列的数据,既说明了工作量,说明了普查所取得的丰硕成果,也说明了浙江非遗人的勤恳努力和卓越的工作成效。同时,我们又配套搞了一个展览,这个展览是用事实来说话,七十几块两米高的非遗工作宣传展板,还有以县为单位,以乡镇为单元的普查成果展。会议大厅层层叠叠的普查资料,应该说在这个会上引起了很大的轰动。当时会议代表跟我们讲,浙江的工作不好说,就是两个字:"感动、震撼!"还有会议代表说,浙江工作三个字:"了不起、不得了!"然后,《中国文化报》头版头条的报道标题是"非遗普查看浙江",这里面有关专家和兄弟省市的同仁说:浙江把这个工作做到了极致,浙江的工作叹为观止!这个普查的做法是宁波的创造,宁波的模式变成了浙江的经验,变成了全国的行动。宁波的普查模式创新,贡献很大,使我们整个非遗普查工作打开了瓶颈,使我们的非遗普查工作风起云涌、如火如荼。到现在,非物质文化遗产这个词,我不敢说家喻户晓,但是应该说是有相当的知名度和知晓率。非遗大普查,以及之后的非遗保护运动,普及了非遗知识,增强了人民群众的抢救保护意识,凝聚了广泛的社会共识。宁波的工作在省里是走在前列的,我们鄞州区是宁波的先进典型,也就是在我们省里走在前列。

这五点,是我的认识和概括,对你们的工作要充分肯定和高度评价。所以我今天来这里,包括夏区长的讲话,包括很多同志的讲话,我都认真地听认真地记,认真地消化。刚才你们说的时候,我觉得有很多亮点,很多创新。你们是出成绩出经验,我是来帮助总结提炼和进一步宣传推广。

二、希望鄞州不辱使命，不负重托

借这个机会，我想对鄞州的工作进一步提出要求，希望我们鄞州更好地在全省县市区中发挥典型示范作用。

（一）深化认识，加强领导

要做好工作，要高人一筹，的确要有一个提高认识的问题。现在非物质文化遗产保护工作，从中央到地方各级党委政府都很重视，我们锦涛总书记在十七大报告里面提出，要加强文物和非物质文化遗产保护，营造我们中华民族共有的精神家园。提出要"两大一新"，要促进文化的大发展、大繁荣，兴起文化建设的新高潮。提出了"三个更加"，要使人民群众的基本文化权益得到更好保障，使人民群众的精神文化生活更加丰富多彩，使人民群众的精神风貌更加昂扬向上。实际上非物质文化遗产在这些方面都能够得到相应的体现，有大的作为和成效。习近平书记在浙江的时候，曾经在不到一个月的时间里，五次对非物质文化遗产工作作出重要批示。我们赵洪祝书记到了浙江不久，就做出重要批示，要求把全省非遗保护工作继续向前推进一步。浙江工作走在全国前列，继续推进一步，就是领先。今年年初，赵书记又为非遗工作批了三句话。第一句话，应当首先感谢全省文化系统的同志们围绕非遗保护做了大量的卓有成效的工作。第二句话，赵书记指出：非物质文化遗产保护不仅是全省全国的工作，而且是世界人类文明的传承工作，意义十分重大。赵书记站得高看得远，胸怀全国，放眼世界。今年我们在联合国教科文组织公布的人类非遗项目中，有"五朵金花"上榜，上了联合国的榜单，为世界人类文明的传承做出了贡献。赵书记的第三句话批示强调，要继续深入抓好。话不多，分量很重，很明确。我们的吕祖善省长，也多次对我们非遗工作作强调。我们搞了一套浙江非遗代表作丛书，吕省长亲自作总序。包括我们的非遗专项资金，以前是500万，现在变成1500万。吕省长看了我们非遗的展示演出，很激动，他说，这说明我们的非遗资源很丰富，说明我们的抢救保护工作很有成效，说明每年500万花得值得，还要继续加大投入的力度。然后，500万变成了1500万。钱不是万能的，但是没有钱是万万不能的。刚才夏区长说，鄞州虽然每年投了500来万，但对于面上的非遗抢救保护工作还是不够的，讲得很到位，这体现了区领导的文化自觉和真切重视。领导的重视，也要体现在真金白银上，归根到底是钱是加大经费的投入，没钱就很难做事或者说很难做大事。领导的重视，还要体现在对非遗机构的加强和编制的落实上，要有机构办差，要有人办事，要有场地办事。今天鄞州区非遗保护中心的挂牌，体现了区政府对非遗事业的真切关怀和支持。

（二）统筹规划，谋篇布局

刚才夏区长对"十二五"期间非遗工作的开展和非遗事业的发展做了规划构想。古人说，不谋长远者不足以谋一时，不谋全局者不足以谋一域。要成就事业，眼光总得放长远些。2010年是"十一五"的最后一年，这一年我们要全面完成"十一五"的工作任务。省委办公厅、省政府办公厅曾经下发了浙江省文化保护工程实施方案，我们要全面地去督促指导落实。同时，2010年也是一个重要的承上启下的一年，这一年我们要开始制定"十二五"的规划。规划是一个纲，纲举目张，规划是个大口袋，什么都可以往里面装。如果一个项目一个设施一项活动让领导批多少钱，也许没这么容易，但是规划是写在纸上的，是纸上谈兵，相对出台要容易得多。然后，请人大、政协再督促一下，把虚的办实，把好事办实。所以编制出台规划，是推进事业发展的一个好方法。浙江"十一五"期间为什么非遗工作这么出色，卓有成效，很大程度上在于"两办"颁发了实施方案，有这个五年规划指引和依照。刚才夏区长把"十二五"非遗工作要做的事情很全面地做了梳理，我觉得夏区长是一个专家，是一个学者，指导很到位。这一些思想和构想，我们要体现到区里的"十二五"非遗保护规划上。

（三）创新思路，创新机制

我们非遗工作到底怎么搞？要解放思想。解放思想，实事求是，与时俱进，开拓创新，这是我们的根本。解放思想，黄金万两，脑筋急转弯，豁然开朗，思路一变天地宽。我们的非遗保护工作，也要像宁波创新普查模式一样，创新思路，创新实践。当时的非遗普查，部里搞了一个方案，戏曲13张表格，曲艺12张表格，舞蹈两张表，民俗没表格，每个专家搞自己的，缺少规范，缺少统一，也缺少操作性。后来，我们宁波在实践基础上进行探索，把普查的表格作了简化，化繁为简，我们厅里又在宁波普查表式的基础上，进一步梳理和规范，形成了浙江十八个门类非遗普查系列表式。由此，非遗普查从最简单的线索查起，从动员广大人民群众参与做起。由此，在我省掀起了声势浩大的非遗普查运动。

非遗保护工作是前无古人的工作，我们走在全国前列，我们遇到的问题都是兄弟省市还没遇到的问题，我们没有经验可以借鉴，要开创新局面，必须充分发挥聪明才智，发挥主观能动性，发挥创造热情。计划经济条件下，政府是万能的，政府是包打天下的，是无所不包，无微不至的。在市场经济条件下，要激发社会各界的积极性,要广泛调动社会力量来参与。我们鄞州在利用民间资本、利用民间力量做非遗事业方面,已经有创造了,已经有活力了,应该及时总结经验,还应该继续拓展领域,继续创造经验。鄞州有20多个民办的非遗展示馆,星罗棋布,但是有些馆建好后,门可罗雀,我们怎么样把它做优做好,增加人气,怎么样合理利用,这很重要。我有个建议,鄞州是否可以建立一个非遗展示馆的协会,也算是个行业协会,相互交流,相互呼应,相互促进。而且,是否可以组织一条非遗馆旅游线路? 我觉得,机制创新是不花钱的投入,机制创新才是最大的一种动力,机制的创新才是最大的生产力。

(四)加大宣传,营造氛围

刚才夏区长跟我讲鄞州的宣传不够。那既然宣传不够,就要大力宣传。省里每年评选非遗保护十件大事,今年又搞了一个非遗普查十大新发现评选,又搞了非遗保护的十大新闻人物评选。而且都是跟省里主流媒体联合举办,扩大宣传声势,扩大社会影响。前一阶段我去义乌,义乌搞了十大文化名人评选,十大传统建筑评选,十大传统民俗评选,十大传统美食评选,反响很好,为非遗工作营造了良好的舆论氛围。像诸如此类的评选活动,鄞州也可以参照和借鉴。另外,我们还举办了浙江省非遗保护宣传报道奖评选活动,评出一批好专题,好专栏,好文章。非遗工作有这么大的声势,与媒体的大张旗鼓、重彩浓墨宣传,与媒体的推波助澜是分不开的。

另外,鄞州设想建立非遗保护协会,这很好,既然有想法了就赶紧把它建起来。现在余杭、开化、洞头等地都建了非遗保护协会,甚至桐庐有个乡、临安有个村也建立了非遗保护协会。《浙江省非物质文化遗产保护条例》总则里面有句话:任何单位和个人都有保护非物质文化遗产的义务。这句话,是"条例"中的一个亮点。任何单位和个人,那就包括在座的和不在座的,包括你我他,大家都要参与非遗保护,这是个全民义务。宁波当时的普查,动员了132个社团参与,这个组织协调工作做得太好了,普查结束了,这支队伍不能散,要继续把他们组织起来,凝聚起来,团结起来。非遗事业的推进和发展,氛围很重要,舆论环境很重要。

(五)转型升级,再上台阶

夏区长刚才讲了,国遗申报工作要继续做好。申报也是保护工作的一种方式,一个步骤,一个基础。我们要继续积极做好申报,要去争取。做好申报、争取上榜的同时,要积极创新保护方式,也要重视借梯登高,借船出海。我们省里有很多基地,有各种保护载体和平台,什么省级非遗传承基地,省级非遗传承教学基地,省级传统节日保护基地,省级非遗旅游经典景区,省级非遗生态保护区,我们还准备重点打造100个非遗的精品。这些保护载体,你们要抓紧报及时报。省里文件下来,你们不报,我们也想不到,报了以后,对于鄞州我们肯定要支持,因为鄞州是非遗资源重镇,抢救保护工作做得真的很有成效。鄞州的地位决定了鄞州不能将自己等同于一般,不能仅仅满足于榜上有名,鄞州应该在非遗工作的深入深化中,在非遗工作的转型升级中,高人一筹,先人一步,干就干最好,争就争第一。

我们期待着鄞州继续出成绩出经验,为宁波为全省起到试点引路典型示范的带头作用。我们已经做了大量的工作,但还有大量的工作等待着我们去做。希望鄞州再接再厉,再立新功,再上台阶,再创辉煌!

再接再厉创佳绩 进取进位促发展

一年之计在于春。在"十二五"的开局之年,在 2011 年春暖花开的时节,海宁市政府隆重召开全市文化遗产保护暨申报国家历史文化名城动员大会。这个会议,对于海宁意义重大,对于全省也意义不一般。县市区层面召开这样的会议,在全省也是具有导向意义。这次会议,表彰了一批先进,市政府与各镇、街道和管理区签订了责任书,相关职能部门表态,分管市长作工作报告,市长作讲话。还有,四套班子领导出席。这体现了市委市政府对文化遗产保护工作的高度重视,体现了海宁加强文化遗产保护的决心和姿态,体现了海宁讲真干实的作风。刚才,朱海英副市长的报告,系统总结了海宁市文化遗产保护工作的重要经验。海宁市在创新上求突破,在落实上下功夫,形成了一系列适应现实要求的工作理念,制定了一系列具有针对性实效性的规章制度,推出了一系列切实可行的方法举措,取得了突出的工作成效和工作成果。海宁的生动实践和工作成效,令人振奋。刚才林毅市长的讲话,构画了文化遗产保护的宏伟蓝图,更是令人鼓舞。林市长的讲话,洋溢着激情,洋溢着热情,洋溢着一腔情怀,洋溢着为民造福的情怀。他的讲话中,有不少思想、观点和理念,让我深受启发,深受感染。

我们老祖宗留下了丰厚的文化遗产,物质遗产与非物质遗产,共同构成了中华民族的精神家园。物质遗产与非物质遗产,是一个事物的两个方面,不能割裂开来。我们非遗工作部门与文物部门,工作一起做,成绩各自报。当然,铁路警察各管一段,等会儿省文物局陈官忠副局长还要做讲话。这里,我先就非遗保护工作讲几点意见。

一、海宁的非遗保护工作值得高度评价和充分肯定

海宁非遗保护工作中,有不少值得珍惜和弘扬的经验,有不少值得总结和思考的内在规律。归纳起来主要有五点:

2011 年 3 月 29 日在海宁市文化遗产保护工作会议上的讲话

(一)有着率先的意识

海宁市在文化遗产保护工作上,始终领先一步。譬如,市政府在全省率先出台了《关于加强非物质文化遗产保护的意见》,省文化厅专门转发了这个意见,以供各地参照。譬如,海宁市政府办公室率先出台了《关于做好浙江省传统节日保护示范基地硖石元宵灯会建设工作的实施意见》,省非遗办专门转发了这个意见,以供各地参照。海宁市政府在全省率先出台了《海宁市非物质文化遗产"十二五"保护发展规划》《海宁市文化遗产保护办法》等系列政府规章,很有前瞻性,而且针对性、操作性都很强,使新时期的非遗保护工作有规可依、有章可循。2008 年,海宁市率先提出了每年按人均 1.5% 的比例,安排非遗保护专项经费。2010 年开始,在土地出让金中提取 1%,用于文化遗产保护发展。这个政策力度,在全省是破天荒的。今天,海宁市政府召开全市文化遗产保护工作会议,表彰先进,总结经验,部署工作,这在全省也是为数不多。林市长强调,"保护和弘扬民族文化是一个城市管理者最重要的职责。"正因为是"最重要",所以海宁市政府时时处处率先一步。率先一步,就是领先,就是走在前列。

(二)有着清晰的思路

海宁市始终坚持用超前的奋斗目标,用明确的工作要求,统一思想,统一行动。奋斗目标就是创建国家级历史文化名城,长三角文化旅游名市。总体思路就是《海宁市非物质文化遗产保护发展规划》《海宁市历史文化名城保护规划》。工作要求就是实施文化遗产保护八项工程。海宁市的文化遗产保护工作,通体构思,整体设计,谋篇布局,目标很清晰,任务很明确,要求很具体。同时,在具体项目的保护传承上,海宁市分别制定了《硖石灯彩五年保护计划》和《海宁皮影戏"八个一"工作实施计划》,使这两个国遗项目的保护有计划有步骤地推进。海宁文化遗产保护工作的这些目标和要求,将成为全市上下的共同认识,共同行动。事实证明,思想和行动的高度统一,这种共识所迸发出来的能量,是难以估量的。

(三)有着科学的精神

海宁市始终坚持强化目标管理,落实工作责任。林市长强调,文化遗产保护要"实施计划管理。文化保护发展每一项工作不但要明确 3—5 年的目标任务,而且每年都要制定细致的计划,要明确具体的工作节点、对应的工作任务、对应的完成时限以及相应的责任部门和责任人,全面确保每一个时间节点、每一项工作不折不扣地完成。"今天会上,林毅市长亲自与各镇、街道、管理区分别签订了文化遗产保护工作目标责任书,下达了考核指标,建立了绩效考评机制。这种重在落实责任、重在考核问责的举措,将有力地鼓励先进,鞭策后进。

(四)有着创新的举措

海宁市始终坚持改革的思路,发挥制度优势和机制优势,探索途径,突破难点,突破重点。海宁从土地出让金中提取固定份额解决文化遗产保护的资金问题。用师徒签约的办法确保 9 个国家级和省级非遗项目传承工作落到实处,取得实效。运用社会场所展示非物质文化遗产,譬如,分别在衍芬草堂、海宁皮革城、盐官观潮景区设立了海宁皮影戏陈列馆(皮影戏馆),常年演出展示。用开放的意识,运用民间资本参与非遗保护工作,扶持建立了三家有限公司(海宁硖石灯彩有限公司,海宁皮影艺术团有限公司,海宁钱江潮旅游开发有限公司)。海宁以惠及民生为出发点,推动文化遗产资源的开发利用,"使传统文化与现代文明相融"。抓住关键点,选准突破口,集中力量,一抓到底,这是海宁重要的经验。

(五)有着有力的保障

林毅市长强调指出,要"坚持保障先行,并把创新贯穿其中,用创新的理念和创新的方式强化保障、优化保障"。海宁市始终坚持增加财政投入,积极发挥政府财力的带动效应。近年来,海宁不断强化非遗保护政策,财政投入不断加大,拿出真金白银支持非遗事业。2008 年,开始设立非遗保护专项资金,每年拿出 100 万元用于非遗保护;2009 年,决定每年拿出 40 万元用于硖石灯会保护传承;2010 年,决定每年拿出 1% 以上的土地出让金(2010 年计算是 4000 万以上)用于文化遗产的保护。这一大投入,体现了一种超常的思维,也体现了在文化遗产保护上政府的主导力。没有这种财政投入,就不会有今天这样的兴旺景象,也不会有今后文化遗产保护的兴旺景象。

(六)有着实干的作风

在海宁,我们充分感受到海宁市委市政府的领导对于历史文化遗产的保护,有着高度的使命感、责任感,有着一种文化自觉、文化意识和文化情怀。同时,海宁有一批充满热情、倾心事业、乐于奉献的文化干部。这些同志不辱使命,不负重托,趁势而上,迎难而上,大干快上,为文化遗产保护事业的发展做出了奉献和贡献。

二、对于海宁非遗保护工作的建议

林毅市长在会上指出:"文化是城市的灵魂,我们不仅要高楼大厦,也要青山绿水,更要追求人杰地灵的发展境界。"高楼大厦,青山绿水,人杰地灵,从物质到自然到人文,层次一步比一步高。林市长并强调,"要将文化要素和理念渗透于城市开发建设各个环节中",要"充分展现海宁独特的地域文化气质"。这些思想和观点,体现了科学发展观的理念,体现了政府执政理念的提升。这一理念,就是经济的发展是为了促进人的全面发展,是为了促进人与自然的和谐发展。我借此机会,对海宁文化遗产保护工作的深入深化和转型升级提几点建议。

(一)以周边大中城市为依托,借势发展

海宁背靠嘉兴,依托杭州,紧邻上海,区位优势独特,可以借台唱戏,借势而上。嘉兴的端午节打响了品牌,海宁可以借题发挥。杭州重点打造中秋文化品牌,"天下奇观海宁潮",中秋月亮最圆,潮汐最大,海宁观潮理所应当成为重要的延伸区,可以借船出海。上海是国际性的都市,海宁可以依托这一平台,推出更多的非遗项目品牌,借梯登高。海宁是杭嘉湖、江浙沪链条中的重要一环,可以吸纳各方资源,也可以辐射更广泛区域。

(二)以灯彩为主导,集群发展

林市长在报告中指出,要"创新发展元宵灯会,推动硖石灯彩产业化"。海宁的灯彩资源,在全省来看最为丰富。海宁硖石灯彩(系列)设计优美,造型独特,名闻遐迩;海宁花灯舞美轮美奂,美妙绝伦,美不胜收;硖石灯会人潮如海,水泄不通,川流不息;海宁皮影戏独具特色,盛名远播,影响广泛;还有海宁的节能灯具,低碳环保,有一定的产业规模,市场前景广阔。而且,海宁周边县市的灯彩资源也很丰富,在嘉兴所辖县市,就有海盐滚灯、平湖西瓜灯、桐乡踢墨纱灯、秀洲新塍花灯等。从全省来看,灯彩资源相当丰富,据不完全调查,有上百种灯彩项目,有百鸟灯、麒麟灯、鱼灯、鳌鱼灯、虾灯、无骨花灯、车灯、龙灯等等。一方面,海宁灯彩有着独特的优势,有着比较优势和错位优势,可以发挥独特的资源优势,延伸辐射;另一方面,海宁可以或者说应当充分运用自身优势,集聚全省甚至全国灯彩资源,规模发展,做大做强。四川自贡打造"西南第一灯市",建议海宁市重点打造"江南第一灯市"的品牌,运用市场化机制,促进专业化和集约化发展,拉动内需促发展,提升区域知名度影响力。海宁传统的四大文化(名人文化、潮文化、灯文化、皮革文化),从当前的形势看,唯有灯文化独具优势,独树一帜,周边没有地方抢滩和竞争。

(三)以文化生态保护为根本,多元发展

林市长强调,要"打造和谐繁荣的文化生态"。并强调"种树、治水、保护遗产,是本届政府的主要任务"。维护自然和文化生态,维护自然与文化生态的和谐,是

政府理所应当的责任。海宁除了应当重视灯彩文化生态的维护和保护,还应当重视蚕桑丝织文化生态的维护和保护,这是我们责无旁贷的使命。海宁市已经有了这么一种自觉,有了这么一种行动,有着一份重重的责任担当。中国蚕桑丝织文化列入了人类非遗代表作名录,我省是此项申报的牵头单位。省文化厅公布了杭嘉湖蚕桑丝织文化生态保护实验区,而海宁是杭嘉湖蚕桑丝织文化的重要分布区。海宁市提出了建设中国蚕桑丝织文化世遗主题公园的目标,将积极承担蚕桑丝织文化保护发展的重任。我认为,这个主题公园应该是没有围墙的,应该是蚕桑丝织文化保护的原生地,应该是突出蚕桑丝织延伸其他非遗项目的文化生态园区,应该是自然资源、人文资源和民俗风情资源相融合。除了种桑养蚕、传统丝织技艺,与蚕桑丝织文化相关的民俗活动,要整体性保护,全面恢复活跃。

(四)以文化机制创新为动力,带动发展

海宁市在文化遗产保护上,有不少新的创造。在非遗项目保护模式上,海宁提出了皮影戏保护"八个一"做法,我厅借鉴了这一做法,提出了国遗省遗项目保护工作的"八个一",分类指导,分项保护,提升保护水平。海宁市在区域文化生态保护上,提出了建设中国蚕桑丝织文化世遗主题公园。在非遗产业发展上,提出了"创新发展元宵灯会,推动硖石灯彩产业化"。我代王珏副局长提一个建议,建议再建一个灯彩主题公园。在政策环境上,海宁市即将出台《关于促进民办博物馆发展的实施意见》,我建议这个文件做一微调,将民办非物质文化遗产馆的建设也作为题中之义,纳入政策范畴。在政府制度创新上,林市长提出,"积极鼓励民营资本投入。""积极推动融资体系和融资服务的优化。"我相信,放低准入门槛,提供最优惠的服务,将激发出社会力量参与文化遗产保护的巨大热情。我们希望海宁市按既定方针办!方针政策确定后,干部是决定的因素。希望海宁市积极探索,大胆实践,敢想敢干,走出一条既符合文化遗产保护规律,又具有区域特色,具有时代特征的路径。

(五)以成为全省县域文化遗产保护示范为目标,率先发展

希望海宁市进一步提炼城市主题文化目标定位,坚持理想,注重规划引导。希望海宁市抓住机遇,抓好当前,发挥潜力,发展优势,提升水平,提升竞争力。希望海宁市"抓紧落实非物质文化遗产展示中心项目,使丰富的实物资料有足够的展示场所,使代表性传承人有合适的传承场地,使人民群众有理想的参观场馆"。希望海宁市加强非遗保护中心建设,争取扩编增员,加强保护工作力量;并希望海宁市

建立一支非遗保护的志愿者队伍,成为非遗保护的生力军。希望海宁市的非遗保护工作重在建设,全面建设,全社会建设。海宁市的非物质文化遗产保护工作大规划,大手笔,大写意,我们对海宁非物质文化遗产保护的美好前景,充满着期待。希望海宁的非遗工作继续出成绩,出经验,成为全省的示范。届时,我们在海宁召开现场会,我们来学习、宣传和推广。

　　向海宁学习,向海宁致敬!

多措联动　多极并举　整合资源　整体凸显

　　昨天下午，一点到三点钟，花两个小时观看了桐庐元宵龙灯表演。三点到五点，花了两个小时考察了江南镇的两个村（荻浦村、深澳村）。今天上午九点到十一点钟，花了两个小时开展座谈。虽然此行有些浮光掠影、走马观花性质，但对桐庐非遗工作情况有了相对全面的概况性的了解。

一、有四个方面印象比较深刻

（一）剪纸的"桐庐现象"

　　剪纸之乡，全中国有很多。在我们浙江，打出剪纸品牌的也有多个县。乐清的细纹刻纸、缙云的戏曲剪纸、缙云的民俗剪纸、温岭的海洋剪纸，还有临海、黄岩、上虞等地的剪纸，也有代表性人物，有创作群体，有一定的影响。但是，这几年趁势而上、借题发挥，真正做出了品牌，打响了品牌的，只有桐庐。桐庐已连续举办了三届全国性的剪纸大展，确立了在全国剪纸界的地位。虽然桐庐剪纸还没有上国遗，但后来居上，在剪纸界已经有了龙头老大的气象。

（二）乡土建筑保护的"江南经验"

　　我们考察了江南镇的荻浦村、深澳村两个村。我觉得，荻浦村是美丽乡村建设中的一个方向。一走进村口，一座孝子牌坊、一棵很大很大的树，就弥漫着一种历史岁月的气息，一种家园的感觉。荻浦村在新农村建设新村改造中，把那些老牌坊、老戏台、老民居，都原封不动原样保存，而且把原先的水泥路恢复为石子路。特别是将造纸作坊遗址的水槽，作为重要古建筑保护点，从垃圾中清理出来，并将其恢复原貌。在新农村建设中，不但要抓好环境整治，抓卫生清洁，还要注重自然生态的保护，历史文脉的保护。有些地方在新农村建设中"移地闹革命"，大呼隆、一

2011 年 2 月 18 日在桐庐县非物质文化遗产保护工作座谈会上的讲话

刀切、齐步走,拆旧村建新村,千村一面,千篇一律,变成一幢一幢公寓,变成了跟城市一样的新建小区,这还是村吗?

我们考察的第二个村深澳村,作为中国历史文化名村,名实相符。深澳村古村落构架基本保存完好,保存有百余幢传统建筑,其中还有四十余幢很珍贵的清代建筑,都有几进或者单独的小院,几乎都是成建制地、完整地保留了原有的建筑风貌。在我们的感觉中,深澳村就像一座明清建筑的博物馆,当然,它是活的,是一座生活着的古村落。

在现代化进程中,古村落所具有的最大价值,就是它自身的文化意义,它是一种历史文化的见证,是当今社会人们心灵的归宿和精神的家园。在现代化进程中,江南镇没有为外界所诱惑,没有为外界所同化,没有忘乎所以。而是保护好自然风貌,保护好民俗风情,发挥优势,彰显特色。这在当下的新农村建设热潮中,是值得提倡和倡导的。

(三)民俗文化传承的"合村模式"

合村的绣花鞋这两年名气搞大了。本来"三寸金莲"是封建糟粕,本来会做绣花鞋的地方遍地都是,以前的妇女哪个不会做绣花鞋。但是今天,在全省做绣花鞋的专业村,可能也只有合村了。合村把绣花鞋当作产业来做,取其精华去其糟粕,开发成系列产品。在合村绣花鞋的带动和影响下,合村的民俗文化也随之迅速发展。合村村中心有一条溪,溪两岸沿街的房子,都开发出来搞成"非遗一条街",或者叫民俗文化街。做小吃的、酿酒的、打麻糍的、做冻米糖的、剪纸的、扎灯的、绣花的、编草鞋的、弹棉花的、做棕绷的,还有唱戏的。溪两岸沿街有二十多个项目,形成了富有当地特色的民俗文化街道。乡里还成立了民俗文化促进会,是全省第一个乡镇一级的民俗文化促进会,有五十多个会员。一个山角落头甚至可以说是一个"穷乡僻壤",有这么多的民间艺术项目,有这么丰厚和浓郁的民俗文化氛围,难能可贵。慕名去合村旅游去体验民俗风情的人也越来越多啦,农家乐也红火起来啦。实际上,可以说每个乡每个村都有丰富的民俗文化资源,都有不少手工技艺项目,都有开发的可能,都有打造品牌的价值,老百姓也可以从中增加收入、得到实惠。合村的模式有推广的意义和价值。

(四)非遗融入文化创意的积极探索

杭州对文化创意产业的发展很重视,打造全国文化创意产业中心,着力建设十大文化创意产业园。桐庐举办文化创意节,设立文化创意产业扶持专项资金,大力扶持文化创意产业发展。桐庐的剪纸、绣花鞋与文化创意产业结合,效果明显。

两年前桐庐举办了第三届"神州风韵"全国剪纸邀请展,还配套举办了首届全国剪纸创意大赛,很有收获。将于今年四月举办的第四届"神州风韵"全国剪纸大展,配套举办第二届全国剪纸创意大赛,奖金很高,特等奖三万,一等奖三个各一万。看了参赛作者报来的剪纸延伸创意产品,觉得这奖金花得值得。没想到剪纸元素还可以与各种材质结合,还可以运用得这么广泛,在服装、饰品、工艺品、箱包、瓷器、日用品等领域都可以大做文章。让人大开眼界、眼花缭乱。

去年,省非遗办会同桐庐举办了绣花鞋创意大赛,全省一发动,参加比赛的人很多,美术院校的师生、各地文化馆的民间美术干部、手工艺人踊跃参加,各地的艺术设计公司踊跃参加。送来的作品五花八门,琳琅满目。除了实用的布鞋,新娘的花鞋,小巧的虎头鞋,还有挂件、摆件。有些挂件名字取得很好,如"合鞋"既寓意合村的鞋,又寓意和谐社会的和谐。

桐庐将非遗与文化创意结合,传统与时尚结合,艺术与实用性结合,更广泛地融入社会、融入生活,不仅使传统手工艺得到发扬,不仅使文化创意让生活更美好,也创造了经济效益,而且进一步开发的空间很大,发展前景看好。

二、有三个方面感受比较深切

(一)文化部门奋发有为的强烈意识

桐庐县无论是文化局的领导、非遗中心的主任,还是参加今天座谈的文化站长,都对非遗保护工作充满着热情、洋溢着激情,想干事、会干事、干大事。剪纸能做到这么大的气候,在全国树立了地位;绣花鞋能搞成产业,在世博会上供不应求;莪山畲族"三月三"有一定知名度;"江南时节"民俗活动有一定的影响力;合村民俗文化成为全省的典型……短短几年的工作富有成效,而且势头很好。这说明了桐庐的非遗抢救保护工作很有成效,也用实绩说明了桐庐文化部门奋发有为有作为。

(二)乡土文化人才保护传承的自觉意识

乡土文化人才,包括非遗传承人,也包括乡土文化专家。桐庐有几位代表性传承人。胡家芝老人去年谢世,114岁。她是江苏、浙江年纪最高龄的老人,是跨越三个世纪的剪纸艺人,她剪纸剪了上百年。这位老人有着一腔情怀,每逢国家重大节日、重大事件,她都会剪上一幅大作品献礼。省文化厅授予她"荣誉传承人"称号。春节期间剪纸艺术家谢玉仙又走了,这位大师也是很有成就的。还有王伯敏先生,是我国著名的美术史论家,辈分很高。王老是学院派,不属于桐庐本乡本土的乡土专家,但王老对民间剪纸情有独钟,满腔情怀,倾注了巨大的心力,编著了中国民间剪纸史,创办了中国剪纸报。这位客居桐庐的艺术大家,对于提升桐庐剪纸的境界和地位,有着独特和重要的贡献。在他们和许多传承人的努力下,桐庐剪纸逐步形成了强大的群众创作队伍。今天在座的乡土文化专家,文化馆的老馆长楼一层老师,县政协文史委周主任,航运公司的经理,多少年来参与民间艺术的调查和搜集整理,付出了艰苦的努力,付出了许多的心血,大家都是我们非遗保护的重要力量。作为文化主管部门,我们由衷感谢大家的付出和所作出的突出贡献。

(三)党政领导弘扬民族文化的责任意识

桐庐县建立了文化名县建设工作领导小组,出台了《桐庐县文化名县建设规划》,并且分年度制定文化名县建设工作思路与主要任务,并且对各部门、各乡镇明确责任分工,明确具体的考核内容、考核细则,讲真务实、力求实效。昨天下午的龙灯表演,桐庐县四套班子的领导都到场,单是县委常委就来了五六位。这体现了县领导对非物质文化遗产保护的重视和大力支持。刚才大家提到,合村乡的金书记、莪山乡的盛书记等等都很重视非遗工作,列入重要议事日程,配强干部,加强投入、创造条件、营造环境。这些领导的文化自觉和情怀,令人感佩。

三、有八个方面工作有待深化

(一)抓规划,理思路

今年是"十二五"规划开局之年,中央到地方,各行各业,都在制订规划。"十一五"浙江非遗保护规划,由两办下发,"十二五"浙江非遗保护规划,拟定由发改委和文化厅共同下发。我们厅里转发了嘉兴市的两个规划,一个是嘉兴市非遗保护规划,一个是嘉兴市蚕桑丝织保护专项规划,都由嘉兴市政府办公室下发。规划是个纲,纲举目张,规划是个大口袋,什么都往里边装。桐庐的"十二五"非遗保护规划,要抓紧研究制订,并争取由政府来下发。通过规划理清思路、谋篇布局、指引方向,明确目标任务,明确工作步骤。这个专项规划,作为文化名县建设规划或文化事业发展规划的子规划。请人大政协加强检查和视察,促进执行和落实。做工作就要长计划、短安排,有计划、有步骤,有重点有序地落实。

(二)抓项目,促升级

这包括两个方面的内容:一是抓好项目申报,二是抓好项目提升。就今天座谈会上各乡镇介绍的情况来看,桐庐的非遗资源很丰富,也很有特色,有条件有更多的项目进入省遗名录,推送列入国家级名录。县政协的周老师提出一个重要问题:为什么桐庐没有国遗项目?钱学森有个著名的"世纪之问"——为什么我们的高校培养不出杰出人才?现在的高校只有大楼没有大师。桐庐没有国遗,是老祖宗没留好东西,还是重视不够,是工作不到位?大家要反思一下。不是要追究谁的责任,而是要向前看。要做好重点项目文化内涵的发掘,争取把重要的项目推出去,推向省遗、国遗。既要抓增量,更要盘活存量,对于有重要价值,有典型性、代表性的项目,要在继承传统的基础上有新的创造,要进一步提升质量,使它表现的主题更鲜明,表现的形式更多样,使项目变得更好看、更耐看,更有持久的生命力,更有竞争力。

(三)抓平台,打品牌

三个方面的平台:一是活动平台,既要继续办好面向全国的桐庐剪纸大赛,也要利用各种机会,参加全国的各类非遗博览会。一个方面是我们搭台,请人家来唱戏,另一个方面是人家搭台,我们出去唱戏。既要引进来,也要走出去。桐庐全国剪纸大赛一届届搞下来,成效显著。以前桐庐举办过的华夏中药文化节,没坚持下来有点遗憾。桐庐有中药鼻祖桐君老人,有桐君堂大药房老字号,桐君中药文化源远流长,这个文章要做,而且要做足。

二是经常性的展示平台。活动是一阵子,是阶段性的。桐庐有丰富的非遗资源,除了要搞好剪纸展示馆,而且应该考虑创造条件建设综合性的非遗展示馆。安吉提出抓"一村一品",每个村都要建一个非遗展示馆,已经建了35个。桐庐的各乡镇和有条件的村,是否也可以考虑建立一系列具有个性特色的非遗展示馆,建立星罗棋布的非遗展示馆群。

三是信息平台。桐庐已经连续四届搞中国剪纸文化大展,建议桐庐再建一个"中国剪纸文化网",展示剪纸优秀作品,交流剪纸活动信息,既加强桐庐剪纸传播力,又增强中国剪纸影响力。今天会上发了一份报纸《中国剪艺观察》,冠以中国字样,名头很大。这张报纸视野很宽,反映的报道的是全国各地的剪纸活动信息。这张报纸,据说是王伯敏先生家庭自办的,免费赠送,发行量肯定有限。桐庐文化部门能不能介入,民办公助,充实力量,作为重要的剪纸媒介来办,进一步凸显桐庐剪纸品牌。同时,桐庐的非遗资源很丰富,也有必要办一个桐庐非遗网,既是宣传信息平台,也是工作交流平台,也为非遗资源的进一步开发利用搭建一个共建共享平台。

(四)抓基地,育传人

刚才,县教育局的老师介绍:桐庐在中小学已经建立了 12 个剪纸教学基地,二十多个学校设立了剪纸兴趣班,推进剪纸进课堂、进教材、进校园,成效很明显。其中,富春江初级中学列入了省级非遗传承教学基地。而且桐庐抓剪纸基地动真格,对由于学校教育资源整合和辅导老师调动等因素,致使剪纸教学不能正常开展的三个剪纸基地,撤销剪纸基地的名号。这种动态管理的措施很好!对于县里抓的重点项目,要建基地,对于那些薄弱的项目、濒危的项目,也许更要建基地。刚才几位老师谈到富春江渔歌已是岌岌可危,没有人愿意学习,要考虑抓紧培养传人,甚至桐庐牵个头,邀请富春江流域的县市,共同搞个富春江渔歌比赛。对于有些老师提到的传承人只拿政府津贴,不履行责任义务的问题,要有制度来加强监督管理,要有机制来调动传承人的积极性。宁波、海宁等地文化局、传承人、传承基地三位一体的运行模式,值得学习和参照。

(五)抓市场,重效益

昨天晚上在《今日桐庐》报纸上看到县委书记戚哮虎一段话,指出桐庐要"主打文化牌、巧下山水棋、勤铺产业路、勇开创意门,以文生财,就地掘金"。这段话对桐庐的城市特征和城市发展方向进行了提纲挈领的概括提炼,很形象也很精彩。桐庐剪纸和绣花鞋是桐庐的文化名片,进一步加强措施,相信这两项民族文化项目,能成为极具生命力的文化创意产业项目,成为新的经济增长点。而且这两个项目不仅可以大力开拓国内市场,还有可能开拓国外市场。非遗项目的市场开发,要有机制。非遗保护中心不大有精力兼顾市场开发的职能,也不可能负责整个产业链,可以运用市场外包的办法搞开发。一些有前景的项目,可以用买断知识产权、版权,或者用利润分成的办法,授权公司来进行商业运作。政府主导力、企业主体力、市场配置力"三力合一",探索文化产业发展新模式。

(六)抓旅游,树形象

每个城市都应该有城市文化主题。桐庐主打山水旅游城市品牌,非遗项目的展示宣传要与旅游结合,要与游山玩水结合。桐庐的旅游口号是"潇洒桐庐 富春山水"。这句口号只侧重自然山水,不能体现桐庐的人文特色,不够"全面"。一个地方要树立形象、招揽游客,口号很重要。这个时代是眼球经济,注意力就是影响力、就是生产力。深澳古村是中国历史文化名村,但是连我这个在省里搞文化遗产工作的都不知道,也许是我孤陋寡闻,也许是宣传不够,没有打出形象口号。富阳渌渚镇也有一个孝子叫周雄,南宋以来皇帝册封过几次。富阳准备打出口号"杭州有个太子湾,富阳有个孝子湾"。太子多了,不是好事,争权夺利,天下大乱,城头变幻大王旗;孝子多了,是个好事,有利于和谐社会建设。深澳怎么做那位大孝子的文章?杭州余杭有个小山沟,它打出的口号是"四川有个九寨沟,杭州有个山沟沟"。九寨沟多少有名,山沟沟借梯登高、借题发挥。据说深澳列入历史文化名村,除了传统建筑保护得比较完整,还有一个重要因素是深澳的村落水系。它是一个独立的供排水系统,由溪流、暗渠、明沟、坎井和水塘五个层面立体交叉构成,各自独立,相互联系,反映出一种对水资源利用的环保意识。深澳古村因其水系而名,那能不能打个口号"新疆有个坎儿井,桐庐也有个坎儿井"。文化与旅游的结合是一个相辅相成的关系,借助文化效应,提升旅游附加值,借助旅游效应,宣传桐庐人文,提高知名度。所谓"文化是旅游的灵魂,旅游是文化的载体"。

（七）抓保障,优环境

刚才郑琳局长介绍,县委县政府对文化遗产保护工作很重视。县文化局也将争取县政府研究出台非遗保护政策,加大投入,加强工作力量,加强传承人管理,加强在新农村建设中对文化遗产的保护。并争取以"以奖代补"的方式,加强对社会力量办文化遗产事业的扶持。非物质文化遗产的传承弘扬,需要政策环境,需要社会条件,需要各界的共识,需要社会力量的参与。希望向县领导做好汇报,积极争取相关政策的尽早出台。

（八）抓创优,争上游

刚才有位老师谈到,富春江位于钱塘江的中游。我也增加了一点地理知识。目前桐庐的非遗工作,在杭州市的地位大概是中游偏上,在全省的位置大概也是中游偏上。我认为,桐庐有条件、有基础,也有潜力力争上游,再上台阶。这里我也代表参加会议的非遗办的同志表个态,我们将对于桐庐的工作给予充分关注和大力支持。

把握方向　突出重点　发挥优势　争先创优

上午跟着杨厅长在区领导陪同下考察，下午听了介绍，总体感觉三句话：一是历史悠久深厚，但是内涵体现和展示还不够。桌上的席签，正面是林立的高楼，没有地域文化特征，不能体现独一无二的东西，我倒觉得换成古街比这个好。席签的反面是路桥区的简介，两三百字中没有出现"文化"两个字。无论从落实科学发展观，从贯彻六中全会精神，从全面小康来讲，文化总要有所体现。从硬件方面，比如说文化遗产方面，博物馆、非遗展示馆，能够体现悠久历史，向公众向外界展示的场所还没有。二是文化工作有成效，但是品牌影响力不够。图书馆讲堂办得有影响，但是路桥文化工作其他方面能够凸显出来的，在全省能够立得起来的工作，好像不够。三是区里建设文化强区的意识很强，但是有关保障和支撑的力度不够。从汇报材料来看，2005 年区里就提出文化强区建设目标，提出了"十一五"文化燎原的计划，有前瞻意识，但是没有具体的政策，缺少具体的措施，实际实施的力度和效果就打了折扣。这三点评价可能有点得罪。

我想提几点建议：

第一，定位要高一点

杨厅长讲到，老百姓可能有点急功近利的，但是作为一个政府，应该有点战略思维，要有长远的眼光。路桥文化强区到底怎么抓？要体现哪几个方面强？区里要研究分析，要理清思路。包括城市的文化定位或者说主题文化是什么？也要进一步明确。我们路桥到底体现什么？怎么样体现自己的文脉？体现自己的特色？体现自己的个性？使这个城市或者说城区更加吸引人一点，更加有号召力一点。现在各地的城市面貌都一样，大同小异，千篇一律。路桥怎么样在其中脱颖而出，怎么才能脱颖而出？

2012 年 3 月 7 日在台州市路桥区文化工作汇报会上的讲话

路桥提出了"商都文化"的概念,是不是现在可以转换到"文化商都"上来?这两个我觉得是有区别的。商都文化像企业文化一样,可能重在塑造城市的商业文化景观,甚至主要体现在商都的诚信经营等经营行为的规范上。文化商都,我的理解是不仅要建设好商都的文化项目,塑造好商都的文化景观,提升商都的品质品位,而且要让文化渗透路桥这个大商都的方方面面,让整个路桥弥漫着文化的气息。路桥提出打造品质之城的概念,包括城市形态品质、产业品质、生活品质、服务品质等六大品质,就是没有讲文化品质。文化品质应该是文化商都的题中之义,应该是品质之城的内在要求。所以希望路桥能够做个"十二五"文化燎原规划,有计划、有步骤、有重点、有序地推进文化事业的发展。我觉得这个很重要,一是城市的文化定位问题,或者说城市的主题文化是什么?定位要高一点。还要有一个规划引领文化强区建设,支撑文化强区建设。

第二,突出重点

理论上讲文化建设要构建和抓好五大体系:社会主义核心价值体系、公共文化服务体系、文化遗产保护体系、文化市场管理体系,还有文化产业发展体系。在五大体系的建设中,路桥总体工作是好的,是有成效的。譬如刚才介绍到路桥有三大讲堂,南官人文大讲堂,路桥民企解放思想大讲堂,乡村理论大讲堂。人家县里是一个讲堂,这里有三大讲堂。还有三进,文化进机关、进校园、进社区,已经构成了一个体系。这里我强调一下文化遗产保护体系的建设,我觉得这是当前的一个重点。路桥历史源远流长,积淀深厚,文化遗存存量丰富,应当把文化遗产保护放到一个比较重要的,甚至是重中之重的位置。

比如说,我省在国家级非遗名录项目中,总量全国第一,蝉联三连冠。路桥算半个吧,章氏骨伤科是台州市市本级申报的,保护地与路桥有关。已经公布的省级非遗项目路桥有 5 个,不算多也不算少。包括刚才讲到省级文保单位,路桥也就一个,就是上午考察的五凤楼。在国家级、省级非遗项目和文保单位申报中,路桥还大有潜力可挖。特别是国遗项目的申报,我希望这个能够重视一下,一方面为路桥增强文化竞争力,提升文化影响力,另一方面也为省里国遗项目申报上的增创新优势做出贡献。

另外是文化产业,我觉得对路桥来讲,文化产业的确很重要。刚才徐区长也强调了,应部长也讲了这个构想。路桥的经济发展,总不能都是废铜烂铁,或者是塑料,这些东西是不是可持续?这个东西会不会对生态造成污染?现在讲经济结构调整,经济增长方式转变,现在又有这么一个契机,台州学院、中国美院文化创意中心设在你这里,能不能结合做这文章?刚才有同志讲文化产业发展要无中生有,我倒建议是小中见大,还是要有点文脉有点根脉,然后借势发挥借题发挥。

第三,发掘亮点

这个亮点也是一个特色的问题。现在像十里长街这样的老街,浙江省还能找出几个?弄不好就你独此一家。这个文章你不去做,我觉得实在可惜。刚才吴区长在车上也讲到老街业态的调整,郑敏强书记也赞同这个意见,我觉得是有道理的。这条街总体上保持原生态,但街区文化韵味不浓,感觉一是理发店多,二是卖迷信品的多,三是服装店多。偶尔有卖粽子的,做秤杆的,还有箍桶的,看到很亲切。能不能把一些老底子的,包括酿酒等工艺,包括做年糕的等,有点传统文化的,有点韵味的,让人家来了以后有点感受的东西,充实进去,丰富起来。古街上有一座岳飞庙,规模不小,香火很旺,敬香的老太不少。这座庙对于古街很重要。这条街我觉得可以作大文章,大做文章。这条街,应当好好规划一下,找准定位,丰富内涵,彰显特色,使十里长街成为反映城市历史风貌特色的重要景观,使它成为路桥与众不同的文化资本。

另外一个就是五凤楼,四合院组合,规模不小,特别是五凤楼的屋脊有许多"凤头",造型别具一格,美观别致。但是这个五凤楼里边空荡荡的,有点可惜。能不能把这个楼利用起来,搞成非物质文化遗产馆,搞点图片、实物,再就是把民间艺人引进来,体现你这里的文脉,和旅游结合,发挥功能作用,社会效益最大化。

再一个,路桥历史丰厚,搞收藏的人多,而且"资本家"多,有钱人多,有没有政策支持一下,促进民间的力量建一些民间博物馆、非遗馆,把它展示、呈现出来。现在鄞州区已经有 20 多个民办博物馆和非遗馆,德清民间建了 60 多个馆,安吉是一村一品,现在已经有 35 个村级的展示馆。我觉得民间力量建文化遗产馆,这是一个文化现象。有些是博物馆,有些是非遗形态的展示馆,我们非遗工作部门与文物部门都有责任给它支持,工作一起做,成绩各自报。路桥有基础有条件在这些方面有所作为,有所成就。

第四,破解难点

这个难点,讲来讲去还是人财物的问题。我觉得,一是专项资金还得有。浙江非遗保护条例要求很明确:县级以上人民政府应当设立非遗保护专项资金。这个地方法规 2007 年颁布,至今已经有五年了,要依法落实。我们一些经济欠发达的地方,一年非遗经费也有五六十万,经济条件好的地方如海宁每年非遗经费上千万。要做一番事业,要有经费保障,要有财力支持,而且要制度化。不能是徐区长很重视,有点资金,后来徐区长另有高就了,这个资金也许就不了了之了。我觉得这个还是要制度化、规范化。还有一个,能不能利用一些民间资本的力量做点事情。这点刚才讲过了。

再一个是加强专业力量。区非遗保护中心有一个编制,但是一个编制是一个岗位,而不是一个法人单位。徐区长能不能再进一步重视一下?总得有个三五个编制。博物馆大概也只有两三个人,也要人的。事业以人为本。普查成果的整理编撰和出版,非遗项目的申报,非遗基地建设,非遗宣传展示活动的组织,文化遗产实物资料的征集,非遗资源的开发利用,还有以后非遗场所的运行管理,等等,都需要人,要有机构办差,要有人办事。今天我们区非遗中心的同志,他是如数家珍,满腔热情,但是更多的事情他也承担不了,人手还远远不够。另外有必要筹备建立非遗保护协会,把方方面面有识之士凝聚起来,团结起来,共同参与非遗保护。

还有,区里有考虑建一个灵山遗址博物馆,灵山遗址挖掘的遗物遗迹遗存也不是特别多,杨厅长说要综合运用,我很拥护。我觉得可以考虑挂三块牌子,既是灵山遗址博物馆,也是路桥区的博物馆,还有路桥区非物质文化遗产馆。资源共享,优势互补,互促互进,相互呼应。特别是当前的非物质文化遗产保护,依然有着紧迫性,多数老艺人年事已高,风烛残年,人老珠黄了,我们还是要进一步抓紧抢救保护的步伐,要有保护传承和宣传展示的平台。当前人财物这块,是制约路桥文化遗产保护工作深入的瓶颈和难点。要有所突破。

第五,制造热点

这个南官讲堂办得很好,现在 190 期,等到 200 期的时候,能否做点文章? 我觉得这是一个区域文化现象,我不知道浙江省现在搞了 200 期的讲坛有多少个? 弄不好你是独一无二的。这个讲坛的意义,就是体现核心价值,传播科学知识,弘扬人文精神。这个事情,你们和新闻媒体联系衔接下,好好策划做个宣传,我觉得要做点事情。这个既是我们公共图书馆功能作用的见证,同时也是对公众开放服务成果的缩影。我觉得宣传了这个讲堂,也是宣传了全省。

还有中国(路桥)商都文化艺术节怎么样进一步做出影响的问题。我也是孤陋寡闻,不知道用商都文化艺术节这个概念的地方还有没有。而且你们打的是中国的牌子。我不知道这个活动,展示的是路桥自己的东西,还是邀请一些大牌明星来演出演出? 是围绕商都主题做文章,还是一般性的文化艺术演出。这个东西到底怎么做? 我觉得可能还是先考虑一下搞成什么样的,还有怎么去做这个文章。我厅公布了 18 个重点扶持的文化节庆活动,今后肯定还会公布第二批,这个商都文化艺术节有没有可能争取上榜。我想关键是要体现人文内涵,体现商都文化特色,体现国字号的品牌效应。

多年前,路桥曾经承办过一个全省的商都文化论坛。我觉得商都文化这个文章还可以继续做,能够进一步凸显彰显,进一步弘扬张扬。

浙江是个市场大省,路桥作为商贸古镇,作为商都,能否出点成绩,出点经验,成为在全省值得推广的一个经验,或者成为一个现象,或者成为一种模式?

第六,把握节点

这个节点就是时间节点。党的十八大将于今年底召开,届时各项工作将铺天盖地部署下来,文化也将只是其中的一个方面。所以我们要抢抓机遇,特别是要抓住当前贯彻十七届六中全会精神的机遇,要抓住这半年多点时间的机遇。我们文化局要有这个意识。你现在和徐区长汇报,争取一些编制问题,争取一些政策措施,争取文化事业发展规划的出台。徐区长现在肯定会给你划个圈,给予特别支持。所以要积极为党委政府当好参谋,加紧一些工作措施,大家辛苦一点,为事业发展留点空间。

我就提这些意见。路桥区新一届党委、政府高度重视十七届六中全会精神的贯彻实施,高度重视文化事业的发展繁荣,也为路桥文化遗产事业的稳步提升和跨越发展,创造了良好条件。我希望路桥区不仅要创省级文化先进区,或者创公共文化服务体系建设示范区,而且要有目标创建浙江省优秀传统文化传承体系建设示范区。希望路桥统筹兼顾,突出重点,开拓进取,争先创优,提升水平,更上台阶。要有雄心壮志,要志在必得。

在奋进中突破　在赶超中跨越

郡县治天下安。县级包括县市区，在我国行政层级中具有特殊的重要性。县级是宏观与微观的结合部，是承上启下的枢纽，是条块交汇的结合点。谢剑锋县长，从宏观来讲是七品芝麻官，但官小责任大；从微观来讲是"父母官"，要致富一方，造福一方。县级区域，麻雀虽小，五脏俱全。一个县，除了不管外交，从职能上讲，其他方面与中央政府、省级政府差不多，包罗万象，无所不包。党政军民学，东西南北中，工农商学兵，农林牧副渔，科教文卫体，人财物经贸，公检法司安，老少工青妇，老少边远贫，甚至吃喝拉撒睡，都得管。县委县政府是统揽全局，协调各方。县级区域在文化强国战略中具有基础地位，在文化强省建设中具有重要地位，当然在非物质文化遗产保护中也担负着重要的使命和责任。我厅召开全省县级区域非遗保护工作现场会，推广开化经验，推进县市区非遗保护事业，对于全省非遗事业向纵深发展，具有重要意义。

陈瑶副厅长在会议开幕仪式上作了重要讲话，对开化的先进经验进行了概括提炼，对各综合试点县的实践进行了总结梳理，对新时期的新任务新要求作了部署和强调。陈厅的讲话精神，对于我们进一步理清思路，明确方向，深入推进县域非遗保护事业发展，具有重要的指导性。各市或综合或专题，或市本级或指定一个县，或理论探讨或经验介绍，或谈感想体会或提出意见建议，相互交流探讨，相互学习借鉴，相互启发启迪。马来法老师、吴露生老师、都一兵老师，三位省专家把多年的造诣、积累、经验，浓缩在 30 分钟，提出了富有针对性、指导性的意见。时间关系，不能展开，但浓缩的都是精华。以后我们将另外安排时间，请专家作专题辅导报告。我讲两个问题：一是向开化学什么，二是回去后做什么。

2012 年 4 月 20 日在浙江省县级区域非物质文化遗产保护工作现场会上的讲话

一、向开化学什么

为什么一个普通的山城,会在全省非遗保护热潮中快速崛起,声名鹊起,脱颖而出,崭露头角。为什么开化非遗工作亮点纷呈,领跑全省。开化的现象令人瞩目,开化的经验令人寻味,开化的实践也令人鼓舞。我用八句话来概括:

(一)目标定位高

首先是认识高,开化经济欠发达,文化不是欠发达。非遗就是特色,就是形象,非遗就是软实力,就是生产力。非遗是无形的财富,也可以转化为有形的财富。认识到位才有行动的自觉。为此,开化提出了"生态立县,特色兴县"的八字方针,提出了建设钱塘江源头生态文化休闲旅游度假区的目标定位,提出了非遗工作走在全省前列的目标定位。根据目标定位,出台了特色文化强县规划,和开化非遗保护"十二五"规划。把非遗放在全县经济社会发展前所未有的高度。目标是明灯,目标是火炬,目标是路牌,指引方向。谋定而动,谋先则事昌。只有追求高远的发展目标,制定正确的发展战略,并坚持不懈、坚定不移地贯彻实施,才能把美好蓝图化为现实。

(二)政策措施硬

一是加强领导。县里建立了非遗保护工作领导小组,而且难能可贵的是将非遗工作领导机构贯穿到落实到乡镇,18个乡镇都建立了非遗工作领导小组。二是加强办事机构建设。县文化局建立了非遗办,并建立了非遗保护中心,核定了5个编制。有作为才有地位,县委书记看到了非遗保护工作的成果成效成绩,很爽快地同意为县非遗保护中心争取和落实5个编制。三是设立了非遗保护专项资金,每年60万元,并另行安排民俗活动经费250万元。四是出台政策。对非遗保护利用和产业发展给予贷款贴息,譬如根雕园每年财政贴息300万元,并在土地上给予支持。五是实施非遗保护九大工程。由县发改委和文化局发文部署。开化非遗工作软件硬抓,虚功实做,无形文化有形化,有刚性政策和硬措施支撑,为开化的崛起和走在前列提供了坚实保障。

(三)为民理念强

非遗保护为了谁?为什么要非遗保护?这是非遗人要搞清弄懂的问题。我们从事非遗保护事业,就是为了体现社会主义核心价值,为了丰富人民群众精神文化生活,为了构建和谐社会,为了农村农民脱贫致富奔小康,为了人民更幸福。开化着力打好"三五"牌，重点建设三个园（非遗博览园，根雕博览园，茶博园），重点培育五个节（开茶节，中秋民俗文化节，保苗节，根艺节，老佛节），打造文化名片，打响品牌，促进民俗旅游，促进百姓增收。开化方金泉局长提出了"抓非遗就是抓软实力，就是抓生产力"的理念，这是不是一个新概念，我不知道，但体现了履职理念上的深化。尤其是欠发达地区，民生为本，让百姓得到实惠，这是非遗保护利用的根本，这是我们的出发点和落脚点。

（四）干事劲头足

我对一个人的最高评价，就是像打了鸡血，满腔热血。方金泉局长像打了鸡血一样，充满激情，有着昂扬的斗志。方局长对非遗事业充满激情，对工作充满热情，对这片土地充满深情，对人民大众充满感情，是个"四情"干部。开化县文化局形成了一个优秀的领导集体，锻炼出了一支特别能吃苦、特别能奉献的干部队伍。开化相对经济欠发达，但是开化人不比基础比精神，不比条件比干劲，自加压力，负重奋进。在思想上敢干，在方法上会干，在作风上实干，敢想敢干，真抓实干。开化的经验如果集中到一点，最根本的就在于精神状态，始终充满激情，始终保持旺盛的发展激情，不断地追求更高的发展目标。前些年的开化工作不显山不露水，这几年年年有起色，有进步，就是靠这种精神干出来的。听说方金泉同志 2007 年 2 月任局长以来，县文广新局连续 4 年受县政府嘉奖，第 5 年我厅在开化召开了这次现场会。事业干到这个份上，不简单，不容易，不平凡！

（五）破难思维新

要学习开化创新举措，努力化解县域非遗事业发展的瓶颈。人手的不足，资金不足，缺少挥洒的场所，是制约县域非遗发展的瓶颈。愿望很美好，现实很骨感，怎么办？关键的问题在于找到突破的路径。开化打破有多少钱办多少事的传统思维定势，走出了一条干多大事就能凝聚多少力量，就能筹集多少钱的新路子。开化县在全省率先建立了非遗保护志愿者协会，有六个分会，260 多号人，人多力量大。这些志愿者参与普查、申报、保护、宣传等工作，不计报酬，甚至不需报酬，解决了非遗保护专业力量不足和缺编缺钱的问题，发挥了大作用。要办大事业，就要有大手笔的投入，钱从哪里来？开化要建非遗博览园，动员了苏庄镇一位老板圈地 50 亩，投入 3000 万。这位企业家对非遗保护有共识，而且他看到了非遗的前景，看到了搞非遗有利可图，有长远的效益。我们干非遗，要苦干、肯干、实干，还要加巧干。要只为发展想办法，不为落后找理由。只要精神不滑坡，办法总比困难多。解放思想,黄金万能,脑筋急转弯,豁然开朗。观念一变天地宽,观念就是财富。

(六)开放意识活

开化就要"开化",要开放要开明要开化,就要跳出开化看开化。用方金泉局长的话,就是非遗保护要从封闭式转变为开放式,要借梯登高,借船出海。开化举办中秋草龙会,举办中秋保护论坛,提出中秋保护开化倡议,提出与杭州西湖赏月、钱江观潮等共同申报中秋为人类非遗项目。也许,只有想不到,没有做不到。非遗保护理念的"开化",也体现在跳出非遗看非遗,要注重非遗资源的开发利用。开化注重非遗与旅游的结合,借题发挥,借力发展。开化规划建设非遗博览园,建设生态文化旅游度假区,就是打非遗资源牌,做旅游文章。方局长说,文化有项目,旅游有资金,要通过非遗与旅游的结合,将根雕、草龙、茶叶等融入进去,让非遗活起来,让非遗融入生活,让非遗展示出经久不衰的魅力。文化是灵魂,旅游是载体。旅游靠文化丰富内涵,文化靠旅游传播。相互可以借势造势,相得益彰,取得共赢。开放才能搞活。

(七)保护成效好

开化有国遗 1 个,省遗 10 个,有 4 个省级非遗保护基地,有 1 个中国民间艺术之乡,2 个省级民间艺术之乡,1 个全国文化产业示范基地。省里开展非遗普查、非遗保护"双十"评选,九娘歌入选非遗普查十大新发现,非遗协会被评为非遗保护十大新闻人物(团体)。省委宣传部举办"爱我家园"生态原创歌曲大赛,开化有两首歌曲入选十佳环保歌曲。开化中秋民俗文化节和保护中秋节开化倡议,取得广泛的新闻效应。近年来,开化非遗保护工作快速崛起,成绩卓著,各项工作主要指标均位居衢州首位、全省榜首或前列。在成绩面前,开化没有停止前进的脚步,而是不断地追求更高的发展目标,这就是开化之路。

(八)社会氛围热

非遗保护,政府主导引导,群众是主体主角,社会共建共享。要倡导人人参与、人人共享的保护理念,倡导全民参与、惠及全民的理念。开化建立非遗志愿者协会,都是热爱非遗的人,都有着自觉的意识,都很有责任感。非遗事业,就要凝聚一切可以凝聚的力量,人民只有凝聚起来才有力量,凝聚就是力量。开化特别重视运用新闻媒体进行重彩浓墨、大张旗鼓的宣传,进行广泛的社会动员,凝聚社会共识。开化大力推进民俗文化的全面恢复和弘扬,增强百姓对于非遗的认同感,对于祖先留下的文化遗产的自豪感,将文化自信转化为文化自觉,转化为自愿自发自觉的行动。系列举措,使人民群众的保护热情不断迸发,创造活力不断激发,保护成效也不断呈现。

开化作为典型的浙西小县,在县域经济相对薄弱、并无明显文化资源优势的情况下,非遗保护工作异军突起,快速崛起,走出了一条又好又快的路子。这不仅对于提升开化区域影响力,增强核心竞争力,有着重要的现实意义和长远利益,而且开化县作为我省县域非遗保护的一个突出典型,对全省非遗工作的推进具有十分重要的意义和有益启示。开化在全省树立了一面旗帜。我们今天在开化召开现场会,就是要充分研讨和总结开化现象,充分总结开化非遗事业发展的经验,推广成功做法。特别是要倡导和弘扬开化"苦干实干巧干,创业创新创造"的精神和作风。开化能做到,其他县市区也能做到,开化能做好,其他县市区也一定有条件或者创造条件做好。

二、回去后做什么

(一)做好规划

思路决定出路,方向决定未来。不谋全局者不足以谋一域,不谋长远者不足以谋一时。规划是龙头,是行动纲领,是履行职能的重要依据。做"十二五"规划这件事,本来是"十一五"期末或"十二五"初就应该做的,现在讲编制规划,已经有点滞后了,"十二五"已经过去一年多了,还要不要做?要做!现在有个新的契机,两办(省委办公厅、省政府办公厅)即将下发文化强省建设十大计划,各市各县也要制订相应的贯彻落实措施。现在迟了,但是还来得及,当然要抓紧。制订规划,要吃透上情,体察下情,洞悉内情,关注外情。要理清思路,明确方向,找准工作着力点,找准切入点。既要描绘宏伟蓝图,又要有政策支撑,既要坚持实事求是,又要敢于走在前列,既要体现地方特色,又要有全局观念。要连续性与开拓性相结合,前瞻性与操作性相结合,虚与实相结合。要尽量量化可操作化,量化目标、量化指标、量化评价标准、量化考核,求实效见实效。

(二)做实基础

万丈高楼平地起。三年前在遂昌会议上,我提出了四个基:抓基层,打基础,建基地,练基本功。当时的打基础,主要指加强人财物保障。譬如余杭,区本级非遗办4个编制,19个镇街各有1人专管非遗。从2008年起每年安排专项资金500万。最近区里并下发了推进非遗馆建设的通知,要求每个镇街至少建一个馆,并实施补贴政策。桐庐非遗中心4个专职编制,加上6个长期合同工。每年经费大概在 200 万,并有 6000 平方米的非遗展示场所。还有开化,县非遗中心 5 个编制,设立了非遗专项资金,并筹划建设非遗博览园。各地要继续推进人财物等基础建设。在当前的工作阶段,还要注重另外三个基础:一是集成志书的编纂,这是保护利用的基础。二是非遗数字化及其数据库建设,这是非遗工作转型升级的基础,非遗也要插上科技的翅膀。三是规章制度的建设,这是科学管理的基础。我历来讲先发展再规范,经过了 10 年的工作历程,到了规范的时候了,要用制度办事,用制度管事。各地要眼睛向下,重心下移,要阵地前置,靠前指挥,推进各项基础工作扎实做好。

(三)做活存量

一手抓增量扩张,一手抓存量优化。一是非遗资源存量。包括要进一步做好深入挖掘,做好深入调查,做好新的申报,争创新优势。已经列入各级名录的项目要保护好、传承好、利用好,要服务于社会。二是人文古迹的存量,也要盘活。老戏台、老祠堂、古街区、古村落,也可以为我所用,共用共享。譬如利用老戏台做好传统表演艺术展示,利用老祠堂办非遗馆,把古村落办成非遗旅游景区。三是人才存量。要研究和采取措施,进一步调动传承人的积极性,进一步发挥专家学者的作用,进一步激发非遗工作队伍的历史使命感和责任感。老前辈更好发挥作用,年富力强的要担当大梁,年纪轻的抓紧培养,甚至拔苗助长的事也要做。还有,当下各地干部调整很频繁,要重视发挥已调离岗位的有经验的对非遗充满感情的同志的作用。事业以人为本,人是生产力中最活跃的因素,人是最大的生产力。

(四)做强项目

我省人类非遗项目居全国各省份榜首,国遗项目蝉联三连冠,省级项目有 586 个。重申报更要重保护。重数量更要重质量。申报是手段,保护是目的。要认真按照赵书记提出的保护好、传承好、利用好的"三好"要求做好保护工作。一是贯彻省厅国遗项目"八个一"保护措施,一班人负责、一揽子安排、一竿子到底。使任务更明确、责任更清晰、要求更具体。将"软任务"变成"硬指标"。同时要结合各地的实际,积极探索非遗项目科学保护的新路子。譬如宁波的三位一体,杭州的四力合一。二是要注重分类保护。各门类的项目各有特点,甚至同一门类的项目也各有特点,甚至不同区域的同一种项目也各有特点。要根据不同地区、不同门类、不同对象的特点,分别情况做好保护。还有,有些项目处于濒危状态,要侧重于抢救。有些项目后继乏人,要侧重于传承。有些项目可以大力开发利用。要坚持一切从实际出发,因地制宜,因人而异,因势利导,使之更加符合实情、切合实际、增强实效。三是在继承传统上要有新的创造,在维护非遗项目基因的基础上要有新的发展。四是各地要加强对保护传承情况的检查督查。这次根据文化部的统一部署,我省认真组织县自查,市复查,省核查,非遗司将组织督查,最后由文化部审查、公布。要逐步建立健全立项和退出机制。

(五)做靓品牌

一是项目品牌。特别是在同类项目中怎样做出品牌,脱颖而出。譬如诸暨西施传说,譬如桐庐剪纸,譬如景宁三月三。二是活动品牌。省文化厅公布了 18 个重点扶持的文化节庆活动。还要打造全国性非遗活动品牌。三是工作品牌。譬如余杭每年农历五月为非遗保护月,宁波三位一体经验,鄞州五星传承基地创建,安吉乡村非遗馆,杭州专家领衔项目保护工程,苍南一带十园,衢州 20 个文化圈。四是地方形象品牌。城市要有文化主题,非遗成为打造城市文化主题的核心因素,成为彰显城市魅力和竞争力的重要支撑。譬如嘉兴端午节,譬如开化中秋节。品牌就是特色,就是优势,就是知名度影响力,就是竞争力带动力。没有品牌就没有重点,没有重点就没有突破,没有突破就没有跨越。开化方金泉局长说得好,要打造品牌,不抓品牌工作不到位。要加强自主品牌建设,要用传统文化打造品牌,要多元化打造品牌。

(六)做大产业

开化方局长说,光抓事业不是好局长,要兼顾事业与产业。这话我赞同。文化事业和文化产业犹如车之两轮、鸟之双翼,相辅相成、缺一不可,两者统一于社会主义文化建设之中,是中国特色社会主义文化事业的重要组成部分。从总体上看,我省除了三雕一塑等部分经典的手工艺项目,多数非遗项目的生产性保护或产业发展,还处于小、散、弱的状态,有起步,但无起色,有名声,但无名气,有招牌,但无金牌。要重视推进非遗生产性保护和产业发展,积极走规模化、集约化与专业化并举之路。一是小中见大。嘉兴五芳斋粽子,年销售在三四亿个,年产值在 10 亿以上。湖州丁莲芳的鸡爪,每天销售 2 吨,很难想象有这么大的销售量。衢州邵永丰麻饼,在台湾开了分号,将在日本开分号。这里仅是举的食品类例子,其实不少非遗项目,都可以在做精的基础上做大。二是借题发挥。遂昌大做汤显祖文章,昆曲十番、劝农节、汤公酒等等,作出了大影响。三是非遗可以和文化创意结合。桐庐剪纸、绣花鞋,与文化创意结合,开发出系列产品。安吉作为竹乡,可以对竹制品进行二度开发,搞延伸产业。如竹编、竹雕、竹笛、竹炭、竹家具等。四是可以与旅游结合,像开化根雕园,以及正在筹划中的非遗博览园。再譬如我厅已经公布的一批非遗旅游景区景点。五是也可以与市场结合。譬如通过义乌小商品市场,通过各类非遗博览会,通过电子商务等途径,做大买卖,做大营销。要通过推进非遗的生产性保护和产业发展,为脱贫致富奔小康,拉动内需促发展,为转变经济增长方式,调整产业结构,作出贡献。当然,开发要服从保护,开发要促进保护,在保护中发展,在发展中保护。

(七)做优环境

一是生态环境。对于政府来讲,发展是硬道理,保护是硬任务。对于文化部门来讲,要宣传生态文化,要保护文化生态。我省象山县海洋渔文化生态区,已经列入国家级文化生态保护实验区。我厅已经公布了9个省级非遗生态保护区试点。衢州规划建设20个文化生态圈,苍南规划建设10个文化生态园。所谓一方水土一方人。换言之,一方人形成一方文化,一方文化也养育一方人。自然和人文生态环境,对于非遗保护有着特别的重要性。二是政策环境。象山县出台了五个相互配套成龙的文化生态保护政策性文件,初步构建和形成了文化生态保护的政策体系。海宁市出台了一系列政府规章,加强保护措施和保护力度。政策四两拨千斤。我们要逐步推进依法行政,依章保护,依规办事,推进制度化、规范化、科学化建设。三是社会环境。不少地方建立了非遗志愿者协会。我们要团结一切可以团结的力量,投身和参与非遗保护事业。要注重通过展演展示活动,通过舆论宣传,大力营造良好的文化遗产保护氛围。四是工作环境。要通过优化环境,为非遗保护提供工作保障,提供良好条件。

(八)做出表率

在开化召开现场会,就是要学习开化在奋进中突破,在赶超中崛起的精神,就是要提倡一马当先,敢为人先,奋勇争先的精神。就是要弘扬有第一就争,见到红旗就扛,创先争优的精神。全省17个试点县,要像开化文化局那样,向最好的学,向最快的学,力争上游。要像开化文化工作者那样,有着超常的干劲,把一项项规划构想转化为工作实践,把一个个工作思路转化为具体行动,通过苦干实干,把许多看似高不可攀的发展目标变成现实。要像开化那样,在成绩面前,不自满,不停步,大踏步,再接再厉,再立新功。

开化是钱塘江的源头。钱塘江浪打浪,后浪推前浪。我们希望,前浪不是扑在沙滩上,而是掀起新高潮。全省涌现学习先进、争当先进、赶超先进的热潮,全省形成比学赶帮超的热潮,推动非遗事业不断掀起新高潮。希望各试点单位,手把红旗旗不湿,勇做弄潮儿,勇立潮头!

附 篇

歌唱那份担当

——献给非遗保护新闻人物

小 序

2009 年文化遗产日,浙江省文化厅会同浙江日报、钱江晚报、今日浙江、浙江之声评选公布了 10 位浙江省非物质文化遗产保护新闻人物、10 位非物质文化遗产保护媒体关注人物。这些脱颖而出的文化守望者,是全省 23 万分布在各地各行各业的非物质文化遗产保护者和志愿者的突出代表。我深为他们的事迹所感动,深为他们的精神所感怀,不由得为之放声歌唱。

我歌唱文化大发展大繁荣的时代
浙江如火如荼的非遗保护热潮
新人新事层出不穷
新风新貌分外妖娆

我歌唱林邦栋精雕细刻的人生
一寸见方的纸面刻出 50 条线条
一根线条的重复叠加出纷呈精彩
刀法游刃有余　构思精妙入微
图案气象生动　风格质朴自然
六十年如一日的坚持和诚笃
成就了细纹刻纸方寸间的别样天地
连共和国总理都为您驻足赞叹

我歌唱药发木偶传人周尔禄

为了霎那间的绚丽

你遭遇了人生的逆境

虽然牢狱的日子艰难和苦涩

不测的风雨，却吹不熄那银河星光

夜深了　请给我一根火柴

我要把黑色的火药点燃

让黑色的夜空变得多彩

我歌唱畲族山歌王蓝陈契

您出口成歌，远近闻名

唱亮了畲家山寨

唱红了中国畲族民歌节

唱出了家门国门

也唱来了五任省委书记的慕名登门

您一路歌唱，还有那唱不尽的歌

我歌唱中华老字号邵永丰麻饼掌门人徐成正

炉火纯青　推陈出新

麻饼翻飞　香溢四方

街坊邻居说香

海峡同胞说香

洋人老外 OK，OK，Very 香

一招鲜　吃遍天

一个麻饼香满天

孔子、棋子，还有"麻子"

衢州有了第三绝

"吃麽麽香，吃麻饼来——麽麽香"

我歌唱金华人大阎寿根主任

您赤脚走在田埂上

采撷乡土文化的千姿百态

四本影集　多少的历史瞬间

留下了先人遗迹　传下了多少历史文脉

您一个人的声音

激发了全市人民的大合唱

一个决定　强力推进非遗事业跨越发展

体现着权力机关的历史承担

我歌唱为官一任造福一方的乡镇党委书记郭建军

倾心乡土艺术　倾注桑梓情怀

每周一都要听取普查办的工作进展

每天晚上都把整理普查文本作为工作习惯

双庙乡非遗普查与保护别开生面

赢得了共和国文化部分管部长的热忱夸赞

我歌唱常山县谢家村党支部书记谢章华

猷辂拳打出新境界

洗马舞舞出新天地

传统榨油技艺添生机

浑身尽是好功夫

非遗普查宣传员

农村文化示范户

优秀文化工作者

一肩挑起多重担

我歌唱宁波市文化局汪志铭处长

匠心独运　别出心裁

打开了非遗普查的技术瓶颈

村查线索　乡查项目　县做文本　市抓汇编

宁波模式　全省推广　全国应用

古老的话题　全新的事业

需要脑筋急转弯　需要卓特的文化智慧

我歌唱临安市文化局分管局长方光兴
民间艺术普查做示范
全省现场会树样板
浙西非遗展示馆影响广
吴越风情　华夏一绝双品牌
百支团队竞风采
13个非遗精品赴海外
抱病不屈的身影
在文化事业奋进中绚烂

我歌唱浦江县文化局局长张华浦
发掘非遗资源带头冲
申报国遗立大功
郑义门　藏春秋
板凳龙　显神通
戏曲剪纸　惟妙惟肖
麦秆剪贴　巧夺天工
乱弹弹出古城曲
迎会迎来百家乐
耕耘与收获成正比
古城秀色谁比肩

我歌唱杭州余杭区文化局分管局长章桂娣
柔美的微笑如春天的煦风
柔而不弱　中国非遗保护余杭论坛挑大梁
柔而有度　文化遗产日拓展为非遗保护月呈亮点
柔而有力　统筹非遗保护志愿者队伍有作为
柔而胜刚　率领余杭滚灯进鸟巢抒豪情
超山红梅花儿开 朵朵放光彩

我歌唱新昌县调腔剧团陈颂军团长

组织委派　责任驱使

还有为了曾任团长的母亲的期盼

毅然放弃局办主任岗位　毅然赴任生存危机的团

二十年没排戏的团　整理恢复排练了8个调腔戏

二十年没演出的团　已经演出了200场

后继无人的团　开办了调腔中专班　招来30位学员

资金短缺的团　建立起调腔保护发展基金　筹资400万

晋京展演　获文化部"文化遗产日奖"

参加省戏剧节演出　县级剧团中拔头筹

我的团长我的团

带来一个濒危剧种的新生和剧团的兴旺发展

我歌唱湖州善琏镇文化站长吴水霖

这位在平凡琐碎的基层文化岗位上的普通一兵

犹如蚕茧抽出的一线丝

丝丝演绎成含山轧蚕花的闹猛

恰如湖笔中的一根毫

支支笔触抒发不倦的追求

普通一兵　平凡一兵

结成非遗战线的阵营

我歌唱退休不解甲的"文成五老"

从日出到日落

在崎岖的山路上　逐村走　逐人问　逐项查

从傍晚到夜深

在荧荧的灯光下　逐字校　逐句琢　逐篇审

苍老的嗓音　唤开了一扇扇农家门

不老的心　凝聚成一摞摞的收成

我歌唱一位不知疲倦奔走的老人徐兆格

参与普查时　他已年逾古稀

走遍了全县 14 个乡镇的村村落落

走访了许许多多的老艺人或老艺人遗属

走进一个个木偶戏班　走进一座座寺庙

走向一条条弄堂　走向一家家作坊

口访笔录　整理汇编洋洋洒洒 130 万字的七卷本

非遗普查进行了 6 年　他也奔走了整整 6 年

我歌唱桐庐老文化楼一层

白天的每一个思虑

夜晚的每一个梦境

无不是红纸与剪子的情怀

你剪出了新安江绿水的荡漾

你剪出了桐君山秀色的久远

你剪来了神州风韵全国剪纸大赛的举办

你剪来了中国民间艺术(剪纸)之乡的金字招牌

我歌唱开化非遗保护志愿者协会

我们都来自不同的岗位

你是老领导　我是老艺人　他老总　俺老百姓

为了一个共同的目标　我们志愿走到了一起

让我们去乡村做非遗的宣传员

让我们去张铁匠家 李歌王家 何仙姑家调查

你录音　我拍照　他笔记　还有别忘了拍点儿录像

俺啥也不会　就去陪伴年老体衰的故事家刘老伯吧

不需要酬劳　不需要鲜花

母亲河钱塘江源头的志愿者群体

为了人生更精彩　更为了维护共有的精神家园

我歌唱十里红妆博物馆馆长何晓道

不懈追寻女儿梦

专心致志女儿妆

春天里那个百花鲜　那个那个新娘上花轿

红妆队伍绵数里

一人挑　两人抬　一担担　一杠杠

结婚是大事　需要造声势

民办公助博物馆　红胜火

十里红妆婚俗　红艳艳

我歌唱德勤集团总裁任马力

航运事业乘长风　直挂云帆济沧海

昨日开辟新航道　今朝走进新航线

一掷千金　助推新航程

德勤文化园　收藏一片片消逝的岁月

文化遗产档案　记下渐行渐远的历史记忆

有桨的船　才有动力

有帆的船　才有远方

我歌唱以个人名义设立"非遗保护传承奖"的余运来

一个挥汗如雨在建筑架上的外来打工者

一个奖项没有多少钱　区区 5000 元

却是全国非遗保护民间设奖第一人

一个外来打工者的非遗保护情意

那份拳拳之心　让人不由得不感动和感怀

我歌唱众望所归的 10 位新闻人物

我歌唱名至实归的 10 位媒体关注人物

20 朵浪花的绚烂

代表着非物质文化遗产保护浪潮的风起云涌

文明的传承　幸赖于他们

精神家园的守望　更得力于你　我　他

守望者的荣光

小　序

2011 年文化遗产日前夕,省文化厅举行首届浙江省精神家园守护者表彰活动。20 位志愿非遗保护的老人光荣上榜。特赋诗一首,以表感想。

全球化的海啸席卷而来
现代化的木马大步流星
一栋栋现代化大楼耸立在我们面前
一种种传统的事物正在我们的视野里消失
曾几何时
人潮涌动的古戏台,已是布满尘埃
声声入情的山歌小调,已成昨日黄花
村头的老井老树,已成为遥远的传说
老奶奶的纺车,已不见吱吱呀呀的回响
守望,时不我待
守望,刻不容缓

现代化进程为我们带来了许多
也让我们失去了许多
民族文化传统的丢失,让我们心痛
那些不可再生的毁灭,更是我们的民族之痛
有多少个最后的传人,站在边缘
有多少个天下第一团,进退两难
是否应该为后代保留一些民族精髓、文化传统呢
不要让今天的绝技成为明天的回忆

非物质文化遗产保护工程更待何时

薪火相传历史文脉是我们这一代的接力赛

除了钱,我们还该拥有怎样的财富?

钢筋水泥的世界,哪里寻找我们的精神家园

我们守望什么

守望百叶龙的鳞片飞扬

守望皮影戏的活灵活现

守望金华道情的声声入心

守望十里红妆的艳映人眼

守望绍兴黄酒的香飘四溢

守望龙泉青瓷的如玉温润

守望张小泉的岁月剪痕

守望穿越时空的千年廊桥

守望流传不绝的白蛇传奇

守望越剧《梁祝》的唯美清扬

守望江南丝竹的清新流畅

守望滚灯的势如奔雷

守望线狮的奇雄狡黠

守望灶头画的淳朴憨然

守望蚕丝织造的情深意长

守望,是一份口传心授、言传身教的衣钵

守望,是一种饱含生命体验的情怀

守望,是一篇芬芳的乡土诗,一首揪心的思乡曲

守望,是对祖宗的大孝,是对子孙的热望

这个社会到处都有守望者的身影

农民兄弟守望希望的田野

工人师傅守望隆隆的机声

解放军战士守望疆场

而我们守望精神的麦田

非遗保护者上山下乡,走街串巷,采风记录

非遗传承者口传心授，言传身教，兢兢业业

非遗志愿者乐于奉献，勇于牺牲，满腔热血

一条条线索排摸，一个个项目调查

聚沙成塔，珍藏着留给未来的宝藏

积水成河，汇聚成波光粼粼的母亲河

如果，没有你的守望

鲜活的项目也许只能留给未来一个苍白的名字

如果，没有你的守望

曾经的斑斓也许只能成为远去的温存

有谁听见守望者的呼吁

把根留住，把民族的根留住

有谁看见守望者的赤诚

只要你的血脉里流淌的是龙的精魂

守望，是一个广阔的人文空间

守望，是一个正在进行的历史场景

守望，执着的坚守不舍昼夜

守望，思考的步履印证希望

浙江历史的天空灿若星辰

浙江非遗保护的大地郁郁葱葱

你凝聚着百年千年的艺术与智慧

你演绎着穿越岁月的民间精神

文化的活化石呀，仍在民间呼吸

当枚枚奖章佩戴在守望者的胸前

最大的奖赏莫过于历史的认可

当道道皱纹悄悄爬上守望者的前额

最大的愿望莫过于文脉的传递

总有一些非遗让你感动

总有一些守望者让人感动

总有一种希望让我们感动

放眼望去，精神麦田满园春色

后记

潮起正是扬帆时

　　2010年1月24日,浙江省委赵洪祝书记在省文化厅关于我省非遗工作的汇报材料上作出重要批示:"首先应当感谢文化系统的同志们围绕'非遗'保护做了大量的卓有成效的工作。它不但是全省的、全国的工作,而且是世界人类文明的传承工作,意义十分重大。要继续深入抓好。"赵书记一直来关怀关心着非遗工作,多次作出重要批示,勉励有加,殷切期待。

　　新世纪以来,浙江非遗保护工作创新实践,开拓进取,一直走在全国前列。非遗普查浙江模式、名录项目浙江现象、保护传承浙江经验,浙江非遗保护领先一步,浙江非遗事业风生水起,风起云涌。虽然在这进程中历经困难和曲折,但我们前行之志不曾动摇,我们一路劈波斩浪,终于收获了丰硕的果实。十年生聚,十年蜕变,为非遗事业的跨越式发展奠定了基础,积蓄了后劲,赢得了时间,争取了主动。尽管前路依然会存在着各种困难和挑战,但是浙江非遗事业发展的优势地位和巨大潜力正在凸显。

　　我们任重道远。我们已经做了大量工作,还有更多的工作等待着我们去做。如果有点成绩,就飘飘然了,以为这就是事业的巅峰了,以为不需要再努力再奋斗了,那不进则退。兄弟省市一样有丰富多彩的创造,有生动的实践,非遗事业同样是高歌猛进。我们不能盲目自大,闭目塞听,故步自封。非遗保护的形势依然严峻,非遗保护的深入深化面临的新问题层出不穷,亟需寻求良策,破难攻坚。我们应当加倍勤奋努力,善于总结和反思自己的工作实践,学会开阔胸襟,学习和借鉴他人之长,更要不断提高政策理论和业务水平,使我们的工作有厚重的、长久的支撑。

　　我在前行中总觉得有一种难以名状的不安。自己能否再勤奋些,如何尽量更多保护抢救一些非遗项目?自己的学识和学问肤浅,知识是不是不够用,如何更好地充实和丰富?自己的眼界是不是不够开阔,思路不够清晰,如何才能拓展视野?

自己的认识是不是有偏颇，或者不科学，如何把握和遵循非遗工作的自身规律？自己的思维方式是否太陈旧，思考是否不够前瞻，如何才能适应时代不断发展的需求？这种不安随时随地萦绕在心间，盘旋在脑际。实际上，也说明时代发展得太快了，非遗事业发展得太快了，我们的认识和认知水平，我们的素质和素养，都亟待提升和提高。同时，现实也提出了一道命题：我们必须紧跟上时代发展的潮流，而稍有停滞，我们便会愧对肩负的重任和历史使命。我们需要新的、更深层次的和更高境界的思想水平。

党的十七届六中全会，提出了向文化强国进军。浙江省委第十三次党代会，提出了推进文化大省向文化强省跨越。我们有幸赶上了科学发展、跨越式发展的伟大时代，我们遇上了文化大发展大繁荣的历史新机遇。这是一个奋发有为、大有作为的时代，我们没有理由不奋进。用句套话，我们要以等不起的紧迫感、慢不得的危机感、坐不住的责任感，以特别之为、尽非常之责，更为积极地投身非遗事业，勇立潮头。

党的十八大将在今年十一月召开。在喜迎党的十八大召开的日子里，我们每一个人对未来都会有一种充满激情的憧憬。十八大指航程，我们将再次踏上新的征程。在新使命新任务面前，非遗人满怀豪情，更有担当，守护着民族的精神家园。

潮起正是扬帆时，百舸竞发勇争先。事业的前行，关键在于掌舵者的智慧，和全体水手胸怀使命，上下一心，奋力以赴。

谨以此书，敬献党的十八大召开。我们再一次踏上新的征程，再出发。

2012 年 9 月 26 日